高等院校精品课程系列教材

国际贸易理论与实务

|第4版|

INTERNATIONAL TRADE
THEORY AND PRACTICE

陈岩 编著

机械工业出版社
CHINA MACHINE PRESS

本书以我国新时代对外开放下的国际贸易理论、政策以及实务的内在逻辑为主线，在结构上力求做到清晰简洁，在内容上力求做到去粗取精。

编者通过5篇16章内容对国际贸易理论与实务做了系统性的论述，在对INCOTERMS 2020和UCP600等国际惯例的跟踪研究以及在充分理解"关检合一""单一窗口"等改革举措的基础上，对本书内容进行了优化调整。主要更新内容包括：①对统计数据进行全面更新；②增加数字化教学资源，内置二维码，师生可利用移动终端便捷地学习拓展知识及单证样例；③根据2018年我国"关检合一"改革举措，对书中相关内容做了修订补充；④更新了章首案例，增加了课后习题内容，更好地配合课上学习以及课后练习；⑤更新了部分单证样例。

本书可作为经济学、国际经济与贸易、贸易经济及工商管理专业本科生的教材，也可作为经济管理行业人士的参考读物。

图书在版编目（CIP）数据

国际贸易理论与实务 / 陈岩编著. —4 版. —北京：机械工业出版社，2023.11（2025.5 重印）
高等院校精品课程系列教材
ISBN 978-7-111-74052-0

Ⅰ.①国… Ⅱ.①陈… Ⅲ.①国际贸易理论－高等学校－教材 ②国际贸易－贸易实务－高等学校－教材 Ⅳ.① F740

中国国家版本馆 CIP 数据核字（2023）第 196237 号

机械工业出版社（北京市百万庄大街22号　邮政编码100037）
策划编辑：王洪波　　　　　　　　　责任编辑：王洪波　马新娟
责任校对：郑　婕　张昕妍　韩雪清　责任印制：刘　媛
三河市宏达印刷有限公司印刷
2025年5月第4版第4次印刷
185mm×260mm・21.5 印张・505 千字
标准书号：ISBN 978-7-111-74052-0
定价：59.00元

电话服务　　　　　　　　网络服务
客服电话：010-88361066　机　工　官　网：www.cmpbook.com
　　　　　010-88379833　机　工　官　博：weibo.com/cmp1952
　　　　　010-68326294　金　书　网：www.golden-book.com
封底无防伪标均为盗版　机工教育服务网：www.cmpedu.com

前言
PREFACE

随着2020年全面建成小康社会的第一个百年奋斗目标进入收官阶段,我国推动外贸、外资、外经和全方位国际合作高质量发展新阶段相应开局起步。党的二十大报告对中国对外开放未来路线图进行了描述。习近平总书记提出,"推进高水平对外开放"。稳步扩大规则、规制、管理、标准等制度型开放;加快建设贸易强国;营造市场化、法治化、国际化一流营商环境;推动共建"一带一路"高质量发展;有序推进人民币国际化;深度参与全球产业分工和合作,维护多元稳定的国际经济格局和经贸关系。在以中国式现代化推进中华民族伟大复兴、全面建设社会主义现代化国家新征程中,中国对外合作必将以更积极也更主动的姿态参与国际分工。

我国加快建设开放型经济新体制,外贸发展取得了历史性成就,突出体现在数量的扩大和质量的提升上。从量上说,货物贸易进出口额连创新高,从2012年的24.4万亿元增加到2021年的39.1万亿元,增量高达14.7万亿元,全球货物贸易第一大国的地位更加巩固。我国货物贸易规模的不断跃升,充分体现了中国不仅是"世界工厂",也是"世界市场",在向全球市场提供物美价廉、琳琅满目商品的同时,也为各国提供了更广阔的市场发展机遇。新时代十年①的伟大变革,我国外贸发展取得历史性成就。从质上看,外贸经营主体更有活力。在与欧盟、美国、日本、韩国这些传统贸易伙伴保持良好经贸往来的同时,我国还积极开拓东盟、非洲、拉丁美洲等新兴市场。其中,尤为值得关注的是,"一带一路"沿线国家贸易规模占我国外贸总值的比重已从2013年的25%提升到2021年的29.7%。对外贸易高质量发展是"中国制造"向"中国智造"转型升级的生动写照,中国外贸在参与国际竞争中竞争力更强,在经济引擎中发挥的作用更大,长期向好发展的基础更雄厚。

10年来,全国海关围绕服务国民经济与社会发展大局,强化监管、优化服务,促进

---

① "10年"指的是自2012年党的十八大召开到2022年。

了外贸高质量发展。全国海关通过持续优化口岸营商环境，进出口环节监管证件由86个减少到41个，整体通关时间4年来⊖压缩了一半以上。全国海关大力支持对外开放平台建设，积极促进外贸新业态有序发展，综合保税区、自由贸易试验区、海南自由贸易港进出口规模大幅提升。

自2018年以来，我国海关总署对企业报关、报检资质进行了优化整合。整合申报是出入境检验检疫管理职责和队伍划入海关总署后海关机构改革在实现改头换面基础上脱胎换骨的第一步，是关检业务全面融合的历史性、标志性改革措施，也是海关优化营商环境、应对复杂外贸形势和服务外贸企业的一项重要举措。原报关单、报检单整合为一张报关单后，原报关、报检共229个申报项目精简为105个，进口、出口货物报关单和进境、出境货物备案清单布局结构也得到了优化，版式由竖版改为横版，纸质单证采用普通打印方式，取消了套打，不再印制空白格式单证。

"十四五"时期，我国面临的外部环境将变得更加复杂，这5年将成为我国打破发达国家科技枷锁、实现对外开放转型升级的重要节点，更高层次、更高水平、更加深化的对外开放格局才能促进中国有效应对复杂的国际环境、实现高质量发展。因此，"十四五"规划将高水平对外开放置于重要地位，明确了以开放求共赢是中国坚持的基本方向。

在"十四五"规划中，对外开放最核心的内容是加快构建"国内国际双循环"新发展格局，以及形成更高水平的开放型经济新体制。2020年8月24日，习近平总书记在经济社会领域专家座谈会上强调："要推动形成以国内大循环为主体、国内国际双循环相互促进的新发展格局。这个新发展格局是根据我国发展阶段、环境、条件变化提出来的，是重塑我国国际合作和竞争新优势的战略抉择。"

本书自出版以来，已经修订4版，经多次印刷，受到广大师生的支持与厚爱。这不仅是对教材编写质量的高度认可，也对教材下一步的修订工作提出了更高的要求。本书将顺应时代的要求不断总结、不断完善、不断发展。

第4版继续保持国际贸易理论与实务两大范畴体系，秉承诠释理性、昭示方向、解析规则、尊重实践的专业特质，在内容上力求做到去粗取精，在传播基础知识、培养基本技能、形成核心专业能力的同时，注重总结我国对外开放事业实践经验和成果，探讨国际贸易环境、政策与实务的发展趋势。在"十四五"实现对外开放转型升级的重要时期，以及站在全面建成社会主义现代化强国的新历史起点上，我们紧随时代变化进行更新改版，向全国广大师生推出第4版。

在本书第4版即将付梓之际，感谢机械工业出版社的鼎力支持，是你们的专业、专注感染了编写团队，使大家始终保持高质量、高投入的工作态势，始终深怀敬畏地面对读

⊖ "4年来"指的是自2018年"关检合一"正式实施到2022年。

者，面对老师和学生。欢迎更多专家同行提出宝贵的意见。

博士研究生魏梦阳，硕士研究生申若琰、杨锐、丁浩洋等做了大量工作，在此一并表示感谢！

由于我们能力有限，书中纰漏之处在所难免，恳请专家、同行及读者批评指正！

陈岩
2023 年 8 月于明光楼

教学建议
SUGGESTION

"国际贸易理论与实务"课程是国际经济与贸易专业本科教学的一门核心专业基础课,一般为2~3学分,内容由国际贸易理论、政策、实务和实验环节组成,选修课程为宏观经济学和世界经济,课程承前启后,十分重要。

本书教学的基本目标是使学生掌握与国际贸易有关的基本概念和基本原理,掌握国际贸易的基本流程,熟悉合同、信用证等支付方式的基本操作,为学生今后更深入的专业深造和社会实践打下扎实的基础。

建议教师注重知识、原理与专业英语的融合,教学方法强调案例教学与启发教学,考试方法倾向于创新能力的培养。

教学方式

本书以课堂教学、案例教学与实践教学相结合,重在培养学生的实际应用能力。首先,应尽量避免填鸭式的单纯知识传授,注重通过潜移默化的案例教学等方式加强商务逻辑与惯例的讲解;其次,充分利用情境教学手段和模拟实验实训教学,让学生自己动手开展国际贸易实务操作,如合同的签订、报关报检单的填制、海运提单的填写、信用证的修改等模拟操作,让学生通过模拟练习,提高实践能力;再次,应侧重启发式的互动教学,采取课堂讨论、小组讨论等形式;最后,有条件的院校可以考虑邀请国际贸易实务一线专家做专题报告,或者到港口码头、进出口企业参观。

课程评价方法

改革课程评价方法,增加对学生写作能力、实践能力的考核。以提高学生能力素质为目的,适当加大考勤、作业、课堂表现等平时成绩所占的比例,精心设计和合理安排期末考试。建议平时成绩所占比例为30%或40%，期末考试成绩所占比例为70%或60%。

由于国际贸易与生俱来的涉外性质，除指定的辅助英文教材外，在每次授课后建议随堂给学生布置一些阅读英文资料的任务。这些英文资料属于课外延展阅读文献，不在考试范围之内。另外，鉴于本书实践性较强，可适当安排实训，进行国际贸易的模拟操作，并计入最终成绩。

学期内容安排与课堂讨论题目见下表。

章号	章名	课堂讨论题目
	绪论	
1	国际贸易理论	在国家大力提倡优化经济结构的今天，我国外贸发展的方向是什么
2	国际贸易政策	你如何理解"里昂惕夫之谜"
3	国际贸易措施	加入世界贸易组织以来，中国为何遭受如此多的反倾销
4	公平贸易救济措施	
5	GATT与WTO	WTO与GATT相比有哪些不同
6	国际贸易术语	13种贸易术语在使用上的注意事项分别是什么
7	国际贸易合同的签订	签订贸易合同的过程中需要注意的事项有哪些
8	商品的品名、品质、数量和包装	唛头在国际运输中的作用是什么
安排期中考试、讲座或总结		
9	国际货物运输	提单与其他运输单据的区别是什么
10	国际货物运输保险	仓至仓条款是否在所有情况下都适用
11	进出口商品的价格	进出口商品定价有哪几种方法？如何选用
12	国际货款的收付	为什么全球信用证方式的使用率不到30%
13	商品检验、索赔、不可抗力和仲裁	仲裁在国际贸易中起到的作用是什么
14	出口合同的履行	履行出口合同时的注意事项有哪些
15	进口合同的履行	履行进口合同时的注意事项有哪些
16	国际贸易方式	选用国际贸易方式时应注意的问题有哪些

目 录
CONTENTS

前言
教学建议

绪论 ·· 1
教学目的 ·· 1
关键术语 ·· 1
章首案例 0-1　全球集装箱运价飙升 ········ 1
0.1　国际贸易的基本概念 ···················· 2
0.2　国际贸易的分类 ·························· 5
思考题 ·· 8

第1篇　国际贸易理论与政策

第1章　国际贸易理论 ···················· 10
教学目的 ·· 10
关键术语 ·· 10
1.1　古典贸易理论 ······························ 10
1.2　新古典贸易理论 ···························· 13
1.3　新贸易理论 ·································· 16
1.4　新新贸易理论 ······························ 22
1.5　贸易保护理论 ······························ 26
本章小结 ·· 32
思考题 ·· 33

第2章　国际贸易政策 ···················· 34
教学目的 ·· 34
关键术语 ·· 34
章首案例 2-1　疫情影响下的全球
　　　　　　　　贸易 ···················· 34
章首案例 2-2　国际贸易的数字化
　　　　　　　　转型 ···················· 35
2.1　国际贸易政策概述 ························ 35
2.2　保护贸易政策 ······························ 38
2.3　自由贸易政策 ······························ 43
2.4　我国对外贸易政策 ························ 45
本章小结 ·· 53
思考题 ·· 54

第3章　国际贸易措施 ···················· 57
教学目的 ·· 57
关键术语 ·· 57
章首案例 3-1　拜登政府的贸易政策
　　　　　　　　有哪些变化 ············ 57
3.1　关税措施 ···································· 58
3.2　非关税措施 ·································· 62
3.3　鼓励出口措施 ······························ 69

3.4　鼓励进口措施 ············· 75
3.5　我国自由贸易区建设 ········ 77
3.6　中国"一带一路"倡议 ······· 82
本章小结 ······················ 83
思考题 ························ 84

第4章　公平贸易救济措施 ······ 86

教学目的 ······················ 86
关键术语 ······················ 86
章首案例4-1　国际贸易中的反倾
销案 ············ 86
4.1　倾销与反倾销 ············· 87
4.2　补贴与反补贴 ············· 91
4.3　特别保障措施 ············· 94
本章小结 ······················ 96
思考题 ························ 97

第2篇　国际贸易规则与惯例

第5章　GATT与WTO ··········· 100

教学目的 ····················· 100
关键术语 ····················· 100
章首案例5-1　我国加入世界贸易组织
以来，有哪些成绩 ····· 100
5.1　GATT概述 ················ 101
5.2　WTO概述 ················· 109
5.3　多哈回合 ················· 112
5.4　贸易规则重构 ············· 114
本章小结 ····················· 116
思考题 ······················· 116

第6章　国际贸易术语 ·········· 118

教学目的 ····················· 118
关键术语 ····················· 118

章首案例6-1　国际贸易术语的
重要性 ·········· 118
6.1　国际贸易法律、规则与惯例
概述 ······················ 119
6.2　有关贸易术语的国际贸易惯例 ··· 122
6.3　INCOTERMS 2020对主要贸易
术语的解释 ················ 123
6.4　INCOTERMS 2020和INCOTERMS
2010之间的差异 ············ 132
本章小结 ····················· 135
思考题 ······················· 135

第3篇　国际贸易合同的磋商与条款

第7章　国际贸易合同的签订 ···· 138

教学目的 ····················· 138
关键术语 ····················· 138
章首案例7-1　逾期接受导致合同
失效 ············ 138
7.1　国际贸易的交易磋商 ······· 139
7.2　国际贸易合同的签订 ······· 145
本章小结 ····················· 148
思考题 ······················· 148

第8章　商品的品名、品质、数量和
包装 ···················· 150

教学目的 ····················· 150
关键术语 ····················· 150
章首案例8-1　更改合同品质条款导致
赔偿 ············ 150
8.1　商品的品名 ··············· 151
8.2　商品的品质 ··············· 152
8.3　商品的数量 ··············· 154
8.4　商品的包装 ··············· 155

本章小结 ································ 157
思考题 ································· 158

第9章　国际货物运输 ················ 159

教学目的 ································ 159
关键术语 ································ 159
章首案例 9-1　分批装运延期导致银行
　　　　　　　拒付 ···················· 159
9.1　国际货物运输方式 ················· 160
9.2　货物运输单据 ····················· 166
9.3　合同中的装运条款 ················· 173
本章小结 ································ 176
思考题 ································· 177

第10章　国际货物运输保险 ··········· 179

教学目的 ································ 179
关键术语 ································ 179
章首案例 10-1　国际海洋运输保险货物
　　　　　　　 定损的标准 ············· 179
10.1　保险的基本原则 ·················· 180
10.2　海洋运输货物保险保障的风险、
　　　损失和费用 ······················ 186
10.3　我国《海洋运输货物保险条款》··· 190
10.4　《伦敦保险协会货物保险条款》···· 194
10.5　海洋运输货物保险投保实务 ······· 196
本章小结 ································ 199
思考题 ································· 200

第11章　进出口商品的价格 ············ 202

教学目的 ································ 202
关键术语 ································ 202
章首案例 11-1　根据贸易术语确定商品
　　　　　　　 价格 ···················· 202
11.1　进出口商品作价的基本方法 ······· 203

11.2　合同中的价格条款 ················ 210
本章小结 ································ 211
思考题 ································· 212

第12章　国际货款的收付 ·············· 213

教学目的 ································ 213
关键术语 ································ 213
章首案例 12-1　信用证修改引发的
　　　　　　　 争议 ···················· 213
12.1　票据 ······························ 214
12.2　汇付和托收 ······················ 218
12.3　信用证 ··························· 224
12.4　各种支付方式的选用 ············· 236
本章小结 ································ 239
思考题 ································· 240

第13章　商品检验、索赔、不可抗力
　　　　 和仲裁 ······················· 241

教学目的 ································ 241
关键术语 ································ 241
章首案例 13-1　索赔逾期导致无法
　　　　　　　 退货 ···················· 241
13.1　商品检验 ························· 242
13.2　索赔 ······························ 248
13.3　不可抗力 ························· 250
13.4　仲裁 ······························ 254
本章小结 ································ 257
思考题 ································· 257

第4篇　国际贸易合同的履行

第14章　出口合同的履行 ·············· 260

教学目的 ································ 260
关键术语 ································ 260

章首案例 14-1　信用证结汇的注意
　　　　　　　　事项 ………………… 260
14.1　备货和落实信用证 ……………… 261
14.2　报验和申报出口 ………………… 265
14.3　托运、投保和报关 ……………… 267
14.4　交单、结汇、核销和退税 ……… 269
14.5　出口结汇的主要单据 …………… 274
本章小结 …………………………………… 285
思考题 ……………………………………… 285

第 15 章　进口合同的履行 …………… 286

教学目的 …………………………………… 286
关键术语 …………………………………… 286
15.1　申领进口许可证 ………………… 286
15.2　开立信用证 ……………………… 288
15.3　运输与投保 ……………………… 292
15.4　审单和付款 ……………………… 292
15.5　提货、报关和纳税 ……………… 293
15.6　商品检验 ………………………… 296
15.7　进口索赔 ………………………… 297
本章小结 …………………………………… 300
思考题 ……………………………………… 300

第 5 篇　贸易方式

第 16 章　国际贸易方式 ……………… 304

教学目的 …………………………………… 304
关键术语 …………………………………… 304
章首案例 16-1　电子商务再创
　　　　　　　　佳绩 ………………… 304
16.1　经销与代理 ……………………… 306
16.2　寄售与展销 ……………………… 309
16.3　招标、投标与拍卖 ……………… 311
16.4　期货交易 ………………………… 314
16.5　对销贸易 ………………………… 316
16.6　加工贸易 ………………………… 318
16.7　电子商务 ………………………… 319
本章小结 …………………………………… 327
思考题 ……………………………………… 328

参考文献 ………………………………… 330

教学支持说明 …………………………… 332

绪 论
INTRODUCTION

§ **教学目的**

- 引导学生从日常生活中认识国际贸易问题
- 了解中国的对外开放与经济发展情况
- 掌握有关国际贸易的基本概念与分类

§ **关键术语**

国际贸易	出口贸易	过境贸易	对外贸易依存度
直接贸易	货物贸易	对外贸易	对外贸易量
贸易差额	间接贸易	服务贸易	国际贸易额
进口贸易	对外贸易条件	转口贸易	国际贸易地理方向
国际贸易商品结构			

§ **章首案例 0-1**

全球集装箱运价飙升

2020年至2021年第三季度，全球集装箱运价一路飙升。彭博社报道称，在新冠疫情暴发前，大多数航运分析师都无法想象从亚洲到美国的每个集装箱会被收取 10 000 美元的费用。根据 Drewry 的数据，2011 年至 2020 年 3 月，从上海到洛杉矶的平均运费不到每个集装箱 1 800 美元。自 2021 年 7 月起，从中国运往欧洲和美国西海岸主要港口的标价接近每个集装箱 12 000 美元，一些公司表示，最后在货物装船前被收取 20 000 美元的费用。

据行业咨询机构 Container Trades Statistics（CTS）统计，2020 年中国出口集装箱运价指数（CCFI）均值为 984.4 点，2021 年上半年 CCFI 均值为 2 066.64 点，同比增长 133.86%。直到 2021 年 8 月，CCFI 继续飙升，已经达到 2 978.47 点。2020 年欧洲航线平均运价指数为 1 158 点，到 2021 年 6 月，欧洲运价指数已经达到 4 066 点，环比增长 15.2%；地中海运价指数从 2020 年的 1 353 点涨至 4 811 点。

0.1 国际贸易的基本概念

1. 国际贸易

国际贸易(international trade)泛指世界各国或地区(仅限单独关税地区)之间所进行的以货币为媒介的商品交换活动。它既包含有形商品(如实物商品)的交换,也包含无形商品(如劳务、技术、货币、咨询等)的交换。

2. 对外贸易

对外贸易(foreign trade)是指国际贸易活动中的一国或地区同其他国家或地区所进行的商品、劳务、技术等的交换活动。其中,对外贸易又有广义和狭义之分。广义的对外贸易包括货物贸易、技术贸易和服务贸易;狭义的对外贸易则仅指货物贸易。

3. 国际贸易额

国际贸易额又称国际贸易值,是用货币表示的反映一定时期内世界贸易规模的对外贸易总额,它能反映出某一时期的贸易总金额。具体来说,国际贸易额是计算和统计世界各国和地区对外贸易总额的指标,是把世界上所有国家和地区的出口额相加,即按同一种货币单位换算后,把各国和地区的出口额相加得出的数额,而不能简单地把世界各国和地区的出口额与进口额相加。

4. 对外贸易额

对外贸易额又称对外贸易值,是一个国家或地区在一定时期内(一年、一个季度或一个月)出口额和进口额的总和。它是用货币金额表示的一国或地区在一定时期内的进出口数量指标,是衡量一国或地区对外贸易状况的重要经济指标。它由一国或地区在一定时期内从境外进口的商品总额加上该国或地区同一时期向境外出口的商品总额构成。在计算时,依国际惯例,出口额要以FOB(离岸价格)计算,进口额要以CIF(到岸价格)计算。2010—2021年中国对外贸易额见表0-1。

表0-1 2010—2021年中国对外贸易额

年份	进出口 金额(亿美元)	进出口 增速(%)	出口 金额(亿美元)	出口 增速(%)	进口 金额(亿美元)	进口 增速(%)	差额(亿美元)	增速(%)
2010	30 904.2	34.1	16 564.1	31.2	14 340.1	37.6	2 224.0	1.0
2011	38 368.1	24.2	20 088.5	21.3	18 279.6	27.5	1 808.9	−18.7
2012	41 183.2	7.3	21 750.9	8.3	19 432.3	6.3	2 318.7	28.2
2013	44 763.2	8.7	23 555.9	8.3	21 207.2	9.1	2 348.7	1.3
2014	47 042.5	5.1	24 629.0	4.6	22 413.5	5.7	2 215.5	−5.7
2015	43 614.7	−7.3	23 601.5	−4.2	20 013.2	−10.7	3 588.4	62.0
2016	41 403.6	−5.1	21 979.2	−6.9	19 424.4	−2.9	2 554.8	−28.8
2017	46 428.6	12.1	24 292.8	10.5	22 135.8	14.0	2 157.0	−15.6

(续)

年份	进出口		出口		进口		差额 (亿美元)	增速(%)
	金额 (亿美元)	增速(%)	金额 (亿美元)	增速(%)	金额 (亿美元)	增速(%)		
2018	52 105.3	12.2	26 510.1	9.1	25 595.2	15.6	914.9	−57.6
2019	51 292.1	−1.6	26 310.0	−0.8	24 982.1	−2.4	1 327.9	45.1
2020	51 116.5	−0.3	27 389.0	4.1	23 727.5	−5.0	3 661.4	175.7
2021	66 496.6	30.1	35 543.0	29.8	30 953.7	30.5	4 589.3	25.3

资料来源:世界银行官方网站(https://data.worldbank.org.cn/)。

5. 对外贸易量

对外贸易量是为剔除价格变动的影响,并准确反映一国对外贸易的实际数量而确立的一个指标,它能确切地反映一国对外贸易的实际规模。具体计算是以固定年份为基期而确定的价格指数去除报告期的出口或进口总额,得到的是相当于按不变价格计算的进口额或出口额,称为报告期的对外贸易量。计算公式为

$$对外贸易量 = 进(出)口额 \div 进(出)口价格指数 \times 100 \quad (0\text{-}1)$$

6. 对外贸易依存度

对外贸易依存度又称对外贸易系数(传统的对外贸易系数),是指一国的进出口总额占该国 GNP(国民生产总值)或 GDP(国内生产总值)的比重。其中,进口总额占 GNP 或 GDP 的比重称为进口依存度,出口总额占 GNP 或 GDP 的比重称为出口依存度。对外贸易依存度反映了一国对国际市场的依赖程度,是衡量一国对外开放程度的重要指标。它是指一个国家在一定时期内进出口贸易值与该国同时期国民经济生产总值的对比关系。2010—2021年中国GDP、进出口额与对外贸易依存度见表 0-2。

表 0-2 2010—2021 年中国 GDP、进出口额与对外贸易依存度

年份	GDP(亿美元)	进出口总额(亿美元)	出口额(亿美元)	进口额(亿美元)	对外贸易依存度(%)
2010	60 871.6	30 904.2	16 564.1	14 340.1	50.77
2011	75 515.0	38 368.1	20 088.5	18 279.6	50.81
2012	85 322.3	41 183.2	21 750.9	19 432.3	48.27
2013	95 704.1	44 763.2	23 555.9	21 207.2	46.77
2014	104 756.8	47 042.5	24 629.0	22 413.5	44.91
2015	110 615.5	43 614.7	23 601.5	20 013.2	39.43
2016	112 332.8	41 403.6	21 979.2	19 424.4	36.86
2017	123 104.1	46 428.6	24 292.8	22 135.8	37.71
2018	138 948.2	52 105.3	26 510.1	25 595.2	37.50
2019	142 799.4	51 292.1	26 310.0	24 982.1	35.92
2020	146 876.7	51 116.5	27 389.0	23 727.5	34.80
2021	177 340.6	66 496.6	35 543.0	30 953.7	37.50

资料来源:世界银行官方网站(https://data.worldbank.org.cn/)。

7. 对外贸易条件

对外贸易条件是指一个国家在一定时期内出口商品价格与进口商品价格之间的对比关系，反映了该国当年的对外贸易情况和商品的国际竞争力情况，一般以贸易条件系数表示，即

$$贸易条件系数 = 出口价格指数 \div 进口价格指数 \times 100\% \qquad (0\text{-}2)$$

贸易条件系数的经济学含义是，随着出口商品相对于进口商品价格的变化，出口每单位商品所能换回的进口商品的数量。如果该系数大于1，则说明该国的当年贸易条件得到了改善；如果该系数小于1，则说明该国的当年贸易条件恶化了。2015—2021年中国贸易条件系数的国际比较见表0-3。

表0-3　2015—2021年中国贸易条件系数的国际比较

国家/地区	2015年	2016年	2017年	2018年	2019年	2020年	2021年
中国	1.00	1.00	0.94	0.91	0.93	0.99	0.90
中部非洲经济和货币共同体（CEMAC）	1.00	0.93	1.07	1.24	1.14	0.89	1.33
大湖国家经济共同体（CEPGL）	1.00	0.97	1.13	1.15	1.09	1.07	1.31
北美自由贸易区（NAFTA）	1.00	0.99	1.00	1.01	1.01	0.99	1.05
东加勒比国家组织（OECS）	1.00	1.01	1.07	1.23	1.24	1.32	1.31
东南亚国家联盟（ASEAN）	1.00	1.00	0.99	0.98	0.99	0.98	1.01
亚太贸易协定区（APTA）	1.00	1.00	0.96	0.92	0.93	0.98	0.90
欧洲自由贸易联盟（EFTA）	1.00	0.99	1.01	1.06	1.04	1.02	1.17

资料来源：联合国贸易和发展会议（UNCTAD）官网（https://unctadstat.unctad.org/EN/BulkDownload.html），以2015年为基准。

8. 国际贸易商品结构

国际贸易商品结构是指一定时期内各大类商品或某种商品在整个国际贸易中的构成，即各大类商品或某种商品贸易额占整个世界出口贸易额的比重。国际贸易商品结构可以反映出整个世界的经济发展水平、产业结构状况和科技发展水平、国际贸易商品结构的高级化与产业结构调整。2021年中国进出口商品构成见表0-4。

表0-4　2021年中国进出口商品构成　　　　　　　　　　（单位：万元）

商品构成（按SITC分类）	出口金额	进口金额
总值	2 173 476 010	1 736 609 358
一、初级产品	90 548 892	631 344 586
0类　食品和活动物	45 128 016	79 397 179
1类　饮料及烟草	1 776 008	4 925 308
2类　非食用原料（不包括燃料）	14 421 639	276 814 955
3类　矿物燃料、润滑油及有关原料	27 716 277	260 779 178
4类　动植物油、脂和蜡	1 506 953	9 427 966
二、工业制品	2 082 927 118	1 105 264 773
5类　未列明的化学品和有关产品	170 726 891	170 635 769
6类　主要按原料分类的制成品	349 532 261	135 676 151
7类　机械及运输设备	1 045 462 490	649 955 579
8类　杂项制品	491 027 146	109 941 830
9类　未分类的其他商品	26 178 329	39 055 443

资料来源：海关总署。

9. 对外贸易地理方向

对外贸易地理方向又称对外贸易的地理分布或国别结构，是指一定时期内各个国家或区域集团在一国对外贸易中所占有的地位，通常以它们在该国进出口总额或进口总额、出口总额中的比重来表示。对外贸易地理方向指明一国出口商品的去向和进口商品的来源，从而反映出一国与其他国家或区域集团之间经济贸易联系的程度。一国的对外贸易地理方向通常受经济互补性、国际分工的形式与贸易政策的影响。

10. 国际贸易地理方向

国际贸易地理方向又称国际贸易地理分布，是指一定时期内世界各洲、各国或各个国家经济集团的对外贸易在整个国际贸易中所占的比重。它是反映国际贸易地区分布和商品流向的指标，反映了各个国家（地区）在国际贸易中所处的地位。2017—2021年中国内地商品进出口主要贸易伙伴见表0-5。

表0-5 2017—2021年中国内地商品进出口主要贸易伙伴

（单位：亿美元）

国家/地区	2017	2018	2019	2020	2021
总值	41 071.6	46 200.5	45 784.9	46 586.7	60 466.6
澳大利亚	1 364.5	1 531.4	1 695.2	1 711.6	2 301.1
中国香港	2 865.3	3 102.1	2 878.9	2 786.9	3 591.4
英国	790.4	804.1	863.6	924.3	1 126.8
加拿大	518.0	635.1	650.8	641.6	819.6
日本	3 030.5	3 277.1	3 150.1	3 172.5	3 713.5
新加坡	792.7	827.7	900.4	892.4	940.2
美国	5 847.7	6 352.9	5 431.1	5 888.3	7 581.0
法国	547.7	633.0	659.2	670.5	855.1
德国	1 680.7	1 838.1	1 848.8	1 919.2	2 351.0
意大利	497.0	542.3	549.4	551.6	739.5
韩国	2 802.6	3 134.0	2 845.3	2 855.8	3 622.9
荷兰	784.0	851.7	851.8	918.0	1 164.4

资料来源：联合国贸易数据库（https://comtrade.un.org/）。

0.2 国际贸易的分类

1. 按商品（含各种劳务）的移动方向划分

（1）出口贸易。**出口贸易**（export trade）又称输出贸易，是指一国的商人将本国所生产或加工的商品（或劳务）输往国外市场进行销售的商品交换活动。

净出口是指一国或地区某一时期某类或某种商品的出口量大于进口量的部分。

（2）进口贸易。**进口贸易**（import trade）又称输入贸易，是指一国的商人购买外国生产或加工的商品（含劳务）后，将其输入本国市场进行销售的商品交换活动。

净进口是指一国或地区某一时期某类或某种商品的进口量大于出口量的部分。

（3）转口贸易。**转口贸易**（entrepot trade）又称中转贸易或再输出贸易，是指国际贸易中进出口货物的买卖，不是在生产国与消费国之间直接进行，而是通过第三国转手进行的贸易。第三国对此类商品的买进，是专为销往商品消费国的。第三国参与了这笔买卖的商品价值转移活动，但不一定参与商品的实体运动，即这批货物可以运往第三国的口岸，但不能入境，也可以直接运往商品消费国。生产国与消费国之间并不发生交易关系，而是由中转国分别同生产国和消费国发生交易。

（4）过境贸易。**过境贸易**（transit trade）是指商品生产国与商品消费国之间进行的商品买卖活动，其实物运输过程必须穿过第三国的国境。第三国要对此批货物进行海关监管，并把此类货物作为过境贸易额加以统计。

过境贸易可分为直接过境贸易和间接过境贸易两种。直接过境贸易是外国商品纯系转运性质经过本国，并不存放在本国海关仓库，在海关监督下，从一个港口通过国内航线装运到另一个港口再输出国外；或在同一港口内从这艘船装到另一艘船；或在同一车站从这列火车转装到另一列火车后离开国境。间接过境贸易是外国商品运到国境后，先存放在海关保税仓库，以后未经加工改制，又从海关保税仓库提出，再运出国境。根据专门贸易体系，这种商品移动作为过境贸易处理不计入对外贸易额内。

（5）复出口贸易。**复出口贸易**（re-export trade）又称再出口贸易，是指一国商人把外国生产或加工的商品买进后，未经加工又输出到国外的商品贸易活动。

（6）复进口贸易。**复进口贸易**（re-import trade）又称再进口贸易，是指一国商人把本国生产的商品输出到国外后，在境外未对其加工又重新输入国内市场的贸易活动。

2. 按贸易政策划分

（1）自由贸易。**自由贸易**（free trade）是指政府不采用关税、配额或其他形式来干预国际贸易的政策，即国家取消对进出口贸易的限制和障碍，取消本国进出口商品各种优待和特权，对进出口商品不加干涉和限制，使商品自由进出口，在国内市场上自由竞争的贸易政策。它是相对于"保护贸易"而言的，但这并不意味着完全放弃对进出口贸易的管理和关税制度，而是根据外贸法规即有关贸易条约与协定，使国内外产品在市场上处于平等地位，展开自由竞争与交易，在关税制度上，只是不采用保护关税，但为了增加财政收入，仍可征收财政关税。总的来说，自由贸易一般是指一些国家的贸易政策中不过多地干涉国与国之间的贸易往来，既不对进出口贸易活动设置种种障碍，也不对本国的出口商品活动给予各种优惠，而是鼓励和提倡市场交易活动的自由竞争。

（2）保护贸易。**保护贸易**（protect trade）是指一些国家的贸易政策中广泛地使用各种限制措施去保护本国的国内市场免受外国企业和商品的竞争，主要表现在限制外国商品的进口；同时，对本国的出口商所从事的出口本国商品的活动给予各种优惠甚至补贴，以鼓励本国出口商更多地从事出口贸易。

（3）统制贸易。**统制贸易**（control trade）又称外贸统制，是指对外贸易由国家统一管理、控制和调节，也被称为对外贸易国家垄断制。统制贸易也就是由国家建立的集外贸经营与管理于一体、政企不分、统负盈亏的外贸管理体制，中央以指令性计划直接管理少数专业性贸易公司进行进出口贸易。贸易目标主要是进出口贸易在总体上达到平衡。

（4）管理贸易。**管理贸易**（management trade）是西方经济学家对美国克林顿政府时期经济政策特点的一种概括。政府一方面通过签订大量协定、条约来处理和协调国与国之间的贸易关系；另一方面，又颁布大量的法律和法规来管理与约束本国商人的进出口贸易行为。这一政策特征被称为管理贸易政策。

3. 按交易对象的性质划分

（1）有形商品贸易。**有形商品贸易**（tangible goods trade）又称货物贸易，是指传统的商品进出口。《联合国国际贸易标准分类》（SITC）把国际货物贸易分为十大类，分别是：

0 类　食品和活动物
1 类　饮料及烟草
2 类　非食用原料（不包括燃料）
3 类　矿物燃料、润滑油及有关原料
4 类　动植物油、脂和蜡
5 类　未另列明的化学品和有关产品
6 类　主要按原料分类的制成品
7 类　机械及运输设备
8 类　杂项制品
9 类　未分类的其他商品

（2）无形商品贸易。**无形商品贸易**（intangible goods trade）是指在国际贸易活动中所进行的没有物质形态的商品交易，主要包括劳务、技术、旅游、运输、金融、保险等。

4. 按国境与关境划分

（1）总贸易。**总贸易**（general trade）是指以国境为标准划分的进出口贸易，凡进入国境的商品一律列为进口，凡离开国境的商品一律列为出口。前者叫总进口，后者叫总出口。总出口又包括本国产品的出口和未经加工的进口商品的出口。总进口额加总出口额就是一国的总贸易额。

（2）专门贸易。**专门贸易**（special trade）是指以关境作为划分进口和出口标准的统计方法。当外国商品进入国境后，暂时存入保税仓库，不进入关境，一律不列入进口。只有从外国进入关境的商品以及从保税仓库提出进入关境的商品，才列为进口，称为专门进口。过境贸易不属于专门贸易。对于从国内运出关境的本国产品以及进口后未经加工又运出关境的商品，则列为出口，称为专门出口。

5. 按参与贸易活动的国家多少划分

（1）双边贸易。**双边贸易**（bilateral trade）是指发生在两国（或异地支付在双边基础上进行），各以向对方的出口支付从对方的进口，不用向对方的出口来支付从其他国家的进口。

（2）三角贸易（triangle trade）。如图0-1所示，甲国中间商C一方面与乙国进口商B订立销售货物的买卖合同，另一方面与丙国出口商A订立采购货物的买卖合同，货物则由丙国直接运往乙国；货款的清算，一方面由进口商B支付中间商C，另一方面由中间商C支付出口商A。

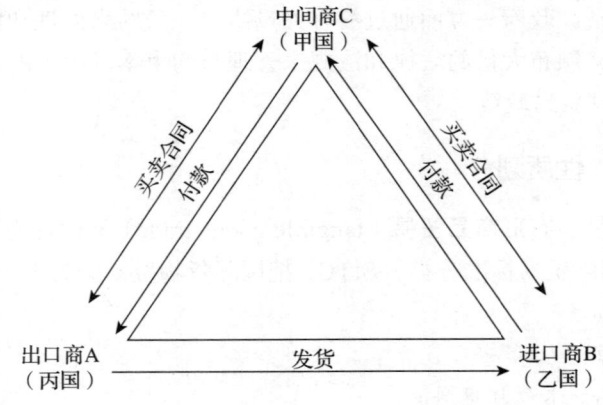

图0-1 传统型三角贸易

（3）多边贸易。**多边贸易**（multilateral trade）是指三个或三个以上国家（或地区）作为一个整体，相互间发生贸易并保持贸易收支的贸易形式。

6. 按清偿方式划分

（1）现汇贸易。**现汇贸易**（spot exchange trade）是指在国际贸易中以货币作为清偿工具的贸易，其特点是通过银行逐笔支付货款以结清债权债务。目前，国际贸易中能作为支付工具的货币主要有美元、欧元、日元、英镑等。

（2）协定贸易。**协定贸易**（agreement trade）是指两个国家（或地区）签订贸易协定，通过记账的方式交易，而不是直接动用外汇，在一定时期内（通常为一年）进行结算。贸易差额结转到下一年的账户。

（3）易货贸易。**易货贸易**（barter trade）是指经过计价以货物作为清偿工具的贸易，以货易货可以使贸易双方在外汇不足的情况下达到交易的目的。

思考题

1. 总贸易与专门贸易的区别是什么？
2. 现汇贸易、协定贸易与易货贸易的区别是什么？
3. 请解释国际贸易量与国际贸易额不一致的原因，并举例说明。
4. 2015—2021年我国贸易条件系数与其他经济体相比有哪些特点？
5. 结合最新数据，分析我国对外贸易发展存在的结构性问题。
6. 面对欧美日发达经济体经济不景气的情况，我国国际贸易地理方向将如何变化？
7. 2022年爆发的俄乌战争对全球小麦的国际贸易地理方向变化有什么影响？
8. 2021年中国集装箱海运价格一路飙升，原因何在？

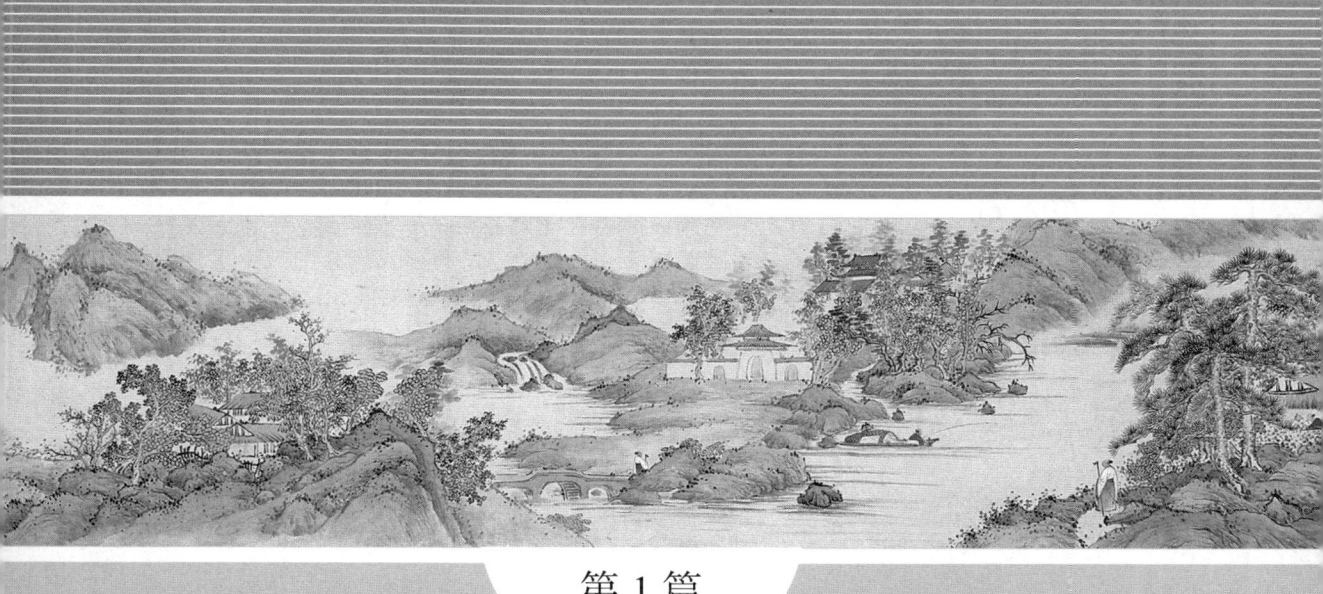

第1篇 PART 1

国际贸易理论与政策

- 第1章 国际贸易理论
- 第2章 国际贸易政策
- 第3章 国际贸易措施
- 第4章 公平贸易救济措施

第 1 章
CHAPTER 1

国际贸易理论

§ 教学目的

- 了解传统国际贸易理论
- 了解古典国际贸易理论的产生与发展的各个阶段及其影响
- 掌握国际贸易理论的推进过程,能够站在更广泛的视角来全面认识当代国际贸易发生和发展的诱因、过程和规律
- 了解现代国际贸易理论
- 了解国际贸易理论产生的背景和原因

§ 关键术语

重商主义	绝对利益学说	比较利益学说	要素禀赋学说
相互需求论	对外贸易乘数	里昂惕夫之谜	产业内贸易学说
超保护贸易学说	产品生命周期学说	需求偏好相似学说	新新贸易理论
国家竞争优势理论	全球价值链理论	新经济地理学	

1.1 古典贸易理论

1.1.1 亚当·斯密的绝对利益学说

亚当·斯密(Adam Smith,1723—1790)是英国著名经济学家,也是资产阶级经济学古典学派的主要奠基人之一。他的代表作是《国民财富的性质和原因的研究》(以下简称《国富论》)。绝对利益学说的主要内容有以下几个方面。

1）国际分工是建立在一个国家所拥有的自然优势和获得这种优势的基础上的。这里所谓的优势是指绝对优势或绝对利益。亚当·斯密认为，各国因地域和自然条件不同而形成的商品成本的绝对差异是国际贸易发生的原因。一国出口那些在本国进行生产有效率的商品，进口那些在国外进行生产有效率的商品，该国就会取得贸易利益。

他说，如果一件东西在购买时所花的代价比在家里生产时所花的少，就永远不会想在家生产，这是每一个精明的家长都知道的格言。例如，裁缝不想自己制作靴子，而向鞋匠购买。裁缝之所以自己不去制作靴子，是因为从鞋匠那里购买靴子比自己在家生产要便宜，而裁缝擅长做衣服，在做衣服方面裁缝比鞋匠能干，裁缝应该用衣服来换靴子。一个国家之所以要进口别国的产品，是因为该国生产这种产品的技术处于劣势，自己生产比购买别国产品的成本要高，而一国之所以能够向别国出口产品，是因为该国在这一产品的生产技术上比别国先进，或者说具有绝对优势。因为该国能够用同样的资源生产出比别国更多的产品，从而使单位产品的生产成本低于别国。

2）主张自由贸易。亚当·斯密认为，既然贸易双方都具有绝对优势，那么通过自由贸易，双方都能取得贸易利益。因为自由贸易会使贸易双方的资本和劳动力从生产能力低的行业转移到生产能力高的出口行业中去，实现资源的有效配置，提高劳动生产率。生产商品的数量增加了，通过贸易，双方的消费量也增加了，对双方都有好处。

为了说明这一理论，亚当·斯密举出下面的例子。

假定英国和葡萄牙两国都生产葡萄酒和毛呢，生产情况见表1-1。在这种生产模式下，可以进行国际分工、国际交换，对两国都有利，分工后的生产情况见表1-2。分工后，两国均以各自的绝对优势产品进行交换，即英国用毛呢与葡萄牙的葡萄酒以1∶1的比例相交换，交换后两国拥有产品的情况见表1-3。

表1-1 分工前两国的生产情况

国家	葡萄酒产量（单位）	所需劳动人数（人）	毛呢产量（单位）	所需劳动人数（人）
英国	1	120	1	70
葡萄牙	1	80	1	110

表1-2 分工后两国的生产情况

国家	葡萄酒产量（单位）	所需劳动人数（人）	毛呢产量（单位）	所需劳动人数（人）
英国	—	—	2.7	190
葡萄牙	2.375	190	—	—

表1-3 交换后两国拥有产品的情况

国家	葡萄酒产量（单位）	毛呢产量（单位）
英国	1	1.7
葡萄牙	1.375	1

绝对利益学说的局限性在于其只能解释现在世界贸易中的一小部分交易，未能说明一国在各部门均无绝对优势的情况下如何开展贸易，因而不具有一般性。另外，该学说只从供给

方面研究了国际分工和国际商品流动的方向,忽略了需求方面对分工和贸易格局的影响。在资源向绝对优势部门转移的过程中,成本是否会发生变化,如果是变化的,国际分工应进行到何种程度,这些问题未得到解释。

1.1.2 大卫·李嘉图的比较利益学说

大卫·李嘉图(David Ricardo,1772—1823)是英国著名的经济学家,也是政治经济学古典学派的主要奠基人之一,其代表作是《政治经济学及赋税原理》。大卫·李嘉图的比较利益学说是对亚当·斯密的绝对利益学说的重大发展。

亚当·斯密的绝对利益学说的前提是在两个国家、两种商品的贸易模式里,贸易双方必须各有一种具有绝对优势的商品,通过贸易可取得绝对利益。但是如果一个国家连一个绝对优势的商品都没有,而另一个国家两种商品都具有绝对优势,那么双方还会发生贸易吗?这正是比较利益学说要回答的问题。大卫·李嘉图认为,即使一个国家的各个行业的生产都缺乏效率,没有低成本的商品,通过国际贸易仍可能获得利益,而另一个国家各个行业的生产都有效率,成本比国外同行也都低,通过国际贸易可获得更大利益。所谓比较利益,是指在两个国家、两种商品的贸易模式里,贸易一方两种商品都处于劣势,而贸易另一方两种商品都处于优势,通过"两利相权取其重,两弊相权取其轻"的原则进行专业化分工,贸易双方获得的利益。

例如,生产同样单位的毛呢,葡萄牙需要 90 人,英国需要 100 人;生产同样单位的葡萄酒,葡萄牙需要 80 人,英国需要 120 人,见表 1-4。

表 1-4 分工前两国的生产情况

国家	葡萄酒产量(单位)	所需劳动人数(人)	毛呢产量(单位)	所需劳动人数(人)
英国	1	120	1	100
葡萄牙	1	80	1	90

从葡萄牙方面看,两种商品的生产都比英国的效率高、成本低,但是低的程度不同。毛呢的成本相当于英国的 90%(=90/100),而葡萄酒的成本相当于英国的 67%(=80/120)。可见,葡萄牙生产葡萄酒的效率相对更高些。

从英国方面看,两种商品的生产都比葡萄牙的效率低、成本高,但是高的程度不同。毛呢的成本是葡萄牙的 1.1(=100/90)倍,而葡萄酒的成本是葡萄牙的 1.5(=120/80)倍。可见,英国生产毛呢的效率相对高一些。

如果两国都生产具有相对优势的产品,即葡萄牙把全部劳动力都用来生产葡萄酒,英国把全部劳动力都用来生产毛呢,各自发挥相对优势,就可以使两种产品的产量都得到增加。通过贸易,双方可以消费比分工前更多的商品,都获得利益,见表 1-5。

表 1-5 分工后两国的生产情况

国家	葡萄酒产量(单位)	所需劳动人数(人)	毛呢产量(单位)	所需劳动人数(人)
英国	—	—	2.2(=220/100)	220
葡萄牙	2.125(=170/80)	170	—	—

分工前，葡萄牙和英国共生产 2 单位的毛呢和 2 单位的葡萄酒。分工后，葡萄牙把 170（=80+90）个劳动力都用来生产葡萄酒，则生产 2.125（=170/80）单位；英国把 220（=100+120）个劳动力都用来生产毛呢，则生产 2.2（=220/100）单位；两种产品的产量总和为 4.325 单位，多于原来的 4 单位。通过国际贸易，两个国家的消费量也增加了。

假设两国交换的比价为 1∶1，那么交换后两国的消费情况见表 1-6。

表 1-6　交换后两国的消费情况

国家	葡萄酒产量（单位）	毛呢产量（单位）
英国	1	1.2
葡萄牙	1.125	1

从表 1-6 中可以看出，分工后，两国的劳动投入并没有增加，但是两种产品的总量却增加了。其中，毛呢增加了 0.2 单位，葡萄酒增加了 0.125 单位。两国进行交换，双方都得到了比较利益。

1.2　新古典贸易理论

1.2.1　赫克歇尔 – 俄林的生产要素禀赋理论

赫克歇尔 – 俄林的生产要素禀赋理论（以下简称"赫 – 俄理论"）是瑞典著名经济学家赫克歇尔（Heckscher，1879—1952）和俄林（Ohlin，1899—1979）创立的国际贸易理论。赫克歇尔于 1919 年发表了题为《对外贸易对收入分配的影响》的著名论文，提出了要素禀赋理论的论点。赫克歇尔的学生俄林继承了他的论点，于 1933 年出版了《域际贸易和国际贸易》一书，创立了要素禀赋理论，又称赫 – 俄理论或新古典贸易理论。该理论是对比较利益学说的重大发展。

1. 赫 – 俄理论的主要内容

赫 – 俄理论有狭义和广义之分。狭义的理论被称为生产要素供给比例理论，其主要观点是用生产要素禀赋来解释国际贸易发生的原因和进出口商品的特点。广义的理论还包括生产要素均等化定理，其主要内容是说明国际贸易不仅会使贸易各国的商品价格趋于相等，还会使贸易各国的生产要素价格趋于相等。

赫 – 俄理论的要点可概括为以下几个方面。

（1）国际贸易发生的根本原因是生产要素的禀赋差异。同一种商品在不同国家的价格不同，在国内具有比较成本优势的商品价格就会比较低，商品会从价格低的国家流向价格高的国家，导致国际贸易发生。同一种商品在不同国家的价格不同，是由各国生产要素禀赋的不同造成的。所以，要素禀赋的差异是国际贸易发生的根本原因。

（2）各国应该出口那些密集使用本国丰裕资源的商品，进口那些密集使用本国稀缺资源的商品。例如，一国如果劳动力相对丰裕，资本相对稀缺，就应该出口劳动密集型产品，进口资本密集型产品；相反，一国如果资本相对丰裕，劳动力相对稀缺，就应该出口资本密集型产品，进口劳动密集型产品。这种分工和贸易模式对贸易双方都有利。

（3）自由贸易不仅会使贸易各国商品价格趋于相等，还会使生产要素价格趋于相等。贸易前，丰裕要素的价格低，稀缺要素的价格高；贸易后，前者价格上升，后者价格下降。假如，甲、乙两国拥有两种要素的丰裕和稀缺程度不同，甲国拥有的劳动力要素相对丰裕，而拥有的资本要素相对稀缺；乙国拥有的资本要素相对丰裕，而拥有的劳动力要素相对稀缺。甲国出口劳动密集型产品，该类产品因扩大了需求而导致国内对劳动力需求的增加，使丰裕的劳动力要素变得稀缺，价格上涨；而进口资本密集型产品，该类产品因扩大了供给而导致国内对资本需求的减少，使稀缺的资本要素变得丰裕，价格下降。相反，乙国出口资本密集型产品，该类产品因扩大了需求而导致国内对资本需求的增加，使丰裕的资本要素变得稀缺，价格上涨；而进口劳动密集型产品，该类产品因扩大了供给而导致国内对劳动力需求的减少，使稀缺的劳动力要素变得丰裕，价格下降。甲、乙两国通过贸易，使两国拥有的劳动力和资本要素的丰裕或稀缺程度、生产要素的价格，随着国际贸易的发展又趋于相等。

赫－俄理论认为要素价格均等化是一种趋势，而美国经济学家萨缪尔森后来撰文论证，自由贸易导致要素价格均等化不仅是一种趋势，而且是一种必然。

2. 对赫－俄理论的评价

（1）赫－俄理论是对比较利益学说的重大发展。它最先从生产要素角度分析国际分工和国际贸易发生的原因。

（2）该理论正确地分析了生产要素在各国进出口中的作用，认为在国际竞争中，土地、劳动力、资本、技术等要素的结合是构成一国商品价格的重要因素，对一国的对外贸易产生重大影响。

（3）该理论的主要缺陷是：该理论是建立在一系列假定条件的基础上的，而这些假定条件都是静态的，忽视了它们的动态变化；把各国要素禀赋的差异和产品技术条件的差异作为国际分工和国际贸易发生的真正原因，掩盖了资本主义生产关系对国际分工和国际贸易的影响；忽视了科学技术在国际分工和国际贸易中的作用。

1.2.2 里昂惕夫之谜

1. 里昂惕夫之谜的产生

华西里·W. 里昂惕夫（Vassily W. Leontif）是美国经济学家、投入产出经济学的创始人、诺贝尔经济学奖的获得者，其代表作有《投入产出经济学》《生产要素比例与美国贸易结构的进一步理论和经验分析》等。

里昂惕夫的研究发现，赫－俄理论的要素禀赋理论与事实不符，得出了相反的结论，所以里昂惕夫之谜又称里昂惕夫反论。

根据赫－俄理论的要素禀赋理论，一国出口的应该是密集使用本国丰裕要素生产的产品，进口的是密集使用本国稀缺要素生产的产品。根据这一观点，一般认为，美国是一个资本要素丰裕而劳动力要素稀缺的国家，应该出口资本密集型产品，进口劳动密集型产品。为了验证赫－俄理论的正确性，1953年里昂惕夫用投入产出分析法对1947年美国200个行业的对外贸易商品结构进行了分析。他把生产要素分为资本和劳动力两种，然后计算出每百万美元的出口商品和进口替代品中所含的国内资本和劳动力的需求量。计算结果见表1-7。

表1-7　1947年美国每百万美元的出口商品和进口替代品对国内资本和劳动力的需求量

要素	出口商品	进口替代品
资本K（美元）	2 550 780	3 091 339
劳动力L（人）	182 313	170 004
资本/劳动力（K/L）	13.991	18.184

从表1-7中可以看出，1947年平均每人进口替代品的资本量与出口商品的资本量的比是18.184/13.991=1.30，也就是说，高出约30%。

里昂惕夫的研究结果表明，美国进口替代品的资本密集程度反而高于出口商品的资本密集程度。美国参与国际分工是建立在劳动密集型生产专业化的基础上，而不是建立在资本密集型生产专业化的基础上。换言之，这个国家利用对外贸易来节约资本和安排剩余劳动力。为什么会出现这种与要素禀赋理论相悖的现象？经济理论界认为这是一个谜。里昂惕夫于1956年用同样的方法，对美国1951年的贸易结构进行了又一次检验，结果与第一次相同。检验结果见表1-8。

表1-8　1951年美国每百万美元的出口商品和进口替代品对国内资本和劳动力的需求量

要素	出口商品	进口替代品
资本K（美元）	2 256 800	2 303 400
劳动力L（人）	17 391	16 781
资本/劳动力（K/L）	129.77	137.25

从表1-8中可以看出，1951年美国平均每人进口替代品的资本量与出口商品资本量的比是137.26/129.77=1.06，也就是说，高出约6%。

这个研究结果又一次证明美国出口商品具有劳动密集型特征，而进口替代品则有资本密集型特征。

里昂惕夫之谜激发了一些经济学家对其他国家的贸易结构进行研究，其研究结果证明其他国家也存在类似的情况。于是，西方经济学界对里昂惕夫之谜给出了各种各样的解释。

2. 解释里昂惕夫之谜的几种学说

里昂惕夫之谜引起了西方经济学界的极大关注，解释里昂惕夫之谜的学说主要有以下几种。

（1）劳动效率说。劳动效率说最先由里昂惕夫自己提出，他认为各国劳动生产率差异很大，例如美国工人的劳动生产率大约是其他国家的3倍，因而在计算美国工人人数时必须将美国工人人数乘以3。这样与其他国家相比，美国就成了劳动力要素丰裕而资本要素相对稀缺的国家。所以美国出口劳动密集型产品、进口资本密集型产品是理所当然的事，于是里昂惕夫之谜就不存在了。根据劳动效率说可知，美国之所以劳动生产率高，是因为美国的个人受教育程度较高、进取精神较强、企业的科学管理水平较高。

后来，美国经济学家基辛对这一问题进一步加以研究，得出结论：资本要素丰裕的国家倾向于出口熟练劳动密集型商品，而资本要素稀缺的国家倾向于出口非熟练劳动密集型商品。美国工人熟练程度较高，因而进口熟练劳动密集型商品比重较低，而进口非熟练劳动密集型商品比重较高；印度的工人非熟练程度较高，因而进口非熟练劳动密集型商品比重较低，而进口熟练劳动密集型商品比重较高。这表明发达国家在生产熟练劳动密集型商品方面具有比较优势，而发展中国家在生产非熟练劳动密集型商品方面具有比较优势。因此，熟练程度不同、劳动生产率不同是国际贸易发生和发展的一个重要原因。

（2）人力资本说。人力资本说是美国经济学家凯南、肯林等人提出的，他们把资本分为物质资本和人力资本。人力资本主要是指一国用于职业教育、技术培训方面投入的资本。人力资本投入，可以提高劳动者的劳动技能和知识水平，提高劳动生产率。美国投入了较多的人力资本，就会拥有较多的熟练劳动力。因此，美国出口产品含有较多的熟练技术劳动。如果把熟练技术劳动的收入高出简单劳动的部分作为资本（无形资本）与物质资本（有形资本）加在一起，那么美国出口的仍然是资本密集型产品，这个结论是符合赫－俄理论的。

（3）市场不完全说。西方有的经济学家认为，里昂惕夫之谜产生的原因是市场的不完全。国际贸易要受贸易参与国的关税和非关税壁垒等贸易保护主义政策的限制，使资源禀赋理论原理揭示的规律难以实现。例如，为了解决就业问题，美国政府的贸易政策有严重的保护本国非熟练劳动力的倾向。假如美国不实行这种贸易保护政策，而实行自由贸易政策，美国进口劳动密集型产品的实际比重应该高一些。计算结果表明，如果美国进口商不受限制，进口商品中资本与劳动力的比例将比实际的要低5%。因此，贸易壁垒是产生里昂惕夫之谜的重要原因之一。

3. 里昂惕夫之谜的理论意义

（1）对里昂惕夫之谜的评价。里昂惕夫之谜是西方国际贸易理论发展史上的一个里程碑，里昂惕夫对传统的资源禀赋理论的验证，具有重大理论意义。它运用投入产出表分析美国贸易结构，把统计学运用于经济理论分析，这是一种创新。里昂惕夫之谜说明传统的贸易理论存在理论与实际不符的严重缺陷，这个"谜"的提出引起了经济理论学家的广泛关注，激发了世界经济学家的探索热情，促进了国际贸易理论的发展。

（2）里昂惕夫之谜的历史局限性。里昂惕夫之谜的历史局限性主要表现在研究对象和研究内容方面。它的研究对象只有美国一个国家，研究内容只涉及资本和劳动两个要素，使复杂的国际贸易过程过分简单化了，从而使里昂惕夫之谜的科学性、实用性和普遍性大打折扣。

1.3　新贸易理论

自20世纪60年代以来，迅速发展的科技革命使世界经济状况、国际分工和国际贸易都发生了巨大变化。传统的国际分工和国际贸易理论显得越来越脱离现实，并暴露出明显的理论缺陷和矛盾，有的理论甚至已不适用。在这种情况下，一些西方经济学家便试图用新的学说来解释国际分工和国际贸易中出现的某些问题。于是，各种新的国际贸易理论应运而生。

1.3.1 产品生命周期学说

产品生命周期学说是美国经济学家弗农于1966年在其《产品周期中的国际投资与国际贸易》一文中首次提出的。他认为产品具有不同的生命周期，在产品生命周期的不同阶段，一国出口和进口的商品结构是不同的。产品的生命周期会经历三个阶段。

（1）产品创新阶段。少数新产品最先是在技术领先创新的国家开发出来的，新产品开发出来以后，便在国内投入生产。该创新产品不仅满足了国内市场的需求，同时也会出口到具有与创新国家收入水平相近的国家和地区，满足国外市场的需求。这一阶段，需要投入大量的科研和开发费用，产品要素的密集型表现为技术密集型。

（2）产品成熟阶段。随着科学技术的发展，生产创新产品的企业不断增多。与此同时，国外市场不断扩大，出现了大量的仿制品。国内企业为了降低成本，占领并扩展国外市场，最好的办法是对国外直接投资。到国外投资，可以利用当地各种廉价资源，降低费用，巩固和扩大市场。这一阶段，技术投入减少，资本和管理要素投入增加，高级的熟练劳动投入越来越重要，产品要素密集型表现为资本密集型。

（3）产品标准化阶段。生产创新产品的企业日益增多，竞争更加激烈，技术和产品趋于标准化。企业选择生产成本最低的地区从事生产经营活动，生产的最佳地点从发达国家转向发展中国家。于是，原来创新国家的技术优势已不复存在，创新产品的需求转向从国外进口。原创新企业要想继续保持技术优势，只有进行新一轮的发明创造。这一阶段，产品的技术趋于稳定，技术投入更少，资本要素投入虽然仍然重要，但非熟练劳动大量增加，产品要素密集型也将随之改变。

上述三个阶段，产品要素密集型不同，技术先进程度不同，产品所属类型不同，因而使得各种不同类型的国家在产品的不同阶段具有不同的比较利益，而且这种比较利益将从创新产品生产国逐渐转移到发展中国家。

用产品生命周期学说来解释美国工业制成品的生产和出口变化情况，就会得出下述结论：一开始，美国处于新技术垄断阶段，创新产品不仅在美国销售，而且出口到欧洲各国及日本等发达国家；随后欧洲各国及日本等发达国家也开始生产该种创新产品，逐步成为这种创新产品的出口国；在激烈的市场竞争中，美国的技术优势完全丧失，欧洲各国及日本等发达国家生产规模不断扩大，成为创新产品的主要供应者；发展中国家也逐渐掌握新产品的生产技术，开始生产、销售新产品；欧洲各国及日本等国对美国大量出口这种创新产品，美国成为这种创新产品的净进口国，这一产品的生产周期便宣告结束。

1.3.2 国家竞争优势理论

产品生命周期理论从动态角度成功地解释了国内市场对创新的影响，但它仍留下许多问题未能解答，如为什么一些国家的某种产品在国内市场很小或发展缓慢的情况下仍能成为世界领先者？为什么许多国家的产业并没有如该理论预测的那样失去竞争优势？基于此，哈佛大学教授迈克尔·波特提出，一国兴盛的根本在于赢得国际竞争的优势，而国际竞争优势的取得关键在于国家具有适宜的创新机制和充分的创新能力。

1. 国家竞争优势理论的内涵

迈克尔·波特的国家竞争优势理论，以产业经济为突破口，站在产业层次，认为国家竞争优势取决于产业竞争优势，而产业竞争优势又决定了企业竞争优势，是一种从企业层面扩展到国家层面，并兼顾微观、中观、宏观三个层次的系统理论。

2. 国家竞争机制的六个因素

个别企业、产业的竞争优势并不必然导致国家竞争优势。因此，一国的宏观竞争机制对其是否能取得国家竞争优势有重要的决定性作用。为了对国家竞争优势提供一个比较完整的解释，迈克尔·波特提出了一个由四个基本决定因素、两个辅助因素构建的国家竞争优势模型，如图1-1所示，四个基本决定因素分别是生产要素，国内需求，相关产业和支持性产业，企业的战略、结构和竞争；两个辅助因素是机遇和政府。由此构成所谓的"**波特菱形**"或完整的"**钻石模型**"（diamond model）。这些因素中的每一个都可单独发挥作用，同时，该系统也是一个双向强化的系统，其中任何一项因素的效果必然影响另一项因素的状态。各个因素结合成一个有机体系，共同作用并决定国家的竞争优势。

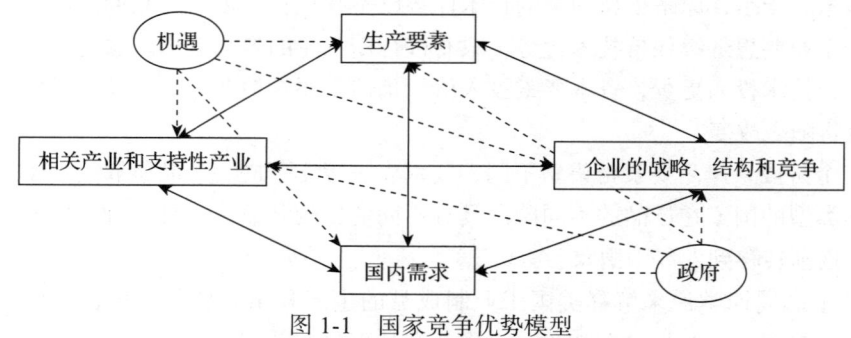

图1-1　国家竞争优势模型

（1）生产要素。生产要素可以归为下列几大类：人力资源、物质资源、知识资源、资本资源以及基础设施。

要素可分成初级要素和高级要素、一般要素和专门要素。靠初级要素获得的竞争优势难以持久，高级要素才是竞争优势的长远来源。高级要素往往需要长期对人力资源、物质资源进行投资才能得到。要创造高级要素，创造机构本身就需要高级的人力资源和技术资源，因此高级要素资源相对稀缺，在全球市场上较难获得。同样，专门要素比一般要素更重要。专门要素比一般要素更能为国家提供持久的竞争优势。

（2）国内需求。国内需求对竞争优势最重要的影响是通过国内买主的结构和买主的性质实现的。不同的国内需求使公司对买方需求产生不同的看法和理解，并做出不同的反应。国内市场有三个特征对国家竞争优势有十分重要的影响。一是讲究、挑剔的买主。如果国内买主是世界上对产品和服务最讲究、最挑剔的买主，那么一个国家的公司便可能获得竞争优势。此外，讲究、挑剔的买主往往会给国内公司施加压力，使其在产品质量、性能和服务方面都建立起高标准。二是前瞻性的买方需求。如果一国的买方需求比其他国家领先，则一国的公司也能获得竞争优势，因为国内领先需求使公司先意识到国际需求的到来。三是国内独立的买主数量、需求的增长速度、需求的规模以及市场饱和的时间也会对一国公司的竞争优势产生影响。

（3）相关产业和支持性产业。一个国家的产业要想获得持久的竞争优势，在国内就必须拥有在国际上有竞争力的供应商和相关产业。相关产业是指因共用某些技术、共享同样的营销渠道或服务而联系在一起的产业或具有互补性的产业。一个国家如果有许多相互联系的有竞争力的产业，该国便很容易产生新的有竞争力的产业。支持性产业以下列三种方法为下游产业创造竞争优势：以最有效的方式及早、迅速地为国内公司提供最低成本的投入，不断地与下游产业合作，促进下游产业的创新。

（4）企业的战略、结构和竞争。企业战略、结构和竞争包括企业建立、组织和管理的环境以及国内竞争的性质。不同国家的企业在目标、战略和组织方式上都大不相同。国家优势来自对它们的选择和搭配：一是各个国家由于环境不同，需要采用的管理体系也就不同，适合国家环境、适合产业的竞争优势源泉的管理方式能提高国家竞争优势；二是不同国家的不同企业也都有不同的目标，对经理和雇员有不同的激励机制，一个国家只有在存在不同寻常的投入和努力的产业才能成功，而要做到这一点，需要公司有正确和恰当的目标，对经理、雇员有正确的激励机制；三是国内竞争，激烈的国内竞争是创造和保持竞争优势最有力的刺激因素，其作用机制在于减少外国竞争者的渗透模仿效应和人员交流效应，以促使竞争升级、强化竞争程度，迫使企业走向海外。

（5）机遇。机遇包括重要的新发明、重大技术变化、投入成本的剧变（如石油危机时）、外汇汇率的重要变化、突然出现的世界或地区需求、战争等。

（6）政府。政府对国家竞争优势的作用主要在于对四种决定因素的影响。政府可以通过补贴、对资本市场加以干预、制定教育政策等影响要素条件，通过确定地方产品标准、制定规则等影响买方需求（政府本身也是某些产品或服务的大买主）。政府也能以各种方式决定相关产业和支持性产业的环境，从而影响企业的战略、结构、竞争状况等。但由于政府的影响主要是通过对四种决定因素的影响实现的，因此它没有被归入决定因素。

上述六种因素中，前四种因素是国家竞争优势的决定因素，其情况如何直接导致国家竞争地位的变化；后两种因素对国家的竞争优势产生影响。

3. 对国家竞争优势理论的简评

迈克尔·波特的国家竞争优势理论是当代国际经济学理论的重大发展，主要有三个方面的贡献。

（1）该理论深化了对要素竞争优势的认识。例如，在要素基础上形成的竞争优势是动态变化的，要素方面的劣势也能够产生国家竞争优势，要素创造比要素禀赋对于一国的竞争优势来说重要得多。

（2）该理论用贸易和对外投资相结合的思路，来解释一国何以能成为在一个特定产业中成功并维持竞争优势的国际竞争者的"母国基地"。大多数先前的理论或者只涉及贸易方面，或者只涉及对外投资方面。

（3）该理论强调国内因素对于竞争优势的重要性，并在此基础上强调国家在决定国际竞争力方面的重要作用。迈克尔·波特的理论观点弥补了传统理论的不足，对于发展国家竞争优势无疑具有积极的指导意义。

总之，国际竞争优势理论不仅对当今世界经济和贸易格局进行了理论上的归纳总结，而且对国家未来贸易地位的变化可提供具有一定前瞻性的预测。

1.3.3 需求偏好相似学说

需求偏好相似学说是瑞典经济学家林德于 1961 年在其论文《论贸易和转变》中提出的，他用国家之间需求相似来解释工业制成品贸易发展。林德认为，赫－俄理论只适用于工业制成品和初级产品之间的贸易，而不适用于工业制成品之间的贸易。

林德认为，工业制成品的生产最初都是为了满足国内需求，只有当国内市场扩大到一定程度时，才会将产品推向国际市场。由于该产品是在考虑本国收入水平的条件下，为了满足国内市场偏好而生产的，因此该产品较多地出口到偏好和收入与本国相似的其他国家。这些国家的需求结构和需求偏好与本国越相似，其贸易量就越大。

林德认为，影响一国需求结构的主要因素是人均收入水平。人均收入水平越相似，两国消费偏好和需求结构越相近，产品的适应性就越强，贸易关系就越密切。人均收入水平较低的国家，选择消费品的质量也较低；人均收入水平较高的国家，选择消费品的质量也较高。因此，人均收入水平影响消费偏好和需求结构，消费偏好和需求结构影响贸易关系。一国即使拥有比较优势的产品，如果与其他国家收入水平差距较大，该产品也不能成为贸易商品。

需求偏好相似学说的意义有以下几个方面。

（1）需求偏好相似学说表明，收入水平相近的国家之间存在产业内贸易的基础。

（2）需求偏好相似学说对于解释第二次世界大战以来迅速发展的发达国家之间的产业内贸易具有特别的意义。

国家间国内需求的构成和层次上的差异对国际贸易格局具有重要影响。林德尔认为国内需求的动态方面对于一国的贸易结构是十分重要的，即国内需求形式的国际化表现会深刻影响贸易结构。从行业的角度来说，如果某行业具有动态或外在规模经济特征，那么该行业厂商会获得长期的竞争优势。国内消费者之间的竞争与效仿为国内供应厂商提供了刺激创新的丰厚土壤。此外，对某个产品门类国内需求的高增长会对公司的国际竞争力有正影响。但是，现实经济是一个复杂的系统，各国收入水平不一定能真实反映需求偏好，决定需求偏好的因素多种多样；即使贸易伙伴国具有相同的收入水平和需求偏好，在开放市场经济条件下，由于要素、技术禀赋和生产工艺不同导致商品与服务的相对价格差异，以及政府对贸易的管制和区域贸易协定，都会导致贸易结构偏离需求偏好相似学说。

1.3.4 产业内贸易学说

传统的国际贸易理论，主要是针对国与国、劳动生产率差别较大的和不同产业之间的贸易，但自20世纪60年代以来，随着科学技术的不断发展，国际贸易实践中又出现了一种和传统贸易理论的结论相悖的新现象，即国际贸易大多发生在发达国家之间，而不是发达国家与发展中国家之间，而发达国家间的贸易又出现了既进口又出口同类产品的现象。为了解释这种现象，国际经济学界产生了一种新的理论——产业内贸易学说。

产业内贸易学说是美国经济学家格鲁贝尔提出的，是关于产业内同类产品贸易增长和特点的理论。格鲁贝尔等人认为，当代国际贸易结构大致可以分为两类：一类是不同产业之间的贸易；另一类是产业内部同类产品之间的贸易。所谓产业内部同类产品之间的贸易是指一国同时出口和进口同类产品，或者贸易双方交换的是同一产业所生产的产品。

格鲁贝尔及许多西方学者认为，同类产品或同一产业生产的产品之间发生贸易关系的原因有以下几点。

（1）产品的差异性。同类产品的差异性表现在诸如商标、牌号、款式、包装、规格等方面，有些同质产品在实物形态上即使是相同的，但由于售后服务、广告宣传等方面的差异，也会被视为有差异产品。这种同类产品的差异性可以满足消费者的不同心理消费欲望和偏好，从而导致不同国家之间产业内贸易的产生和发展。

（2）厂商追求规模效益的动机。同类产品因产品的差异与消费者偏好的差异而相互出口，可以扩大生产规模和市场，获得贸易利益。因为一国企业可以通过大规模的专业化生产，降低成本，提高效益，取得比较优势，进而扩大产品出口。由此，产业内部的分工和贸易自然形成。

（3）经济发展水平及需求的重叠。经济发展水平越高，产业内差异性产品的生产规模越大，从而产业内部分工越发达，就会产生更多的差异性产品供应市场；经济发展水平越高，人均收入也越高，从而消费者的消费需求趋于多样化、高级化，就会形成对差异性产品的强烈需求。

不同国家、不同阶层的人的消费需求是不同的，而相同阶层的人的消费需求是相同或相近的，如富裕的人对高档消费品的需求、贫穷的人对生活必需品的需求。不同国家需求的重叠，使得国家之间具有差异性的产品相互出口成为可能。

1.3.5 新经济地理学理论

"新经济地理学"是以保罗·克鲁格曼（Paul Krugman）为首的经济学家提出的。在《地理和贸易》和《发展、地理和经济理论》等著作中，克鲁格曼基于国际贸易发生在要素禀赋相似的国家之间的事实，构建了一种即使没有比较优势的国家也会以提高福利为目的而进行贸易的模型。通过描述经济活动集聚的向心力和使经济活动分散的离心力，克鲁格曼揭示了经济活动的地理结构和空间分布如何在这两种力量的作用下形成集聚及其微观基础决定因素。

目前，新经济地理学主要包括核心-边缘理论、城市与区域演化理论和产业集聚与贸易理论。

1. 核心-边缘理论

在新贸易理论的报酬递增说的基础上，克鲁格曼通过离心力和向心力解释了报酬递增、运输成本和要素流动之间如何相互作用并最终演变出完全不同的经济结构。离心力来源于某种固化效应存在而导致交易成本增大，向心力则主要取决于激励劳动者更接近消费品生产商的"前向联系"以及激励生产者集聚在较大市场的"后向联系"。在运输成本足够低、产品差异性显著和生产规模足够大的前提条件下，"前向"和"后向"关联足以克服非流动性农民产生的离心力，经济将会演化成"中心-外围"模式，即所有制造业都集中在一个地区。

2. 城市与区域演化理论

克鲁格曼在约翰·海因里希·冯·杜能（Johann Heinrich von Thünen）的基础上建立了动态多区域模型，将城市定义为被农业腹地包围的制造业集中地，并且抽象为空间结构均衡的等距离分布的集聚点。藤田昌久（Fujita Masahisa）和克鲁格曼采用均衡分析的方法提出中心城市的存在来自前向和后向联系的作用，他们发现由于人口的不断增加，导致腹地外部延伸并且远离中心城区，从而形成了众多新的城市。一旦城市的数目变得足够多，由于向心力和离心力相对力量的存在，城市规模和城市之间的距离往往保持大体固定水平。随着农业、工业运输成本的相对下降，则可能最终形成由大的核心城市组成的大都市群。

3. 产业集聚与贸易理论

新经济地理学把研究重点从集聚资源转到特定产业的地域集聚，并进一步从产业之间的关联、运输成本和要素的流动性来研究产业集聚与贸易。克鲁格曼认为，一方面，产业集聚依赖于在该产业商品上的支出（包括中间投入等商品支出），一个较大规模的产业恰恰能提供该产业的较大市场，商品生产者则被激励到上游产业区位布局生产；另一方面，由于外部规模经济的存在，具有较大规模产业的地区将为最终商品的生产者提供多种中间投入品，降低该产业的最终商品的成本，激励中间产品的生产者在所控制的最大市场内布局生产，而这却恰恰是下游产业。所以，在特定的地域，"前向关联"和"后向关联"效应可以产生一种专业化过程，是促进产业聚集和区域专业化发展的两种力量。

1.4 新新贸易理论

1.4.1 异质性企业贸易理论

1. 异质性企业贸易理论产生的背景

传统贸易理论中的比较优势理论和资源禀赋理论，以市场完全和规模报酬不变假定为基础，分析了国家间因生产技术差异和要素禀赋不同而出现的产业间分工、贸易动因和利益来源。新贸易理论在传统贸易理论基础上放松了市场完全和规模报酬不变的假设，分析了在市场不完全和规模经济的情况下国际分工与贸易的原因及利益来源，解释了产业内分工与贸易的现象。但是，不论是传统的贸易理论还是新贸易理论，其研究均从宏观层面出发，分析国际分工与贸易的开展，忽视了贸易的微观主体（企业）之间的差异性。

美国统计局 1999 年对 30 多万家企业的调查研究显示，从事出口的企业不到 5%，而且这些出口企业中前 10% 的企业出口总量占美国出口总额的 96%。出口企业与非出口企业在劳动生产率、要素密集度和工资水平上都存在显著的差异。相对非出口企业，出口企业具有较高的劳动生产率和工资水平。异质性企业贸易理论正是从微观企业角度解释了此类国际贸易中出现的新现象：在传统贸易理论和新贸易理论的基础上，假定微观企业存在异质性，建立微观企业层面的分析框架，解释了当前国际贸易的新现象，使贸易理论的分析和研究从宏观层面深入微观领域，更加与现实接近，也更具有说服力。此外，异质性企业贸易理论还将新制度经济学的不完全契约和产权分析引入国际贸易的一般均衡分析框架中，为当前研究企业的全球生产组织分工提供了新的思路，特别是在外包与垂直一体化的抉择方面。

2. 以伯纳德为代表的异质性企业贸易模型

伯纳德于 2003 年提出的以寡头价格垄断竞争模型为基础的异质性企业贸易模型是异质性企业静态贸易模型。该模型采用比较静态分析法，引入大卫·李嘉图相对技术差异论、冰山运输成本等市场不完全条件，分析了企业生产率水平和出口之间的关系。该模型的基本结论为国际贸易对生产率水平不同的企业会带来不同的影响：生产率水平最低的企业可能倒闭，生产率水平相对较高的企业会选择出口，行业的生产率水平会由于低生产率水平企业倒闭和高生产率水平企业扩大出口而上升。

3. 以麦利茨为代表的异质性企业贸易模型

麦利茨模型是采用垄断竞争分析框架，在克鲁格曼新贸易理论的基础上构建的异质性企业动态贸易模型。

此模型的核心思想为企业在进入一个特色产业之前，对自身的生产率水平是不了解的，但当它进入一个新产业之后，企业做出的投资又是不可逆的，所以在同一个行业里，会存在不同生产率水平的各种企业。与此同时，当企业准备进入国际市场时，对自身的生产率水平已经有了一定程度的了解，而且企业在出口产品时，会存在流通费用、运输成本以及服务费等各种进入成本，这些进入成本是企业在支付国内市场生产销售固定成本后，单独支出的出口固定成本。出口数量越多，出口目的地越多，这种固定成本就越高。在这种情况下，只有生产率水平较高的那部分企业才会选择出口，而生产率水平次之的企业只能选择国内市场，生产率水平最低的企业会被迫退出行业。此时，贸易将提高在国内和国外市场上销售产品的企业的生产率水平，同时通过资源在行业内的重新配置提高整个行业的生产率水平，进而带来福利的增长。这种产业生产率水平的提升，并不是因为产业内某个企业的生产率水平提高了，而是由于贸易结构得到了优化。因此，该模型为贸易影响产业结构的路径提供了一种新的解释。

麦利茨模型认为，国际贸易自由化会带来以下三个方面的影响：

第一，国际贸易能够引发生产率水平较高的企业进入出口市场，而生产率水平较低的企业只能继续为本土市场生产甚至退出市场。

第二，贸易自由化会引起异质企业的产业内竞争和资源重新配置效应，国际贸易进一步使得资源重新配置，流向生产率水平较高的企业。

第三，在消费者福利方面，虽然国内企业数量减少使国内产品的供给数量减少，但国际贸易可以使企业成本加成下降，同时使更多国外高生产率水平的企业向国内出口更高质量的产品，这样消费者可以花费比以前更低的成本得到更高质量的产品，从而使得净福利水平增加。

4. 异质性企业贸易理论的理论价值

异质性企业贸易理论开启了国际贸易研究新领域，为国际贸易理论的发展做出了极为重要的贡献。与传统贸易理论和新贸易理论相比，异质性企业贸易理论主要具有以下创新之处。

（1）异质性企业贸易理论更加贴近现实中的企业异质性，对贸易实践具有更强的解释力。传统国际贸易理论无法回答国家间技术、要素禀赋差异较小甚至无差异情形下贸易发生的机理，新贸易理论可以在一定程度上弥补这个缺陷，然而新贸易理论却无法解释为什么企业一开始不直接选择国际贸易，而偏要从国内贸易开始。异质性企业贸易理论以企业生产率异质为出发点，解释了不同企业从事国际贸易的初始原因，以企业间生产率存在差异的现实情况解释了不同企业存在不同的贸易情况的现实，是对传统贸易理论和新贸易理论的一次重大改进，它使国际贸易理论对现实的贸易实践具有更强的解释力，也拉近了理论与现实的距离。

（2）异质性企业贸易理论为企业参与全球化生产和贸易模式的选择提供了新的理论依据。近年来，关于贸易模式的探讨主要集中在国际生产控制与加工贸易问题上，可以说填补了贸易模式理论的空白。同时，异质性企业贸易理论将产业组织理论和契约理论的概念融入贸易理论，提出了企业边界问题，在跨国公司中间投入品贸易占全球贸易份额不断上升的国际背景下，分析了企业如何从不同国家间进行贸易模式选择，并将贸易模式的研究从产业视角引入企业内生边界视角，从而为企业全球化和贸易模式的选择提供了新的理论依据。

1.4.2　全球价值链理论与增加值贸易

1. 全球价值链的定义

格里菲（Gereffi）提出了**全球价值链**（global value chain，GVC）概念，其认为构成价值链的各种活动可能分散于不同的企业和国家，全球价值链是为实现商品或服务价值而连接生产、销售、回收处理等过程的全球性跨企业网络组织，涉及从原料采集和运输、半成品和成品的生产与分销，直至最终消费和回收处理的整个过程，并包括在整个产业链条价值实现过程中所有生产活动的组织及参与者的利润分配。GVC 提供了一种基于网络的、用来分析国际性生产的地理和组织特征的分析方法，揭示了全球产业的动态性特征，考察价值在哪里，是由谁创造和分配的。

治理、升级和租金来源是全球价值链理论的三个关键概念。在全球价值链的众多价值环节中,并不是每一个环节都能创造等量价值,主要的附加值集中在那些能免于竞争的环节上,而租金则是理解这种价值分配的关键概念。全球价值链的动力机制决定了全球价值链的链主,进而影响治理结构、租金分配以及产业的升级路径,是研究治理升级和租金的基础。格里菲最初将价值链分为生产者驱动与购买者驱动两种类型,这个二元驱动论基本是按产业部门来划分的。在现实世界中,同一产业部门内两种动力机制是有可能共存的,甚至同一产业部门内部不同价值环节的动力机制有可能完全相悖。因此,随着时代发展和理论演进,第三种驱动方式——混合型驱动也逐渐被学者们认可。

2. 增加值贸易的定义

在国际垂直分工和全球价值链背景下,一些发展中国家虽然主要出口资本密集型商品,但其实质仅是在国内完成劳动密集型生产环节中的加工装配,创造的价值较少,而在传统的关境统计中显示出较大的出口额,从而存在大量贸易顺差。这种"统计幻象"使发展中国家在新型国际分工体系下获得的贸易利益与贸易差额极不匹配。在此背景下,经济合作与发展组织和世界贸易组织提出了"增加值贸易"的概念。**增加值贸易**(trade in value-added)是指将出口总值分解为每一生产环节形成的增加值,进而剔除关境统计出口额中的进口部分,仅考虑国内的新增价值。附加值率是指按照增加值统计口径统计的出口额与按照关境统计口径统计的出口额的比值。在全球价值链背景下,增加值贸易的出现,可以去除传统的关境统计法的弊端,更合理地统计分工"碎片化"的国际贸易利得。

3. 全球价值链与增加值贸易的作用

全球价值链和增加值贸易概念的出现为分析产业内贸易提供了新方法,解决了关境统计法中重复计算问题、统计利益错位问题与贸易利益属地和属权分歧问题,有助于反映全球贸易失衡的真实情况,也可以反映出各国产业的真实竞争力。

(1)解决传统关境统计中的重复计算问题。传统关境统计法同时包含了对中间品贸易和最终品贸易的统计,会重复计算跨越国界的中间品价值。这一重复统计的实质是本国实际创造的增加值小于本国的实际出口值。随着产业内分工的快速发展,传统关境统计的贸易流量越来越不能代表价值增值的流动。全球价值链体系通过将贸易统计口径从商品总值转为增加值,能够有效识别增加值贸易,避免重复计算。

(2)解决国际贸易规模与贸易利益之间的错位问题。传统关境统计无法有效地反映一国实际创造的价值增值,高估了一国通过国际贸易获得的贸易利得。以中国为例,中国在产品内分工中大量承接了高附加值的工业品和服务产品中低技术制造环节的生产和组装,然而这种高技术产品出口的爆炸式增长是一种统计假象。中国出口中的增加值远远低于出口总值,这样的统计假象掩盖了中国在高技术产品生产中所处的价值链的低端地位和获得较低分工利益的事实。

(3)解决跨国公司主导下的贸易利益属地和属权统计原则不同的问题。跨国公司是产业内分工布局的主导力量,所以分析一国贸易利益必须要区分东道国企业和跨国公司的作用,即按照属地原则和属权原则,贸易利益会因为是否统计跨国公司的相关数据而不同。只有在属权原则下,探讨外商投资企业引发的国际贸易及其贸易利益变动,才能真实地反映一国的贸易利益水平。以中国为例,自 2009 年以来,按照属权原则统计中国对外贸易由顺差变为逆差,表明跨国公司通过大量中间品采购和销售影响了中国的进出口规模,逆转了贸易差额的方向。由此可见,只有从总值贸易中分离跨国公司外商直接投资引致的贸易部分,才能准确界定价值增值的国别属性。准确测算一个国家的贸易增加值,才能客观评价一国的福利水平。

1.5 贸易保护理论

1.5.1 重商主义学说

重商主义是资本原始积累时期代表商业资产阶级利益的经济学说和政策体系。

1. 重商主义学说产生的历史背景

从经济学说史上看,重商主义学说可追溯到 15 世纪。15 世纪末,西欧社会进入封建社会的瓦解时期,资本主义生产关系开始萌芽和成长;地理大发现扩大了世界市场,给商业、航海业、工业以极大刺激;商业资本发挥着突出的作用,促进各国国内市场的统一和世界市场的形成,推动对外贸易的发展;在商业资本加强的同时,西欧一些国家建立起封建专制的中央集权国家,运用国家力量支持商业资本的发展。随着商业资本的发展和国家支持商业资本的政策的实施,产生了从理论上阐述这些经济政策的要求,逐渐形成了重商主义的理论。具体来说,该学说产生的历史背景有以下四个方面。

(1)工商业的发展。
(2)地理大发现以及世界市场的形成。
(3)中央集权的封建国家的建立。
(4)文化影响。

2. 重商主义学说的主要内容

重商主义分为早期重商主义和晚期重商主义,并且二者是重商主义学说发展的两个阶段。

(1)早期重商主义学说。早期重商主义者主张禁止货物进口,以防止贵金属外流,认为这是保留货币的有效手段。这种思想发展成为货币平衡论,即重金主义学说体系。早期重商主义者主张采取行政手段,禁止货币输出,反对商品输入,以贮藏尽量多的货币。一些国家还要求外国人来本国进行交易时,必须将其销售货物的全部款项用于购买本国货物或在本国花费掉。例如,当时的英国,为了不使外国人把出售商品得来的货币带出英国,颁布了两条法令——消费法和侦探法。消费法法令规定外国人必须把自己在英国收到的汇款,完全购买英国的商品;侦探法法令规定每个"外来的客人"都必须有一个"主人"或"侦探"把"外来客人"的交易行为统统记录下来,防止他们把货币运出英国。该学说的代表人物是英国的威廉·斯塔福特。

下面的对话反映了威廉·斯塔福特关税保护的思想。他写道:"有一次我问书贾,'为什么我们国内,不能像海外一样,制造白色和灰色的写字纸?'我听到的答复是,'若干时期以前,曾经有一个人着手造纸。但是没有多久,他就把工厂关闭了,因为他看到目前造纸不能像外国那样便宜……'这书贾接着又说,'但是我相信,如果能够禁止进口,或者课以较高的关税,那么在我们国内很快就可以使造纸成本低于国外。'"显然,早期重商主义主张实行高关税以阻止进口。

(2)晚期重商主义学说。晚期重商主义者则要求发展对外贸易,出发点是对外贸易所吸引进来的货币多于出去的货币。这种思想发展成为贸易平衡论,即狭义的重商主义学说体系。这一时期,商业比较发达,工场手工业已经产生,信用制度也随之发展起来。"资本原始积累"时期开始了。商业资产阶级对银行的追求变本加厉,然而对金银的态度已完全不同。因为他们懂得了货币只有在运动中才能成为资本,实现增值,因此就不能过分地去限制这种运动。过去的格言——多卖少买,已经过时了。晚期重商主义者主张取消禁止货币输出的法令,使本国的出口多于进口,即实行出超的对外贸易。晚期重商主义学说的重要代表人物是托马斯·孟(1571—1641),其代表作是《英国在对外贸易中的宝库或对外贸易平衡》。他认为:"对外贸易是增进我们财富的普通手段。在这种贸易中,我们应当永远遵守下列原则,每年我们所卖给外国人的货物总额,应当等于我们所消费的外国货物。"托马斯·孟主张将货币投入具有"生产力"的流转中。他说:"货币建立贸易,而贸易能增值货币。因此,投入流转的货币越多,事情就越好。"

托马斯·孟反对以任何措施去限制出口贸易,甚至主张降低出口关税。他认为转口贸易是最有利的事情,它可以产生最大的商业利润。斯塔福特总是企图把货币保留在国内,而托马斯·孟则希望把货币输出国外,以便更大量地输入货币。他还主张扩大农产品和工业品的出口,并且主张以低廉的价格去增加商品在国外市场上的竞争力。

无论是早期重商主义者还是晚期重商主义者,他们的研究对象都是流通,研究方法都是记述他们所观察到的现象,因而重商主义学说并不是一种科学的体系。

1.5.2 李斯特的贸易保护主义

李斯特(List,1789—1846)是德国著名经济学家、历史学派的先驱者,早年倡导自由主义,后来转为贸易保护主义。他于1841年出版了《政治经济学的国民体系》,系统地提出了保护贸易学说。

1. 李斯特贸易保护主义的主要内容

(1)主张保护幼稚工业。李斯特认为,一个国家的财富和力量源自本国社会生产力的发展,提高生产力是国家强盛的基础。财富的生产力比财富本身重要得多。购买国外的廉价商品,从眼前利益看,可能会得到一些实惠,但是从长远利益看,则会影响德国工业的发展。因为这样做会使德国工业长期落后,甚至会成为先进工业国的附属国。他主张德国对幼稚工业实行保护，提高关税，限制进口。这样做，一开始国内工业品价格会上涨，消费者也会受到损失。但是经过一段时间，德国工业发展起来以后，商品的价格就会下降，甚至会低于外国进口商品的价格。更为重要的是，这会使德国具备创造财富的能力，增强国力。

（2）经济发展阶段论。古典学派的自由贸易理论认为，各国按照比较成本学说可以形成和谐的国际分工，而且形成这种分工只需要自由贸易。李斯特认为，这种观点抹杀了各国的经济发展和历史特点。他认为，各国经济发展必须经过五个历史阶段，即原始的未开化时期、畜牧业时期、农业时期、工农业时期、工农商业时期。处在不同历史阶段的国家应该实行不同的贸易政策。处于农业阶段的国家应该实行自由贸易政策，因为自由贸易不但可以自由输出农产品，而且可以自由输入外国工业产品，从而推进本国工业发展；处于工农业阶段的国家应该实行保护关税制度，因为保护关税可以限制外国工业产品进口，保护本国尚缺乏国际竞争力的工业的发展；处于工农商业阶段的国家应该实行自由贸易政策，因为自由贸易可以使本国得到最大利益。

李斯特认为，英国经济发展已处在工农商业阶段，应该实行自由贸易政策。德国经济发展处在工农业阶段，应该实行保护关税制度。

（3）贸易保护的手段、目的、对象及时间。李斯特贸易保护的手段主要是禁止输入和保护关税，保护的目的是发展本国生产力，保护的对象是国内幼稚工业，原因有以下几个方面。

1）只有幼稚工业才需要保护，但并非保护所有的幼稚工业，而是要保护有发展前途的幼稚工业。

2）即使一国工业幼稚，但如果没有遇到强有力的国际竞争，也无须保护。

3）被保护的工业生产的产品能与国外产品竞争时，就必须继续保护。被保护的幼稚工业一段时间扶植不起来的，就放弃保护。

4）农业不需要保护。

5）保护时间以 30 年为最高期限，如果在此期限内，被保护的产业始终发展不起来，就放弃保护。

2. 对李斯特贸易保护主义的评价

（1）李斯特贸易保护主义的积极作用。李斯特贸易保护主义不是主张保护落后，而是主张通过保护关税用机器挤掉手工劳动，用现代的生产代替宗法式小生产。因此，这一理论有利于德国工业资产阶级反对封建主义的斗争，促进德国工业资本主义发展。此外，这一理论为发展中国家民族工业的发展提供了借鉴，有利于促进发展中国家民族工业的发展。

（2）李斯特贸易保护主义的主要缺陷。他对生产力概念的理解是错误的，对影响生产力发展的各种因素的分析也是混乱的，他以经济部门作为划分经济发展阶段的基础是错误的，歪曲了社会经济发展的真实性。

1.5.3　凯恩斯主义超保护贸易学说

约翰·梅纳德·凯恩斯（John Maynard Keynes，1883—1946）是英国资产阶级经济学家、凯恩斯主义经济学的创始人,其代表作是《就业、利息和货币通论》(以下简称《通论》),该书于1936年出版。

1. 凯恩斯主义超保护贸易学说产生的历史背景

自19世纪末开始,资本主义经济发生了很大变化:一是垄断代替了自由竞争;二是国际经济制度和秩序发生了巨大变化;三是1929—1933年资本主义世界爆发了空前的经济危机,各国争夺资产的斗争进一步尖锐化。在这种情况下,超保护贸易政策盛行起来。各国经济学家提出了各种支持超保护贸易政策的理论根据,其中有重大影响的是凯恩斯主义的观点。

1929—1933年大危机之前,凯恩斯是一个自由贸易者,他反对贸易保护主义,认为贸易保护主义不利于国内经济繁荣与就业。大危机之后,凯恩斯改变了立场,转而推崇重商主义,认为重商主义保护贸易的政策的确能保证经济繁荣和促进就业。

凯恩斯没有专门系统地论述国际贸易的著作,但是他和他的学生们有关国际贸易方面的观点与论述却形成了颇具影响的超保护贸易学说。

2. 凯恩斯主义超保护贸易学说的主要内容

(1)对古典自由贸易理论的批评。他对古典自由贸易理论的批评主要有以下两点。

1)凯恩斯认为,古典贸易理论已经过时,因为它是建立在国内充分就业的前提之上的,而20世纪30年代的大危机使失业成为各国的普遍现象。

2)凯恩斯及其追随者批评自由贸易论关于"国际收支自动调节说"的理论,认为它忽视了贸易顺差、逆差调节均衡的过程对一国国民收入和就业产生的影响。凯恩斯认为,顺差能增加国民收入,扩大就业,而逆差则会减少国民收入,加重失业。因此,他鼓吹贸易顺差以扩大有效需求。

(2)对外贸易乘数理论。对外贸易乘数理论是凯恩斯投资乘数在国际方面的应用。为证明新增加投资对国民收入和就业的好处,凯恩斯提出了投资乘数理论。

凯恩斯认为,一国投资的增长对国民收入的扩大是乘数或倍数关系,故称为乘数或倍数理论。他认为新增加的投资会引起对生产资料需求的增加,引起从事生产资料生产的人们(工人、企业主)收入的增加,引起他们对消费品需求的增加,又会引起从事消费品生产的人们收入的增加。如此连锁发展,结果增加的国民收入总量会等于原增加投资量的若干倍。他还认为,国民收入增加的倍数取决于"边际消费倾向"。如果"边际消费倾向"为0,那么人们(工人、企业主)会把增加的收入全部用于储蓄,而一点儿也不消费,所以国民收入就不会增加;如果"边际消费倾向"为1,那么人们会把增加的收入全部用于消费,一点儿也不储蓄,所以国民收入增加的倍数为1+1+1+…+1,直到无穷大;如果"边际消费倾向"介于0～1,那么人们会把增加的收入以1/2或1/3或1/4……的比例用于消费,所以国民收入增加的倍数在1和无穷大之间。

乘数 K 的计算公式是

$$K = \frac{1}{1-\text{边际消费倾向}} \tag{1-1}$$

$$国民收入增加量(\Delta y) = 乘数(K) \times 投资的增加量(\Delta I) \qquad (1-2)$$

在国内投资乘数理论的基础上,凯恩斯的追随者引申出对外贸易乘数理论。这一理论认为,一国出口量的增加和国内投资一样,对国民收入的扩大也是乘数关系,而一国的进口则和国内储蓄一样,有减少国民收入的作用。当一国出口的商品和劳务增加时,会引起其他产业部门生产增加、就业增多、收入增加……如此循环往复,结果国民收入的增加量则是出口增加量的若干倍。当一国进口商品和劳务增加时,必然向国外支付更多的货币,引起国内收入减少,消费下降,与存储一样,成为国民收入中的漏洞。于是,他们得出结论:只有贸易为出超或国际收支为顺差时,对外贸易才能增加一国的就业量,提高国民收入。此时,国民收入的增加量将是贸易顺差的若干倍。这便是对外贸易乘数理论的含义。这一理论主张扩大出口,减少进口,认为贸易顺差越大,对一国经济发展和劳动就业越有好处。为了实现贸易顺差的目标,各国竞相使用超保护贸易措施,对外贸易乘数理论为超保护政策提供了理论依据。

3. 对凯恩斯主义超保护贸易学说的评价

从局部看,这一理论推动了超保护贸易政策的实施,而超保护贸易政策的实施对这些国家的经济发展、扩大就业、增加国民收入产生了重大影响,即对外贸易乘数理论表明,如果一国存在闲置的社会资源,那么出口净额的增加将使得国民收入倍增。因此,一国应努力扩大出口,把扩大出口所带来的增加收入较多地用于国内消费,同时减少进口,扩大贸易顺差,有助于增加国内的就业机会、活跃市场和促进经济发展。但是,凯恩斯主义对外贸易乘数理论也具有明显的局限性,主要是以下两点。

(1) 从整体看,存在自身的矛盾性,即各个国家贸易顺差与世界总进口值增加的矛盾。对外贸易乘数理论的核心是扩大出口,实现贸易顺差,以促进本国经济发展和就业,但是超保护政策主张减少进口,如果各国都减少进口,那么一国出口量的增加就无法实现。也就是说,对外贸易乘数理论发生作用的条件是世界总进口量增加,超保护贸易政策又必然导致世界总进口量不会增加,这显然是自相矛盾的。它使对外贸易乘数理论失去了普遍发挥作用的条件。

(2) 有碍国家贸易的发展。凯恩斯主义超保护贸易理论推动了超保护贸易政策的发展,如果各国为了追求贸易顺差,无节制地奖出限入,其结果必然导致关税高筑,非关税壁垒盛行,贸易战烽烟四起,阻碍各国经济和国际贸易的发展。

1.5.4 战略性贸易保护理论

自 20 世纪 70 年代以来,随着不完全竞争和规模经济被引入国际贸易分析框架内,战略性贸易政策逐渐成为主流。现实中,越是非完全竞争的行业,其非关税壁垒越明显,如汽车、钢铁及半导体行业。20 世纪 80 年代兴起的战略性贸易理论逐渐成为新贸易保护的理论基石。战略性贸易理论是建立在不完全竞争和规模报酬递增的假设基础上的,即规模经济贸易学说。

战略性贸易理论主张政府在战略产业进行贸易干预,如给予本国企业生产补贴、对外国竞争产品征收进口税或者实行配额、对本国消费者购买本国产品进行补贴等，进而谋取规模经济之外的战略收益，同时占领他国市场份额，并分享更多的工业利润。此理论主要包括利润转移理论及本地市场效应理论两大核心体系。

1. 利润转移理论

与自由贸易理论的基础不同，战略性贸易理论建立在规模经济和不完全经济的框架下，垄断企业或寡头企业的商品价格不是市场外生给定的，而是企业根据市场需求量确定的。战略性贸易理论认为，政府可以通过征收关税来分享国外垄断企业的利润，弥补本国消费者的损失，如图 1-2 所示。

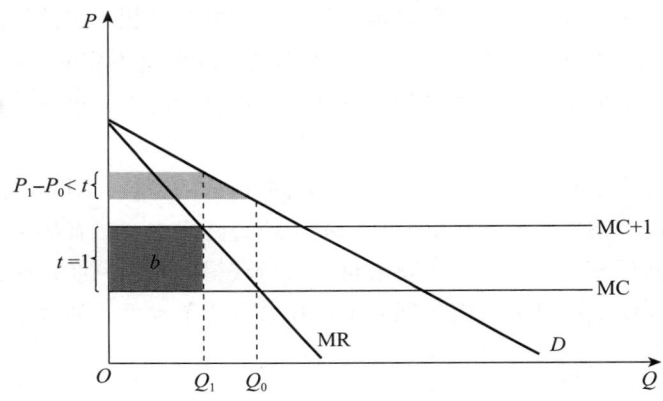

图 1-2 通过征收关税分享国外垄断企业利润

假设外国垄断企业 A 在进口国 B 的市场上具有明显的市场力量。根据垄断竞争厂商利润最大化的原则，企业 A 会根据 MR=MC（边际收益＝边际成本）确定其在 B 国市场上的供给量，即图 1-2 中的点 Q_0，而价格则根据 B 国需求函数确定在高于 MC 的水平 P_0 上。此时，企业 A 的垄断利润为 $Q_0(P_0-MC)$。如果 B 国政府征收从价关税（$t=100\%$），企业 A 的边际成本变为（MC+1）。在新的边际成本与边际收益相等的均衡条件下，企业 A 的供给量会下降至 Q_1，价格上升至 P_1。但由于 B 国的需求曲线并非完全缺乏弹性，商品价格上升的幅度（P_1-P_0）小于边际成本提高的幅度（t）。也就是说，企业 A 通过提高销售价格从 B 国消费者手中得到的额外收益会小于对关税的支付。从国家角度来看，关税收益（b）很有可能会大于消费者福利损失的部分，即 b 上方灰色梯形的面积。

表面看，通过征收关税可以将出口国垄断企业的利润转移至进口国，但从一国内部看，征收关税使得原本已经很高的垄断价格进一步提高，最终仍由进口国消费者承担，除非政府将所征收的关税用于补偿本国消费者。

同时，战略性贸易保护理论还谈及通过补贴来加强国内厂商在国际市场上与外国对手竞争的战略地位。在具有规模经济的条件下，拥有较高市场份额的国家从国际市场上获得的超额利润就较多。因此，一国政府应对国内规模企业实施补贴，以占领更多国际市场份额，并阻止国外竞争者进入该产业，从而确保本国企业获得更多的垄断利润。

2. 本地市场效应理论

克鲁格曼在1984年提出，如果只允许某些厂商进入某一特定市场或该市场的一部分，就会有助于这些厂商在其他市场上改善业绩。克鲁格曼设定了一个最简单的规模经济的情形：假定只有一个本国厂商和一个外国厂商。在没有保护的情形下，即使生产完全一样的产品，两个厂商也都会在所有市场上进行销售；如果本国市场对外国厂商是关闭的，本国厂商通常会增加其在国内市场上的产出。由于随着产出增加，边际成本下降，国内厂商会发现自己可以毫不费力地扩大国外的市场份额并从中获利。

安东尼·维纳布尔斯（Anthony Venables）考察了另一种比较复杂的情况：假设本国厂商和外国厂商在各自的市场上竞争，也可能在别的市场上竞争。但此时不是仅有一个外国厂商和一个本国厂商的国际双寡头，而是假设市场足够大，能容纳相当多的厂商。自由进入时每个厂商只能获得"正常"水平的利润，边际成本不是递减而是不变的，但固定成本相当大。这种成本结构使得平均成本随产量的增加而下降。在这种情况下，进口关税和出口补贴都能改善国家福利。

上述两种理论体系的相似之处在于，二者都遵循这样的逻辑：对本国厂商而言，生产得越多越好，因为规模经济使其具有更低的平均成本或边际成本。二者的主要差异在于，克鲁格曼的模型不允许新厂商进入，利益主要来自寡头所获得的超额利润；而在维纳布尔斯的模型中，规模经济不太明显，进入自由，利润维持在自由竞争水平，利益主要来自国内消费者所享受的低价格。

3. 对战略性贸易保护理论的评价

战略性贸易保护理论是新国际贸易理论在贸易政策领域的应用和体现。战略性贸易保护理论论证了一国在规模经济和不完全竞争条件下，通过保护性干预，可以战略性地提高本国企业的国际竞争力和贸易福利。因其与幼稚产业保护理论具有类似的战略意义，因此也被称为新幼稚产业保护论。这一理论体系考虑了更加复杂的市场条件下，如何确保一国企业更加有效地参与国际竞争的政府策略，是产业内贸易大背景下的新型保护模式，为众多发达经济体和发展中经济体参与国际贸易并最大化获取贸易利益提供了有益的指导，但这一理论体系本身也存在一定缺陷。

第一，战略性贸易保护理论对规模经济和不完全竞争的讨论建立在国家利益与个人利益等价的基础上，忽略了国家贸易政策对于个人利益最大化可能存在的负面影响。此外，往往由于信息不对称，被保护的企业与政府的策略并不一致，因此其结论具有片面性。

第二，战略性贸易保护理论建立在企业同质性的假设下，并没有涉及异质性企业的市场策略，其理论假设与现实仍存在一定的脱节。更为重要的是，这种所谓的"战略性"在很大程度上容易引起贸易伙伴"以牙还牙"（tit-for-tat）的报复性反应。

本章小结

国际贸易理论从发展过程看，可以分为古典贸易理论、新古典贸易理论、新贸易理论、新新贸易理论和贸易保护理论。

古典贸易理论的代表人物是英国古典经济学家亚当·斯密和大卫·李嘉图，其代表学说分别是"绝对利益学说"和"比较利益学说"。瑞典著名经济学家俄林的"要素禀赋理论"是对比较利益学说的重大发展。

新古典贸易理论主要介绍了赫－俄理论和里昂惕夫之谜。赫－俄理论有狭义和广义之分，狭义的理论被称为生产要素供给比例理论，广义的理论包括生产要素均等化定理。里昂惕夫的研究发现，赫－俄理论与事实不符，里昂惕夫研究的结果与赫－俄理论相反，美国进口替代品的资本密集程度反而高于出口商品的资本密集程度。这一研究结果被称为里昂惕夫之谜。

自20世纪60年代以来，世界经济状况、国际分工和国际贸易都发生了巨大变化。一些西方经济学家便试图用新的学说来解释国际分工和国际贸易中出现的某些问题。随之产生了各种新的理论，对传统贸易理论进行了修改和补充，发展了传统贸易理论，形成了新贸易理论和新新贸易理论，主要包括产品生命周期学说、需求偏好相似学说、产业内贸易学说、新经济地理学理论、异质性企业理论和全球价值链理论与增加值贸易等。

贸易保护理论主要介绍了重商主义学说、李斯特的幼稚产业保护理论、凯恩斯主义超保护贸易学说以及战略性贸易保护理论。重商主义分为早期重商主义和晚期重商主义。李斯特主张对幼稚工业实行保护，提高关税，限制进口。对外贸易乘数理论是凯恩斯理论。战略性贸易理论主要包括利润转移理论和本地市场效应理论两大核心体系。

思考题

1. 重商主义理论的主要内容是什么？
2. 什么是"绝对利益学说"和"比较利益学说"？
3. 赫－俄理论的主要内容是什么？
4. 什么是里昂惕夫之谜？
5. 产品生命周期学说的主要内容是什么？
6. 简述李斯特贸易保护主义的主要内容。
7. 怎样认识和评价对外贸易乘数理论？
8. 简述产品生命周期学说的主要观点。
9. 简述需求偏好相似学说的主要观点。
10. 简述产业内贸易学说的主要观点。
11. 简述新新贸易理论的主要观点。
12. 简述克鲁格曼新经济地理学三大理论内容。
13. 试述全球产业链驱动方式与租金间的关联。
14. 异质性企业贸易理论的理论价值是什么？
15. 请分析两个受贸易保护的中间幼稚产业，其成功或失败可以由幼稚产业保护理论解释吗？
16. 如果一个国家连一个成本优势的商品都没有，而另一个国家两种商品都具有成本优势，那么双方还会发生贸易吗？即使进行贸易，贸易双方都能获得利益吗？两国还会实行自由贸易吗？

第 2 章
CHAPTER 2

国际贸易政策

§ **教学目的**
- 了解国际贸易政策的基本概念和国际贸易政策的演变
- 掌握国际贸易政策的含义和类型
- 掌握各主要历史阶段的国际贸易政策的倾向与特点

§ **关键术语**

对外贸易总政策	自由贸易	战略性贸易政策	国别政策
保护贸易	商品政策	超保护贸易政策	"一带一路"

§ **章首案例 2-1**

疫情影响下的全球贸易

根据联合国贸易和发展会议发布的数据，2019 年全球贸易总额为 25.2 万亿美元，2020 年新冠疫情暴发，国际贸易遭遇供应链受阻、产业链中断、分工失灵和经济体"脱钩"趋势加快等问题，国际贸易额为 22.8 万亿美元，2021 年为 28.5 万亿美元，2022 年第一季度，全球贸易额达到创纪录的 7.7 万亿美元，比 2021 年第一季度增加了 1 万亿美元，但该贸易额的显著增长与全球大宗商品普遍的价格上涨息息相关。以新冠疫情暴发之前 2019 年全年平均数为基准（设定值为 100）进行比较，全球贸易量在 2020 年第二季度降至低点 84 之后持续复苏，2022 年第一、二季度恢复至 107。但是，伴随以大宗商品为代表的国际贸易商品价格的快速上涨，与贸易量相比，贸易额的增速更快、更持续。同样以 2019 年贸易额 100 为基准，2020 年第二季度全球贸易额降至 78，但在第三季度末追平贸易量指数后继续迅速增加并拉开距离,2022年第一季度的指数已经达到130,第二季度甚至可能达到133。这些客观数据都显示全球贸易额正在逐渐摆脱新冠疫情的影响,但是新冠疫情仍然对全球贸易结构造成了深刻的影响。例如,全球产业链受到冲击导致国际贸易从全球化向区域化发展,不同区域逐渐形成各自的产业链闭环。

§ 章首案例 2-2

国际贸易的数字化转型

自21世纪以来,全球各国和地区不约而同地进入了一个信息技术引领的时代,这也使传统国际贸易向数字化国际贸易转型。事实上,数字化国际贸易已经经历了3个阶段,从贸易信息展示平台、贸易在线交易平台,到贸易产业链综合服务平台,目前正在迈向数字化贸易商业操作系统阶段。数字化贸易商业操作系统是对全球贸易多元化基础设施的升级改造,包括商家操作系统、超级会员系统、标品库系统、金融支付、智慧物流等数字化服务,为全球范围的企业和消费者提供数字化的基础设施,从而实现"买全球、卖全球"的数字贸易全球化。

新冠疫情下,一方面,全球线上购物需求大幅增长。受跨境人员流动限制影响,出境购物大幅减少,消费者倾向于采用线上方式购买境外优质产品,"宅家式"线上跨境购物需求客观上推动了跨境电商发展。另一方面,跨境电商天然的数字化作用显现。相比传统外贸企业,跨境电商企业线上获客是主要手段,对数字化营销手段的掌握和运用更加熟练,依靠数字化手段,跨境电商企业可以更加迅速地带动国际货流、物流、信息流运作。2020年上半年在全国进出口总值同比下滑3.2%的大形势下,民营企业的进出口却取得了4.9%的正增长,在"稳外贸"中作用更加突出。这让人们看到数字化经济为民营企业从事跨境贸易带来的红利,凭借贸易数字化,企业可以智能、快捷地找到境外目标买家,更精确地洞察买家的根本需求,通过对买家需求的精准把控,反过来优化、更新迭代产品。

2.1 国际贸易政策概述

国际贸易政策(international trade policy)是指世界各国和地区对外进行商品、服务和技术交换活动时所采取的政策。从某一具体国家或地区的角度出发,其采取或指定的有关国际贸易的政策就是对外贸易政策。它集中体现为一国在一定时期内对进出口贸易所实行的法律、规章、条例及措施等。它既是一国总经济政策的一个重要组成部分,又是一国对外政策的一个重要组成部分。

2.1.1 对外贸易政策的目的与构成

1.各国制定对外贸易政策的目的

总体来说,不论各国采取或制定什么样的对外贸易政策,目的都不外乎以下5个方面。

（1）保护本国的市场。通过关税和各种非关税壁垒措施来限制外国商品和服务的进口，使本国商品和服务免受外国的竞争。

（2）扩大本国的出口市场。通过各种鼓励出口措施来促进本国出口商增加出口和外国进口商踊跃进口，使本国的出口市场不断扩大。

（3）促进本国产业结构的改善。

（4）积累资本或资金。通过关税、国内税和其他税费措施，使国家获得财政收入，还可通过宏观调控政策促使出口商获得良好的外贸环境，从而增加盈利。

（5）维护和发展本国的对外经济政治关系。

2. 对外贸易政策通常的构成

（1）对外贸易总政策。对外贸易总政策包括对外贸易战略、出口总政策和进口总政策。它是根据本国国民经济的总体情况，本国在世界舞台上所处的经济和政治地位，本国的经济发展战略和本国产品在世界市场上的竞争能力，以及本国的资源、产业结构等情况，制定的在一个较长时期内实行的对外贸易基本政策。

（2）进出口商品和服务等政策。这是在对外贸易总政策的基础上，根据不同产业的发展需要、不同商品在国内外的需求和供应情况以及在世界市场上的竞争能力，分别制定的适用于不同产业或不同类别商品的对外贸易政策。

（3）不同国家（或地区）贸易政策。这是根据对外贸易总政策及世界经济政治形势、本国与不同国家（或地区）的经济政治关系，分别制定的适应特定国家（或地区）的对外贸易政策。

2.1.2 对外贸易政策的基本类型及演变

1. 对外贸易政策的基本类型

自对外贸易产生与发展以来，基本上有两种类型的对外贸易政策，即自由贸易政策和保护贸易政策。自由贸易政策的主要内容包括：国家取消对进出口商品贸易和服务贸易等的限制和障碍，取消对本国进出口商品和服务贸易等的各种特权和优待，允许商品自由进出口，服务贸易自由经营，在国内外市场上自由竞争。保护贸易政策的主要内容包括：国家广泛采取各种措施限制进口和控制经营范围，保护本国商品和服务在本国市场上免受外国商品和服务的竞争，并对本国出口商品与服务贸易给予优待和补贴以鼓励出口。

2. 对外贸易政策的演变

历史上资本主义国家对外贸易政策的演变，大致经历了如下四个阶段。

第一阶段：15世纪至17世纪，资本主义生产方式准备时期，推行重商主义所鼓吹的保护贸易政策。西欧对亚洲、非洲、美洲的殖民掠夺，使大量金银流入西欧，促进了商品货币经济的蓬勃发展。人们认为，金银货币是财富的唯一形态，一切经济活动的目的就是攫取金银货币。这种社会经济的剧烈变化反映到经济思想方面，就是重商主义。在这种思想的指导下，保护贸易政策居于主导地位。

第二阶段：18世纪至19世纪资本主义自由竞争时期，实行古典经济学家亚当·斯密和大卫·李嘉图所倡导的自由贸易政策，以及美国、德国所奉行的保护贸易政策。新兴的工业资产阶级需要有更广阔的国际市场，以推销其工业品和进口大量廉价的原材料。重商主义的保护贸易政策限制了国际贸易的发展，形成了新兴工业资产阶级的障碍。这时产生了以英国经济学家亚当·斯密和大卫·李嘉图为代表的古典经济学派，提倡自由贸易，大大推动了资本主义的发展。与此同时，当工业革命在英、法等西欧国家深入发展时，其他一些国家如德国、美国等经济还不发达，资本主义工业仍处于萌芽状态。这些国家的资产阶级要求保护幼稚工业，于是形成了与自由贸易学说相对立的、以汉密尔顿（美）和李斯特（德）为代表的保护贸易学说，当时美国和德国等采取了以保护国内幼稚工业为目标的保护贸易政策。

第三阶段：两次世界大战之间，盛行保护贸易政策。1929—1933年的世界经济大危机使市场矛盾尖锐化，各国竞相采取保护贸易措施，高筑关税壁垒，以邻为壑。英国经济学家凯恩斯推崇的新重商主义，为这一时期的保护贸易政策提供了理论根据。这个时期的保护贸易政策与第一次世界大战前有很大的不同：奉行保护贸易政策的国家不仅是工业落后的国家，还有工业先进的发达国家；保护的对象主要不是幼稚工业，而是已经发展成熟的垄断工业；保护的目的不是培育自由竞争能力，而是加强对国际市场的垄断。因此，这种保护贸易政策也被称为超保护贸易政策。

第四阶段：第二次世界大战后出现了贸易自由化趋势。第二次世界大战后，美国成为世界上最强大的经济和贸易国家，它迫切要求扩大国外市场，实行贸易自由化。1947年，23个国家参加签订了关税与贸易总协定（GATT），相互给予最惠国待遇，以逐步减免乃至取消关税和其他贸易壁垒，促进贸易自由化。西欧成立了欧洲经济共同体（EEC）和欧洲自由贸易联盟，逐步实现内部工农业产品的自由流通。1968年建立了发达国家单方面给予发展中国家的工业制成品和半制成品以关税减免待遇的"普遍优惠制"。需要指出的是，第二次世界大战后各国经济的恢复和迅速发展、国际分工的不断深化和创新、生产和资本的进一步国际化，为贸易自由化提供了坚实的经济基础。

2.1.3 对外贸易政策的制定

对外贸易政策属于上层建筑，它既反映了经济基础和当权阶级的利益与要求，又维护和促进了经济发展。各国在制定贸易政策的过程中，需要考虑以下因素。

（1）本国经济结构与比较优势。
（2）本国产品在国际市场上的竞争能力。
（3）本国与别国经济、投资的合作情况。
（4）本国国内物价、就业状况。
（5）本国与他国的政治、外交关系。
（6）本国在世界经济、贸易组织中享受的权利与应尽的义务。
（7）各国政府领导人的经济思想与贸易理论。

2.2 保护贸易政策

2.2.1 重商主义的对外贸易政策

重商主义的对外贸易政策是资本主义生产方式准备时期，西欧国家所普遍实行的一种保护贸易政策。它产生于15世纪，十六七世纪达到鼎盛时期，18世纪后走向衰落。重商主义认为，只有金银才是唯一的财富，除了开采金矿、银矿以外，只有对外贸易才能增加一国所拥有的金银量，因此，国家应当干预经济生活，大力发展出口贸易，限制外国商品的进口。

重商主义可分为早期的重商主义和后期的重商主义。早期的重商主义又称重金主义，主张禁止货币（金银）的出口，在对外贸易上奉行绝对的少买多卖原则，主张限制进口，鼓励出口，以增加货币的流入。但是，由于各国都防止金银外流，都想少买多卖，结果反而限制了对外贸易，于是重商主义由重金主义发展为名副其实的重商主义，在理论上由货币差额论发展为贸易差额论。17世纪下半叶开始的后期重商主义反映了当时新兴的商业资产阶级的利益，认为要增加国内的金银量，必须发展对外贸易，使贸易出超。因此，政府采取各种办法鼓励生产出口商品的工业的发展，用给予奖金或补贴的办法鼓励商品的出口；实行关税保护制度，限制外国消费品的进口，以保持对外贸易的顺差，促使金银流入。早期重商主义主张与外国进行的每一笔交易都应保持顺差，严格禁止金银外流；而后期的重商主义则主张国家应保证全国总的贸易有顺差，不反对某些与别国的贸易有逆差，也不绝对禁止金银的外流。

重商主义加速了当时西欧各国货币资本的积累，促进了资本主义工场手工业生产的发展，在一定的历史时期起到了促进作用。但是，它仅仅从理论上考察了流通领域，而没有进入生产领域，到自由竞争资本主义时期它就成了资本主义经济进一步发展的障碍，从而为自由贸易政策所代替。

2.2.2 资本主义自由竞争时期的保护贸易政策

19世纪70年代以后，美国和西欧的一些国家纷纷从自由贸易转向保护贸易，其主要原因在于这些国家的工业发展水平不高，经济实力和商品竞争力都无法与英国抗衡，需要采取强有力的政策措施（主要是保护关税措施）来保护本国新兴的产业，即幼稚工业，以免遭英国商品的竞争。

1. 美国与德国保护贸易政策的实施

美国建国后，美国第一任财政部部长亚历山大·汉密尔顿（Alexander Hamilton，1757—1840）代表独立发展美国经济的资产阶级，在1791年12月提出的《关于制造业报告》（*Report Manufacture*）中强调，为使美国经济自立，应当保护美国的幼稚工业，其主要方式是提高进口商品的关税。

德国在19世纪70年代以后，为使新兴的产业免受外国工业品的竞争，使之能充分发展，便不断要求实施保护贸易措施。1879年，俾斯麦改革关税，对钢铁、纺织品、化学品、谷物等征收进口关税,并不断提高关税率,而且与法国、奥地利、俄国等进行关税竞争。1898年,德国又通过修正关税法,成为欧洲高度保护贸易国家之一。

2. 保护贸易政策的理论依据

在保护贸易的理论中,就其影响而言,李斯特保护幼稚工业的理论最具代表性。李斯特是德国历史学派的先驱者,自1825年出使美国以后,受到汉密尔顿的影响,并目睹美国实施保护贸易政策的成效,转而提倡贸易保护主义。他在1841年出版的《政治经济学的国民体系》一书中,系统地提出了保护幼稚工业的学说。

2.2.3 两次世界大战期间的超保护贸易政策

第一次世界大战与第二次世界大战期间,资本主义处于垄断阶段,垄断代替了自由竞争成为一切社会经济生活的基础。此时,西方各国普遍完成了工业革命,工业得到迅速发展,各国争夺市场的斗争加剧。1929—1933年的世界性经济危机,使市场问题进一步尖锐化。资本主义各国的垄断资产阶级为了垄断国内市场和争夺国际市场,纷纷实行超保护贸易政策(ultra protective trade policy)。

与资本主义自由竞争时期的保护贸易政策相比,超保护贸易政策具有以下特点。

(1)保护的对象不仅是幼稚工业,而且更多的是已高度发展的或出现衰落的垄断工业。

(2)保护的目的不再是培养自由竞争的能力,而是巩固和加强对国内外市场的垄断。

(3)保护的措施不只限于关税和贸易条约,还有各种非关税壁垒和其他奖出限入措施。

(4)保护不是防御性地限制进口,而是在垄断国内市场的基础上对国外市场进行进攻性的扩张。

(5)保护的阶级利益从一般的工业资产阶级利益转向大垄断资产阶级利益。

2.2.4 新贸易保护主义

20世纪70年代中期以后,在国际贸易自由化中出现了新贸易保护主义。

1. 新贸易保护主义的主要特点

(1)被保护商品不断增加。被保护商品不断增加,并且从传统产品、农产品转向高级工业品和劳务服务。

自2003年11月1日起,欧盟在原优惠安排的基础上,对中国家电、高级钟表、光学仪器等产品削减50%的关税优惠幅度,从2004年5月1日起,取消全部优惠安排。另外,2003年6月16日,美国国际贸易委员会对原产于中国的彩电做出损害初裁并提出倾销诉讼,以保护本国彩电生产。此外,各国还加强了劳务方面的保护主义,如签证申请、投资条例、限制贸易收入汇回等。

(2)限制进口措施的重点发生转移。限制进口措施的重点从关税壁垒进一步转向非关税壁垒，而技术性贸易壁垒则成为限制进口的主要非关税壁垒。

随着世界经济全球化和世界贸易组织达成的各项协议的实施，世界各国纷纷大幅降低关税和逐步取消配额、许可证等数量限制，技术性贸易壁垒已成为新贸易保护主义的重要手段。居我国出口第一位的机电类产品，由于受发达国家在噪声、电磁、污染、节能性、兼容性、安全性等方面的技术性限制，仅1992年就有80多亿美元出口产品受到影响，2000年3月底尚未解禁，每年损失达数亿美元。1998年，美国、加拿大、欧盟等相继以天牛虫问题为由，禁止我国所有未经熏蒸处理的木制包装进入其境内，因此包装成本增加了20%，对我国与上述地区1/3以上商品出口总额造成影响。

（3）加强了征收反补贴税和反倾销税行为。最近10年，在全球贸易领域里的反倾销措施越来越多。据世界贸易组织（以下简称"世贸组织"）统计，2018年全年，世贸组织成员共发起反倾销调查195起，比2017年的250起大幅下降。但从总体的波动趋势看，数量还是较多的。2001—2010年，全球共发起反倾销立案2 242起，年均224起。2011—2014年，年均立案225起；2015—2018年，年均244起。2018年，全球采取最终反倾销措施的案件共216起，比2017年的199起增长了8.5%。

2019年8月16日，阿根廷生产和劳工部发布2019年661号决议，决定结束对我国牛仔布的反倾销调查，设定最低限价FOB 3.23美元/米，征收涉案产品报关价与最低限价的差价税，有效期5年。一些发展中国家，随着贸易交往的扩大和国际经贸法规意识的加强，也逐步学会利用反倾销手段来保护本国产品，限制外国产品的不公平竞争。

（4）管理贸易日益合法化、系统化。第二次世界大战后，随着国家垄断资本主义的加强，发达资本主义国家加强了管理贸易。管理贸易是指以国内贸易法规、法令和国际贸易条约与协定来约束贸易行为。管理贸易可分为国家管理贸易和国际管理贸易：国家管理贸易是一国政府针对本国对外贸易情况，通过新建或改组对外贸易行政机构，颁布和执行贸易法规和条例，直接干预本国对外贸易，加强对外贸易管理；国际管理贸易是指几个国家之间通过建立和完善国际经济组织和签订多边国际经济和贸易条约与协定等，协调彼此之间的国际经济贸易关系，共同遵循达成的国际经济贸易法律准则，在一定限度上加强国际贸易管理。

自20世纪80年代以来，管理贸易进一步加强，许多发达资本主义国家重新修订和补充原有的贸易法规，使对外贸易管理更有法可依。例如，美国国会通过《1988年综合贸易法》，加强了美国政府对美国对外贸易的调节和管理的合法化。许多国家对各种对外贸易制度和法规，如海关、商检、进口配额制、进口许可证制、出口管制、反倾销法等，制定了更为详细、系统、具体的细则，并与国内法进一步结合，以便各种管理制度和行政部门更好地配合与协调，加强对进出口贸易的管理。

（5）奖出限入措施的重点从限制进口转向鼓励出口。自20世纪70年代中期以来，随着发达资本主义国家之间贸易战的日益加剧，各国政府仅靠贸易壁垒来限制进口，不但难以满足本国垄断资本对外扩张的需要，而且往往会遭到其他国家的谴责和报复。因此，许多发达资本主义国家把奖出限入措施的重点从限制进口转向鼓励出口，从经济、政治等政策方面鼓励出口，促进商品输出。

2. 新贸易保护主义不断加强的原因

随着世界经济相互依靠的加强，贸易政策的连锁反应也更敏感。美国采取了许多贸易保护措施，它反过来又遭到其他国家或明或暗的反击，使得新贸易保护主义蔓延与扩张。与此同时，工会力量的强大、党派的斗争和维护政府形象，为加强贸易保护主义提供了政治上的依据。此外，汇率长期失调影响了国际贸易的发展，汇率的过高与过低均易产生贸易保护主义的压力。

3. 新贸易保护主义的抬头

"9·11"事件以后，世界经济出现衰退，美国、日本和欧盟经济滞涨甚至出现下滑，就业压力增加。为了保护本国市场，各国加大了对国外产品的歧视力度。2002年3月5日，美国总统小布什宣布对进口钢铁实施201保障措施调查案最终救济方案，对板坯、板材、长材等进口的主要钢铁品种实施为期3年的关税配额限制或加征高达30%的关税，从而保护美国国内钢铁工业。此举立即遭到了世界所有向美国出口钢材国家的强烈反对，相关国家纷纷采取对策，利用世界贸易组织相关规则，向美国政府施压。但是，美国政府依然我行我素，自2002年3月21日开始，限制钢铁进口的"301条款"正式启动。这一措施涉及欧盟以及日本、韩国、中国、俄罗斯等国钢铁产品的对美出口。这表明新贸易保护主义正在重新抬头，我们需要高度重视。

自2007年美国次贷危机爆发以来，危机逐步从金融领域蔓延到实体经济领域，并在经济全球化的背景下通过美元的世界货币地位迅速传染到世界各国。对贸易保护主义来说，全球金融危机无疑是"催化剂"。在更多的国家被卷入经济衰退之中的形势下，保护主义情绪正在日益高涨，如2009年2月美国国会通过的"购买美国货的条款"，具体特点如下。

（1）更多地运用法律法规和行政干预手段。在危机爆发后，欧美等国往往通过立法或者行政干预手段来实施贸易保护主义。2009年2月25日，美国众议院通过了《2009年综合拨款法案》，该法案727条款通过限制政府经费用途的方式，不允许美国相关政府部门开展自中国进口禽肉产品的解禁工作，限制了中国禽肉产品对美出口。

（2）从商品贸易领域扩展到劳动力雇用和金融领域。危机发生后，各国的失业率剧增，为了缓解就业压力，各国的贸易保护从商品贸易领域扩展到劳动力雇用和金融领域。例如，美国参议院通过议案要求接受政府救助的银行等金融机构在招聘时首先考虑美国国籍的申请者，而外国雇员不得超过总员工的15%，并禁止让持有H-1B临时工作签证的外国人来取代美国人工作。德国如宝马、西门子等大型企业裁员的首批对象几乎都是以外籍劳工为主的短期合同工。

（3）表现形式更加软化，更具隐蔽性。在贸易联系如此密切的国际背景下，一国实行明显的贸易保护措施，其他国家很快就会采取反制措施，从而造成两败俱伤。因此，当前贸易保护的形式更加软化和隐蔽。比较隐蔽的贸易保护手段主要有以下几类。

1）限制进口产品进关。例如，印度尼西亚要求服装、鞋、玩具、电子产品和食品饮料等五类商品，只能在特定口岸进关，并且这些货物须由注册立案的进口商进口，以监督货物流通。此举延长了进口产品进关时间，间接阻止产品进口。

2）实行非自动许可制度。例如，阿根廷政府为了加强对本国相关产业的保护，避免出现大规模的倒闭和失业，2009年1月21日，阿根廷生产部发布公告，宣布对进口汽车轮胎包括汽车、公交车、货车和农用机械使用的轮胎采取非自动进口许可制度。

3）提高进口标准，增设非关税壁垒。例如，欧盟于2009年用ERP指令替代EUP指令，将产品范围从直接用能产品扩展到间接用能产品，如窗户、淋浴喷头等产品。

4）利用区域性经济一体化集团实施新贸易保护。随着经济全球化的发展，为了减少贸易摩擦，新贸易保护主义转变为以区域性经济一体化集团为基础实行贸易保护，既增强了区域内部经济实力，也扩大了贸易保护的范围。成员方在集团内实行统一的规则进行自由贸易，而对非集团成员方建立贸易壁垒，阻止非成员方进入本区域的市场。

4. 特朗普政府贸易保护主义表现

在任总统期间，特朗普全面推行其贸易保护主义。然而，他所推行的贸易保护主义与以往截然不同，特朗普政府采取了一种稳定、隐蔽和单边的方式，在实施中也不需要与国会磋商的贸易壁垒。

通过特朗普政府进行的一系列前所未有的贸易调查，以及所采取的贸易政策，我们发现其贸易保护主义具有以下特点。

（1）重回重商主义逻辑。特朗普政府认为中美贸易失衡和美国制造业衰落的主要责任在于中国对美国的贸易顺差，强调对中国货物贸易逆差占美国逆差来源的46%，而不考虑全球价值链分工和产业内贸易的客观事实，将中美贸易作为转移国内矛盾的重要手段。特朗普反复要求主要贸易伙伴削减对美国的贸易顺差，这是非常典型的重商主义的逻辑。重商主义理论认为，货币是唯一的财富，为了获得更多的财富，必须鼓励出口，限制进口。

（2）贸易保护主义手段翻新。特朗普政府运用了以前很少使用的法律作为发起调查的理由，并且由政府提起案件。2017年4月20日，特朗普指示商务部部长发起对钢材进口的调查，看它是否违反1962年《贸易扩张法》第232节的规定，对美国国家安全构成威胁。特朗普指示美国贸易代表办公室（USTR）公布《基于1974年贸易法301条款对中国关于技术转移、知识产权和创新的相关法律、政策和实践的调查结果》（301报告），为特朗普政府发起贸易战提供依据。

（3）涉及知识产权的商品保护力度加大。2018年3月22日，特朗普政府宣布"因知识产权侵权问题对中国商品征收500亿美元关税，并实施投资限制"。2018年5月29日，美国白宫宣布将对从中国进口的含有"重要工业技术"的500亿美元商品征收25%的关税，其中包括与《中国制造2025》计划相关的商品；最终的进口商品清单将于2018年6月15日公布，并很快对这些进口产品征收关税。2018年6月27日，特朗普进一步表示将限制中国投资美国关键科技。

（4）贸易保护主义覆盖范围扩大。2018年6月18日，特朗普指示美国贸易代表确定2 000亿美元的中国商品，如果中国采取报复性措施并拒绝改变贸易"不公平"做法，将额外征收10%的关税。随后，特朗普宣称涉及商品金额将进一步提高至5 000亿美元。根据美方统计，2017年中国对美国出口金额为 5 056 亿美元，这 5 000 亿美元的贸易保护几乎实现了对中国出口美国商品的全覆盖。

2.3 自由贸易政策

2.3.1 英国自由贸易政策

1. 英国自由贸易政策的兴起

英国自 18 世纪中叶开始进入工业革命，此时英国"世界工厂"的地位已经确立并得到巩固，重商主义的保护贸易政策便成为英国经济发展和英国工业资产阶级对外扩张的一大障碍。这时，英国工业资产阶级便要求在世界市场上进行无限制的自由竞争和自由贸易政策。因此，英国新兴的资产阶级迫切要求废除重商主义时代所制定的一些外贸政策和措施。在他们看来，英国工业革命的发展，必须自国外取得廉价的工业原料与粮食（廉价粮食是低工资的前提条件），而且英国的工业革命早于其他国家，其产品物美价廉，具有强大的国际竞争能力，因而自由贸易对其较为有利。

2. 英国自由贸易政策的胜利

19 世纪 20 年代，以伦敦和曼彻斯特为基地的英国工业资产阶级开展了一场大规模的自由贸易运动。运动的中心内容是废除英国的《谷物法》。工业资产阶级经过不断斗争，最后终于战胜了地主、贵族阶级，使自由贸易政策逐步取得胜利。

（1）废除《谷物法》。1838 年，英国棉纺织业资产阶级组成"反《谷物法》同盟"（Anti Corn Law League），展开了声势浩大的反《谷物法》运动。经过斗争，国会终于在 1846 年通过了废除《谷物法》的议案。

（2）逐步降低关税税率，减少纳税商品数目。经过几百年的重商主义实践，英国有关关税的法令达 1 000 件以上。1825 年，英国开始简化税法，废止旧税率，建立新税率。进口纳税的商品项目从 1841 年的 1 163 种减少到 1853 年的 466 种，所征收的关税全部是财政关税，税率大大降低。

（3）废除航海法。英国的航海法是英国限制外国航运业竞争和垄断殖民地航运事业的政策。从 1824 年逐步废除，到 1849 年和 1854 年，英国的沿海贸易和殖民地航运全部向其他国家开放，至此，重商主义时代制定的《航海法》全部废除。

（4）取消特权公司。东印度公司对印度和中国贸易的垄断权分别于 1813 年和 1814 年被废止，从此对印度和中国的贸易开放给所有的英国人。

（5）对殖民地贸易政策的改变。18 世纪，英国对殖民地的航运享有特权，殖民地的货物输入英国享受特惠关税的待遇。1849 年《航海法》废止后，殖民地可以对任何国家输出商品，也可以从任何国家输入商品，通过《关税法》的改革，废止了对殖民地商品的特惠税率，同时准许殖民地与外国签订贸易协定，殖民地可以与任何外国建立直接的贸易关系，英国不再加以干涉。

（6）与外国签订贸易条约。1860年签订了英法条约，即《科伯登条约》。《科伯登条约》是以自由贸易精神签订的一系列贸易条约的第一项，列有最惠国待遇条款。19世纪60年代，英国就缔结了8项这种形式的条约。19世纪中叶，在英国带动下，许多国家降低了关税，荷兰、比利时相继实行了自由贸易政策。

2.3.2 贸易自由化

第二次世界大战爆发，世界经济陷入混乱，国际分工与国际贸易处于停顿。第二次世界大战后，资本主义各国经济迅速恢复和发展，在20世纪50—70年代初期，出现了全球范围的贸易自由化（trade liberalization）。

1. 第二次世界大战后贸易自由化的表现

（1）关税大幅降低。GATT成员内部大幅降低了关税。1947—1979年，GATT缔约方的平均进口税率从第二次世界大战后初期的50%左右降到5%。1993年，乌拉圭回合谈判的结果使发达国家和发展中国家平均降税1/3，发达国家工业制成品平均关税水平降为3.6%左右。

欧共体对内取消关税，对外通过谈判达成关税减让协议，使关税大幅降低。例如，欧共体原6国之间工农业产品的自由流通已于1969年完成，后加入的国家也已按计划完成，实现了成员方之间全部互免关税；欧共体与欧洲自由贸易联盟之间，到1977年实行工业品互免关税，从而建立起一个包括17个国家的占世界贸易总额40%的工业品自由贸易区；1975年，欧共体同非洲、加勒比海和太平洋地区的46个发展中国家签订了《洛美协定》，规定共同体对来自这些国家的全部工业品和96%的农产品给予免税进口的待遇，之后又扩大到向60多个非洲、加勒比、太平洋地区的发展中国家提供免税进口待遇。

从1971年开始，20多个发达国家对170多个发展中国家实施制成品和半制成品的普惠制优惠关税待遇。

（2）非关税壁垒逐渐减少。第二次世界大战结束后不久，发达国家对许多商品进口实行严格的进口限额、进口许可证和外汇管制等非关税壁垒措施。随着经济的恢复和发展，这些国家在不同程度上放宽了进口数量限制，到20世纪60年代初，西方主要国家间进口自由化率已达90%以上。中国内地与香港特别行政区经过多轮磋商，于2003年6月29日在香港达成《内地与香港关于建立更紧密经贸关系的安排》。《内地与香港关于建立更紧密经贸关系的安排》的总体目标是：逐步减少或取消双方之间实质上所有货物贸易的关税和非关税壁垒；逐步实现服务贸易的自由化，减少或取消双方之间实质上所有歧视性措施；促进贸易投资便利化。双方从2004年1月1日起开始实施《内地与香港关于建立更紧密经贸关系的安排》下货物贸易和服务贸易自由化的具体承诺；双方将通过不断扩大相互间的开放，增加和充实其内容。根据《内地与香港关于建立更紧密经贸关系的安排》，内地与港澳之间要采取更优惠和自由化的措施，使参与各方实现优势互补，共同受惠。

2. 第二次世界大战后贸易自由化的特点

第二次世界大战后的贸易自由化是在国家垄断资本主义日益加强的条件下发展起来的，它主要反映了垄断资本的利益，是世界经济和生产力发展的内在要求。它在一定限度上同保护贸易政策相结合，是一种有选择的贸易自由化。第二次世界大战后贸易自由化呈现出如下特点。

（1）发达国家之间的贸易自由化程度超过它们对发展中国家和社会主义国家的贸易自由化程度。发达国家根据 GATT 等国际多边协议的规定，较大幅度地降低了关税和放宽了数量限制。但对发展中国家的一些商品，特别是劳动密集型产品仍征收较高的关税，并实行其他的进口限制；对社会主义国家征收更高的关税和实行更严格的非关税壁垒进口限制。

（2）区域性经济集团内部的贸易自由化程度超过集团对外的贸易自由化程度。例如，欧共体内部取消了关税和数量限制，实行商品完全自由流通，对外则有选择地、有限度地实行部分贸易自由化。

（3）不同商品的贸易自由化程度不同。工业制成品的贸易自由化程度超过农产品的贸易自由化程度。在工业制成品中，机器设备的贸易自由化程度超过工业消费品的贸易自由化程度，特别是所谓"敏感性"的劳动密集型产品，如纺织品、服装、鞋类、皮革制品和罐头食品受到较多的进口限制。

3. 第二次世界大战后贸易自由化的主要原因

美国在第二次世界大战后发展成为世界头号经济强国。为了对外经济扩张，美国积极主张削减关税、取消数量限制，成为贸易自由化的积极倡导者和推行者；西欧和日本的经济迅速恢复与发展，也有减少贸易壁垒的要求；发展中国家为了发展民族经济，扩大资金积累，也愿意通过减少贸易壁垒来扩大出口。

与此同时，GATT 的签订有力地推动了贸易自由化。GATT 以公平贸易为己任，通过多边贸易谈判的进行和贸易规则的实施，不仅大幅度地削减了关税，而且在一定限度上限制了非关税壁垒的使用。经济一体化组织的出现加快了贸易自由化的进程。各种区域性的自由贸易区、关税同盟、共同市场均以促进商品自由流通、扩大自由贸易为宗旨。跨国公司的大量出现和迅速发展促进了资本在国家间的流动，加强了生产的国际化，客观上要求资本、商品和劳动力等在世界范围内的自由流动。国际分工的广泛和深入发展，分工形式的多样化，使商品交换的范围扩大，在一定限度上促进了贸易自由化的发展。

2.4 我国对外贸易政策

《"十四五"对外贸易高质量发展规划》（以下简称《规划》）提出了"十四五"时期将努力实现贸易综合实力进一步增强、协调创新水平进一步提高、畅通循环能力进一步提升、贸易开放合作进一步深化、贸易安全体系进一步完善的目标。为实现这一目标，《规划》提出，"十四五"时期外贸要坚持创新驱动，加快发展方式转型；坚持绿色引领，加快绿色低碳转型；坚持数字赋能，加快数字化转型；坚持互利共赢，提升开放合作水平；坚持安全发展，提升风险防控能力。

2.4.1 我国进出口发展存在着不平衡问题

我国对外贸易迅速发展，不仅为我国经济社会发展做出了突出贡献，也给其他国家带来了巨大的利益。我国质优价廉的产品，满足了进口国的市场需求，增进了各国消费者的福利。我国进口规模急剧扩大，也给有关出口国家提供了客观的市场。总体上看，我国对外贸易体现了互惠互利的经贸关系，具有互利共赢的特征。

但是，我国进出口发展存在着不平衡问题。20世纪80年代，我国外贸以逆差为主，10年中有8年逆差，年均逆差79亿美元；从1994年开始，我国进入了顺差时代，一直保持顺差，1998年顺差为434.7亿美元，是一个历史高点，2006年顺差大幅增加，达到1 774.7亿美元，超过1998年的3倍多；到2008年我国贸易顺差达到高峰2 955亿美元，从2009年开始我国贸易顺差开始缩小，但仍处于高位。我国高顺差的一个突出特点是，顺差地区高度集中，对美欧和部分发展中国家的顺差急剧扩大。2017年，我国货物贸易进出口总额为27.79万亿元，比2016年增长14.2%。其中，出口额为15.33万亿元，增长10.8%；进口额为12.46万亿元，增长18.7%；贸易顺差为2.87万亿元，收窄14.2%。如果美国把贸易顺差占GDP（国内生产总值）的比例为6%称为严重失衡的话，那么与其相对应，我国经济也确实存在另一个方向的经济严重失衡，顺差集中更加反衬出我国贸易的不平衡。

2.4.2 我国贸易顺差问题短期内难以解决

1. 国内经济的不平衡导致了对外经济的不平衡

我国经济增长高度依赖外需，从侧面反映出内需不足，内需中消费和投资也存在着不平衡的矛盾。虽然消费和投资都是需求，但导致的结果不同，投资最后还会形成生产能力，最终导致供给扩大，形成后期的供需矛盾。经济结构中消费不足导致我国经济增长内在动力严重不平衡。2021年，我国最终消费占GDP的比重为54.3%，远低于OECD经济体77.3%的平均值，也远低于72%的世界平均水平。从我国居民消费率来看，尽管我国居民消费水平在不断提高，但我国始终存在着居民消费率偏低的问题：2010年消费率降至34%，为历年来的最低点。从2009—2019年的数据来看，我国居民消费率整体呈现上升趋势，但波动不大，距世界60%左右的平均值还有较大的差距：2009—2019年我国居民消费率分别为35%、34%、36%、36%、36%、38%、38%、38%、39%、40%、39%。

从我国消费增长情况看，消费率偏低的情况还将持续相当长的时期。这是因为，我国居民消费增速长期低于政府消费增速，农村消费增速长期低于城镇居民消费增速。解决这一问题，涉及我国发展中城乡、区域发展差距和贫富继续扩大等深层次的矛盾，需要成功地进行社会保障、医疗、教育等改革，这是一项长期的任务。

2. 我国的对外贸易政策支撑了顺差的扩大

亚洲金融危机给我国造成了很大的冲击，1998年我国外贸进出口总额下降0.4%，出口额仅增长0.5%，是"九五"时期我国外贸低增长的典型代表。为应对亚洲金融危机，我国政府提出了"千方百计扩大出口"的政策。在这一政策的指引下，我国外贸以超常速度增长，不仅使国人感到非常吃惊，也令世界十分震惊。2002年中国出口额增加了1 000多亿美元，2003年、2004年各增加了3 000多亿美元，2005年增加了3 500多亿美元，2006年又增加了近4 200亿美元。在千方百计扩大出口中最重要的一个政策就是强化出口退税政策——我国重新提高了出口退税率，加快向企业退税。我国的退税规模1997年为432亿元，2003年为2 039亿元，增长了3.7倍。到2012年，我国进出口退税总额突破1万亿元。2017年，我国进出口退税总额近1.4万亿元，创历史新高。这一政策给出口提供了强大的动力，但退税政策的调整属于结构上的微调，总的政策力度没有减弱。

2007年爆发的金融危机对我国的进出口业造成了重大冲击，据中国海关统计，2008年我国对外贸易进出口总额达25 616.3亿美元，比上年增长17.8%，增速比上年回落5.7个百分点，这是我国入世以来，增速首次低于20%。其中，出口额为14 285.5亿美元，增长17.2%，回落8.5个百分点；进口额为11 330.8亿美元，增长18.5%，回落2 3个百分点。2009年我国对外贸易进出口总额为22 072.7亿美元，同比下降13.9%。其中，出口额为12 016.7亿美元，下降16%；进口额为10 056亿美元，下降11.2%。为缓解危机带给我国的消极影响，政府采取扩大内需的政策，如出台4万亿元投资、十大产业调整振兴规划和医药卫生体制改革等政策，用以扩大内需、保持经济增长和调整产业结构。海关总署公布的2011年全年我国外贸进出口情况显示，2011年我国外贸进出口总额为36 420.59亿美元，比上年同期增长22.51%。其中，出口额为18 986亿美元，增长2 032%；进口额为17 434.59亿美元，增长24.99%。2012年我国外贸进出口总额突破2万亿美元，贸易顺差达2 311亿美元。2013年、2014年我国外贸进出口总额仍保持正增长。2015年、2016年，在世界贸易深度下滑的背景下，我国对外贸易进出口总额出现连续两年的"双降"。2017年、2018年，对外贸易进出口总额又逐渐回升，我国继续保持着全球贸易第一大国的地位。

3. 我国的外资政策带来了双顺差

我国利用外资时借鉴了拉美利用外资发生金融危机的教训。拉美利用外资主要是借债，然后买国外的资本或者技术，这样一种融资方式会产生债务，最后有可能导致债务危机。我国利用外资不是借外债，而是吸引直接投资。外商直接投资避免了债务危机，而且我国在引入外商直接投资时，要求各个外资企业要以出口为导向，要求其实现外汇的自我平衡。

外商投资企业不仅成为我国经济的有机组成部分，也是我国扩大出口的主力军。2022年1月至12月，外商投资企业进出口值为13.82万亿元，占进出口总值的32.9%。其中，外商投资企业出口总值为7.48万亿元；进口总值为6.34万亿元。

2.4.3 我国外贸发展战略转型的政策内涵

我国外贸顺差规模过大蕴含了国内经济运行风险，为了我国经济贸易的长远发展，在世界贸易格局正在发生深刻变化的时期，我国对外贸易发展战略也需要进行调整。加快转变外贸增长方式，提高对外贸易发展的质量和效益，是今后对外贸易发展中的重大课题。

1. 千方百计扩大出口让位于贸易平衡发展

进入 21 世纪，我国成为名副其实的贸易大国，对世界和贸易伙伴的影响巨大。在国际市场上，我国不仅纺织、服装等传统劳动密集型产品出口量居世界第一，彩电、手机、计算机等新兴 IT 产品出口量也居世界第一位。在国际贸易统计的 5 104 种商品中，2004 年我国出口第一的商品有 332 种。但是，我国从对外贸易中获得的实际利益与我国的贸易规模并不相符，我国的竞争优势地位与发达国家还有很大差距。我国贸易的不平衡导致了贸易伙伴的反倾销、贸易限制、WTO（世界贸易组织）争端等各种贸易摩擦。明显的贸易顺差也加重了人民币升值的压力，增加了国内经济运行风险。

提高对外开放水平，关键是转变外贸增长方式，在战略导向上要向质量效益型转变。从政府层面，就是要支持高附加值、高科技含量的产品出口，从扩大消费品出口向机械设备等资本品出口突破上转变，减少高能耗和高污染性产品出口。从出口管理上，要从根本上制止企业间的恶性竞争，坚决杜绝国内企业因恶性竞争不仅没有占领市场，反而丢掉市场的情况。从出口的效益看，要大幅减少从企业角度、从局部利益看有利，从全局、从长远看有害的出口，这种出口扩大了我国的出口规模，损失的却是实在的利益。无论是一般贸易还是加工贸易，都要避免单纯追求出口规模的现象，从根本上缓解贸易顺差问题。

2. 从出口导向转变为进出口结合

在重商主义的贸易思想里，出口对本国经济有利，进口对本国经济不利。我国没有明确实行出口导向的政策，但实际上重出口、轻进口的倾向长期存在。在经济全球化不断加深的国际背景下，"国际市场竞争国内化、国内市场竞争国际化"的特点日益突出。特别是我国加入 WTO 后，对外开放进一步扩大，进口在对外关系和经济发展中的重要性越发突出。我国对外交往的一个有力优势就是强劲的进口需求。当前全球市场主要呈现的是供过于求的状态，进口国在国际市场上处于主动地位，具有主动权，出口国处于被动地位，日益增加的进口为我国赢得了有利地位。国民经济发展要求更加重视进口，对进口必须给予同出口一样的重视程度。外贸进口要从传统的调剂余缺模式转变为满足国内产业升级和需求变化，通过大量进口国内急需的先进设备和半成品、原材料支持国内经济的快速增长。特别是我国人均能源、资源拥有量低，构建多元化、稳定、可靠的境外供应基地已成为当务之急。加强企业、协会、商会的协调机制建设，统一对外谈判，提高议价能力，强化我国在国际能源资源市场上的话语权，构筑战略性买家优势，保障我国能源、资源安全，已经是对外贸易战略的重要内容。

3. 数量扩张转变为品牌战略

我国对外贸易取得了举世瞩目的成就，但总体仍然没有改变数量扩张型的粗放增长方式，我国货物贸易出口的层次较低，发挥着世界加工厂的作用，但是所获得的实际利益十分有限。我国相继提出在扩大出口中实施"以质取胜"战略和"科技兴贸"战略，加大高科技含量产品出口。但是，我国货物贸易出口的近 60% 是以加工贸易的方式实现的，高新技术产品出口中 85% 以上是由外资企业完成的，自主知识产权和自主品牌出口商品所占的比重不高。品牌战略已经成为跨国公司重要的经营策略和竞争战略。企业不断调整产品结构，提高产品的档次和科技含量，也是应对技术壁垒的根本途径。如何提高企业核心竞争力和创立国际品牌已经成为摆在我们面前的一个重要课题。因此，要继续深入实施"科技兴贸"和"以质取胜"战略，调整产品结构，加大支持自主核心技术开发，提高装备制造业的现代化水平，提高加工制造业产品中自主知识产权的比例，培育这些行业的比较优势和国际竞争力，形成出口优势行业，改善一般贸易的出口产品结构。企业要培育自主品牌，引进、消化国外先进技术，提高营销能力，重点要提升企业和产品的品牌竞争力。实施品牌战略还要鼓励企业走出去，通过对外投资渗透到国际生产分工的各个环节，更直接地参与国际市场竞争，这是培育国际知名品牌的重要途径。

4. 从单纯的双边贸易转向参加区域性合作

我国对外贸易发展经历了两次飞跃：第一次开始于 1988 年的外贸体制改革，逐步放开外贸经营，更多类型的企业直接参与外贸活动；第二次开始于 20 世纪 90 年代中期，外商投资企业大规模兴起。这两次飞跃激发了我国参与国际贸易的活力，但本质上仍属于双边性的贸易发展。目前经济全球化深入发展，贸易特征已经开始转向区域化发展战略。2005 年向 WTO 通报的各种区域贸易安排已有 300 多个，绝大多数 WTO 成员参加了一个或多个区域贸易安排，发达国家和地区通过建立区域组织占据了有利地位，增强了左右市场的力量，发展中国家和地区通过参加区域组织提高了自己参与国际竞争的能力。我国内地建立区域经济合作组织的网络框架已经具备雏形，与港澳的紧密关系安排逐步深入，与东盟的自由贸易区已于 2010 年 1 月 1 日正式启动，与巴基斯坦、海合会、南非关税同盟的自贸区谈判进展良好，与新西兰、澳大利亚的自贸区谈判开始涉及实质问题。通过谈判建设自贸区，已经有 20 多个国家承认我国的市场经济地位，对方承诺不使用特殊保障措施和纺织品限制措施等歧视性条款，改善了我国的对外贸易环境。

5. 后危机时代的贸易强国战略

改革开放以来，中国的对外贸易战略、政策在实践中不断演进，尽管带有明显的时代烙印以及存在各种不足，但对外贸易的跨越式发展取得的辉煌成就仍举世瞩目，为中国经济社会的发展和国际地位的提升发挥了重要作用。但早在金融危机爆发前，中国已经认识到以出口和投资主导的经济发展模式给中国经济带来了国际收支不平衡、投资过热、资源环境压力过大等经济发展难以解决的深层次问题，革新突变的发展思路开始推进。

基于当今世界经济和中国经济社会发展现状及趋向，中国提出了迈向贸易强国的发展战略，具体内容包括开放型发展、包容性发展、平衡发展和可持续发展四个基本原则。

（1）开放型发展。对外开放成就了中国的世界经济贸易大国地位，继续实行对外开放，进一步提高开放型经济水平，不仅是国民经济和对外贸易发展的需要，也是中国社会主义市场经济制度的必然要求。因此，不断拓展开放的广度和深度，广泛参与国际分工与合作，充分利用国际要素资源，将有助于中国产业结构转型升级，有助于贸易结构优化，有助于提高

"中国制造"的国际竞争力，有助于提升"中国创造"的水平，有助于发挥市场经济在资源配置中的作用。

（2）包容性发展。包容性是联合国千年发展目标中提出的观念之一。在国际贸易领域，包容性发展就是要使国际贸易带来的利益惠及所有贸易伙伴，实现互利共赢，特别是要惠及欠发达国家，要转变经济发展方式，要实现经济增长与资源环境的协调和谐发展，使经济增长产生的福利惠及所有人群，尤其是弱势群体。

（3）平衡发展。许多经济矛盾和冲突大都源于发展的不协调和不平衡。要解决这些矛盾和问题，必须把握和处理好发展与平衡的关系，这主要包括：外需与内需平衡发展，出口与进口平衡发展，货物贸易与服务贸易平衡发展，对外贸易区域布局平衡发展，双边、多边和区域贸易合作平衡发展。

（4）可持续发展。由于中国正处在工业化和城镇化加速发展阶段，传统的高消耗、高排放、低效率的粗放型经济增长方式尚未根本转变，导致国家整体资源和环境形势不断恶化，经济发展受到极大的制约，维持经济增长和环境保护之间的平衡面临巨大挑战。尽管中国在扩大出口规模上取得了空前的成功，但贸易发展仍以数量扩张的粗放型增长方式为主，效益不高、竞争不强，对外部能源、原材料市场依赖不断增加，面临的国际市场价格风险、供应风险越来越大。因此，转变贸易增长方式，大力发展低碳贸易、绿色贸易，建立贸易可持续发展机制，是中国实现贸易强国的必由之路。

2.4.4 "一带一路"倡议

"一带一路"是"丝绸之路经济带"和"21世纪海上丝绸之路"的简称，2013年9月和10月由中国国家主席习近平分别提出建设"新丝绸之路经济带"和"21世纪海上丝绸之路"的合作倡议。它充分依靠中国与有关国家既有的双多边机制，借助既有的、行之有效的区域合作平台，借用古代丝绸之路的历史符号，高举和平发展的旗帜，积极发展与沿线国家的经济合作伙伴关系，共同打造政治互信、经济融合、文化包容的利益共同体、命运共同体和责任共同体。

1. "一带一路"倡议提出的时代背景

历史上，陆上丝绸之路和海上丝绸之路就是我国同中亚、东南亚、南亚、西亚、东非、欧洲经贸和文化交流的大通道，"一带一路"是对古丝绸之路的传承和提升，获得了广泛认同。

40多年来，中国改革开放事业取得了巨大成就，同时也存在着缺乏顶层设计、不注重改善国际发展环境等问题，迫切需要加强各方面改革开放措施的系统集成。通过融入国际治理和开展国企的跨国产权合作，"一带一路"倡议的实施在有效避免"西方经验"局限、防止治理本身被"短视"市场消解和坚持"四项基本原则"的同时，将为中国经济治理、国家治理、社会治理进一步引入来自治理体系之外的监督主体，创造强有力、更有效的外部监督，从根本上解决治理效率问题。

当今世界正发生复杂深刻的变化，国际金融危机深层次影响继续显现，世界经济缓慢复苏、发展分化，各国面临的发展问题依然严峻。共建"一带一路"顺应世界多极化、经济全球化、文化多样化、社会信息化的潮流，秉持开放的区域合作精神，致力于维护全球自由贸易体系和开放型世界经济，推动沿线各国实现经济政策协调，开展更大范围、更高水平、更深层次的区域合作，共同打造开放、包容、均衡、普惠的区域经济合作架构。

2. "一带一路"倡议的发展历程

"一带一路"倡议的主要发展历程见表 2-1。

表 2-1 "一带一路"倡议的主要发展历程

时间	发展进程与事件
2013 年 9 月 7 日	习近平主席在访问哈萨克斯坦时提出，用创新的合作模式，共同建设"丝绸之路经济带"，以点带面，从线到片，逐步形成区域大合作。这是中国领导人首次在国际场合公开提出共同建设"丝绸之路经济带"的构想
2013 年 10 月	习近平主席在印度尼西亚国会发表演讲时提出，中国致力于加强同东盟国家互联互通建设，倡议筹建亚洲基础设施投资银行，愿同东盟国家发展好海洋合作伙伴关系，共同建设"21 世纪海上丝绸之路"
2014 年 2 月	国家主席习近平与俄罗斯总统普京就建设"丝绸之路经济带"和"海上丝绸之路"，以及俄罗斯跨欧亚铁路与"一带一路"的对接达成共识
2014 年 11 月	习近平总书记在 2014 年亚太经济合作组织（APEC）峰会加强互联互通伙伴关系对话会上宣布，中国将出资 400 亿美元成立丝路基金，为"一带一路"沿线国家基础设施、资源开发、产业合作和金融合作等那些与互联互通有关的项目提供投融资支持
2015 年 3 月	国家发展改革委、外交部和商务部联合发布了《推动共建丝绸之路经济带和 21 世纪海上丝绸之路的愿景与行动》
2015 年 11 月	结合"一带一路"合作倡议和《中欧合作 2020 战略规划》，中国同中东欧 16 国共同发布《中国–中东欧国家中期合作规划》，推动"16+1 合作"提质增效
2016 年 8 月	习近平主席在推进"一带一路"建设工作座谈会上指出，已经有 100 多个国家和国际组织参与其中，中国同 30 多个沿线国家签署了共建"一带一路"合作协议，同 20 多个国家开展国际产能合作，联合国等国际组织也态度积极
2017 年 5 月	首届"一带一路"国际合作高峰论坛在北京举行，包括 29 位外国元首和政府首脑在内，140 多个国家、80 多个国际组织的 1 600 多名代表从世界各地来到北京与会，高峰论坛发布圆桌峰会联合公报，达成 270 多项成果，形成了各国共建"一带一路"的国际共识
2018 年 8 月	习近平主席在推进"一带一路"建设工作 5 周年座谈会上指出，"一带一路"建设要从谋篇布局的"大写意"转入精耕细作的"工笔画"，向高质量发展转变，造福沿线国家人民，推动构建人类命运共同体
2019 年 4 月	由新华社研究院联合 15 家中外智库共同发起的"一带一路"国际智库合作委员会在北京宣告成立，这标志着"一带一路"国际智库合作迈上了新台阶
2020 年 11 月	2020 年以来，新冠疫情全球流行，世界经济发展中的不稳定不确定因素增多，对推动共建"一带一路"带来新的挑战。截至 2020 年 11 月，中国已经与 138 个国家、31 个国际组织签署 201 份共建"一带一路"合作文件
2021 年 12 月	截至 2021 年底，中国已和 84 个共建"一带一路"国家建立科技合作关系，支持联合研究项目 1 118 项，在农业、新能源、卫生健康等领域启动建设 53 家联合实验室，"创新丝绸之路"建设朝气蓬勃
2022 年 4 月	截至 2022 年 4 月 19 日，中国已与 149 个国家、32 个国际组织签署 200 多份共建"一带一路"合作文件

3. "一带一路"倡议的基本内涵

"一带一路"倡议自提出以来不断拓展合作区域与领域，尝试与探索新的合作模式，不断丰富、发展与完善，但其初衷与原则却始终如一。

（1）"一带一路"是开放性、包容性区域合作倡议，而非排他性、封闭性的中国"小圈子"。当今世界是一个开放的世界，开放带来进步，封闭导致落后。中国认为，只有开放才能发现机遇、抓住用好机遇、主动创造机遇，才能实现国家的奋斗目标。"一带一路"倡议就是要把世界的机遇转变为中国的机遇，把中国的机遇转变为世界的机遇。通过加强交通、能源和网络等基础设施的互联互通建设，促进经济要素有序自由流动、资源高效配置和市场深度融合，开展更大范围、更高水平、更深层次的区域合作，打造开放、包容、均衡、普惠的区域经济合作架构，以此来解决经济增长和平衡问题。

（2）"一带一路"是务实合作平台，而非中国的地缘政治工具。"和平合作、开放包容、互学互鉴、互利共赢"的丝路精神成为人类共有的历史财富，"一带一路"就是秉承这一精神与原则提出的现时代重要倡议。通过加强相关国家间的全方位多层面交流合作，充分发掘与发挥各国的发展潜力与比较优势，彼此形成了互利共赢的区域利益共同体、命运共同体和责任共同体。在这一机制中，各国是平等的参与者、贡献者、受益者。

（3）"一带一路"是共商共建共享的联动发展倡议，而非中国的对外援助计划。"一带一路"建设是双边或多边联动基础上通过具体项目加以推进的，是在进行充分政策沟通、战略对接以及市场运作后形成的发展倡议与规划。2017年5月《"一带一路"国际合作高峰论坛圆桌峰会联合公报》中强调了建设"一带一路"的基本原则，其中就包括市场原则，即充分认识市场作用和企业主体地位，确保政府发挥适当作用，政府采购程序应开放、透明、非歧视。可见，"一带一路"建设的核心主体与支撑力量并不在政府，而是企业，根本方法是遵循市场规律，并通过市场化运作模式来实现参与各方的利益诉求，政府在其中发挥构建平台、创立机制、政策引导等指向性、服务性功能。

（4）"一带一路"是和现有机制的对接与互补，而非替代。"一带一路"建设的相关国家要素禀赋各异，比较优势差异明显，互补性很强。我国经济规模居全球第二，外汇储备居全球第一，优势产业越来越多，基础设施建设经验丰富，具备资金、技术、人才、管理等综合优势。这就为中国与其他"一带一路"参与方实现产业对接与优势互补提供了现实需要与重大机遇。因此，"一带一路"的核心内容就是要促进基础设施建设和互联互通，对接各国政策和发展战略，以便深化务实合作，促进协调联动发展，实现共同繁荣。

（5）"一带一路"建设是促进人文交流的桥梁，而非触发文明冲突的引线。"一带一路"跨越不同区域、不同文化、不同宗教信仰，但它带来的不是文明冲突，而是各文明间的交流互鉴。"一带一路"在推进基础设施建设，加强产能合作与发展战略对接的同时，也将"民心相通"作为工作重心之一。通过弘扬丝绸之路精神，开展智力丝绸之路、健康丝绸之路等建设，在科学、教育、文化、卫生、民间交往等各领域广泛开展合作，"一带一路"建设民意基础更为坚实，社会根基更加牢固。

4. "一带一路"倡议的国际意义

"一带一路"合作范围不断扩大,合作领域更为广阔。它不仅给参与各方带来了实实在在的合作红利,也为世界贡献了应对挑战、创造机遇、强化信心的智慧与力量。

(1) "一带一路"为全球治理提供了新的路径与方向。当今世界,挑战频发、风险日益增多。作为一个新兴大国,中国有能力、有意愿同时也有责任为完善全球治理体系贡献智慧与力量,而"一带一路"正是朝着这个目标努力的具体实践。"一带一路"强调各国的平等参与、包容普惠,主张携手应对世界经济面临的挑战,开创发展新机遇,谋求发展新动力,拓展发展新空间,共同朝着人类命运共同体方向迈进。

(2) "一带一路"为新时期世界走向共赢带来了中国方案。不同性质、不同发展阶段的国家,其具体的战略诉求与优先方向不尽相同,但各国都希望获得发展与繁荣,如何将一国的发展规划与他国的战略设计相对接,实现优势互补便成为各国实现双赢多赢的重要前提。"一带一路"正是在各国寻求发展机遇的需求之下,同时尊重各自发展道路选择基础之上所形成的合作平台。

(3) "一带一路"为全球均衡可持续发展增添了新动力,提供了新平台。"一带一路"涵盖了发展中国家与发达国家,实现了"南南合作"与"南北合作"的统一,有助于推动全球均衡可持续发展。"一带一路"以基础设施建设为着眼点,促进经济要素有序自由流动,推动中国与相关国家的宏观政策协调。对于参与"一带一路"建设的发展中国家来说,这是一次搭中国经济发展"快车""便车",实现自身工业化、现代化的历史性机遇。"一带一路"不仅可以有力推动"南南合作"的广泛展开,同时也有助于增进"南北对话",促进"南北合作"的深度发展。

◆ 本章小结

国际贸易政策是指世界各国和地区对外进行商品、服务和技术交换活动时所采取的政策。从单一国家或地区的角度出发,有关国际贸易的政策就是对外贸易政策。

对外贸易政策通常的构成有:对外贸易总政策、进出口商品和服务等政策以及国别或地区贸易政策。

对外贸易的两种基本类型是自由贸易政策和保护贸易政策。

各国在制定贸易政策的过程中,需要考虑的因素有:本国经济结构与比较优势,本国产品在国际市场上的竞争能力,本国与别国经济、投资的合作情况,本国国内物价、就业状况,本国与他国的政治、外交关系,本国在世界经济、贸易组织中享受的权利与应尽的义务以及各国政府领导人的经济思想与贸易理论。

超保护贸易政策的特点是:保护的对象不仅是幼稚工业,而且更多的是已高度发展的或出现衰落的垄断工业;保护的目的不再是培养自由竞争的能力,而是巩固和加强对国内外市场的垄断;保护的措施不只限于关税和贸易条约,还有各种非关税壁垒和其他奖出限入措施;保护不是防御性地限制进口,而是在垄断国内市场的基础上对国外市场进行进攻性的扩张;保护的阶级利益从一般的工业资产阶级利益转向大垄断资产阶级利益。

新贸易保护主义的主要特点为：被保护的商品不断增加；限制进口措施的重点从关税壁垒进一步转向非关税壁垒，而技术性贸易壁垒则成为限制进口的主要非关税壁垒；加强了征收反补贴税和反倾销税行动；管理贸易日益合法化、系统化；奖出限入措施的重点从限制进口转向鼓励出口。

2007 年金融危机发生以来的新贸易保护主义的特点是：更多地运用法律法规和行政干预手段，从商品贸易领域扩展到劳动力雇用和金融领域，表现形式更加软化，更具隐蔽性等。

第二次世界大战后贸易自由化的表现有：关税大幅降低以及非关税壁垒逐渐减少。

我国对外贸易处在转型期，存在的问题有：进出口发展不平衡、贸易顺差问题短期内难以解决、外资政策带来的双顺差问题。我国外贸发展战略转型的政策内涵如下：千方百计扩大出口让位于贸易平衡发展，从出口导向转变为进出口结合，数量扩张转变为品牌战略，从单纯的双边贸易转向参加区域性合作。

"一带一路"是"丝绸之路经济带"和"21 世纪海上丝绸之路"的简称，借用古代丝绸之路的历史符号，高举和平发展的旗帜，积极发展与沿线国家的经济合作伙伴关系，共同打造政治互信、经济融合、文化包容的利益共同体、命运共同体和责任共同体。"一带一路"的基本内涵为："一带一路"是开放性、包容性区域合作倡议，而非排他性、封闭性的中国"小圈子"；"一带一路"是务实合作平台，而非中国的地缘政治工具；"一带一路"是共商共建共享的联动发展倡议，而非中国的对外援助计划；"一带一路"是和现有机制的对接与互补，而非替代；"一带一路"建设是促进人文交流的桥梁，而非触发文明冲突的引线。"一带一路"的国际意义为："一带一路"为全球治理提供了新的路径与方向；"一带一路"为新时期世界走向共赢带来了中国方案；"一带一路"为全球均衡可持续发展增添了新动力，提供了新平台。

◆ 思考题

一、简答题

1. 各国制定对外贸易政策的目的是什么？
2. 简述国际贸易政策的基本类型及其特征。
3. 试述李斯特的保护幼稚工业理论的主要内容。
4. 简述关于幼稚产业选择标准的理论观点。
5. 凯恩斯的"超保护贸易政策"的主要内容是什么？
6. 既然自由贸易有贸易保护所不具有的诸多好处，为什么目前没有任何一个国家实行完全的自由贸易？你估计什么时候"自由贸易时代"会到来？

二、案例讨论题

1. 早在 14 世纪末，英国就首先采取措施管制海上交通，并随着它的殖民体系的扩大，实施了越来越多的排他性控制措施，但直到 1651 年和 1660 年，才通过著名的《航海法》来加强和巩固这些措施。促成上述法律通过的动机是，为了弥补荷兰人趁英国于 1642—1646 年忙于内战期间，对英国运输贸易造成的严重损失。上述法令的目的是要尽可能无例外地保障英国（包括殖民地）船只运输货物，往返于英国与殖民地的各个港口。

《航海法》成功地把外国船只排挤出英国的沿海贸易，排挤出英国与其殖民地的贸易，并排挤出亚洲、非洲或美洲运送进口商品到英国及其殖民地的业务。此外，英国船只还必须由英国建造，并由3/4英国人操纵。但是人们认为，不让外国人把英国的出口商品运往殖民地是不明智的，因为这可能意味着更大量的出口，这是一个至少同垄断海运贸易一样重要的目标。但如果让外国船只进入英国港口，就得允许它们把货物带进来。因此，从大陆向不列颠各岛进口货物是允许的，但它们在抵港后必须加倍付税。英国在确立了一系列"列举的"商品后，加强了对殖民地贸易的垄断，这些商品包括殖民地只能向其他英属殖民地出口的较重要的殖民地产品。这份商品目录最初仅限于包括糖、烟草和棉花在内的6种商品，后来扩大到20种商品，1776年则扩大为殖民地的所有出口商品。西班牙和法国也曾竭力垄断同各自殖民地之间的贸易，但它们的政策不如英国那么严厉，也不如英国那么成功。

试讨论：英国在上述时期执行的是什么贸易政策？这种贸易政策的主要观点是什么？

2. "脱欧"公投于英国当地时间2016年6月23日上午7点（北京时间6月23日下午3点）开始。此次投票持续15小时，最终的计票结果是：支持"脱欧"的选民票数为17 176 006票，约占总投票数的52%；支持"留欧"的选民票数为15 952 444票，约占总投票数的48%。2018年11月20日，英国与欧洲联盟达成"脱欧"协议草案，约定英国正式"脱欧"后设置为期21个月的过渡期，直至2020年底。英国作为世界贸易网络中的重要节点国家，"英国脱欧"事件对世界贸易会带来重大影响，无论初始冲击是仅限于欧盟国家，还是会作用于所有与其有直接贸易联系的国家，最后都会带来世界贸易网络中各国出口和进口的下降。尽管如此，如果"英国脱欧"事件的初始冲击性能够限制在美国与欧盟国家之间，那么世界贸易网络中各国受到的影响会小很多。经济全球化将世界各国的经济紧密联系在一起，如果"英国脱欧"对美国经济产生严重冲击，并通过国际贸易网络向外扩散，那么对世界各国的经济贸易都会带来负面影响。

试讨论："英国脱欧"事件会对中国外贸和世界贸易产生哪些影响？

3. 2021年，中国货物贸易进出口总额达39.1万亿元，同比增长21.4%。其中，出口额为21.73万亿元，增长21.2%；进口额为17.37万亿元，增长21.5%。与2019年相比，中国外贸进出口总额、出口额、进口额分别增长23.9%、26.1%、21.2%。

在2021年中国外贸行业取得如此成绩的同时，国务院办公厅依然印发《国务院办公厅关于做好跨周期调节进一步稳外贸的意见》，出台15条具体措施，从加强财税金融政策支持、鼓励外贸新业态发展、缓解国际物流等外贸供应链压力、支持重点产业重点企业4个方面为外贸助力。

试讨论：为什么在中国外贸取得较好成绩的背景下依然出台稳外贸的意见？

4. 俄乌冲突爆发后，国际农产品价格曾一路飙升，芝加哥商品交易所小麦期货价格一度收涨近13美元/蒲式耳。"一场震撼性的饥饿危机正在全世界蔓延。"2022年4月底，世界粮食计划署如此表示。

但5月下旬以来，曾经高涨的小麦等期货价格持续回落。7月15日，芝加哥商品交易所小麦期货价格盘中一度重挫逾3%，创2022年2月俄乌冲突爆发前的最低水平，后跌幅收窄至1.76%，报每蒲式耳7.81美元，远低于此前近13美元/蒲式耳的收盘纪录。自5月18日起，芝加哥商品交易所小麦期货价格进入"下行通道"。截至7月15日收盘，价格累计跌幅已达39%。

联合国粮农组织发布的数据显示，粮农组织食品价格指数6月小幅下行，为连续第三个月下跌。粮农组织谷物价格指数6月平均为166.3点，环比下降4.1%。其中，国际小麦价格下跌5.7%。不只是小麦价格回落，数据还显示，国际粗粮价格下跌4.1%，世界玉米价格环比下降3.5%。

试讨论：国际粮食价格为何出现回落？

第 3 章
CHAPTER 3

国际贸易措施

§ **教学目的**

- 了解关税的种类、关税税则的定义及分类、主要非关税壁垒的种类与含义
- 理解关税措施与非关税措施的经济效应
- 理解为什么越来越多的国家偏向于采取非关税壁垒限制国外产品流入本国市场
- 了解鼓励和促进出口的经济措施

§ **关键术语**

关税	进口关税	海关税则	非关税壁垒
进口配额制	进口许可证制	政府采购	

§ **章首案例 3-1**

拜登政府的贸易政策有哪些变化

2022年3月23日,美国贸易代表办公室宣布将恢复部分自中国进口商品的关税豁免,涉及此前549项商品中的352项。5月3日,美国贸易代表办公室宣布,即日起将对特朗普时期中国输美商品加征关税的行为启动法定复审程序。5月10日,拜登总统公开表示称,美国可能会取消对中国进口商品征收的部分关税。上述讯息似乎释放了中美经贸关系改善的积极信号。拜登一直将中国视为美国的竞争对手。在就任以后首次发表外交政策讲话时,拜登称中国是美国"最严峻的竞争对手"。2021年2月,在"四国机制"领导人会议上,拜登再次强调来自中国的挑战,呼吁盟友与之共同应对。拜登上台以后,在对华政策上

虽然抛弃了过去特朗普政府时期单边主义的做法，但并不意味着其对华政策发生了实质性的改变，只是打压中国的方式和手段发生了变化。

在打压方式上，拜登政府将摒弃特朗普的单边主义行为，寻求联合盟友共同对华施压。在科技领域，美国将协同盟友加快拟定相关行业标准，把中国排除在新的行业标准体系之外；在经贸领域，美国欲另起炉灶，建立新的经贸框架，即"印太经济框架"，并树立新的经贸规则。在打压手段上，拜登政府将加快重塑价值链，特别是在关键技术的价值链上寻求与中国"脱钩"。为此，美国一方面将加速"再工业化"进程，加快跨国企业从中国转出产能或回迁的进程；另一方面将投资分散化，向东南亚及墨西哥等国转移，避免过度依赖中国。

综上所述，即使拜登政府取消对华加征的商品关税，也不意味其对华贸易政策发生改变，可能发生变化的只是打压的方式和手段而已。对此，我们必须要有清醒的认识。

3.1 关税措施

国际贸易措施是指世界各国和地区对外进行商品、服务和技术交换活动时所采取的政策。当今世界，国际贸易中仍然普遍存在贸易壁垒，贸易壁垒通常包括关税壁垒和非关税壁垒。使用关税被认为是为了保护国内的就业、收入，增强国内产品在国际市场上的竞争力，保护国内工业。关税是贯彻一国贸易政策的基本措施，征收关税会造成国家及各个利益集团经济利益的变化。

关税（customs duties）是进出口商品通过一国关境时，由该国政府设置的海关对进出口商品所征收的一种税。关境或称关税领域，是海关征收关税的领域，也是海关所管辖并执行海关各项有关法令和规章的区域。

3.1.1 关税的特点和作用

1. 关税的特点

关税是国家税收的一种。关税同其他税收一样，具有强制性、无偿性和预定性。除此之外，关税还有以下三个主要特点。

（1）关税是一种间接税。关税的纳税人虽然是进出口企业，但是进出口企业可用增加货价的方法，将关税负担转嫁到消费者身上，因此它是一种间接税。

（2）关税的税收主体和客体。关税的税收主体（即纳税人）是本国进出口商。关税的税收客体（即课税对象）是进出口的商品。

（3）关税的征收机构是海关。海关是设在关境上的国家行政管理机构，负责贯彻执行本国有关进出口的政策、法令和规章。海关的主要职能包括征收关税、查禁走私、对进出口货物实行监管、进行海关统计等。

2. 关税的作用

（1）增加政府收入。征收关税可以增加国家的财政收入，这对某些发展中国家特别重要。

（2）保护国内市场。出于保护目的征收的关税可削弱国外产品的竞争力，起到保护本国产品市场占有率的作用。

（3）保护本国幼稚工业。征收关税对本国正在发展的工业能起到保护作用。

（4）调节产业结构。通过不同的关税结构，可以促进产业结构升级。

（5）调节进出口贸易平衡。当一国贸易顺差增大时，可以调低关税，从而减少顺差；相反，逆差过大时，可以调高关税。

3.1.2 关税的种类

1. 按照征收的对象和商品流向分类

（1）进口税。**进口税**（import tariff）是指进口国家的海关在外国商品输入本国境内市场时，根据海关税则对本国进口商所征收的关税，它有以下几类。

1）普通进口税。普通进口税是指对原产于与进口国未订有关税互惠协议的国家或者地区的进口货物，按照普通税率征收的关税。普通进口税税率一般都比较高。

2）优惠进口税。优惠进口税是指对原产于与进口国订有关税互惠协议的国家或者地区的进口货物，按照优惠税率征收的关税。优惠进口税税率一般都比较低。优惠进口税包括最惠国税、普惠关税和特惠关税。

①最惠国税适用于从与进口国订有关税最惠国待遇条款的贸易协定的国家或者地区所进口的货物。

②普惠关税是发达国家给予发展中国家制成品和半制成品的一种普遍的、非歧视的、非互惠的关税优惠。所谓"普遍的"，是指所有发达国家对所有发展中国家出口的制成品、半制成品给予普遍的优惠待遇；所谓"非歧视的"，是指应使所有发展中国家都不受歧视、无一例外地享受普惠制待遇；所谓"非互惠的"，是指普惠制不是对等的关税优惠，而是发达国家单方面给予发展中国家的同等关税优惠。

③特惠关税是指对从某个国家或地区进口的全部商品或部分商品，给予特别优惠的低关税、减免税待遇；其他国家和地区不享受这种优惠待遇。特惠关税有的是互惠的，有的是非互惠的。

3）特别关税。任何国家或地区对其进口的原产于某国的货物征收歧视性关税或者给予歧视性待遇的，为了报复那些国家或地区对该国出口货物的歧视，该国海关可对原产于那些国家或地区的进口货物征收特别关税。特别关税的征收对象、税率和起征、停征时间由该国政府决定，并公布实施。例如在我国，特别关税手段由国务院税则委员会决定。

4）进口附加税。进口附加税是指进口国家对商品除征收一般的进口税之外，还根据某种特定的目的再征收的关税。进口附加税是一种限制进口的临时性措施，其主要目的是应付国际收支危机，维持进出口平衡；防止外国商品倾销；对某个国家实行歧视或报复等。进口附加税常见的有反补贴税、反倾销税和差价税。

①反补贴税又称抵消税,是对进口商品在生产加工、运输及出口过程中,直接或间接地接受过任何奖金或补贴所征收的一种进口附加税。这种奖金或补贴的提供者可以是政府、垄断组织或同业工会。反补贴税的税额一般是按奖金或补贴数额征收,其目的在于提高进口商品的价格,抵消其所享受的补贴金额,削弱其竞争能力,使它不能在进口国的市场上进行低价竞争和倾销。

②反倾销税是指对实行倾销的进口货物所征收的一种临时性进口附加税,其目的是为了抵制外国商品倾销,保护本国产业和国内市场,或借"反倾销"调查的名义,故意拖延时间,阻止进口商品的合理贸易。倾销是指一国或地区将本国产品以低于正常价格的方法挤入另一国境内,并因此对该国领土内已建立的某种工业造成重大损害或产生重大威胁,或者对该国国内工业的新建产生严重阻碍。正常价格是指相同商品在出口国用于国内消费时在正常情况下的可比价格,如果没有这种国内价格,则是相同产品在正常贸易情况下向第三国出口的最高可比价格,或产品在原产国的生产成本加合理的推销费用和利润。反倾销是指进口国在遭受倾销损害时,为了抵消或防止倾销,可以对倾销的产品征收数量不超过这一产品的倾销差额的反倾销税。倾销差额是指,按照相关规则确定的倾销价格与产品正常价格之间的价格差额。当倾销行为停止时,反倾销税的征收也应停止。

③差价税又称差额税,是指当某种外国进口商品的售价低于国内商品,两者之间的价格出现差额时,海关在征收正常进口关税之外,又按此差额对进口商品加征的一种进口附加税。差价税的目的是抵消进口商品在价格竞争方面的优势,限制其进口,从而保护国内生产和国内市场。差价税随着国内外价格差额的变动而变动。

(2)出口税。**出口税**(export tariff)是指出口国的海关对本国输往国外的商品所征收的一种关税。目前大多数国家对大多数产品不征收出口税。以增加财政收入为目的的出口税,其税率一般不高,而以保护本国下游产业加工为目的的出口税,通常是对于出口的原料征税。

中国从 2005 年 1 月 1 日至 2007 年 12 月 31 日对部分纺织品采取从量征税方式加征出口税,以确保纺织品一体化的平稳过渡。

(3)过境税。**过境税**(transit tariff)又称通过税,是一国对于通过其关境的外国货物所征收的关税。目前,友好国家之间一般不再征收过境税,世界贸易组织也明文规定成员方之间不应征收过境税。因此,大多数国家都仅仅在外国商品通过其领土时征收少量的准许费、印花费、登记费和统计费等。

2. 按照征税的目的分类

(1)财政关税。**财政关税**(revenue tariff)是指以增加国家财政收入为主要目的而征收的关税,其特点是税率适中,以保证收益的最大化。目前,财政关税多为发展中国家所采用,对工业发达国家已经不再重要。

(2)保护关税。**保护关税**(protective tariff)是指以保护本国市场为主要目的而征收的关税,其特点是保护限度随税率的提高而提高,最终可以达到完全禁止进口,成为禁止性关税。

3. 按照征收标准分类

（1）从量税。从量税是以商品的重量、数量、容量、长度和面积等计量单位为标准计征的关税，其特点是：手续简便，无须审定货物的规格、品质、价格，便于计算；对廉价的进口货品抑制作用比较大，因单位税额固定，对质量次、价格低的低档商品进口与高档商品征收同样的关税，使低档商品进口不利。当国内价格降低时，因税额固定，税负相对增大，不利于进口，保护作用加强。因此，有的国家使用从量税，该税种尤其被广泛应用于食品、饮料和动植物油的进口方面。

（2）从价税。从价税是以商品的价格为标准计征的关税，其特点有以下几点。

1）征收比较简单，对于同种商品，可以不必因品质的不同再详细分类。
2）税率明确，便于比较各国税率。
3）税收负担较为公平，因从价税额随商品价格与品质的高低而增减，较符合税收的公平原则。
4）在税率不变时，税额随商品价格上涨而增加，既可增加财政收入，又可起到保护关税的作用。

从价税虽已被世界各国广泛采用，但在征收从价税时，关键是要明确商品的完税价格，即经海关审定的作为计征关税依据的商品价格。各国有不同的海关估价，用以确定完税价格。

（3）复合税。复合税又称混合税，是对商品同时订立与征收从量税和从价税。混合税可分为两种：一种是以从量税为主，加征从价税；另一种是以从价税为主，加征从量税。

（4）选择税。选择税是对于一种进口商品同时规定从量税和从价税，征收时由海关选择征收其中一种税，作为该商品的应征关税额。海关一般会选择税额较高的一种征收。在物价上涨时使用从价税，物价下跌时使用从量税。有的为了鼓励某种商品的进口，或给某个国家以优惠待遇，也会选择税额较低的一种关税。

3.1.3 海关税则

海关税则（customs tariff）又称关税税则，是一国对进出口商品计征关税的规章和对进出口的应税与免税商品加以系统分类的一览表，海关凭此征收关税，是关税政策的具体体现。

海关税则一般包括两部分：一部分是海关征税规章；另一部分是关税税率表。关税税率表主要包括三个部分：税则号列（tariff item），简称税号；货物分类目录（description of goods）；税率（rate of duty）。

海关税则按税率和制定者不同进行分类。

1. 按税率有无区别划分

海关税则按税率有无区别分为单式税则和复式税则。

（1）单式税则。**单式税则**（single tariff）又称一栏税则。这种税则，一个税目只有一个税率，适用于来自任何国家的商品，没有差别待遇。在资本主义自由竞争时期，各国都实行单式税则。到垄断资本主义时期，很多国家为了在关税上实行差别与歧视待遇，或争取关税上的互惠，都改单式税则为复式税则。现在只有少数发展中国家，如委内瑞拉、巴拿马、冈比亚等，仍实行单式税则。

（2）复式税则。**复式税则**（complex tariff）是指一个税目有两个以上税率，对来自不同国家的进口商品使用不同税率。各国复式税则不同，有二、三、四、五栏不等，设有普通税率、最惠国税率、协定税率、特惠税率等，一般是普通税率最高，特惠税率最低。

资本主义国家使用复式税则是为了贸易竞争的需要，对不同国家实行差别或歧视待遇，或为获取关税上的互惠，以保证其商品销售市场和原料来源。许多发展中国家为保护民族经济，发展在平等互利基础上的经济合作，也使用复式税则。复式税则又称多栏税则。

2. 按制定者的权限不同划分

海关税则按制定者的权限不同分为自主税则和协定税则。

（1）自主税则。**自主税则**（autonomous tariff）又称国定税则，是指一国立法机构根据关税自主原则单独制定而不受对外签订的贸易条约或协定约束的一种税率。

自主税则可分为自主单式税则和自主复式税则。前者为一国对一种商品自主地制定一个税率，这个税率适用于来自任何国家或地区的同一种商品；后者为一国对一种商品自主地制定两个或两个以上的税率，分别适用于来自不同国家或地区的同一种商品。自主复式税则又可分为最高税则和最低税则，前者适用于来自未与该国签订贸易条约或协定的国家或地区的商品；后者适用于来自与该国签订了贸易条约或协定的国家或地区的商品。

（2）协定税则。**协定税则**（conventional tariff）是指一国与其他国家或地区通过贸易与关税谈判，以贸易条约或协定的方式确定的关税率。这种税则是在本国原有的国定税则以外，另行规定的一种税率。它是两国关税减让谈判的结果，因此要比国定税率低。某些协定税率不仅适用于该条约或协定的签字国，也适用于享有最惠国待遇的国家，对于没有减让关税的商品或不能享受最惠国待遇的国家的商品，仍采用自主税则，这样形成的复式税则叫作自主协定税则或国定协定税则。

3.2 非关税措施

第二次世界大战后，在 GATT 的推动下，经过 8 轮多边谈判，缔约方的平均关税水平有较大幅度的下降，因而关税的保护作用越来越弱。目前，关税已经不再成为国际贸易中的主要阻碍。然而自 20 世纪 70 年代以来，随着贸易保护主义的日益加强，非关税壁垒层出不穷，已成为自由贸易的重要障碍。同关税壁垒相比较，非关税壁垒透明度不高、种类繁多，对国际贸易的影响作用更大，是限制外国产品进入本国市场的软措施，而且随着国际贸易的发展，非关税壁垒有不断加强的趋势。

3.2.1 非关税壁垒概述

1. 非关税壁垒的含义

非关税壁垒（non-tariff barrier，NTB）又称非关税贸易壁垒，是指一国政府采取除关税以外的各种办法，来对本国的对外贸易活动进行调节、管理和控制的一切政策与手段的总和，其目的是试图在一定程度上限制进口，以保护国内市场和国内产业的发展。非关税壁垒大致可以分为直接的和间接的两大类。前者是由海关直接对进口商品的数量、品种加以限制，其主要措施有进口限额制、进口许可证制、"自动"出口限额制、出口许可证制等；后者是指进口国对进口商品制定严格的条例和标准，间接限制商品进口，如进口押金制、苛刻的技术标准和卫生检验规定等。虽然关税是限制进口的最基本手段，但第二次世界大战以后，尤其是 20 世纪 60 年代后期以来，在 GATT 的推动下，进行了 8 个回合的多边谈判，关税总水平大幅下降，因而关税的保护作用越来越弱，这使得发达资本主义国家寻求其他的贸易保护措施，所以非关税壁垒的运用越来越广泛。非关税壁垒从 20 世纪 60 年代末的 850 多种，增加到 20 世纪末的 3 000 多种，并且仍有增加的趋势。

2. 非关税壁垒的特点

与关税壁垒相比，非关税壁垒有如下特点。

1）非关税措施比关税措施具有更大的灵活性和针对性。一般来说，各国关税税率的制定与调整必须经过严格的法律程序。这种法律程序往往迂回迟缓，在需要紧急限制进口时，"远水解不了近渴"。此外，如果是 WTO 成员方，成员一方调整进口税率还要受到世界多边贸易体制的约束。各国在制定和实施非关税措施时，通常采用行政程序就够了。非关税措施不仅出台迅速、程序简单，而且可以随时调整，在限制进口方面显示出更大的灵活性和针对性。

2）非关税措施比关税措施更具有隐蔽性和歧视性。关税税率经法律程序确定后，往往要以法律的形式公之于众，并依法执行。但是，一些非关税壁垒往往不公开，或规定极为烦琐、复杂的标准，使出口商难以适应。此外，一些国家经常针对某个国家实施某种非关税措施，结果大大加强了非关税壁垒的差别性和歧视性。

3）非关税措施比关税措施的保护作用更为强烈和直接，能有效地限制进口。关税的实施旨在提高进口商品的国内价格，它对商品进口的限制是相对的，如果出口国家采用出口补贴或商品倾销等手段来应对，关税有可能无法达到预期效果。有些非关税壁垒对进口的限制则是绝对的，如进口许可证、进口配额制等，出口商无论如何都无法绕过这种壁垒。

3.2.2 非关税壁垒的种类

1. 进口配额

进口配额（import quota）又称进口限额，是指一国政府在一定时期内（如一年或半年或一个季度），对某种商品的进口数量或金额加以直接限制。在规定的时限内配额以内的货物可以进口，超过配额不准进口，或者征收较高关税后才能进口。进口配额有绝对配额和关税配额两种方式。

（1）绝对配额。**绝对配额**（absolute quota）是指在一定时期内，对某些商品的进口数量或金额规定一个限额，达到这个限额后，便不准进口。这种配额在实施中又分为全球配额和国别配额两种。

1）**全球配额**（global quota）属于世界范围内的配额，对于来自任何国家或地区的商品一律适用。主管当局通常根据进口商的申请先后或过去某一时期的实际进口额批给一定的额度，直到总配额发放完为止，超过总配额就不准进口。由于全球配额不限定进口国别或地区，进口商取得配额后可以从任何国家或地区进口。这样，邻近国家或地区因地理位置接近、交通便利、到货迅速而占了先机，而较远的国家就处于不利地位。因此，在配额的分配和利用上，难以贯彻国别和地区政策，所以很多国家转而采用国别配额。

2）**国别配额**（country quota）是指政府规定一定时期内的总配额，在总配额内按国别和地区分配给固定的配额。为了区别来自不同国家和地区的商品，进口商在进口商品时必须提交原产地证明书。实行国别配额可以使进口国根据它与有关国家和地区的政治、经济关系分配不同的额度。一般来说，国别配额可以分为自主配额和协议配额。

①**自主配额**（autonomous quota）又称单方面配额，是由进口国自主地、单方面制定在一定时期内从某个国家或地区进口某种商品的配额，而不需要征得出口商的同意。自主配额的确定一般参照某国过去一定时期内的出口实绩，按一定比例确定新的进口数量或金额。由于各国或地区所占比重不同，得到的配额有差异，因此进口国可以利用这种配额贯彻国别政策。但自主配额由进口国自行制定，往往带有不公正性和歧视性，容易引起某些出口国家或地区的不满或报复。因此，很多国家采用协议配额，以缓和彼此之间的矛盾。

②**协议配额**（agreement quota）又称双边配额，是根据进口国和出口国政府或民间团体达成的协议，在进口商或出口商中进行分配的配额方式。如果是双边民间团体达成的，应事先获得政府许可，方可执行。协议配额是由双方协商确定的，通常不会引起出口方的不满与报复，并可使出口国对配额的实行有所谅解与配合，比较容易执行。

（2）关税配额。**关税配额**（customs quota）是指对进口商品的绝对数额不加限制，而对一定时期内规定配额以内的进口商品给予低税、减税或免税待遇，对超过配额的进口商品则征收较高的关税或附加税。

关税配额与绝对配额的区别在于，关税配额在超过配额后仍可进口，但需征收较高的关税；而绝对配额是规定一个最高进口额度，超过后一律不准进口。因此，关税配额是一种把关税和进口配额结合在一起的限制进口措施。关税配额按其征收关税的优惠性质，可以分为优惠性关税配额和非优惠性关税配额。前者是对关税配额内的进口商品给予较大幅度的关税减让，甚至免税，而超过配额的进口商品就征收原来的最惠国税；后者是对关税配额内的进口商品征收原来正常的进口税，而对超过配额的进口商品征收较高的附加税或罚款。

2．"自动"出口配额制

"自动"出口配额制（voluntary export quota）又称"自动"限制出口，是指出口国家或地区在进口国的要求和压力下,自己规定在某一时期内(一般为 3～5 年),某些商品对该国的出口限额。在限定的配额内自动控制出口,超过配额即禁止出口。"自动"出口配额制并非出于出口国的自愿,事实上,进口国往往以某种商品大量进口使相关工业部门受到严重损害,或造成所谓的"市场混乱"为由,要求出口国"自动"限制出口数量,否则就采取报复性的贸易措施。因此,"自动"出口配额制带有明显的强制性。"自动"出口配额制主要有以下两种形式。

(1) 协定的"自动"出口配额。它是指进出口双方通过谈判签订"自动协议"(self-restriction agreement)或"有秩序销售协议"(orderly marketing agreement),规定在一定时期内某些商品的出口配额,出口国应根据此配额实行出口许可证或出口配额签证制(export visa),自行限制这些商品的出口,进口国则通过海关进行统计核查。

(2) 非协定的"自动"出口配额。它是指出口国由于来自进口国的压力,自行单方面规定出口配额以限制商品出口。这种类型的配额有的是由政府有关机构规定并定期公布配额,出口商向政府有关机构申请配额,领取出口授权书或出口许可证后出口;有的是由出口厂商或协会"自动"控制出口。

"自动"出口配额制是 20 世纪 50 年代产生的,由于其可以避开 GATT 的规则,因而被西方发达国家广泛采用。以 1989 年为例,当年"自动"出口配额安排多达 286 种,其中欧共体实行"自动"出口配额最多,其次是美国,再次是欧洲自由贸易协定国。"自动"出口配额制涉及多种产品,其中纺织品、钢铁和农产品受到的影响最大。

3. 进口许可证制

进口许可证制(import license system)是指进口国规定某些商品的进口必须事先申领进口许可证,否则一律不准进口。它是进口国管理贸易和控制进口的重要手段。进口许可证分类如下。

(1) 按照进口许可证与配额的关系分类。进口许可证可以分为有定额的进口许可证和无定额的进口许可证两类。

1) 有定额的进口许可证。有定额的进口许可证即进口国预先规定有关商品的进口配额,然后在配额的限度内,根据进口商的申请,对每笔进口货物发给一定数量或金额的进口许可证,配额用完即停止发放。一般来说,进口许可证是由进口国有关当局向提出申请的进口商发放的,但也有将这种权限交给出口国自行分配使用的。

2) 无定额的进口许可证。无定额的进口许可证即进口国预先不公布进口配额,只是在个别考虑的基础上发放有关商品的进口许可证。因为它是个别考虑的,没有公开的标准,发放权完全由进口国主管部门掌握,因此更具有隐蔽性,起到更大的限制进口的作用。

(2) 按照进口商品的许可程度分类。进口许可证可以分为公开一般许可证和特种进口许可证两类。

1) 公开一般许可证。公开一般许可证又称公开进口许可证、一般进口许可证或自动进口许可证。它对进口国别或地区没有限制,凡是列明属于公开一般许可证的商品,只要填写公开一般许可证后,即可获准进口。因此,这类商品实际上是"自动进口"的商品,它的目的不在于限制进口,而在于管理进口。

2)特种进口许可证。特种进口许可证又称自动进口许可证。属于特种许可证管理的商品进口必须向有关当局提出申请,经过逐笔审批后才能进口。这种许可证往往都规定商品的国别或地区。

4. 最低限价和禁止进口

最低限价(minimum price)就是一国政府规定某种进口商品的最低价格,如果进口商品低于规定的最低价格,则征收进口附加税或禁止进口。例如,1985年智利对绸坯布进口规定了每千克52美元的最低限价,低于这个价格,将征收进口附加税。采用这种政策,一国可以有效地抵制低价商品的进口或以此削弱进口商品的竞争力,保护本国产业。

禁止进口(prohibitive import)是限制进口的一种极端措施。当一国政府认为一般的限价已不足以解决国内市场受冲击的困难时,就会颁布法令,公开禁止某些商品进口。但这种措施很容易引起对方国家的报复,引发贸易战,最终对双方都无好处,因此不宜贸然采用。

5. 海关估价制

海关估价制(customs valuation system)本来是海关为了征收关税而确定进口商品价格的制度,但在实践中,有些国家根据某些特殊的规定,提高进口商品的海关估价,从而增加进口商品的关税负担,阻碍商品的进口,这就使海关估价成为专断的海关估价制度。

专断的海关估价制度的实行以美国最为典型。美国海关长期按照进口商品的国外价格(出口国国内销售市场的批发价格)或出口价格(出口国市场供给出口的价格)两者之间较高的一种进行征税,对某些与本国商品竞争激烈的进口商品(如煤油产品、胶底鞋类、毛手套等)则按"美国销价制"(American Selling Price System)征收关税。这些商品都是在美国销价很高的商品。采用这种估价制度,无疑人为地提高了进口商品的关税负担。由于受到其他国家的强烈反对,美国于1981年废除了这种估价制度。为了消除各国海关估价制度的巨大差异,并减少其作为非关税壁垒的消极影响,GATT于"东京回合"达成了《海关估价协议》,形成了一套统一的海关估价制度。

6. 进出口的国家垄断

进出口的国家垄断(state monopoly of imports and exports)是指在对外贸易中,某些商品的进出口由国家直接经营或把某些商品的进出口专营权给予某个垄断组织。各国垄断的进出口商品主要有四大类:第一类是烟酒,政府可以从烟酒的进出口垄断中取得巨大的财政收入;第二类是农产品,农产品的对外垄断销售,一般是发达国家国内农业政策措施的一部分,这在欧美国家尤为突出;第三类是石油,石油关系到一国的经济命脉,因此,主要的石油出口国和进口国都设立国营石油公司,对石油贸易进行垄断经营;第四类是武器,武器不但关系到国家安全,而且关系到世界和平,因此武器贸易多数由国家垄断经营。

7. 歧视性政府采购政策

歧视性政府采购政策(discriminatory government procurement policy)是指国家制定法

令，规定政府机构在采购商品时必须优先买本国的产品。这种政策实际上是歧视外国产品，起到限制进口的作用。很多国家都有类似的制度，有的国家虽然没有明文规定，但优先采购本国产品已经成了惯例。例如，美国从1933年开始实行并于1954年和1962年两次修改的《购买美国货法案》规定，凡是美国联邦政府所要采购的货物，应该是美国制造的或是用美国原料制造的。开始规定凡商品的成本有50%以上是在国外生产的就称为外国货，后来又进行修改，规定在美国生产数量不够或国内价格太高或不买外国货就会损害美国利益的情况下，才可以购买外国货。美国虽然规定优先采购美国商品的价格高于国际市场价格的6%～12%，但美国国防部和财政部经常采购比外国货贵50%的美国货。《购买美国货法案》直到在"东京回合"美国签订了《政府采购协议》后才废除。

8. 外汇管制

外汇管制（foreign exchange control）是指一国政府为平衡国际收支和维持本国货币汇率而对外汇进出实行的限制性措施，在中国又称外汇管理，它是一国政府通过法令对国际结算和外汇买卖进行限制的一种限制进口的国际贸易政策。外汇管理与对外贸易有着密切关系，出口必然要收进外汇，进口必然要支付外汇，因此，如果有目的地对外汇进行管理，就可以直接或间接地限制进出口。实行外汇管制的国家一般规定出口商必须将其出口所得外汇收入按官方汇率（official exchange rate）结售给外汇管理机构，进口商也必须通过外汇管理机构按官方汇率申请购买外汇。这样，政府就可以通过官方汇率、集中外汇收入、控制外汇支出、实行外汇分配等办法来控制进口商品的数量、品种和国别。

外汇管制的方式可分为以下3种。

（1）数量性外汇管制。它是指国家外汇管理机构对外汇买卖的数量进行直接限制和分配，主要目的在于集中外汇收入，控制外汇支出。有些国家实行数量性外汇管制时，还规定进口商必须获得进口许可证后才能得到所需的外汇。

（2）成本性外汇管制。它是指国家外汇管理机构对外汇买卖实行**复汇率制**（system of multiple exchange rates），利用外汇买卖成本的差价，间接影响不同商品的进出口。所谓复汇率制，是指一国货币对外有两个或两个以上汇率，分别适用于不同的进出口商品。主要目的是通过汇率的差别达到限制或鼓励某些商品进出口。

（3）混合性外汇管制。它是指同时采用数量性和成本性外汇管制，对外汇实行更为严格的控制。

9. 进口押金制

进口押金制（advanced deposit）又称进口存款制，是指进口商在进口商品时，必须预先按进口金额的一定比例和规定的时间，在指定的银行无息存入一笔现金的制度。这种制度增加了进口商的资金负担，影响了资金的周转，从而起到了限制进口的作用。例如，意大利政府从1974年5月到1975年3月曾对400多种进口商品实行进口押金制，凡进口规定中的商品，进口商必须预先向中央银行缴纳相当于进口货款一半的现金，无息冻结半年。据估计，这项措施相当于征收5%的进口附加税。

10. 国内税

国内税（internal tax）是指一国对本国境内生产、销售、使用或消费的商品所征收的各种捐税，一些国家往往采用国内课税制度来直接或间接限制进口。通过征收国内税，对国内外商品实行不同的征税方法和税率，增加进口商品的纳税负担，削弱其与国内产品竞争的能力，从而达到限制进口的目的。国内税是一种比关税更加灵活和易于伪装的措施，因为国内税的制定和执行完全属于一国政府，有时甚至是地方政府的权限，通常不受贸易条约和协定的约束。

11. 技术性贸易壁垒

技术性贸易壁垒（technical barriers to trade）是指一国通过颁布法律、法令、条例和规定，建立技术法规、技术标准、合格评定程序和其他技术性壁垒等方式，对进口商品所制定的复杂且苛刻的技术标准、卫生检疫规定及商品包装和标签规定等，这些规定往往以维护生产、消费安全及人民健康、环境保护等为由制定。有些规定非常复杂，而且经常变化，使外国产品难以适应，从而起到限制进口的作用。

（1）技术标准。发达国家普遍对制成品的进口规定极为严格、烦琐的技术标准，而且涉及的范围越来越广，进口商品必须符合这些标准才能进口。例如，德国禁止在国内使用车门从前往后开的汽车，而这种汽车恰好是意大利菲亚特500型汽车的样式，这样就有效地阻止了意大利汽车的进口。有些技术标准不仅在条文本身上限制商品进口，而且在实施过程中也为外国产品的销售设置了重重障碍。例如，日本曾经规定，英国输往日本的小汽车运到日本后，必须由日本人进行检验，如不符合规定，则需要英方日本雇员进行检修，这样就费时费工。此外，日本有关技术标准公布迟缓，使英国汽车输往日本更加困难。

（2）卫生检疫规定。卫生检疫标准主要适用于农副产品、食品、药品、化妆品等。现在各国要求检疫的商品越来越多，规定也越来越严格。例如，美国规定进口的食品、饮料、药品及化妆品，必须符合美国《联邦食品、药品及化妆品法》的规定，进口货物通关时，均须经食品药品监督管理局（FDA）检验，如发现与规定不符，海关将予以扣留，有权进行销毁，或按规定日期装运再出口。

（3）商品包装和标签规定。很多国家对本国市场销售的商品规定了各种包装和标签条例，内容复杂，手续麻烦，对商品的包装材料、包装方式都有具体的规定。进口商品必须符合这些规定才能进口。许多外国产品为了符合这些规定，不得不重新包装和改换商品标签，因而增加商品成本，削弱其竞争力，影响了商品的销路。

12. 绿色贸易壁垒

绿色贸易壁垒（green barrier trade）是基于"保护人类、动物和植物的生命或健康以及保护环境"的目的和需要，而对产品以及产品生产过程等进行限定的技术法规和标准。它是贸易壁垒的特殊形式。

绿色贸易壁垒的主要形式有：①绿色关税和市场准入，它是指进口国对一些污染和影响生态环境的商品征收进口附加税或者禁止其进口；②绿色技术标准，进口国凭借其技术优势，规定出口国难以达到的环境保护标准；③绿色环境标志，它表明产品在生产、使用、消费和回收处理整个过程中符合生态环境保护要求的特殊标志;④绿色包装,它是指用后易于回收再利用或易于自然分解,不污染环境的包装;⑤绿色卫生检疫制度,规定了严格的卫生检疫标准;⑥绿色补贴,出口国企业在进行污染治理时,提高了产品成本,政府就此给予一定数额的补贴。

|案例 3-1|

中国连续 23 年成为全球遭遇反倾销调查最多的国家

  2018 年,全球经贸环境依旧波谲云诡,尤其是随着美国全球保障措施(即"201 调查")的实施,对包括中国在内的多国出口带来极大冲击。商务部数据显示,2017 年中国继续成为全球遭遇反倾销和反补贴调查最多的国家。2017 年,中国共遭遇 21 个国家(地区)发起的贸易救济调查 75 起,涉案金额 110 亿美元。中国已连续 23 年成为全球遭遇反倾销调查最多的国家,连续 12 年成为全球遭遇反补贴调查最多的国家,这严重影响了中国钢铁、铝、光伏、轮胎、家电、化肥等诸多产品的出口。

  与此对应的是,中国应对贸易摩擦的机制越来越成熟,手段和经验也越来越丰富。中国通过政府交涉、法律抗辩、产业对话等多种手段,积极探索化解摩擦的方法。商务部表示,此举在 23 起案件中取得了良好的效果:美国钢铁"232 调查"和铝"232 调查"被迫多次推迟发布调查报告和措施建议;平衡车"337 调查"中,中国取得完胜;欧盟光伏"双反"措施最终取消数量限制、缩短期限、降低最低限价的要求;巴西热轧钢板反补贴案,初裁结果为暂不采取措施;越南彩涂板保障措施案,最终以配额替代征税的方式灵活结案。受此影响,2017 年中国遭遇的贸易摩擦数量与涉案金额均出现了难得的回落。

  但这并不代表贸易摩擦的形势有所好转,国际贸易保护主义的形势依旧复杂而严峻。据 WTO 统计,2016 年 10 月中旬至 2017 年 5 月中旬,WTO 成员共发起 174 起贸易救济调查,月均数量与此前 5 年持平,远超同期终止的贸易救济措施数量的 71 起。作为头号货物贸易大国,中国正面临着双重的产业重合,以及由此带来的双重摩擦:一方面,在低端的轻工、纺织等领域,中国的比较优势正在消减,并未培育出高端品牌,无法实现差异化竞争,因而遭遇到来自东南亚等发展中国家的贸易摩擦;另一方面,随着产业结构的调整升级,在光伏、机电等产业领域,中国和发达国家的产业结构正从互补变为交叉,甚至重叠,因而在产能过剩领域和高端产业领域遭遇到了更多的贸易壁垒。

3.3 鼓励出口措施

3.3.1 鼓励和促进出口的经济措施

1. 出口信贷

  出口信贷是一国政府为支持和扩大本国大型设备等产品的出口,增强国际竞争力,对出口产品给予利息补贴、提供出口信用保险及信贷担保，鼓励本国的银行或非银行金融机构对本国的出口商或外国的进口商（或其银行）提供利率较低的贷款，以解决本国出口商资金周转的困难，或满足国外进口商对本国出口商支付货款需要的一种国际信贷方式。出口信贷名称的由来就是这种贷款由出口方提供，并且以推动出口为目的。

出口信贷按其贷款形式分为买方信贷和卖方信贷两种形式。

（1）买方信贷。**买方信贷**（buyer's credit）是由出口商所在地银行向外国进口商或进口地银行提供贷款，给予融资便利，扩大本国设备的出口，又称约束性贷款，本质是通过借贷资本的输出带动货物的输出。

（2）卖方信贷。**卖方信贷**（supplier's credit）是由出口方银行直接向本国出口商提供的贷款。买方信贷和卖方信贷一般主要用于成套设备、大型机器的交易中，解决了厂商间用延期付款方式而导致资金周转缓慢的问题。买方信贷的优点是货价与价外费用分开报价，报价低，进口商对费用清楚、明确；卖方信贷的优点是手续简便，但各种费用混在一起，买方不易了解货物的真正价格。

2. 出口信用保险

出口信用保险（export credit insurance）又称出口信贷保险，是各国政府为提高本国产品的国际竞争力，推动本国的出口贸易，保障出口商的收汇安全和银行的信贷安全，促进经济发展，以国家财政为后盾，为企业在出口贸易、对外投资和对外工程承包等经济活动中提供风险保障的一项政策性支持措施，属于非营利性的保险业务，是政府对市场经济的一种间接调控手段和补充，是WTO补贴和反补贴协议原则上允许的支持出口的政策手段。据统计，全球贸易额的12%～15%是在出口信用保险的支持下实现的，有的国家的出口信用保险机构提供的各种出口信用保险保额甚至超过其本国当年出口总额的1/3。中国出口信用保险公司（以下简称"中国信保"）是我国唯一经营此项业务的专业机构。在出口货物、技术、服务以及海外投资等相关外贸活动中，出口企业或相关银行向中国信保提出投保申请，中国信保出具保险单（或签订保险协议）；当国外债务人所在国家发生政治风险或国外债务人发生商业风险，导致出口企业或相关银行（被保险人）的应收账款难以安全收回时，中国信保（保险人）按照保险单（或保险协议）规定负责赔偿被保险人的经济损失。

投保短期出口信用保险可以给企业带来的好处包括以下几种。

（1）提高市场竞争能力，扩大贸易规模。投保出口信用保险使企业能够采纳灵活的结算方式，接受银行信用方式之外的商业信用方式［如D/P（付款交单）、D/A（承兑交单）等］，使企业给予其买家更低的交易成本，从而在竞争中最大限度地抓住贸易机会，提高销售企业的竞争能力，扩大贸易规模。

（2）提升债权信用等级，获得融资便利。出口信用保险承保企业应收账款来自国外进口商的风险，从而变应收账款为安全性和流动性都比较高的资产，成为出口企业融资时对银行的一项有价值的"抵押品"，因此银行可以在有效控制风险的基础上降低企业融资门槛。

（3）建立风险防范机制，规避应收账款风险。借助专业的信用保险机构防范风险，可以获得单个企业无法实现的风险识别、判断能力，并获得改进内部风险管理流程方面的协助。另外，交易双方均无法控制的政治风险可以通过出口信用保险加以规避。

（4）通过损失补偿，确保经营安全。通过投保出口信用保险，信用保险机构将按合同规定在风险发生时对投保企业进行赔付，有效弥补企业财务损失，保障企业经营安全。同时，专业的信用保险机构能够通过其追偿能力实现企业无法实现的追偿效果。

3. 出口补贴

出口补贴又称出口津贴，是指一国政府为了使出口货物在价格方面具有较强的竞争能力，在出口某种货物时给予出口厂商的现金补贴或财政上的优惠。

出口补贴的基本方式有以下两种。

（1）直接补贴。**直接补贴**（direct subsidy）即政府在商品出口时，利用财政拨款直接付给出口商的现金补贴。直接补贴的目的在于弥补出口商品国内价格高于国际市场价格所带来的亏损，或者补偿出口商所获利润率低于国内利润率所造成的损失。有时以奖励出口为目的的补贴，补贴金额还可能超过实际的差价，如美国和一些西欧国家对某些农产品的出口补贴。

（2）间接补贴。**间接补贴**（indirect subsidy）即政府对某些商品的出口给予财政上的优惠，如退还或减免出口商品的国内税；对进口原料或半成品加工再出口给予暂免或退还已缴纳的进口关税，并免征出口税；对出口厂商实施优惠低息贷款，提供低廉运输，提供国际市场商业情报等。间接补贴的目的仍然在于降低商品价格，增强国际竞争力。

3.3.2 鼓励和促进出口的行政措施

鼓励和促进出口的行政措施主要有：扶植出口企业和出口项目，以法律手段维护出口秩序。许多国家和地区为了扶植、发展一批具有竞争能力的企业，往往在资金、税收等方面给予各种优惠，而以法律维护出口秩序，防止出口商品过分竞争。日本在 20 世纪 50 年代制定的《进出口交易法》不仅对出口组合成员约束，而且可以通过发布相关命令，限制非组合成员行动，或停止其向特定区域出口特定商品。

3.3.3 其他措施

1. 外汇分红

外汇分红是指政府允许出口厂家从其所得的出口外汇收入中提取一定百分比的外汇用于进口，鼓励其出口积极性。

2. 出口奖励证制

政府对出口商出口某种商品以后发给一种奖励证，持有该证可以进口一定数量的外国商品，或将该证在市场上自由转让或出售，从中获利。

3. 复汇率制

政府规定不同的出口商品适用不同汇率，以促进某些商品的出口。

4. 进出口连锁制

政府规定，进出口商必须履行一定的出口义务方可获得一定的进口权利，或获得一定进口权利的进出口商必须承担一定的出口义务。通过进出口相联系的办法，达到有进有出、以进带出，或以出许进，从而扩大产品出口。

3.3.4 经济特区

为了促进本国经济和对外贸易的发展，各国都采取了建立经济特区（special economic zone）的措施。经济特区是一个国家或地区在其关境以内所划出的一定范围，在该范围内，提供建筑、码头、仓库、厂房等基础设施和实行免税等优惠待遇，以吸引外国企业从事贸易与出口加工业等业务活动的区域。经济特区的目的是促进对外贸易的发展，鼓励转口贸易和出口加工贸易，繁荣本地区和邻近地区的经济，增加财政收入和外汇收入。

1. 自由港与自由贸易区

自由港（free port）又称自由口岸。在这种港口区域对货物的输出、输入不征收关税或只对少数货物征税，并且一律准予在港内自由进行改装、加工、装卸、整理、买卖、展览、长期储存等，但外国船舶必须遵守有关卫生、移民等法律规章。自由港的设立主要是为了发展过境贸易，吸引外国船只或物品过境，从中获取运费、加工费等收入。自由港大体上可以分为两种类型：一种是北美型的自由港，亦称自由贸易区，自由港与非自由港间无明显的区域界限，并且比较分散，不连成片；另一种是欧洲大陆型，以德国的汉堡最为典型，这种自由港有明显的区域界限，港口作业、仓储、产品的加工或装配等都在同一区域内进行。

自由贸易区（free trade zone）又称免税贸易区或自由区，有的国家也称之为自由贸易港、对外贸易区等。自由贸易区是划在关境以外，准许外国货物自由免税进入的地区，需受当地法规的限制。自由贸易区一般依靠河、山等天然屏障或用藩篱等其他障碍把它与国家的其他受海关管辖的部分隔离开来，规定允许在区内经营活动的种类，如贸易、工业及服务等。

【课堂讨论 3-1】

世界各国设立的自由港与自由贸易区，一般能提供哪些方便之处？

2. 出口加工区

出口加工区（export processing zone，manufacture and export zone）是一个国家或地区

在其港口或邻近港口、国际机场的地方，划出一定的范围，提供基础设施以及免税等优惠待遇，吸引外国投资，发展出口加工业的特殊区域。它沿用了自由港和自由贸易区的一些做法，但又与自由港或自由贸易区有所不同。一般来说，自由港和自由贸易区以发展转口贸易，取得商业方面的收益为主，因而是面向商业的；而出口加工区，以取得工业方面的收益为主，因而是面向工业的。出口加工区既提供了自由贸易区的某些优惠待遇，又提供了发展工业生产所必需的基础设施，是自由贸易区与工业区的一种结合体，即兼有工业生产与出口贸易两种功能的工业——贸易型经济特区。东道主设置出口加工区的主要目的是引进外资、先进技术和经营方法，利用本国劳力资源与国际市场，发展出口加工工业，以扩大出口贸易，增加劳动就业与外汇收入，取得工业方面的收益，促进本地区和本国的经济发展。

3. 综合型经济特区与科技型经济特区

综合型经济特区（synthetic economic zone）与**科技型经济特区**（science and technology economic zone）都是在出口加工区的基础上形成和发展的，具有一般出口加工区和自由贸易区的特点。综合型经济特区的一般特点是：特区规模大，经营范围广，是一种多行业、多功能的特殊经济区域，在经营出口业和对外贸易的同时，也经营旅游业、金融服务业、交通电信以及其他一些行业。科技型经济特区的一般特点是：以大学和科研机构为依托，以科学研究为先导，拥有比较雄厚的技术力量，能够创立技术与知识密集型的新兴产业，发展高、精、尖工业产品，具有较强的国际竞争力。这种类型的特区对东道国的科技进步与工业化可以起到巨大的促进作用，比一般的出口加工区具有更多优势。

4. 保税区

保税区（bonded zone）又称保税仓库区，是海关所设置的或经海关批准注册的特定地区和仓库。外国货物存入保税区内可以暂时不缴纳进口税，如再出口，也不缴纳出口税。运入区内的货物也可以进行储存、改装、分类、混合、加工与制造等。因此，这些保税区起到了类似自由港和自由贸易区的作用。根据职能不同，保税区可分为货物存储期限较短的指定保税区，由海关监管的暂未纳税的进口货物的保税仓库，以及在海关监管下供外国货物进行加工、分类及检修保养业务活动的保税工厂。

5. 自由边境区与过境区

自由边境区（free perimeter）过去又称自由贸易区，仅见于美洲少数国家，一般设在本国的一个省或几个省的边境地区，对于在区内使用的生产设备、原材料和消费品可以免税或减税进口。如从区内转运到本国其他地区出售，则须照章纳税。外国货物可在区内进行储存、展览、混合、包装、加工和制造等活动，其目的在于利用外国投资促进边境地区经济发展。自由边境区与出口加工区的主要区别是，前者的进口货物加工后大多数在区内使用，只有少数用于再出口。有些国家对优惠待遇规定期限，当这些地区的生产能力发展起来后，就逐渐取消对某些货物的优惠待遇。

过境区(transit zone)是沿海国家为便利邻国的进出口货物，开辟某些海港、河港或边境作为货物过境区，过境区可简化海关手续，免征关税或只征小额的过境费用。过境货物一般可在过境区进行短期储存和重新包装，但不得加工。

│ 示范工程 │

融入"一带一路"倡议，推动中国走出去——"蛇口模式"在吉布提国际自贸区的应用

位于东非之角、亚丁湾西岸的吉布提，是世界上最繁忙的海域之一，港口条件优良，地理位置得天独厚。同时，吉布提也是"一带一路"海上西线的关键节点，是连接亚欧非市场的首个连接点，更是通往欧洲和非洲的海上必经之地，战略地位极其重要。招商局集团从2012年初已经开始跟踪吉布提项目，吉布提港口是优质的天然良港，但老港建设年头久远，设施陈旧，且处于城市中心，随着业务量的增大，逐渐成为城市发展的瓶颈。针对此情况，招商局集团提出了合作建设新港共同开发老港的战略，这是"前港—中区—后城"模式的雏形。2013年2月，招商局集团正式收购吉布提港口有限公司23.5%的股份，成为吉布提港的永续股东。2016年11月，招商局集团牵头与吉布提政府签署吉布提自贸区项目投资协议。2018年7月，作为中非合作的早期收获项目，吉布提国际自贸区一期起步区举行了开园仪式，已有20多家企业签署了入园意向书，预计当年可实现盈利。预计未来整个吉布提自贸区建成后将产生GDP超过40亿美元，相当于2018年吉布提GDP的2倍多，可创造就业岗位逾10万个，超过吉布提可就业人口的1/6。

作为非洲最大的自由贸易区，吉布提国际自贸区项目最大特点是"前港—中区—后城"模式，即PPC模式（Port-Park-City模式）。PPC模式是招商局集团建设"蛇口模式"的经验总结与推广，早在"一带一路"倡议提出之初便开始谋划在海外布局该模式，以更好地实现国际产能对接与合作。所谓"前港"，是指新建港口或升级已有港口，包括水港、空港、陆港，是个交通枢纽的概念；所谓"中区"，是指依托港口发展或者与港航物流密切相关的产业园区，如临港工业区、出口加工区、自由贸易区、保税港区等，是连接"前港"和"后城"的纽带和主要载体；所谓"后城"，主要是指支持和服务港口及产业园区的配套居住和商业。PPC模式的核心在于港口先行、产业园区跟进、配套城市功能开发，即以港区、园区带动城市腹地经济，助推东道国工业化和经济多元化进程。截至目前，PPC模式正陆续在吉布提、斯里兰卡、白俄罗斯、多哥、坦桑尼亚等国家落地。

请扫描下方二维码查看吉布提国际自贸区的介绍。

二维码 3-1

吉布提国际自贸区

▎小知识

"出口退税"政策的新变化

2022年4月13日,国务院常务会议决定进一步加大出口退税等政策支持力度,促进外贸平稳发展。出口退税是一项普惠公平、符合国际规则政策。此次会议提出了3条具体措施:一是对加工贸易企业在实行出口产品征退税率一致政策后应退未退的税额,允许转入进项税额抵扣增值税。将出口信用保险赔款视为收汇,予以办理退税。二是加快退税进度,实行全程网上办,将退税办理时间由平均7个工作日压缩至6个工作日内。三是提高出口货物退运通关效率,制定便利跨境电商退换货政策,对守信企业通关、退税等予以更多便利,严惩骗取退税等行为。

出口退税是指在国际贸易业务中,对我国报关出口的货物退还在国内各生产环节和流转环节按税法规定缴纳的增值税和消费税,即出口环节免税且退还以前纳税环节的已纳税款。作为国际通行惯例,出口退税可以使出口货物的整体税负归零,有效避免国际双重课税。"出口退税"一般分为两种:一是退还进口税,即出口产品企业用进口原料或半成品,加工制成产品出口时,退还其已纳的进口税;二是退还已纳的国内税款,即企业在商品报关出口时,退还其生产该商品已纳的国内税金。出口退税有利于增强本国商品在国际市场上的竞争力。

3.4 鼓励进口措施

开放市场、扩大进口,对一国经济发展具有不容忽视的重要作用。第十四届全国人民代表大会第一次会议上的《政府工作报告》中提出:"更大力度吸引和利用外资。扩大市场准入,加大现代服务业领域开放力度。落实好外资企业国民待遇。积极推动加入全面与进步跨太平洋伙伴关系协定(CPTPP)等高标准经贸协议,主动对照相关规则、规制、管理、标准,稳步扩大制度型开放。优化区域开放布局,实施自由贸易试验区提升战略,发挥好海南自由贸易港、各类开发区等开放平台的先行先试作用。继续发挥进出口对经济的支撑作用。"

3.4.1 什么是进口鼓励政策

进口鼓励政策是进口国政府通过有关经济的和行政的办法与措施鼓励外国商品进口的行为总称。进口鼓励政策有长期的和短期的两种类型。

(1)长期的进口鼓励政策。它一般适用于进口国长期短缺商品的进口。这类政策一经制定就相对稳定,以保持国外货源的正常供应。比如,日本对许多原料的进口都长期实行进口鼓励政策。

（2）短期的进口鼓励政策。它一般适用于进口国暂时短缺商品的进口。这种政策往往具有临时性，政府随时都可能宣布废除。比如，灾年政府制定一系列鼓励粮食进口的政策措施，一旦进口量满足需求，这些鼓励进口的政策措施将被取消。

3.4.2 进口鼓励政策的具体内容

进口鼓励政策的具体内容一般包括以下几方面。

1. 关税政策

政府对鼓励进口的商品实行特殊的关税优惠政策，视不同情况采取降低关税直至全部免除关税的措施。比如，许多发达国家都对进口的原材料实行关税减免。此外，进口鼓励的关税政策往往还和出口鼓励的关税政策结合起来使用。比如，用进口原材料生产的出口产品的退税政策就是如此。这种退税政策鼓励了出口，同时也鼓励了用进口原材料生产出口商品，实际上也等于鼓励原材料进口。

2. 非关税政策

非关税政策通常是用来限制进口的。但是，如果一国需要鼓励某些商品进口，就可以通过降低非关税措施的保护程度达到鼓励进口的目的。由于非关税措施具有极大的灵活性，它特别能够适应政府对外贸易政策的各种变化。比如，政府可以通过放松对进口许可证的申领的管制程度有选择地鼓励某些商品进口，也可以通过对进口配额的控制、进口商品的检验等环节有针对性地鼓励某些商品的进口。

3. 国家专营

政府通过国家对某些商品的进口专营直接控制进口规模，在需要实行进口鼓励政策的情况下，政府可以比较容易地扩大有关商品的进口规模。

3.4.3 进口鼓励措施

首先，将继续不断优化进口关税结构。自 2018 年 11 月起，我国陆续出台了一系列自主降低关税的新措施：一是全面降低药品关税；二是相当幅度降低汽车进口关税；三是较大范围降低日用消费品关税；四是较大范围降低部分工业品等商品关税。以上四次自主降税，以及 2018 年 7 月 1 日根据信息技术协议扩大范围谈判成果实施的第三步降税，使我国的关税总水平降至 7.5%。调整后的关税总水平略高于欧盟，低于大多数发展中国家，处于中等偏低水平，与我国发展中国家地位和发展阶段基本匹配。我国主动降低进口关税总水平是根据我国自身实现高质量发展需要做出的重大举措。这一行动和举措表明我国将坚定不移地奉行互利共赢的开放战略，坚定支持经济全球化，坚决维护自由贸易原则和以 WTO 为核心的多边贸易体系，继续从向世界开放中汲取发展动力，也让中国发展更好地惠及世界。

其次，将进一步提高贸易便利化水平。当前，我国正努力向价值链中高端攀升，通过建立自由贸易试验区、建设"三互"大通关等，促进监管模式改革，取得了积极进展。但也要看到，我国在进一步提升通关效率、降低贸易成本等方面，仍有很大发展空间。世界经济论坛与全球贸易便利化联盟 2016 年发布的《全球贸易促进报告》中的"贸易促进指数"显示，中国居第 61 位。世界银行等国际机构共同发布的 2016 年"全球物流绩效指数"显示，中国得分为 3.32，低于经济合作与发展组织成员的平均得分（3.53）。2018 年 3 月，国家口岸管理办公室会同进出口环节相关部门共同提出了《提升跨境贸易便利化水平的措施（试行）》，要求海运集装箱货物进出口业务实现集装箱设备交接单及港口提箱作业信息电子化流转、取消海运提单换单环节、推进口岸物流信息电子化、加快实现报检报关"串联"改"并联"、简化自动进口许可证申请办理、完善随附单证无纸化格式标准、应用电子委托代理、简化进口免予 CCC 认证证明工作流程、简化出口原产地证办理流程等 18 项举措。我国应继续高度重视推动贸易便利化，进一步挖掘潜力、加快创新，及时回应提升贸易便利化的迫切需求。

最后，将不断完善进口促进体系。一是营造投资合作良好环境，提升政府公共服务水平，及时发布投资环境、产业合作和国别指南等信息，推动与外国商签或修订双边投资、领事保护、司法协助、人员往来便利化等条约和协定，为企业投资创造有利条件；二是促进贸易双向平衡，办好中国国际进口博览会，搭建好经贸交流新平台，进一步主动向世界开放市场，优化出口商品结构，提高传统优势产品的竞争力，壮大装备制造等新的出口主导产业，加强跨境电子商务合作，大力发展服务贸易，培育贸易新增长点；三是积极研究运用各种金融、税收手段支持扩大进口，包括为企业提供进口投资便利等；四是鼓励来华投资，积极开展投资促进工作，发挥好国家级经济技术开发区、边境经济合作区、跨境经济合作区等平台作用，吸引境外企业到我国投资兴业，特别是投向高新技术产业、先进制造业和现代服务业，支持国内实体经济发展。

请扫描下方二维码查看中国国际进口博览会的介绍。

二维码 3-2
中国国际进口博览会

3.5 我国自由贸易区建设

3.5.1 上海自贸区建设

2013 年 8 月，国务院正式批准设立中国（上海）自由贸易试验区，2013 年 9 月 29 日，上海自由贸易区正式挂牌成立。中国（上海）自由贸易试验区［China（Shanghai）Pilot Free Trade Zone］，简称上海自由贸易区或上海自贸区，是中国大陆境内第一个自由贸易区。上海自贸区涵盖上海市外高桥保税区、外高桥保税物流园区、洋山保税港区和上海浦东机场综合保税区等4个海关特殊监管区域，总面积为28.78平方千米，是"四区三港"的自贸区格局。该试验区以上海外高桥保税区为核心，辅以机场保税区和洋山港临港新城，成为中国经济新的试验田。

所谓自由贸易区，是指在某一国家或地区境内设立的实行优惠税收和特殊监管政策的小块特定区域，类似于海关合作理事会所解释的"自由区"。自由贸易区是从保税港区或保税区等海关特殊监管区域发展演变而来的，它除了具有自由港的功能之外，还可增加吸引外资、引进技术、开展工业加工、旅游服务、金融保险等多项业务，是扩大出口、增加就业和外汇收入的综合自由经济区。

传统的自由贸易区是指多个国家或地区（经济体）之间进行贸易，为改善买卖市场，彼此给予各种优惠政策；至于怎样做买卖，规则不是某一国说了算，而是在国际协议的基础上多国合作伙伴一起商议制定。

1. 上海自贸区的建立背景

（1）全球贸易竞争。目前美欧日三大经济体力图通过TPP（跨太平洋伙伴关系协议）、TTIP（跨大西洋贸易和投资协议）等形成新一代高规格的全球贸易和服务规则，来取代WTO。对于新一轮的规则，中国以自贸区探路，所有国家都可以来自由投资和贸易，做一个对接的小窗口，并可以适当将其中的某些高商业标准映射到整个中国制造和服务业。

（2）人民币国际化。上海自贸区可以为人民币国际化建立一个庞大的金融资产缓冲区和蓄水池，完善人民币的全球循环路径，并且最终在风险可控的条件下打通资本账户，进行双向投资、相互渗透，实现金融资源的全球优化配置，提升人民币的国际地位，是力图打造中国经济"升级版"的重要举措。

2. 自由贸易区与保税区的区别

（1）保税区在海关的特殊监管范围内，货物入区前须在海关登记，保税区货物进出境内、境外或区内流动有不同的税收限制。自由贸易区是在海关辖区以外、无贸易限制的关税豁免地区。

（2）保税区的货物存储有时间限定，一般为2～5年。在自由贸易区内，货物存储期限不受限制。

（3）由于保税区内的货物"暂不征税"，因此保税区对货物采用账册管理方式。自由贸易区主要考虑货畅其流，多数自由贸易区采取门岗管理方式，运作手续更为简化，交易成本更低。

（4）保税区的功能相对单一，主要是起中转存放的作用，对周边经济带动作用有限。自由贸易区一般是物流集散中心，大进大出，加工贸易比较发达，对周边地区具有强大的辐射作用，能有效带动区域经济的发展。

3. 上海自贸区的主要任务

（1）加快政府职能转变。积极探索建立与国际高标准投资和贸易规则体系相适应的行政管理体系，推进政府管理由注重事先审批转为注重事中、事后监管。提高行政透明度，完善投资者权益有效保障机制，实现各类投资主体的公平竞争。

（2）扩大投资领域开放。选择金融、航运、商贸、文化等服务领域扩大开放。探索建立负面清单管理模式，逐步形成与国际接轨的外商投资管理制度。改革境外投资管理方式，支持试验区内各类投资主体开展多种形式的境外投资。

（3）推进贸易发展方式转变。积极培育贸易新型业态和功能，推动贸易转型升级。深化国际贸易结算中心试点，鼓励企业统筹开展国际国内贸易，实现内外贸一体化发展。提升国际航运服务能力，加强企业国际贸易物流保障。

（4）深化金融领域开放创新。加快金融制度创新，建立与自贸区相适应的外汇管理体制，促进跨境融资便利化。推动金融服务业对符合条件的民营资本和外资金融机构全面开放，鼓励金融市场产品创新。

（5）完善法制保障。各部门要支持试验区深化改革试点，及时解决试点过程中的制度保障问题。上海市要通过地方立法，建立与试点要求相适应的自贸区管理制度。

4. 涵盖范围

（1）《中国（上海）自由贸易试验区总体方案》改革措施。

金融领域：允许符合条件的外资金融机构设立外资银行，符合条件的民营资本与外资金融机构共同设立中外合资银行。允许试验区内符合条件的中资银行开办离岸业务；允许融资租赁公司兼营与主营业务有关的商业保理业务等。

船舶航运领域：中外合资、中外合作国际船舶运输企业的外资股份比例限制被放宽；允许中资公司拥有或控股拥有的非五星旗船，先行先试外贸进出口集装箱在国内沿海港口和上海港之间的沿海捎带业务等。

商贸领域：允许外资企业经营特定形式的部分增值电信业务，允许外资企业从事游戏游艺设备的生产和销售，通过文化主管部门内容审查的游戏游艺设备可面向国内市场销售。

专业领域：允许设立外商投资资信调查公司；允许在试验区内注册的符合条件的中外合资旅行社，从事除台湾地区以外的出境旅游业务；允许设立中外合资人才中介机构，外方合资者可以拥有不超过70%的股权；允许港澳服务提供者设立独资人才中介机构等。

文化与社会服务领域：取消外资演出经纪机构的股比限制，允许设立外商独资演出经纪机构，为上海市提供服务；允许设立外商独资的娱乐场所，在试验区内提供服务；允许设立外商独资医疗机构等。

（2）负面清单[一]。中国政府对一些如音像制品和电子出版物、博彩、互联网等服务的投资项目的外商采取禁止或限制进驻的政策。在自贸区挂牌的同时，上海市人民政府公告列明了《中国（上海）自由贸易试验区外商投资准入特别管理措施（负面清单）（2013年）》，对采矿、制造、建筑和批发零售等18个行业的部分内容进行了准入限制，其中博彩、网吧等属于禁止内容。

[一] "负面清单"是指政府规定哪些经济领域不开放，除了清单上的禁区，其他行业、领域和经济活动都许可。凡是与外资的国民待遇、最惠国待遇不符的管理措施，或业绩要求、高管要求等方面的管理措施，均以清单方式列明。

5. 上海自贸区的战略意义

建设上海自贸区是顺应全球经贸发展新趋势，实行更加积极主动开放战略的一项重大举措，是先行先试、深化改革、扩大开放的重大国家战略，意义深远。

建设上海自贸区是中国在全球贸易格局下突围的重要一步，既利于捍卫中国在全球贸易竞争中的主导地位，也利于中国经济与全球经济接轨，培育中国面向全球的竞争新优势，构建与各国合作发展的新平台，拓展经济增长的新空间，打造中国经济"升级版"。

上海自贸区有助于探索中国对外开放的新路径和新模式，推动加快转变政府职能和行政体制改革，促进转变经济增长方式和优化经济结构，实现以开放促发展、促改革、促创新，形成可复制、可推广的经验，服务全国的发展。

对于上海而言，上海自贸区将使上海突破已有的条框，放宽税收、外汇使用等优惠政策，会有更多的金融机构在上海注册开业，解决航运中心建设中金融支持的问题，在获得更多制度红利的基础上吸引更多的加工、制造、贸易和仓储物流企业聚集，叠加中国的产业升级，将促进上海成为亚太供应链核心枢纽。

3.5.2 第二批自由贸易区

2015年4月8日，国务院正式印发通知，批准《中国（广东）自由贸易试验区总体方案》《中国（天津）自由贸易试验区总体方案》《中国（福建）自由贸易试验区总体方案》，中国第二批自贸区总体方案正式出炉。新设的三个自贸区复制了上海自贸区的成功经验，在投资管理制度、贸易监管、金融制度和事中事后监管等4个领域改革创新，并进一步提出了行政咨询体系、审管分离、审批归口的一些新做法。

1. 福建自贸区

福建自贸区是在地理位置上最接近台湾的自由贸易园区，包括福州片区、厦门片区和平潭片区。根据《中国（福建）自由贸易试验区总体方案》，该园区将围绕立足两岸、服务全国、面向世界的战略要求，充分发挥改革先行优势，营造国际化、市场化、法治化营商环境，把自贸区建设成为改革创新试验田；充分发挥对台优势，率先推进与台湾地区投资贸易自由化进程，把自贸区建设成为深化两岸经济合作的示范区；充分发挥对外开放前沿优势，建设21世纪海上丝绸之路核心区，打造面向21世纪海上丝绸之路沿线国家和地区开放合作新高地。

福建自贸区申请方案将采用一区多园模式，范围涉及平潭、厦门、泉州、福州4地。在功能定位上，平潭重在对台，厦门立足于现代服务业等新型业态，泉州定位于生产性服务业合作，福州探索全方位开放、积累可推广的经验。

2. 广东自贸区

广东自贸区实施范围达到116.2平方千米，包括广州南沙新区片区、深圳前海蛇口片区、珠海横琴新区片区。广东自贸区将建立粤港澳金融合作创新体制、粤港澳服务贸易自由化，以及通过制度创新推动粤港澳交易规则的对接。

3. 天津自贸区

天津自贸区是经国务院批准设立的中国北方第一个自贸区，实施范围达119.9平方千米，全部位于滨海新区辖区范围之内。天津自贸区背靠京冀，辐射东北、西北、华北，是"一带一路"重要节点，拥有北方最大的港口和华北第二大航空货运基地，开通了中欧班列，实现了亚欧运输通道高效连接，海、铁、空、陆多式联运高效便捷，国际贸易和投融资业务聚集，是我国重要的对外开放平台。

天津自贸区除了保留上海自贸区内可复制的方案外，还会以发挥融资租赁业务功能为重点，增加对内辐射效应，并且天津自贸区的投资负面清单可能会更少，开放力度将更大，凸显自由贸易港功能。天津自贸区在带动民营经济发展方面将起到巨大作用。

4. 四川自贸区

在国家新一轮全方位、多层次、宽领域对外开放战略布局中，内陆开放的战略重要性日益凸显，中国（四川）内陆自由贸易区的设立更将为西部新一轮开发开放注入强劲的动力。作为国家中心城市和"一带一路"节点城市以及四川"首位城市"，成都更应主动融入国家战略和全球经济，积极打造具有"一带一路"特色的内陆自贸区，努力为我国内陆其他地区综合利用"两个市场、两种资源"的全方位开放型经济发展积累可复制、可推广的成功经验。

当前，成都已进入"城市万亿俱乐部"的行列，人均GDP超过9万元，尤其是国家中心城市建设，开启了成都新一轮城市转型升级发展的历史新征程。成都应更好地发挥区域引领、辐射、带动作用，主动对接国家战略，积极融入世界城市网络体系，这既是推进城市转型升级发展的必由路径，也是成都义不容辞的国家使命。成都作为国家中心城市，是"一带一路"建设和长江经济带建设的重要交汇点。成都要树立城市发展的区域观，将自贸区建设与成渝城市群"双核"作用的发挥相结合，推动建设国家级成渝城市群；将自贸区建设与加强成渝西昆贵"钻石经济圈"合作相结合，引领带动新一轮西部大开发；将自贸区建设与加强"一带一路"沿线国家和地区的合作相结合，加快建设国家向西开放门户城市。

5. 湖北自贸区

湖北自贸区由武汉片区、襄阳片区和宜昌片区三大片区组成，共同构成了稳定的驱动结构，带动、引领、辐射全省经济发展，并以自贸区成熟的改革试点经验和实践，积极服务"一带一路"建设、长江经济带以及中部崛起。自建设以来，湖北自贸区坚持问题导向、需求导向，对标国际高标准投资贸易规则，最大限度地减少贸易障碍、增加市场自由度，全球配置资源的水平大幅提高。湖北自贸区以深化商事制度改革为重点，不断优化政务服务环境；不断推进贸易便利化，扩大全方位开放；依托产业优势，培育发展新动能。湖北省商务厅数据显示，湖北自贸区累计形成294项制度创新成果，全国、全省首创率83%。集成电路、软件、新能源汽车、高端数控装备、海工装备、生物制药等动力十足的产业，正在构筑湖北新优势。

3.6 中国"一带一路"倡议

2013年秋，习近平主席先后提出共建"丝绸之路经济带"和"21世纪海上丝绸之路"的倡议，倡导共商、共建、共享理念，得到国际社会广泛关注和积极响应。9年间，"一带一路"倡议从理念转化为行动，从愿景转变为现实，为实现世界共同发展繁荣注入推动力量、增添不竭动力。截至2022年4月19日，中国已与149个国家、32个国际组织签署200多份共建"一带一路"合作文件。我国成为140多个国家和地区的主要贸易伙伴，货物贸易总额居世界第一，吸引外资和对外投资居世界前列，形成更大范围、更宽领域、更深层次对外开放格局。习近平总书记在中国共产党第二十次全国代表大会上提出，我们实行更加积极主动的开放战略，构建面向全球的高标准自由贸易区网络，加快推进自由贸易试验区、海南自由贸易港建设，共建"一带一路"成为深受欢迎的国际公共产品和国际合作平台。

1）在交通基础设施方面，高效畅通的国际大通道加快建设。2021年，多个共建"一带一路"重大基础设施项目建成完工，基础设施"硬联通"加速推进。中老铁路顺利通车，老挝由"陆锁国"变"陆联国"。匈塞铁路顺利推进，为中匈塞友好合作注入强劲动力。圭亚那谢－曼公路完成主体全部土建工程，为中圭共建"一带一路"增光添彩。

2）在经贸投资合作方面，我国与"一带一路"沿线国家的贸易和投资合作不断扩大，形成了互利共赢的良好局面。2021年1—11月，中国与"一带一路"共建国家进出口累计10.43万亿元，同比增长23.5%，在"一带一路"共建国家非金融类直接投资179.9亿美元，同比增长12.7%。

3）在民心相通方面，实施"丝绸之路"中国政府奖学金，发起成立"一带一路"绿色发展国际联盟，正式开通"一带一路"官方网站（已实现联合国6种官方语言版本同步运行）。多层次、多领域的人文交流合作为民众友好交往和商贸、文化、教育、旅游等活动带来了便利和机遇，不断推动文明互学互鉴和文化融合创新。

4）通过加强金融合作，促进货币流通和资金融通，为"一带一路"建设创造稳定的融资环境，积极引导各类资本参与实体经济发展和价值链创造，推动世界经济健康发展。截至2021年底，国家开发银行累计向共建"一带一路"国家的700多个项目投放资金，余额逾1600亿美元，有力支持合作国基础设施建设和产业升级。

"一带一路"建设既是探索全球经济治理新模式、构建人类命运共同体的新平台，也是新时代中国特色社会主义的伟大开放实践。我国以"一带一路"建设为统领，步入了深度开放、积极参与、主动引领的新开放时代。全球140多个国家和80多个国际组织积极支持和参与"一带一路"建设，联合国大会、联合国安理会等重要决议纳入相关内容。经贸合作扎实推进，2021年"一带一路"贸易在中国对外贸易中的占比继续缓慢提升，达到29.7%。"一带一路"金融合作网络初具规模，一大批互联互通项目规划实施，各领域人文合作深入开展。"一带一路"国际合作高峰论坛成功举办，成为推动全球发展合作的机制化新平台。实践证明，"一带一路"建设开创了中国特色社会主义开放发展新实践，丰富和发展了中国共产党新时代治国理政的新理念。

今后，我们必须完整、准确、全面贯彻新发展理念，坚持高水平对外开放，加快构建以国内大循环为主体、国内国际双循环相互促进的新发展格局。依托我国超大规模市场优势，以国内大循环吸引全球资源要素，增强国内国际两个市场两种资源联动效应，提升贸易投资合作质量和水平。稳步扩大规则、规制、管理、标准等制度型开放。推动货物贸易优化升级，创新服务贸易发展机制，发展数字贸易，加快建设贸易强国。合理缩减外资准入负面清单，依法保护外商投资权益，营造市场化、法治化、国际化一流营商环境。推动共建"一带一路"高质量发展。优化区域开放布局，巩固东部沿海地区开放先导地位，提高中西部和东北地区开放水平。加快建设西部陆海新通道。加快建设海南自由贸易港，实施自由贸易区提升战略，扩大面向全球的高标准自由贸易区网络。有序推进人民币国际化。深度参与全球产业分工和合作，维护多元稳定的国际经济格局和经贸关系。

当前，世界百年未有之大变局加速演变，新一轮科技革命和产业变革带来的激烈竞争前所未有，气候变化、疫情防控等全球性问题给人类社会带来的影响前所未有，共建"一带一路"国际环境日趋复杂，但仍面临重要机遇。我们要保持战略定力，抓住战略机遇，统筹发展和安全、统筹国内和国际、统筹合作和斗争、统筹存量和增量、统筹整体和重点，积极应对挑战，趋利避害，奋勇前进。未来，高质量共建"一带一路"将更好服务构建新发展格局，也将为推动构建开放型世界经济、构建人类命运共同体做出新的更大贡献。

本章小结

关税是进出口商品通过一国关境时，由该国政府设置的海关对进出口商品所征收的一种税。关税的作用有：增加政府收入、保护国内市场、保护本国幼稚工业、调节产业结构以及调节进出口贸易平衡。

关税的种类按照征收的对象和商品流向分为进口税、出口税和过境税；按照征税的目的分为财政关税和保护关税；按照征收的标准分为从量税、从价税、复合税和选择税。

海关税则又称关税税则，是一国对进出口商品计征关税的规章和对进出口的应税与免税商品加以系统分类的一览表。海关税则一般包括两个部分：一部分是海关征税规章；另一部分是关税税率表。

非关税壁垒是指除关税措施以外的一切限制进口的措施。它的特点有：灵活性和针对性；隐蔽性和歧视性；限制进口的有效性。它的种类可分为：进口配额、"自动"出口配额制、进口许可证制、最低限价和禁止进口、海关估价制、进出口的国家垄断、歧视性政府采购政策、外汇管制、进口押金制、国内税、技术性贸易壁垒、绿色贸易壁垒以及劳工标准。

出口信贷是出口国为支持和扩大本国商品的出口，加强国际竞争能力，以对本国的出口给予利息补贴并提供信贷担保的方式，鼓励本国银行对本国出口商或外国进口商（或其银行）提供利率较低的贷款，以解决本国出口商资金周转的困难，或满足国外进口商对本国出口商支付货款需要的一种融资方式。出口信贷按其贷款形式分为买方信贷和卖方信贷两种形式。

出口信用保险是政府为鼓励企业扩大出口，保障企业出口收汇安全而开设的政策性保险。中国出口信用保险公司是我国唯一经营此项业务的专业机构。

出口补贴又称出口津贴，是指一国政府为了使出口货物在价格方面具有较强的竞争能力，在出口某种货物时给予出口厂商的现金补贴或财政上的优惠。它包括直接补贴与间接补贴两种基本方式。

进口鼓励政策是进口国政府通过有关经济的与行政的办法和措施鼓励外国商品进口的行为总称。

思考题

一、简答题

1. 我国对某些进口商品实行严格的控制，有些不但要领取进口许可证，还要事先申请进口配额。这些措施对限制进口有什么作用？
2. 为什么中国大部分进口商原来需要申领进口许可证，现在改为进口登记？
3. 中国逐步取消一般进口数量限制会不会造成国际收支严重失衡？
4. 实行进口配额与征收关税对限制进口有哪些不同？
5. 外汇管制如何起到限制进口的作用？
6. 技术壁垒如何起到限制进口的作用？
7. 发放配额的形式中，哪一种形式相对较好？
8. 为什么说实施配额对经济影响比征收关税更大？
9. "自动"出口配额制与进口配额制有哪些异同点？
10. 分析日本汽车业加大在美国投资力度的原因。
11. 国家征收关税会起到什么作用？

二、案例讨论题

1. 浙江舟山出产的冻虾仁以个大味鲜名闻海内外，欧洲是它多年来的传统市场。然而，2002年舟山冻虾仁突然被欧洲一些公司退货，并且对方要求索赔。原因是当地检验部门从部分舟山冻虾仁中查到了10亿分之0.2克的氯霉素。冻虾仁里为什么含有氯霉素？浙江省有关部门立即着手调查，结果发现是加工环节出了问题。剥虾仁要靠手工，一些员工因为手痒难耐，用含氯霉素的消毒水止痒，结果将氯霉素带入了冻虾仁，从而造成大量退货。

    试讨论：以上案例属于哪一类贸易壁垒？应如何解决？

2. 奥巴马任期频繁使用贸易救济手段。2012年初，奥巴马政府成立跨部门贸易稽查中心，针对中国等国家所谓的"不公平行为"展开调查并要求采取措施。奥巴马于2015年初签署的《美国贸易执法效力法案》、2016年2月签署的《贸易便利化与贸易执法法案》，给予美国政府更多的工具来进行"双反"调查。仅2015年，美国一共对外发起62宗"双反"调查。奥巴马在任期间曾宣布接受美国钢铁工人联合会的请求，对中国清洁能源有关政策和措施启动"301调查"，调查涵盖风能、太阳能、高效电池和新能源汽车行业的154家企业。

    试讨论：你如何看待奥巴马政府对中国的贸易政策？

3. 2018年3月，时任美国总统特朗普在白宫正式签署对华贸易备忘录，宣布对从中国进口的

600 亿美元商品加征关税，并限制中国企业对美投资并购，中美贸易摩擦爆发。其中，美国对中国限制领域涵盖了高性能机械医疗、生物医药、新材料、农机装备、工业机器人、新一代信息技术、新能源汽车、航空产品、高铁装备等战略行业。

  试讨论：中美贸易摩擦对中美之间的贸易往来有何影响？中国应该如何应对？

4. 2020 年 1 月 15 日（美国东部时间），中共中央政治局委员、国务院副总理、中美全面经济对话中方牵头人刘鹤和时任美国总统特朗普在华盛顿的白宫签署《中华人民共和国政府和美利坚合众国政府经济贸易协议》。会后双方声明指出经过中美两国经贸团队的共同努力，双方在平等和相互尊重原则的基础上，已就中美第一阶段经贸协议文本达成一致。协议文本包括序言、知识产权、技术转让、食品和农产品、金融服务、汇率和透明度、扩大贸易、双边评估和争端解决、最终条款 9 章。同时，双方达成一致，美方将履行分阶段取消对华产品加征关税的相关承诺，实现加征关税由升到降的转变。

  试讨论：这反映出近期中美贸易摩擦的发展趋势是怎样的？产生变化的原因可能有哪些？

第 4 章
CHAPTER 4

公平贸易救济措施

§ **教学目的**

- 了解不公平贸易救济措施的主要手段
- 掌握反倾销、反补贴和特别保障措施的概念、形式与效应
- 了解国际及我国不公平贸易救济措施的最新进展
- 掌握不公平贸易救济措施对我国对外贸易的影响及我国的应对策略

§ **关键术语**

倾销	反倾销	反规避措施	补贴
生产补贴	出口补贴	反补贴税	特别保障措施

§ **章首案例 4-1**

国际贸易中的反倾销案

据商务部统计，中国已经连续 27 年成为遭受反倾销诉讼最多的国家，连续 16 年成为全球遭遇反补贴最多的国家。

根据中国贸易救济信息网统计，1995—2017 年，中国共遭受国外贸易救济调查 2 195 起。其中，反倾销 1 534 起，占比 69.89%；反补贴 196 起，占比 8.93%；保障措施 376 起，占比 17.13%；特别保障措施 89 起，占比 4.05%。2021 年，中国产品共遭遇全球对我国发起的贸易救济调查中，反倾销 45 起，占比 73.77%；反补贴 7 起，占比 11.48%；保障措施 9 起，占比 14.75%。WTO 相关统计数据显示，1995—2021 年，中国遭受的反倾销调查总数占同期全球反倾销调查案件总数的 25.77%。表 4-1 为 2012—2021 年国外对华反倾销调查案件与全球案件比照。

表 4-1　2012—2021 年国外对华反倾销调查案件与全球案件比照

立案调查数	年份									
	2012	2013	2014	2015	2016	2017	2018	2019	2020	2021
对华数（起）	61	74	62	72	95	56	60	62	87	45
全球总数（起）	195	261	209	220	291	227	204	220	357	176
占比（%）	31.28	28.35	29.67	32.73	32.65	24.67	29.41	28.18	24.37	25.57

资料来源：WTO, Anti-dumping, https://www.wto.org/english/tratop_e/adp_e/adp_e.htm；中国贸易救济信息网，http://cacs.mofcom.gov.cn/cacscms/view/statistics/ckajtj。

4.1　倾销与反倾销

当前，WTO 确立的允许成员方在特定条件下采取的贸易救济措施主要有三种，即反倾销、反补贴和保障措施。

4.1.1　倾销的概念与形式

1. 倾销的概念

倾销（dumping）是指一国（地区）的生产商或出口商以低于其国内市场价格或低于成本价格将其商品抛售到另一国（地区）市场的行为。倾销被认为是国际贸易中违反公平竞争与公平贸易规则的不正当商业竞争行为，是一种"不公平"的竞争。为阻止倾销的产生和反倾销措施的滥用，乌拉圭回合谈判达成了《反倾销协议》，为 WTO 制定各种反倾销措施奠定了基础。倾销的构成要素有以下几项：

（1）产品以低于正常价值或公平价值的价格销售。

（2）这种低价销售的行为给进口国产业造成损害，包括实质性损害、实质性威胁和实质性阻碍。

（3）损害是由低价销售造成的，二者之间存在因果关系。

2. 倾销的形式

（1）按照倾销的方式分类。倾销可以分为以下三类。

1）**商品倾销**（products dumping）。它是指商品以低于国内市场价，甚至低于生产成本价，在国外市场抛售，其目的在于打击竞争对手，打开或扩充国际市场。商品倾销一般简称倾销，本章所讨论的反倾销就是针对商品倾销采取的抵制措施。

2）**外汇倾销**（foreign exchange dumping）。它是指一个国家为降低本国货币对外国货币的汇价，使本国的货币贬值（本国货币贬值有利于出口，不利于进口），以争夺国外市场的一种手段。一国货币贬值后，以外国货币表示的出口商品价格降低，从而提高在国际市场上的竞争力，以扩大出口，限制进口。

3）**间接倾销**（indirect dumping）。它又称为第三国倾销，是指 A 国厂商向 B 国厂商倾销商品，但 B 国的进口商并不是在国内销售 A 国商品，而是转销到 C 国，并对 C 国的产业造成损害。在这种情况下，C 国依照反倾销法既可以投诉 B 国的倾销行为，也可要求 B 国代为向原产国的厂商采取措施。

（2）按照倾销的目的分类。倾销可以分为以下三类。

1）**偶然性倾销**（sporadic dumping）。它是指由于生产过剩，国内市场一时无法容纳而只好削价销往国外的倾销行为。这种倾销对进口国的同类产品生产会造成不利影响，但由于时间短暂，进口国一般很少采取反倾销措施。

2）**掠夺性倾销**（predatory dumping）。它又称为间歇性倾销，是指一国在其他国家市场倾销商品，在打垮了所有或大部分竞争对手，垄断了这个市场之后，再提高价格的倾销行为。这种倾销严重损害了进口国的利益，因而许多国家都采取征收反倾销税等措施进行抵制。

3）**长期性倾销**（long-run dumping）。它是指长期以低于国内价格在国外市场出售商品的倾销行为。这种倾销具有长期性，其出口价格至少应该等于边际成本，否则货物长期亏损。因此，倾销者往往采取扩大生产规模的方式来降低生产成本。

4.1.2　反倾销实质及内容

1. 倾销的确定

当进口国发现出口国进行产品倾销并给本国造成巨大损害时，往往采取各种措施来抵消或减弱倾销带来的冲击，这就是反倾销的行为。进口国在采取反倾销措施之前，要先确定倾销的存在。判断倾销的标准有三个：第一，来自外国的出口产品以低于正常价格在本国市场上销售，即存在倾销的幅度；第二，倾销对本国同类产品工业造成了严重或实质性的损害，或形成了实质性损害的威胁，或阻碍某项新兴工业的建立；第三，二者之间是否存在因果关系。

（1）倾销幅度的确定。倾销幅度即出口价格低于正常价格的差额。因此，确定倾销幅度的关键是确定出口价格、正常价格和两者之间的比较规则。

1）出口价格。出口价格是指出口商将其产品出口给进口商的价格。当不存在出口价格，或因出口商与进口商之间有总公司、分支公司或控股等关系使出口价格不可靠时，可根据被指控倾销的产品首次在进口国内向独立商人转售的价格确定。

2）正常价格。确定正常价格有三种方法：第一，出口国国内销售价格，它是指被指控倾销的产品或与其相同的产品在调查期间，在出口国国内市场上销售的价格；第二，向第三国出口的价格，当不存在或无法确定倾销产品的国内销售价格时，进口国可采取倾销产品向第三国出口的可比价格确定正常价格；第三，结构价格，当使用出口国国内销售价格和向第三国出口的价格均无法确定倾销产品的正常价格时，可以采用结构价格来确定。所谓结构价格，是指被指控倾销的产品的生产成本加合理的管理费用、销售费用和一般费用以及利润作为出口产品的价格。

3）出口价格与正常价格的比较。在确定了出口价格和正常价格之后，应对两种价格进行必要的调整，把两种市场上的相同或同类产品的价格放在同一市场环境中进行比较。

（2）损害的确定。对一项倾销产品是否采取反倾销措施，还需要确定该项产品的倾销是否对进口国的国内产业造成损害，以及损害与倾销之间是否存在因果关系。这里所说的"损害"是指因倾销行为对一国国内产业造成实质性损害或实质性损害威胁，或对这种产业的建立构成严重阻碍。

在确定实质性损害时，要考虑以下因素：第一，无论是就绝对数量而言还是相对于进口国的生产或消费而言，倾销产品的数量是否构成了急剧增长；第二，进口的价格对国内相同或相似产品的价格有巨大抑制或下降影响，并导致对进口产品需求的大幅增长；第三，进口产品对进口国国内产业相同或类似产品的生产商产生严重的影响或冲击。

实质性损害威胁是指进口国国内产业虽然尚未处于实质性损害的境地，但已受到威胁，而且其威胁是真实的、迫切的和可以预见的。例如，大量被指控倾销的产品已在发运途中，或出口国拥有巨大的生产该同类产品的能力，或出口国计划继续扩大对进口国的出口，或出口商在进口国建立了大量推销网点，市场份额急剧增长等均可被视为造成了实质性的损害威胁。严重阻碍某一产业的建立是指倾销产品严重阻碍了进口国建立一个生产该同类产品的新产业。它指的是一个新产业在实际建立过程中受到了严重阻碍，而不能理解为倾销产品阻碍了建立一个新产业的设想或计划，而且要有充分的证据来证明。

倾销与损害之间的因果关系，是指进口国国内产业受到的损害是由进口产品的倾销直接造成的。其他因素对产业造成的损害不得归咎于倾销产品。在确定倾销与损害的因果关系时，并不一定要证明倾销的进口产品是造成损害的主要原因，只要能证明是造成损害的原因之一即可。

2. 反倾销调查程序

反倾销（anti-dumping）调查程序是指一国当局根据国内受到倾销损害的相关产业的起诉，对被指控倾销的产品立案调查的过程。反倾销申诉是反倾销立案调查的依据。调查的发起必须由进口国认为是受损害的产业或其代表所提交的书面申诉开始。在特殊情况下，进口国当局也可以主动开展倾销调查。进口国政府对申诉所提供证据的准确性和充分性进行复查后决定是否立案。立案后进口方当局便可向各个利益关系方发出调查问卷。

（1）申诉与立案。反倾销调查的启动一般应由进口方受到损害的行业或其代表向有关当局提交书面申请，这是反倾销调查的必要条件。一般情况下，进口方当局不会主动发起反倾销调查，特殊情况除外。申诉书主要应包括申请人的身份、产品产量与价值、被指控产品所属国家及相关企业名称、被指控方产品在其国内的价格等资料。

进口方当局在确认申诉材料真实可靠、决定立案后，就要通知其产品遭到调查的成员方和调查当局所知道的有利害关系的各方，并予以公告。向被调查方发出的通知应当列明应诉材料的送达地点及时限等。

（2）调查。调查是指进口国有关当局对被起诉方的产品倾销、国内工业损害以及两者之间的因果关系，从事实和法律上进行查证的过程。反倾销调查一般应在一年内结束，无论如何不得超过 18 个月。如证据不足应立刻终止调查。

（3）裁定。倾销调查的裁定分为初步裁定和最终裁定两种。初步裁定是指在调查的基础上，对是否倾销或损害做出初步裁定。初步裁定的法律意义在于进口方当局可以视情况采取临时措施与价格承诺措施。最终裁定是指进口方当局最终确认进口产品倾销并造成损害而做出对其征收反倾销税的裁定。

3. 反倾销的具体措施

（1）临时措施。在反倾销调查中，初步认为存在倾销、国内工业损害及因果关系后，进口方当局可采取措施，以防在调查期间有关工业受到更加严重的损害。临时反倾销措施主要有两种形式：一是征收临时性反倾销税；二是采取担保的方式，即支付现金或担保金，其数额不得高于预计的临时反倾销税。临时反倾销措施只能从开始调查之日起 60 天后采取，实施期限一般不超过 4 个月，最长不超过 9 个月。

（2）价格承诺。在反倾销调查初步裁定存在倾销后，如果出口商主动承诺提高倾销产品的价格或停止以倾销的价格向投诉方市场出口，且进口方反倾销调查当局对其承诺感到满意，反倾销调查程序可以暂时停止，而不采取临时措施或征收反倾销税。如果反倾销当局不能接受其价格承诺，应向出口商说明不接受的理由，并给出口商说明其意见的机会。

在达成价格承诺协议后，出口商要定期提供执行该协议的资料，并允许对资料中的有关数据进行核实。但如果出口商违背价格承诺协议，进口方有关当局可采取紧急行动，包括采取反倾销临时措施。价格承诺的有效期限一般不得超过征收反倾销税的有效期限，并应进行必要的审查以确定是否需要保持价格承诺。

（3）征收反倾销税。当最终裁定确实存在倾销，并因此对进口国相同或类似产品的产业构成了实质性损害，就可对该倾销产品征收反倾销税。反倾销税的税额不得超过倾销幅度。

如果反倾销调查及最终裁定涉及多个出口国家或地区，并要对不同来源的倾销产品都征收反倾销税，应根据无歧视原则，对所有倾销产品按适当的数额征收反倾销税。反倾销税在抵消倾销损害的期限内有效，但最长一般不得超过 5 年。

（4）反倾销税的追溯征收。反倾销税的追溯征收是指对某项进口商品裁定征收反倾销税后，可在某些情况下对以往进口的该商品追征反倾销税。这些情况包括以下几种。

1）在做出倾销造成产业损害或损害威胁的最终裁定时，由于缺乏临时措施而使倾销产品在调查过程中继续对进口方境内产业造成损害，则最终确定的反倾销税可以追溯到能够适用临时措施的时候开始计征。当初步裁定存在倾销时已制定出临时措施，在追溯性征收反倾销税时，如果最终确定的反倾销税额高于已支付或支付的临时反倾销税，其差额不再征收；如果最终确定的反倾销税额低于已支付或应支付的临时反倾销税额或交付的担保金，其差额应退还，或重新计算税额。

2）如果反倾销调查最终裁定所进口的倾销商品有造成损害的倾销时，或者进口商知道或理应知道出口商在进行倾销，并肯定会对进口方产业造成损害，或者损害是在短期内因倾销产品的大量进入而造成的，那么反倾销税可以对那些在临时措施适用之前 90 天内进入消费领域的倾销产品追溯计征。

3）对倾销产品做出的最终裁决属于损害威胁或者严重阻碍的裁决，而损害尚未发生，则反倾销税只能从该损害威胁或严重阻碍的裁决做出之日起征收。在临时措施适用期间交付的现金押金应予以退还，担保应尽快解除。

4. 协商与争端解决

为保证《反倾销协议》的实施，WTO 成立了一个反倾销措施委员会。该委员会由缔约方代表组成,每年至少召开两次全体委员会议,其主要职能是在缔约方之间进行协商,并执行《反倾销协议》或全体缔约方规定的任务。在具体的实践中,如果某一成员方认为其他成员方采取的反倾销行动损害了自己应有的权利,可以书面提出与其他成员方协商。如果协商无效,可提请反倾销措施委员会进行调解。反倾销措施委员会在审查倾销决定时,将根据《反倾销协议》中的审查标准做出最终裁定。

5. 反规避措施

所谓反规避措施,是指一国产品被另一国征收反倾销税的情况下,出口商为减少或避免被征收反倾销税而采取和实施的各种方法。反规避措施主要包括以下几个方面。

(1)进口国家配件组装规避。它是指出口商故意避免制成品在进口国被征收反倾销税,而将该产品的零部件或组装件出口到进口国,并在进口国组装后进行销售的行为。这种规避主要是利用制成品与零部件在各国海关税则分类上不属于同一海关税则之内,从而规避对反倾销税的征收。

(2)第三国制成品组装规避。它是指一次出口产品被进口国征收反倾销税,出口商为绕过反倾销税,而将产品的制成阶段转移到第三国进行,然后以第三国产品的身份再向进口国出口。

(3)轻微改变产品规避。所谓轻微改变,是指对被征收反倾销税的产品进行非功能性的改变,例如仅仅对产品的形式或外观加以改变,或将农产品进行轻微加工,而这种改变不会导致产品的最终用途、物理特性以及消费者购买的选择发生相应的改变。

(4)后期发展产品规避。针对后期发展产品的反规避措施源于日本向美国倾销手提打字机一案。1980年,美国对日本出口美国的电动手提打字机征收反倾销税,而后日本输往美国的打字机改进为电子手提打字机,并附有记忆和计算功能。当时,美国商务部曾裁决该产品不应包括在反倾销税的范围内。

4.2 补贴与反补贴

各国在制定和实施贸易政策时,除了利用关税和非关税壁垒限制进口以外,还采取各种鼓励出口的措施扩大商品出口。为了扩大出口,世界各国纷纷对出口实行补贴,而进口国为了保护本国市场和产业的发展,采取反补贴措施。其结果是,国际贸易中的补贴与反补贴措施影响了国际贸易的健康发展,扭曲或损害了进行国际贸易的各国的利益。

4.2.1 补贴的性质

所谓补贴,是指政府为了促进某些产业的发展,对这些产业的生产及产品进行财政补贴和实行优惠待遇,以提高本国出口产品在国际市场上的竞争力和限制外国产品的进入。

一般认为,政府实施补贴是不公平的竞争。由于政府的补贴,使得本来不具有比较优势的一些产品,人为地降低成本,成为具有比较优势的产品,而使得那些真正具有比较优势的产品处于极为不利的地位。

政府的补贴是一种贸易保护主义的措施。政府的补贴和优惠，导致本国没有比较优势的产品大量出口，伤害进口国具有比较优势的同类产品。目前世界上不只是发展中国家对本国的生产和出口进行补贴，发达国家对农产品和一些工业产品也实行大量的补贴。

4.2.2 补贴的形式

一般来说，补贴有三种主要形式：生产补贴、出口补贴、出口信贷。

1. 生产补贴

生产补贴（production subsidy）是政府为了促进某一产品的发展，给予生产企业的津贴。生产补贴可以使生产企业在商品价格低于生产成本时，仍能因有补贴而获得利润，有利于扩大该商品的生产规模或者使生产企业降低相当于所获得的补贴部分的生产成本，从而降低商品价格，提高商品在国际市场上的竞争力。生产补贴主要有下列三种形式：

（1）财政拨款。在国家选定的予以支持的产业或产品的生产过程中，国家拨出部分财政资金归生产企业无偿使用，以财政资金为企业的生产创造条件或以财政资金来弥补企业的生产亏损。

（2）优惠贷款。银行对予以支持的企业提供低利率的贷款，增加信用放贷规模，延长贷款期限等。这些措施可以减少生产企业的利息负担，降低费用，从而提高企业的生产效率，扩大生产规模。

（3）税收减免。国家对所支持的企业免收各种税收，减少税收种类或者提高企业各项税收的起征点等，其最终目的都是向予以支持的生产企业减让一部分税收收入。

生产补贴可以使获得补贴的企业降低生产成本，提高其国际市场竞争力，增加出口。

2. 出口补贴

出口补贴（export subsidy）又称出口津贴，是一国政府为了降低出口商品的价格，增强其在国际市场的竞争力，在出口某商品时给予出口商的现金补贴或财政上的优惠待遇。

出口补贴在形式上可以分为直接补贴和间接补贴两类。

（1）直接补贴。**直接补贴**（direct subsidy）即政府在商品出口时，利用财政拨款直接付给出口商的现金补贴。直接补贴的目的在于弥补出口商品国内价格高于国际市场价格所带来的亏损，或者补偿出口商所获利润低于国内利润所造成的损失。

（2）间接补贴。**间接补贴**（indirect subsidy）即政府对某些商品的出口予以财政上的优惠，如退还或减免出口商品缴纳的税，对进口原料或半成品加工再出口给予免征或退还已交的进口税等。间接补贴的目的同样在于降低商品价格，增强国际竞争力。

3. 出口信贷

出口信贷（export credit）是指一个国家为了鼓励商品出口，增强商品的竞争能力，通过银行对本国出口厂商或国外进口商提供的贷款。它是一国出口商利用本国银行的贷款扩大商品出口，特别是金额较大、期限较长的商品（如成套设备、船舶等）出口的一种重要手段。

出口信贷可以从以下两种角度进行分类。

（1）按贷款期限分类。出口信贷可以分为以下三种。

1）**短期信贷**（short-term credit）通常是指贷款期限在180天以内的贷款。

2）**中期信贷**（medium-term credit）通常是指贷款期限在1～5年的信贷。

3）**长期信贷**（long-term credit）通常是指贷款期限在5～10年，甚至更长时间的信贷。

（2）按借贷关系分类。出口信贷可以分为以下两种。

1）**卖方信贷**（supplier credit）是指出口方银行向出口厂商提供的贷款。在大宗贸易中，出口商向其所在地的银行取得贷款，然后以延期支付的方式向进口商出口货物。在这种方式下，买卖双方签订合同后，进口商先支付5%～15%的定金作为履约的一种保证金；在分批交货、验收和保证期满后，再支付10%～15%的货款；其余货款在全部交货后若干年内分期偿还，并付给延期付款期间的利息。出口厂商把所得的款项和利息按货款协议的规定偿还给本国银行。

2）**买方信贷**（buyer credit）是指出口方银行直接向外国的进口商或进口方银行提供贷款，其附带条件是贷款必须用于购买债权国的商品，因此又称约束性信贷。在买方信贷下，当出口方银行直接贷款给进口商时，进口商先用自有资金，以即期付款的方式向出口商支付买卖合同金额15%～20%的款项作为定金，其余货款以即期付款方式将银行提供的信贷支付给出口商，然后按货款协议的规定，向银行还本付息。

在出口信贷中，买方信贷较卖方信贷更为流行，原因是：第一，以进口银行为中介提供的买方信贷，对出口方银行而言风险较小；第二，买方信贷可以使出口商较早地得到贷款和减少风险；第三，买方信贷使进口商对货价以外的费用比较清楚，与出口商进行讨价还价更方便；第四，银行提供买方信贷，既能帮助出口商推销商品，又可以加强银行对企业的控制，并为银行开辟国外市场提供一个机会。

4.2.3 反补贴

政府的出口补贴扭曲了世界市场的商品价值，直接损害的是相同商品的其他出口国和补贴商品进口国的生产者。因此，政府的出口补贴被认为是一种不正当的贸易政策。

如果进口国对受到出口国补贴的进口商品的损害征收反补贴税，以抵消出口国的补贴影响，其结果就如同出口国政府开出一张现金支票，把本国纳税人的钱无偿地支付给进口国政府。

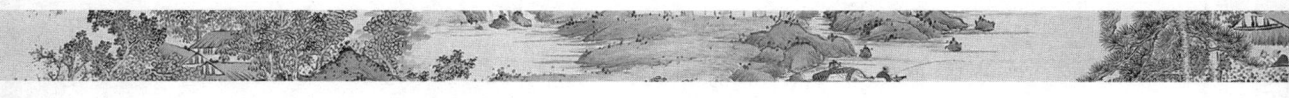

｜案例4-1｜

中国对欧盟反补贴"第一案"

欧盟农民在政党选举中有举足轻重的地位，因此维护农民利益成为政党争夺的筹码，通常对农业的补贴支持超出了正常限度。欧盟不仅对国内马铃薯淀粉生产企业提供了每吨22.5欧元的补贴，还对马铃薯种植企业提供补贴，以生产1吨马铃薯淀粉为基数给予66.32

欧元补贴。商务部调查报告显示，2007—2009 年，中国自欧盟进口的马铃薯淀粉价格下降了 40.36%，进口数量增长了 329.5%，市场份额急速增长，从 2.44% 增长到 9.78%。与之形成鲜明对比的是，中国国内马铃薯淀粉产业税前利润 2008 年和 2009 年的亏损额分别为 1 015.53 万元和 9 421.58 万元。2010 年 6 月 30 日，中国淀粉工业协会马铃薯淀粉专业委员会代表国内产业向商务部提交反补贴申请书。2010 年 8 月 30 日，商务部正式立案，对本案发起反补贴调查。2011 年 5 月 16 日，商务部发布初步裁定：自 5 月 19 日起对从欧盟进口的马铃薯淀粉征 7.7%～11.9% 的临时反补贴税保证金，同时，上述进口产品还适用于 12.6%～56.7% 的反倾销税。2011 年 9 月 16 日，商务部公布了对欧盟马铃薯淀粉反补贴调查最终裁定。终裁认定原产于欧盟的进口马铃薯淀粉存在补贴，从欧盟进口马铃薯时，进口商需向海关缴纳反补贴税。从价补贴率为 7.5%～12.4%。

分析：补贴是提高国内出口企业产品竞争力的一种重要措施，但是必须使用适当，不能违反 WTO 有关规则。欧盟对马铃薯的补贴违反了 WTO 关于补贴和反补贴的协议。

4.3 特别保障措施

在各国经济发展不稳定的后危机时代，各国政府倾向于采取贸易保护主义的政策，除了前两节所讲的反倾销和反补贴外，为了更好地保护本国的产业，各国政府还会采取"特别保障措施"。

4.3.1 特别保障措施的定义

特别保障措施是 WTO 成员利用特定产品**过渡性保障机制**（transitional product specific safeguard mechanism）针对来自特定成员的进口产品采取的措施，即在 WTO 体制下，在特定的过渡期内，进口国政府为防止来源于特定成员的进口产品对本国相关产业造成损害而实施的限制性保障措施。最早的特别保障措施适用于日本。

针对中国的特别保障措施主要包含在《中华人民共和国加入议定书》（以下简称《议定书》）第 16 条和《中国加入工作组报告书》（以下简称《报告书》）第 242、245～250 段中。根据《议定书》第 16 条规定，在中国加入 WTO 之日起的 12 年内，如果原产于中国的产品在进口至任何 WTO 成员领土时，其增长的数量或所依据的条件对生产同类产品或直接竞争产品的国内生产者造成或威胁造成市场扰乱，该 WTO 成员可请求与中国进行磋商，包括该成员是否应根据《保障措施协议》采取措施。如果磋商未能使中国与有关 WTO 成员在收到磋商请求后 60 天内达成协议，该 WTO 成员有权在防止或补救此种市场扰乱所必需的限度内，对此类产品撤销减让或限制进口。根据《报告书》第 242 段的规定，在 2008 年 12 月 31 日前，WTO 成员可以对来自中国的纺织品采取特别保障措施；第 245～250 段中则规定实施特别保障措施的基本程序。

4.3.2 适用程序

根据《议定书》第 16 条和《报告书》第 246 段的规定，适用特别保障措施应当遵循下列程序。

1. 调查

调查是发现事实的根本途径。特别保障措施调查内容包括对来自中国的进口产品数量、市场份额及其对进口国同类产品的价格和国内产业的影响以及市场扰乱与中国的进口产品增长是否存在因果关系等。

2. 公告和通知

进口成员方应及时公告有关信息,包括调查的启动、调查的结果、拟采取的措施、采取措施的决定及采取措施的期限等。同时,对中国适用特别保障措施的 WTO 成员采取的任何措施和中国采取任何报复行动都应该立即通知保障措施委员会。

3. 磋商

(1) 磋商的启动。启动磋商的触发器是原产于中国的产品进口的数量或所依据的条件对生产同类产品或直接竞争产品的国内生产者造成或威胁造成市场扰乱,受此影响的 WTO 成员可请求与中国进行磋商。

(2) 磋商达成一致,中国主动采取节制出口的行动。如在双边磋商过程中,双方一致认为原产于中国的进口产品是造成市场扰乱的原因并有必要采取行动,则中国应采取行动以防止或补救此种市场扰乱。

(3) 磋商没有达成一致。如磋商未能使中国与有关 WTO 成员在收到磋商请求后 60 天内达成协议,则有关 WTO 成员有权在防止或补救此种市场扰乱所必需的限度内,对此类产品撤销减让或限制进口。

4. 临时保障措施

根据《议定书》第 16 条规定,在迟延会造成难以补救的损害的紧急情况下,受影响的 WTO 成员可根据一项有关进口产品已经造成或威胁造成市场扰乱的初步认定,采取临时保障措施。在此种情况下,应在采取措施后立即向保障措施委员会做出有关所采取措施的通知,并提出进行双边磋商的请求。临时措施的期限不得超过 200 天。任何临时措施的期限均应计入将来采取保障措施的期限。

5. 报复

WTO 成员只能在防止和补救市场扰乱所必需的时限内根据《议定书》第 16 条采取措施。如果基于进口水平的相对增长而采取的特别保障措施期限超过 2 年,或基于进口的绝对增长而采取的特别保障措施超过 3 年,中国有权采取报复措施,即针对实施该措施的 WTO 成员的贸易暂停实施 GATT 1994 项下实质相当的减让或义务。

4.3.3 应对特殊保障的措施

(1) 通过条约解释尽量为此种措施的实施限定严格的条件,尤其是通过争端解决机构的解释来进行限定。

（2）建立相关产业的预警机制。政府有关部门应当利用各种手段和技术，对一些产品的进出口情况进行跟踪，特别是那些数量激增和价格变化大的产品。

（3）大型出口企业在从事贸易时，应当保持高度警觉，密切关注本企业出口产品在进口国（地区）市场上的变动情况，对出现的一些不利情况可以采取预先措施，防患于未然。同时，要充分发挥进出口商会在进出口企业间的协调作用。

（4）相关出口企业在面临进口国（地区）保障措施调查的时候，应积极应诉，根据适用保障措施或特殊保障措施的条件进行抗辩，避免进口国（地区）对出口产品保障措施的适用。

|案例 4-2|

新西兰进口乳品全线触发"特保"：关税恢复至最惠国关税

2018年1月5日，中国海关总署发布2018年第3号公告（关于2018年进口原产于新西兰的固状和浓缩非固状乳及奶油实施特殊保障措施的公告）。公告显示，至2018年1月5日，实施特殊保障措施管理的固状和浓缩非固状乳及奶油（俗称原料奶粉）进口申报数量已达到155 929吨，超过2018年154 745吨的特殊保障措施触发标准。因此，自2018年1月6日起，对《中华人民共和国政府和新西兰政府自由贸易协定》（以下简称《协定》）项下进口的、原产于新西兰的固状和浓缩非固状乳及奶油，进口关税由协定税率0.8%恢复到最惠国税率10%。

2008年10月，中国和新西兰签订了《协定》，根据《协定》的要求，自2008年起，中国从新西兰进口的各种乳制品关税逐年降低，其中，2018年原料奶粉协定关税为0.8%，其余均为0。为了防止新西兰乳制品对我国奶业的过度冲击，《协定》规定对于原料奶粉、液态奶（指常温奶和巴氏奶，不包括酸奶）、黄油、奶酪4类产品共11个税号采用特殊保障措施，一旦进口量达到触发水平，特殊保障措施就会启动，关税恢复至最惠国关税。

本章小结

倾销是指一国或地区的生产商或出口商以低于其国内市场价格或低于成本价格将其商品抛售到另一国或地区市场的行为。倾销按照倾销的方式可分为商品倾销、外汇倾销和间接倾销；按照倾销的目的可分为偶然性倾销、掠夺性倾销和长期性倾销。

判断倾销的标准有三个：第一，来自外国的出口产品以低于正常的价格在本国市场上销售，即存在倾销的幅度；第二，倾销对本国同类产品工业造成了严重或实质性的损害，或形成了实质性损害的威胁，或阻碍某项新兴工业的建立；第三，损害与倾销之间是否存在因果关系。

反倾销调查程序为申诉、立案、调查与裁定。反倾销的具体措施有临时措施、价格承诺和征收反倾销税。对某项进口商品裁定征收反倾销税后，还可在某些情况下对以往进口的该商品追征反倾销税。

反规避措施是指一国产品被另一国征收反倾销税的情况下，出口商为减少或避免被征收反倾销税而采取和实施的各种方法。反规避措施主要包括进口国家配件组装规避、第三国制成品组装规避、轻微改变产品规避和后期发展产品规避。

补贴是指政府为了促进某些产业的发展，对这些产业的生产及产品进行财政补贴和实行优惠待遇，以提高本国出口产品在国际市场上的竞争力和限制外国产品的进入。一般来说，补贴有三种主要形式：生产补贴、出口补贴、出口信贷。

出口信贷是指一个国家为了鼓励商品出口，增强商品的竞争能力，通过银行对本国出口厂商或国外进口商提供的贷款。它是一国出口商利用本国银行的贷款扩大商品出口，特别是金额较大、期限较长的商品（如成套设备、船舶等）出口的一种重要手段。

特别保障措施是WTO成员利用特定产品过渡性保障机制针对来自特定成员的进口产品采取的措施，即在WTO体制下，在特定的过渡期内，进口国政府为防止来源于特定成员的进口产品对本国相关产业造成损害而实施的限制性保障措施。

思考题

一、简答题

1. 论述我国应对反倾销的对策。
2. 产品的倾销是如何确定的？
3. 生产补贴与出口补贴有何区别？
4. 论述特别保障措施与反倾销的区别。
5. 既然出口国政府对本国出口企业的补贴增加了进口国的福利，为什么进口国政府要征收反补贴税？
6. 为什么中国企业向美国低价销售柠檬酸对美国国内产业不造成实质损害，而美国向中国倾销新闻纸却严重损害中国的新闻纸生产企业？从中可以得出什么样的结论？

二、案例讨论题

1. 随着中美经贸关系的日趋加深，我国光伏产业在取得巨大发展成果的同时也不断受到来自美国贸易救济措施的冲击，两国之间的贸易摩擦日趋增加。

    2011年11月美国商务部对中国光伏产品发起"双反"调查，并于2012年10月10日裁定对中国输美太阳能电池征收14.78%～15.97%的反补贴税和18.32%～249.96%的反倾销税。

    2014年1月23日，美国商务部对进口自中国的光伏产品发起反倾销和反补贴合并调查，同时对原产于中国台湾地区的光伏产品启动反倾销调查。2014年12月16日，美国商务部宣布终裁结果，分别向常州天合和昱辉阳光/晶科能源征收26.71%和78.42%的反倾销税，分别向其他应诉企业和非应诉企业征收52.13%和165.04%的反倾销税；同时，分别向常州天合和无锡尚德征收49.79%和27.64%的反补贴税，向其他企业征收38.72%的反补贴税。

    2017年4月27日，美国国际贸易委员会（ITC）收到了美国太阳能公司Suniva与SolarWorld的提请。同年9月22日，ITC确认了进口到美国市场的光伏产品及其组件对美光伏产业造成了较为严重的直接性威胁和损害。2018 年 1 月 22 日，特朗普确认通过 "201 条款"，表示美国将对光伏电池及组件额外征收 30% 的关税。

试讨论：美国的一系列措施对我国光伏产业的影响及我国应采取哪些应对策略。

2. 2021 年 3 月 26 日，商务部发布 2021 年第 6、7 号公告，公布对原产于澳大利亚的相关葡萄酒反倾销和反补贴调查的最终裁定，裁定原产于澳大利亚的进口相关葡萄酒存在倾销和补贴，中国国内相关葡萄酒产业受到了实质损害，而且倾销和补贴与实质损害之间存在因果关系，最终裁定中认定的倾销幅度为 116.2%～218.4%，补贴幅度为 6.3%～6.4%。商务部同时决定自 2021 年 3 月 28 日起对原产于澳大利亚的相关葡萄酒征收反倾销税，各公司反倾销税税率为 116.2%～218.4%。根据相关规定，为避免双重征税，商务部决定不征收反补贴税。

应国内相关葡萄酒产业申请，商务部分别于 2020 年 8 月 18 日和 2020 年 8 月 31 日发布公告，决定对原产于澳大利亚的进口相关葡萄酒发起反倾销和反补贴调查。立案后，商务部严格按照中国相关法律法规和 WTO 规则进行调查，做出上述最终裁定。

作为葡萄酒生产大国，澳大利亚的葡萄酒严重依赖出口。2016 年，中国正式成为澳大利亚最大的葡萄酒出口国，出口到中国的葡萄酒一度占到了其出口总量的 39%。但随着我国首轮关税政策的实施，直至 2020 年底，澳大利亚对中国的葡萄酒出口额狂跌 97%，全球总出口额也缩水了 30%。

试讨论：我国为何要对原产于澳大利亚的进口相关葡萄酒征收反倾销税？这会对澳大利亚葡萄酒产业产生怎样的影响？

3. 随着中印双边贸易发展迅速，中国已成为印度的第二大贸易伙伴，印度也成为中国在南亚地区最大的贸易伙伴，但印度对华贸易保护呈现愈演愈烈之势。在 WTO 成员中，印度是金融危机以来对中国发起贸易救济案件最多的国家，两国间的贸易摩擦行为已经不容忽视。

为了保护印度本土企业，印度政府不断运用各种贸易救济措施给中国政府和企业施压。2020 年 11 月 23 日，印度商工部发布公告称，对原产于或进口自中国和泰国的全取向丝、全拉伸丝、纺丝拉伸丝和涤纶扁平丝做出第二次反倾销日落复审终裁，建议对中国涉案产品继续征收为期 5 年的反倾销税，税额为 547 美元 / 公吨；同时不建议对泰国涉案产品继续征收反倾销税。本案涉及印度海关编码 5402 项下的产品。涉案产品不包括低熔点（110～170℃）全取向丝、全拉伸丝、纺丝拉伸丝和涤纶扁平丝。

试讨论：中国遭受印度反倾销调查的原因有哪些？

第 2 篇
PART 2

国际贸易规则与惯例

第 5 章　GATT 与 WTO
第 6 章　国际贸易术语

第 5 章
CHAPTER 5

GATT 与 WTO

§ **教学目的**

- 了解 WTO 的建立及其与 GATT 的关系
- 掌握 GATT 及其八轮多边贸易谈判的成果
- 重点掌握 WTO 的职能和基本原则
- 了解 WTO 成员的权利和义务
- 熟悉 WTO 的多哈回合谈判
- 了解中国入世后的权利与义务以及入世对中国经济的影响

§ **关键术语**

GATT	国民待遇	最惠国待遇	透明度原则
乌拉圭回合	WTO	多哈回合	

§ **章首案例 5-1**

我国加入世界贸易组织以来，有哪些成绩

2021 年是我国加入 WTO 20 周年。在这 20 年中，我国政府与企业认真履行承诺，沉着应对挑战，我国市场经济之舟在世界市场海洋中前行。回首二十载，成绩斐然，从加入 WTO 到共建"一带一路"，我国开放胸襟，拥抱世界，为促进世界经济贸易发展，增加全球民众福祉做出了巨大贡献。

加入 WTO 后，我国改革开放和经济发展进入加速期。2013—2021 年，我国 GDP 年均增长 6.6%，居世界主要经济体前列，远高于同期世界的平均增速 2.6% 和发展中经济体的平均增速 3.7%。我国对世界经济增长的平均贡献率达到 38.6%，超过七国集团贡献率的总和。2021 年我国 GDP 达 17.7 万亿美元，占世界比重达 18.5%。同年，我国在全球贸易进出口总额所占比重达到了 13.51%，继续蝉联世界第一，是 120 多个国家和地区的主要贸易伙伴。2013—2021 年，我国累计货物贸易进出口 262.3 万亿元，年均增长 5.4%。其中，出口 144.7 万亿元，年均增长 5.9%；进口 117.6 万亿元，年均增长 4.7%。2017—2021 年，我国连续 5 年保持全球货物贸易第一大国的地位。2021 年，我国服务贸易进出口总额达 52 983 亿元，占全球服务贸易总额的比重攀升至 7% 以上，连续多年排名全球第二。

加入 WTO 以来，我国坚定支持多边贸易体制，积极推动贸易和投资自由化、便利化，坚决维护争端解决机制的法律地位，以实际行动反对单边主义和保护主义；深化改革开放，践行"一带一路"等举措，力求与各国一道构建利益高度融合、彼此相互依存的命运共同体。

5.1 GATT 概述

5.1.1 GATT 产生的历史背景及过程

1. 经济危机导致各工业国的经济下降

1929—1933 年，资本主义世界爆发了严重的经济危机。这次危机使得资本主义各主要国家的经济受到严重打击。据统计，美国经济水平下降 55%，德国经济水平下降 36.2%，英国经济水平下降 23.8%。贸易量下降更为严重：德国下降 76%，美国下降 70%，法国下降 66%，英国下降 40%。资本主义国家之间的矛盾加剧。

2. 贸易保护主义的恶果引起各国的反思

第二次世界大战期间，各国以邻为壑，高筑关税，到 1948 年，发达国家的工业品关税税率已达 40%，限制了贸易的发展。人们认为：大萧条产生了经济不稳定的环境，有利于军事独裁的兴起，阻止战争的最好办法是实行自由贸易，从而推动和引导世界走向经济繁荣、政治稳定、自由和民主。

3. 各国迫切希望发展经济

第二次世界大战后，无论是战胜国还是战败国都面临着缓和国际、国内矛盾，发展经济的任务。战争结束之前，这种愿望就已表现出来，其中，美国最为突出。1944 年 7 月，第二次世界大战还没有结束，美国就召集盟国的代表在新罕布什尔州的布雷顿森林城举行了"布雷顿森林会议"，会议形成了"布雷顿森林协定"，该协定决定建立旨在鼓励自由贸易和经济发展的三个国际性的机构，即国际货币基金组织（IMF）、世界银行国际复兴开发银行（IBRD）和世界贸易与关税组织。1947 年 10 月，在哈瓦那举行的联合国贸易与就业会议审议通过了《国际贸易组织宪章草案》（哈瓦那大宪章），但是这个宪章没有被多数签字国政府批准，致使世界贸易组织"流产"。

《国际贸易组织宪章草案》曾分别于 1946 年 10 月和 1947 年 4 月在日内瓦会议上进行修改。在两次日内瓦会议期间，美国邀请了 23 个国家和地区的代表，举行了关税减让和多边谈判，并签署了《关税与贸易总协定》（GATT，简称《关贸总协定》）。1947 年 10 月 3 日，美国、中国等 23 个国家签署了《关税与贸易总协定临时适用协定书》，决定《关税与贸易总协定》于 1948 年 1 月 1 日起生效。于是，GATT 产生了。

到 2002 年底，GATT 的正式成员由最初的 23 个增加到 134 个，这些成员中有发达国家（地区），也有相当数量的发展中国家。GATT 成员的贸易总额占全世界贸易总额的 90% 以上。

5.1.2　GATT 的宗旨和职能

1. GATT 的宗旨

在 GATT 正式文本的序言中，明确地提出了 GATT 的宗旨：缔约各国（地区）政府在处理它们的贸易和经济事务的关系方面，应以提高生活水平、保证充分就业、保证实际收入和有效需求的巨大持续增长、扩大世界资源的充分利用以及发展商品生产与交换为目的，通过达成互惠互利协议，大幅削减关税和其他贸易障碍，取消国际贸易中的歧视待遇等措施，对上述目的做出贡献。

从这段文字规定来看，GATT 希望通过降低关税和取消非关税壁垒，实现贸易自由化，建立一个完整的、公正的、开放的、有活力的和持久的多边贸易体系，进而促进世界经济的繁荣和福利的提高。但实际上，由于世界各国经济发展不平衡，决定了各国在世界贸易中的不同地位，GATT 在很大程度上被美国所控制，成为经济大国争夺世界市场和霸权的场所。

2. GATT 的职能

（1）谈判职能。GATT 为成员方多边贸易谈判搭建谈判平台，组织多边贸易谈判。GATT 自成立以来，先后组织了 8 轮谈判。

（2）制定贸易规则职能。GATT 形成了一套国际贸易政策和措施的规章，是成员方制定和修改对外贸易政策和措施的主要法律依据。同时，GATT 还确定了有关国际贸易政策的各项基本原则，在多边谈判中又达成了一系列协议，这些原则和协议对各成员方具有一定约束力，在一定程度上促进了国际贸易行为的规范化。

（3）协调和解决贸易争端职能。GATT 通过组织多边贸易谈判，采取磋商、调节的方法，达成协议，解决贸易争端。争端的解决有利于缓解成员方之间的矛盾和摩擦，对于促进成员方之间的贸易和友好关系的发展具有重要作用。

5.1.3　GATT 的组织机构

GATT 只是一个"协定"，本无组织机构。但随着贸易形势的发展和需要，在 GATT 的基础上逐渐形成了一个临时性的准国际贸易组织。它的最高权力机构是缔约成员大会，一般每年召开一次会议，讨论和决定有关重大事项，在会议期间，由理事会负责处理日常事务和紧急事务。理事会下设各种委员会，如国际收支委员会、关税减让委员会、补贴和反补贴委员会、反倾销委员会、进口许可证手续委员会、海关估价委员会、技术贸易委员会、政府采购委员会、民用航空交易委员会等。GATT 的常设机构是秘书处，秘书处负责上述各项会议的准备、记录和报告的编写工作，负责进行 GATT 需要的各项调查，并负责与各缔约方联络。

5.1.4 GATT 的主要内容和基本原则

1. 主要内容

（1）序言。序言内容包括：发起国（地区）23 个（按英文字母顺序排列）；GATT 的宗旨及其实现手段——削减关税；申明各方代表经过谈判达成的协议，指明 GATT 是政府行为，区别于非官方文件。

（2）正文。正文分四部分：第一部分包括第 1、2 条，最惠国待遇和减让表是核心部分；第二部分包括第 3～23 条，主要是国民待遇、过境自由、反倾销、反补贴、海关估价、原产地标记、一般例外外汇安排、补贴等具体原则和内容；第三部分包括第 24～35 条，主要是适用的领土范围，有关过境贸易、关税联盟和自由贸易区的规定，缔约方联合行动的规定，有关决策原则的规定，加入和退出的规定等内容；第四部分包括第 36～38 条，主要是对经济落后国家（地区）优惠的规定。

（3）附件和暂时适用议定书。附件主要是对条款做出一些解释、说明和补充。暂时适用议定书主要规定了各缔约方应全面实施第一部分和第三部分，并在各国（地区）现行法律许可的范围内实施第二部分。

在第 8 轮的乌拉圭回合谈判中，根据形势发展的需要，对 GATT 的有关内容进行了修改，修改后的协定称为《1994 年关税与贸易总协定》。

2. 基本原则

（1）**非歧视原则**（non-discrimination principle）。该原则是 GATT 最重要的原则，也是它的基石。这一原则的含义是：任一缔约方在实施某种限制性或某种禁止性措施时，不得对其他缔约方实行歧视性差别待遇。这一原则主要体现在最惠国待遇条款和国民待遇条款上。

1) 最惠国待遇条款。这一条款规定，每一个缔约方在进出口方面，必须以相等的方式对待所有的其他成员方，而不应采取歧视待遇。也就是说，一个缔约方给予任何一方的贸易优惠，同时应无条件地适用于所有其他成员方，不得实行歧视性差别待遇。GATT 第 1 条规定："缔约方对来自或运往其他国家的产品所给予的利益、优待、特权或豁免，应当立即无条件地给予来自或运往所有其他缔约方的相同产品。"显然，这一条款的实行是无条件的。

2) 国民待遇条款。这一条款规定，每一个缔约方对进口任一缔约方的产品，无论是在国内税收方面，还是在销售、购买、运输等方面，都应享有与国内产品同等待遇，不应受到歧视。也就是说，其他成员方的商品进入本国市场后，应与本国商品适用同样的法律、法规，实行公平竞争，不得对外国同类商品增加各种费用和实施限制性措施。GATT 第 3 条规定："一缔约方领土的产品输入另一缔约方领土时，不应对它直接或间接征收高于相同的国内产品所直接或间接征收的国内税或其他国内费用。"这一条款保证了进口产品与国内产品在国内市场上享受同等待遇。

（2）**关税保护与关税减让原则**（tariff protection and concession principle）。关税保护原则是指以关税作为唯一保护手段的原则。1994 年的 GATT 规定，允许对国内工业进行保护，但保护的手段主要是通过关税的方式进行，而不能采取数量限制、行政手段等非关税手段来进行。GATT 规定：只能通过关税来保护本国工业；缔约方有义务实行关税减让。关税减让是 GATT 的主要宗旨，多边贸易谈判是实现关税减让的主要途径。关税减让原则是缔约方之间相互约束关税减让水平，即各缔约方彼此做出互惠与平等的让步，达成关税减让表协议的原则。关税减让表规定的税率的减让，任何缔约方无权单方面予以改变，3 年内不得随意提高。如要提高，必须与当初进行对等谈判的国家协商，而且要用其他产品税率减让来补偿。

GATT 还对实施上述原则做出灵活的规定：如果有关产品进口剧增，使进口国的同类产品受到重大损害或重大威胁，该进口国可与有关缔约方重新谈判，在给予对方适当补偿后，可修改或撤销其原来的关税减让承诺；发展中国家为了保护其国内工业和农业，如果税率的减让不利于它们的国际收支平衡，可在关税保护方面免除上述原则的使用。但是，只能是暂时的，如果滥用，其他缔约方可以采取报复措施。

（3）**透明度原则**（transparency principle）。透明度原则要求，缔约方应对一切涉及贸易的政策和规则在全国统一实施并做到透明。也就是说，缔约方的所有与进口贸易和服务贸易有关的政策法规，除违反公共利益和损害正当商业利益的机密之外，原则上都应当提前公布，以使其他缔约方有一定时间来熟悉它。GATT 第 10 条规定，缔约方有效实施的关于海关对产品的分类或估价，关于税捐或其他费用的征收率，关于对进口货物及其支付转账的规定、限制和禁止，以及关于影响进出口货物的销售、分配、运输、保险、仓储、检验、展览、加工、混合或使用的法令、条例与一般援用的司法判决及行政决定，都应迅速公布，以使其他缔约方政府及贸易商熟悉它们。某一缔约方政府或政府机构与另一缔约方政府或政府机构之间的影响国际贸易政策的规定，也必须公布。

（4）**磋商调节原则**（negotiation and coordination principle）。磋商调节原则要求，缔约方之间发生贸易冲突或贸易摩擦时，各方应本着磋商一致的原则达成协议，解决它们之间的贸易争端。为此，GATT 规定了磋商调节和解决贸易争端的程序和办法。这项原则并不要求贸易争端的当事方严格按照 GATT 的规定来解决贸易争端，而是在于寻求当事各方均能接受的解决争端的办法，目的是通过磋商、调节，保持缔约方之间的权力与利益的平衡。

（5）**其他原则**。除了上述 4 项主要原则以外，GATT 还规定了其他一些原则。

1）一般取消数量限制原则。GATT 规定，任何缔约方除征收税捐或其他费用外，不得通过设立或维持配额、进出口许可证或其他措施来限制或禁止其他缔约方领土的产品输入，或向其他缔约方领土输出或销售出口产品。

2）禁止倾销和限制出口补贴的公平贸易原则。GATT 规定，禁止缔约方在出口方面实行倾销，并授权缔约方在某项工业由于倾销受到重大损害或重大威胁时，可实行反倾销，征收反倾销税。GATT 对出口补贴做出某些限制，同时授权缔约方在因对方出口补贴而对国内工业造成重大损害或重大威胁时，可实行反补贴，征收反补贴税。

3）对发展中国家特殊优惠待遇原则。GATT 规定，对发展中国家的贸易与经济，尽量给予关税和其他方面的特殊优惠待遇。这些规定主要体现在 GATT 的第 18 条、第 36 条、第 37 条、第 38 条，以及"东京回合"通过的"授权条款"，包括普遍优惠制、优惠的关税安排、对最不发达国家的特殊待遇等。

5.1.5　GATT 谈判概况

GATT 运行 47 年，先后启动了 8 轮多边谈判，现对各轮谈判情况简要介绍如下：

1. 第 1 轮多边贸易谈判

第 1 轮多边贸易谈判是 1947 年 4—10 月在瑞士日内瓦举行的，中国参加了此轮谈判。通过谈判，共达成 123 项双边关税减让协议，涉及关税减让商品 45 000 项，使占资本主义国家进口值 54% 的商品平均降低关税 35%。

2. 第 2 轮多边贸易谈判

第 2 轮多边贸易谈判是 1949 年 4—10 月在法国安纳西举行的，中国参加了此轮谈判。通过谈判，共达成 147 项双边关税减让协议，涉及关税减让商品 5 000 项，使应征关税进口值 56% 的商品平均降低关税 35%。

3. 第 3 轮多边贸易谈判

第 3 轮多边贸易谈判是 1950 年 9 月至 1951 年 4 月在英国的托尔基举行的。通过谈判，共达成 150 项双边关税减让协议，涉及关税减让商品 8 700 项，使应征关税进口值 11.7% 的商品平均降低关税 26%。

4. 第 4 轮多边贸易谈判

第 4 轮多边贸易谈判是 1956 年 1—6 月在瑞士日内瓦举行的。由于美国国会对其政府授权有限，影响了这次谈判。通过谈判，涉及关税减让商品 3 000 项，使应征关税进口值 16% 的商品平均降低关税 15%。

5. 第 5 轮多边贸易谈判

第 5 轮多边贸易谈判是 1960 年 9 月至 1961 年 7 月在瑞士日内瓦举行的。通过谈判，涉及关税减让商品 4 400 项，使应征关税进口值 20% 的商品平均降低关税 20%。由于此次谈判是美国时任副国务卿狄龙发起的，因此也称"狄龙回合"。

6. 第 6 轮多边贸易谈判

第 6 轮多边贸易谈判是 1964 年 5 月至 1967 年 6 月在瑞士日内瓦举行的。通过谈判，涉及关税减让商品 60 000 项，使工业品进口关税税率平均降低 35%，影响了 400 亿美元的进口额。此次谈判还通过了第一个《国际反倾销法》。此次谈判也称"肯尼迪回合"。

7. 第 7 轮多边贸易谈判

第 7 轮多边贸易谈判是 1973 年 9 月至 1979 年 4 月举行的，先是在日本东京召开的部长级会议上通过"东京宣言"，后又改在日内瓦进行，所以又叫"东京回合"。又因为它是美国时任总统尼克松发起的，所以也称"尼克松回合"。通过谈判，涉及关税减让商品 27 000 项，价值达 3 000 亿美元贸易额。关税进一步下降，美国的关税平均下降 30%～35%，欧共体关税平均下降 25%，日本的关税平均下降 50%。此次谈判还涉及降低非关税壁垒议题。

8. 第 8 轮多边贸易谈判

第 8 轮多边贸易谈判是 1986 年 9 月 15 日至 1993 年 12 月 15 日在乌拉圭首都埃斯特角举行的，称为"乌拉圭回合"，具体情况将在下文中阐述。

5.1.6 乌拉圭回合多边贸易谈判

1. 乌拉圭回合背景

GATT 第 7 轮"东京回合"谈判之后，为了发动新一轮多边贸易谈判，GATT 于 1985 年 9 月召开特别缔约方大会。与会代表认为，新一轮谈判的宗旨应该是遏制和消除贸易保护主义，维护和加强国际多边贸易体制，改善国际贸易环境，促进贸易自由化的发展。会议的中心议题集中在是否应将服务贸易纳入国际多边贸易体制，以及服务贸易与传统贸易的关系上。经过各方反复协商并达成协议，宣告新一轮谈判筹备工作开始。

1985 年 11 月底，GATT 召开第 41 届缔约方大会，正式成立新一轮谈判筹备委员会。筹备委员会用了 4 个月时间完成了对新一轮谈判可能涉及的 30 多个议题的审议工作，草拟了《乌拉圭回合部长会议宣言》。

1986 年 9 月 15 日，在乌拉圭的首都埃斯特角举行 GATT 缔约方部长级会议，会议决定发动第 8 轮多边贸易谈判，即乌拉圭回合多边贸易谈判，简称"乌拉圭回合"。

2. 乌拉圭回合概况

乌拉圭回合规模最大，有 123 个成员参加；时间最长（1986 年 9 月至 1993 年 12 月），历时 7 年多。谈判原定于 1990 年 12 月结束，后来因为美国与欧共体之间在农产品补贴上的分歧、发达国家与发展中国家在纺织品谈判和保证条款方面的矛盾，以及各缔约方在知识产权方面的不同意见，使谈判延长至 1993 年底结束。1986 年 9 月 15—20 日，在乌拉圭的首都埃斯特角举行的 GATT 缔约方部长级会议上，通过了《乌拉圭回合部长宣言》。该宣言提出的乌拉圭回合的目标是：制止和扭转保护主义，消除贸易扭曲现象；维护 GATT 的基本原则和促进 GATT 的目标——建立一个更加开放的、具有生命力和持久的多边贸易体制。为了实现这一目标，要求各缔约方进一步放宽和扩大世界贸易，减少和取消关税，限制和降低非关税壁垒；加强 GATT 的作用，把更大范围的世界贸易置于统一的、有效的和可实施的多边规则之下；增强 GATT 体制的适宜性，加强 GATT 与有关国际组织的联系；促进国内和国际合作行动，努力改善国际货币体制的职能，促进金融和实际投资资源向发展中国家流动等。

该宣言提出的主要议题共 15 个，分"货物贸易"和"服务贸易"两个谈判组对这些议题进行谈判。

（1）货物贸易部分。本部分包括 14 个议题：关税，非关税措施，热带产品，自然资源产品，纺织品与服装，农产品，关贸总协定条款，保障条款，多边贸易谈判协议和安排，补贴与反补贴，争端解决，与贸易有关的知识产权问题，与贸易有关的投资措施，关贸总协定体制的作用。

（2）服务贸易部分。通过谈判制定服务贸易的多边谈判原则和规则的框架，包括各个部门制定可能的规则，并把扩大服务贸易作为促进贸易伙伴经济发展和发展中国家经济发展的手段。

5.1.7 "最后文件"的主要内容

通过谈判，包括中国在内的 117 个国家和地区的代表在日内瓦一致通过了乌拉圭回合"最后文件"。1994 年 4 月 15 日，各参加方在摩洛哥马拉喀什举行部长级会议，签署了"最后文件"，形成《乌拉圭回合多边贸易谈判成果的最后文件》，即《1994 年关税与贸易总协定》。该文件涉及 21 个领域、28 个协议，从内容上可以分为三类：第一类是对原有的 GATT 和货物贸易规则的修改；第二类是新制定的规则、规范和贸易有关的新问题；第三类是体制建设问题，最重要的是建立 WTO，取代 GATT。具体内容包括以下几方面：

1. 市场准入方面

市场准入问题的核心是关税问题。关税减让是历来多边贸易谈判的主要议题。乌拉圭回合谈判在关税减让方面取得了更大进展。各缔约方平均降低关税近 40%，涉及的商品贸易额达 1.2 万亿美元，并在 20 个产品部门实行了零关税。发达国家的关税税目约束比例由乌拉圭回合前的 8% 扩大到 97%，发展中国家同期的税目约束比例由 21% 增加至 65%。

所有参加方农产品的非关税措施全部予以关税化，并进行约束和削减。2002 年以前对现行关税应削减 36%，发展中国家可削减 24%。对于需要关税化的农产品必须承诺相当于国内消费量 3%～5% 的最低市场准入量。对农产品产生影响的国内支持措施减少 20%。出口补贴的承诺应适用特定的产品，如小麦和面粉、粗粮、油籽、脱脂奶粉、食糖等。

2. 服务贸易方面

乌拉圭回合达成了《服务贸易总协定》。《服务贸易总协定》由框架协议条款、部门协议和附录、各国（地区）市场准入承诺单三部分组成。内容涉及 150 多种服务。框架条款规定了适用于所有成员方的基本义务；各国（地区）市场准入承诺单规定了各国（地区）具体承担的义务及履行的时间表；附录中阐述了各个服务部门的特点情况。

该协定允许各缔约方根据本国（地区）情况逐步开放服务部门，允许发展中国家有更大的灵活性。

3. 知识产权方面

乌拉圭回合达成了《知识产权协定》。世界各国在保护和实施知识产权方面存在很大差别，缺乏一个国际统一的、有效保护知识产权的规定。为此，《知识产权协定》在 GATT 和有关知识产权规定原则的基础上提出了更为完整的保护措施，并规定了各类缔约方过渡的时间表。

《知识产权协定》的主要内容包括序言和 7 个部分，共 73 条。第 1 部分为总则和基本原则；第 2 部分为知识产权适用范围和标准；第 3 部分为知识产权的实施；第 4 部分为获取和维持知识产权及其有关程序；第 5 部分为争端的防止和解决；第 6 部分为过渡性安排；第 7 部分为机构设置和最后条款。该协定规定的目标是：为了减少国际贸易中的不公平和障碍，考虑到有必要加强对知识产权的充分有效保护，确保实施知识产权的措施及程序对合理贸易不造成任何障碍。该协定的基本原则包括最低保护标准原则、国民待遇原则、最惠国待遇原则、透明度原则等；保护的范围和标准包括版权及相关权利、商标、原产地标志、工业品外观设计、专利、集成电路的设计、商业秘密和许可合同中限制性条款的控制；知识产权实施的具体措施主要有民事和行政程序措施、司法当局有权采取的临时措施、海关实施的边境措施、刑事程序等；知识产权的获得和保持程序规定知识产权的获得以授予或注册为准，并规定了授予和注册程序；争端的防止和解决要求缔约方按照 GATT 透明度原则及时公布涉及知识产权保护的有关法律、条例、司法规定、行政规定，遵守 GATT 的有关规定解决争端；过渡安排规定了本协定实施的过渡期；机构安排和最后条款规定建立知识产权委员会，对本协定的实施进行监督，缔约方应在国内（本地区）设立联系处。

4. 投资措施方面

乌拉圭回合达成了《与贸易相关的投资措施协定》。该协定主要是规范各成员方的投资措施，使之符合 GATT 自由贸易精神。鉴于各成员方的投资环境及由此引起的投资措施的差异，该协定附有一个不符合 GATT 投资措施的说明目录，目录外的投资措施均被视为允许。

5. 争端解决方面

"最后文件"改进和完善了 GATT 原有的争端解决机制，要求建立一个统一的争端解决机制，以防止各成员方采取与 GATT 不相符合的、单方面贸易报复的做法。

6. 组织机构方面

"最后文件"决定建立一个具有法人资格的世界贸易组织（WTO），以取代 GATT。

7. 原产地规则方面

对于产品原产地的衡量，主要分两类：一种是完全的原产地产品；另一种是非完全原产地产品。随着国际分工的不断深化，越来越多的企业将产业链延伸到海外，对于含有进口成分的产品"国籍"的确定，原产地规则中只是笼统地讲对产品进行了最后的实质性加工的国家（地区）为该产品的原产地。各国（地区）在具体执行中主要采用两种标准：加工标准和百分比标准。欧盟、日本等采取的是加工标准，即只要加工后的制成品与原来进口的原料和零部件的税号不同，就可以认定为发生了实质性变化，该产品的原产地就被认定为加工地。我国目前也采用这一标准。美国、加拿大、澳大利亚等国采取的是百分比标准。通过使用进口成分（或本国成分）占成品价值的百分比来确定其是否达到实质性变化的标准，各国（地区）具体确定的百分比是不相同的，美国规定本地成分不得低于出口商品价值的 35%。

5.1.8 GATT 的局限性

由于 GATT 不是一个正式的国际组织，这使它在体制和规则上有多方面的局限性。

1）GATT 的有些规则缺乏法律约束，也无必要的检查和监督手段。例如，规定一国（地区）以低于"正常价值"的办法，将产品输入另一国（地区）市场并给其工业造成"实质性损害和实质性威胁的"就是倾销。而"正常价值""实质性损害和实质性威胁"难以界定和量化，这很容易被一些国家（地区）歪曲和用来征收反倾销税。

2）GATT 中存在"灰色区域"，致使许多规则难以很好地落实。所谓"灰色区域"，是指缔约方为绕开 GATT 的某些规定，所采取的在 GATT 法律规则和规定的边缘或之外的歧视性贸易政策措施。这种"灰色区域"的存在，损害了 GATT 的权威性。

3）GATT 的条款对不同的社会经济制度带有歧视色彩。例如，对"中央计划经济国家"进入 GATT 设置了较多的障碍。

4）GATT 解决争端的机制不够健全。虽然 GATT 为解决国际商业争端建立了一套制度，但由于 GATT 解决争端的手段主要是调解，缺乏强制性，容易使争端久拖不决。

5）允许纺织品配额和农产品补贴长期存在，损害了 GATT 的自由贸易原则。正是由于 GATT 的上述种种局限性，使这个临时性准国际贸易组织最终被世界贸易组织（WTO）取代。

5.2 WTO 概述

5.2.1 WTO 产生的背景

世界贸易组织（world trade organization，WTO）是根据乌拉圭回合多边贸易谈判达成的《建立世界贸易组织协定》而建立的正式的国际经济组织。

WTO 的前身是 GATT。GATT 由于它的法律地位、职能范围、管辖内容和运行机制等方面的局限性，使它越来越不适应国际贸易形势的发展。因此，早在 20 世纪 50 年代后期，联合国经济与社会理事会曾提出在联合国主持下建立国际贸易组织的构想，20 世纪 60—80 年代，建立世界贸易组织的呼声从未停止过。乌拉圭回合多边贸易谈判以来，建立国际贸易组织问题更加引起普遍关注。乌拉圭回合谈判后期，许多实质性重要议题已基本达成协议，如何执行这些协议、采取何种组织框架是成员方更加关心的议题。欧共体、加拿大、瑞士、美国等先后提出方案，经过多次谈判，1991 年 12 月 20 日在乌拉圭回合谈判中正式形成建立"多边贸易组织"的决定。1994 年 4 月，马拉喀什部长会议签署了乌拉圭回合文件和《建立世界贸易组织协定》，并决定于 1995 年 1 月 1 日正式生效，世界贸易组织就这样诞生了。

5.2.2 《建立世界贸易组织协定》的主要内容与基本原则

《建立世界贸易组织协定》由序言、条款和附件组成，主要规定了 WTO 的宗旨和目标、职能、组织机构和法律地位等内容。

1. 宗旨和目标

在序言中，《建立世界贸易组织协定》对 WTO 的宗旨做出明确规定：各成员方在发展贸易和经济时，应力求提高生活水平，保证充分就业，大幅提高实际收入和有效需求，扩大货物和服务的生产和贸易；为了实现可持续发展，扩大对世界资源的充分利用，保护和维持环境，并以符合不同经济发展水平下各自需要的方式采取相应措施，进一步做出积极的努力，保证发展中国家的利益；建立开放的、有活力的和持久的多边贸易体系，进而促进经济发展和福利进步。WTO 的目标是产生一个完整的、更具有活力的和永久性的多边贸易体系，来巩固 GATT 以往为贸易自由化所做的努力和乌拉圭回合多边贸易谈判的所有成果。

2. 职能

（1）管理监督职能。管理和监督各成员方达成的协议与安排的贯彻和实施，并为执行上述各项协议提供统一的体制框架，以保证 WTO 的宗旨和目标的实现。

（2）谈判职能。为多边谈判提供场所和论坛，并为多边谈判的结果提供框架。

（3）解决贸易争端职能。按有关诉讼程序提起诉讼，解决贸易争端。

（4）监督和审议职能。监督和审议成员的贸易政策和规章，促进贸易体制一体化。

（5）协调职能。协调 WTO 与其他世界组织的关系，保证全球经济决策的一致性。

3. 组织机构和法律地位

WTO 不同于 GATT，它是一个世界性的法人组织，有一整套的组织机构。

（1）部长会议。部长会议是最高权力机构，它是由各成员代表组成，至少每 2 年召开一次会议，其职责是履行 WTO 的职能并为此采取必要的行动。

（2）总理事会。总理事会是部长会议下设机构，由各成员方代表组成，在部长会议休会期间代行其职能。总理事会下设争端解决机构、贸易政策机构、评审机构及其他附属机构，如货物贸易理事会、服务贸易理事会、知识产权理事会。

（3）理事会。理事会是总理事会附属机构，包括货物贸易理事会、服务贸易理事会和知识产权理事会。货物贸易理事会负责各项货物贸易协议的执行；服务贸易理事会监督服务贸易协议的执行；知识产权理事会监督与贸易有关的知识产权协议的执行。

5.2.3 WTO 亟待改革

当前，WTO 正面临前所未有的生存危机。

一方面，WTO 的权威性受到严重威胁。美国绕过 WTO 提供的磋商与争端解决机制，直接利用其国内法，采用单边措施对其他成员加征关税。自 2018 年 3 月以来的中美贸易摩擦已经将战火从双边烧到多边。作为 WTO 创始成员的美国，本应该为维护 WTO 秩序承担更多的责任，但是现在却成为 WTO 最大的挑战者。如果其他成员都如此，无视 WTO 规则采取单边主义的做法处理国际贸易关系，那么 WTO 的权威性将荡然无存。

另一方面，WTO 争端解决机制即将瘫痪。WTO 争端解决机制被喻为 WTO "皇冠上的宝石"，是 WTO 最重要的职能，其在解决成员方国际贸易纠纷、平衡成员方利益、促进 WTO 协议的执行方面做出了重大贡献。但是，现在 WTO 争端解决机制几乎难以运行，该机制的上诉机构成员原本有 7 位，由于美国一再行使否决权阻止 WTO 上诉机构补充人选，截至 2018 年底，该机构的成员只剩 3 位。如果这一情况持续下去，上诉机制将无法运作，WTO 将失去它的"牙齿"。

尽管有很多干扰因素，但也不能否认 WTO 有其自身的问题。首先，谈判结构效率低，WTO 奉行"协商一致"的原则，所有多边协议必须获得所有成员同意才能通过，因此，自其创建以来几乎没有再产生有意义的多边协议。其次，争端解决程序有其局限性，虽然 WTO 争端解决机制的实践运行得到了 WTO 成员方的普遍认可，但是其上诉机构裁决的一致性和连贯性却引发担忧，公平与合理的问题也在实践操作中不断显现。最后，制度漏洞凸显，当一套国际制度确立之后，各成员都会寻找既定制度中的漏洞；WTO 的宗旨是降低关税壁垒，促进自由贸易，但是许多成员改用非关税政策，虽然没有违反 WTO 的法律，但是同样会扭曲贸易，从而破坏多边贸易体系的稳定。

5.2.4 WTO 如何改革

WTO 改革不应该是为了满足某一个成员的要求，也不能针对某一个特定的成员。对中国而言，一方面，应坚持 WTO 改革的方向必须是中立的，不能成为个别成员谋取私利的工具；另一方面，应维护国家利益，对于规则的制定应该具有前瞻性，充分考虑到对未来中国的影响，在关乎国家重大利益的问题上不能让步。

中国应该积极参与 WTO 改革的进程，以身作则支持多边贸易体系，不妨从以下六个方面做贡献。

第一，深化改革开放，充分利用国内外两个市场、国内外两种资源，与世界各国共享中国市场改革的红利。第二，团结大多数，坚定支持多边贸易制度，坚决反对保护主义，对美国不抱幻想，但也不排除在互利共赢的基础上重启中美合作，其前提是双方同时撤销美方实施的贸易战措施和中方实施的反制措施；一切争端诉诸 WTO 争端解决机制。第三，加强金融货币体系监管，防范金融危机风险。第四，加强高科技研发，攀登信息技术高峰，屹立于第四次工业革命前沿；与发展中国家分享高科技研发成果，帮助较不发达国家投资建设基础设施；同发达国家在知识产权保护和高科技研发补贴方面的分歧，坚持在 WTO 争端解决机制下协商解决或诉讼解决。第五，加强与发展中国家在电子商务领域的交流与合作，分享经验，帮助有需要的国家提升中小企业开展电子商务的能力。第六，继续实行自主减税、自主开放，这种措施不是多边贸易谈判的结果，在 WTO 规则内不具有法律约束力，但可以作为今后多边贸易谈判的筹码同其他国家交换减让，从而使其具有法律约束力。

WTO 研发补贴的相关资料请扫描下方二维码查看。

二维码 5-1
WTO 研发补贴的相关资料

5.3 多哈回合

2001 年，国际贸易谈判第九回合谈判在卡塔尔首都多哈召开，又称多哈回合谈判。与前几个回合一样，这个回合的谈判也充满了艰辛。2007 年，多哈回合谈判出现了新情况：自从 GATT 创建以来，多哈回合谈判第一次以没有签订任何协定而宣告失败。

多哈回合谈判的失败并没有破坏以前贸易谈判所取得的进步。世界贸易体系使各种"杠杆"有机结合——国家贸易谈判推动贸易自由化前进——"棘轮"主要起到约束关税的作用，它阻止国际贸易的倒退。"杠杆"在多哈回合中失败了，但是仍然存在，前 8 个回合谈判削减的关税率依然起作用。因此，现在的世界贸易比历史上任何时期都要自由。

实际上，多哈回合谈判失败的主要原因在于前几个回合贸易谈判的成功，因为前几个回合谈判在降低贸易壁垒上非常成功，剩下的贸易壁垒已经相当低，所以进一步实现贸易自由化的潜在收益就很少。除了服装和纺织品，制造品的贸易壁垒的确已经很低。进一步自由贸易的大部分潜在收益可能来自降低农产品关税和出口补贴上——农产品是最后一个需要自由化的部门，因为它在政治上是最敏感的部门。

世界银行估计了"完全自由化"的福利收益，也就是废除所有贸易壁垒和出口补贴的来源以及它如何在各国（地区）进行分配。在当今世界上，农产品贸易额不到整个世界贸易额的 10%，但是根据世界银行的估计，农产品自由贸易可以为世界带来 63% 的自由贸易收益。然而，这些收益很难获得，表 5-1 说明了这一点。

表 5-1 自由贸易潜在收益分配的百分比

经济体	完全自由化			
	农产品和食品（%）	纺织品和服装（%）	其他商品（%）	所有商品（%）
发达国家	46	6	3	55
发展中国家	17	8	20	45
所有国家	63	14	23	100

资料来源：Kym Anderson and Will Martin. Agricultural Trade Reform and the Doha Agenda. *World Bank*，2005.

在多哈回合谈判中，有可能被接受的提议事实上缺乏完全自由化的空间，因为这次回合谈判中的可能收益已经相当少。表 5-2 显示了世界银行估计在多哈回合谈判两种方案的情况下福利收益占收入的百分比。一种"激进"的方案很难通过，而另一种"一般"方案中不包括敏感部门的自由化。即使在"激进"的方案中，整个世界的收益也许只有 GDP 的 0.18%；在一种更可行的方案中，收益也会少于 0.3%。这些收益对于中等收入国家和低收入国家就更少。为什么中国是负收益呢？表 5-2 揭示了原因，中国最终将为进口的农产品支付更高的价格。

表 5-2 多哈回合谈判方案中福利收益占收入的百分比

经济体	激进（%）	一般（%）
高收入国家	0.20	0.05
中等收入国家	0.10	0.00
中国	−0.02	−0.05
低收入国家	0.05	0.01
世界	0.18	0.04

资料来源：Kym Anderson and Will Martin. Agricultural Trade Reform and the Doha Agenda. *World Bank*，2005.

表 5-2 中的数字揭示了多哈回合谈判失败的原因。中等收入国家和低收入国家看到提议中它们的利益太少，所以它们要求高收入国家做出更多让步，高收入国家政府反而也拒绝做出政治冒险去触犯一些有权威的利益团体，特别是农民。由于没有得到相应的回报，中等收入国家和低收入国家也不愿意大幅削减剩余的较高关税。

由于美国政治日程表的原因，在 2007 年 6 月人们曾尝试恢复多哈回合谈判。在正常情况下，议会给美国总统"贸易促进权"这种特权，也就是众所周知的"快车道"。当贸易促进权起作用时，总统可以给议会一份贸易协定并要求由上而下地投票——议会不能再对此协议进行修改，也就是给予国内的工业以特殊的保护。没有这个贸易促进权，贸易协议将得不到认可。

但是，美国时任总统布什的贸易促进权按照计划将在 2007 年 7 月终止，而民主党控制的议会将不会给一个即将届满卸任的总统新的权力。所以大家都认为，在下一届总统就职前，不可能在 2007 年夏季达成新的协议。因此，参加德国波茨坦会议的主要成员有美国、欧盟、巴西和印度（中国坐在旁观席上）。会议的结果是一场僵局。美国和欧盟谴责巴西和印度不愿意对制造产品开放市场，而巴西和印度指责美国和欧盟在农业开放上做得太少。这次会议没有达成任何协议，多哈回合谈判以失败而告终。

| 案例 5-1 |

农业补贴会伤害到第三世界吗

在多哈回合谈判中,发展中国家的一个主要指责是,发达国家存在大量农产品出口补贴和生产补贴。美国棉花补贴降低了世界棉花的价格,伤害了非洲棉农的利益,这是一个经常引用的例子。

但是我们了解到出口补贴通常会增加进口国福利,因为进口国可以买到更便宜的商品。因此,发达国家的出口补贴是不是真正帮助了中等收入国家和低收入国家呢?

在很多情况下,答案是肯定的。表 5-2 的估计表明成功的多哈回合谈判实际上会损害中国的利益,为什么?出口制造品与进口食品和其他农产品的中国会因为取消农业补贴而受到损害。

实际上,并不只有中国从发达国家出口补贴上获益。由于来自欧盟和美国的补贴而造成价格下降,第三世界国家的农民因此而受损,但是第三世界国家的城市居民却因此受益,而且第三世界国家农民生产咖啡等产品,这些农产品并不与得到补贴的农产品相竞争。

一篇论文估计了多哈回合谈判对低收入的非洲国家可能产生的影响。该论文指出,在大多数情况下非洲国家的实际情况更糟,因此较高的食品价格将会抵消棉花等农作物高价所带来的收益。

5.4 贸易规则重构

全球金融危机爆发 10 余年来,全球经济治理体系已千疮百孔;全球贸易呈现持续低迷的态势,贸易保护主义逐渐抬头,现有的贸易体系面临挑战;全球贸易治理遭遇困境,亟待改革;全球贸易规则的供需矛盾越发突出,面临重构。

5.4.1 贸易规则重构的各方诉求

西方发达国家对现行的 WTO 规则多有不满。美国和欧盟在多次联合声明中表达了改革 WTO 的迫切愿望,希望解决不公平贸易行为,推动在公平竞争环境、知识产权保护、技术转让、产业补贴、国企行为等方面的改革。欧盟和日本在签署《欧 – 日经济伙伴关系协定》仪式前的联合声明中表示,要强化已有的国际规则、发展新规则,真正建立一个公平的贸易体制,关注非市场导向的政策和实践,以及诸如强迫技术转移和网络空间盗窃等不尊重知识产权的行为。虽然欧美在实现建立新的贸易规则这一最终目标上诉求相近,但所选道路却有所不同。

在特朗普领导下的美国更倾向于采取强制措施和另起炉灶建立新规则。由于不满 WTO 把创造有效的谈判环境、提高市场效率的中心转移到争端解决,美国首先采取了阻挠 WTO

争端解决机制上诉机构法官连任及纳新的行为。随后，特朗普更是表示如果 WTO 不改革，美国就将退出。从特朗普上任以来，美国更加积极推动双边和区域性贸易谈判，正是在试图跳出 WTO 的框架并建立新的贸易规则。

欧盟则不希望放弃已经建立的多边体系，更希望可以通过改革现有框架使 WTO 规则适应新的经贸环境。自 1995 年 WTO 初建至今，世界已经发生了翻天覆地的变化，但是 WTO 却没有。欧盟委员会在欧洲理事会的授权下，于 2018 年 9 月 18 日发布了题为《WTO 现代化》的具体改革提案，改革目标是使 WTO 更切合实际、适应不断变化的世界，并增强 WTO 的效力。

以美国为首的发达国家掌握着全球治理和规则制定的话语权；以中国为代表的新兴国家，尤其是以中亚和东南亚国家为核心的"一带一路"地区在全球经济治理中被边缘化或受到忽略，进而导致"一带一路"地区成为 21 世纪初世界经济增长的主要"洼地"。2013 年以来，为了推动"一带一路"国家互利共赢和整体经济地位提升，中国适时提出了"一带一路"倡议，该倡议赋予中国参与全球经济治理和国际经贸规则重塑的重大机遇，不仅使中国与"一带一路"沿线国家形成利益共同体，以平衡当前发达国家与新兴国家的地位失衡，而且由于亚投行等跨区域金融机构的建立使得现有全球治理规则体系得到直接完善，既弥补了现有机制对发展中国家金融支持机制缺失的不足，也提升了新兴国家在国际经贸规则重塑中的话语权和影响力。

5.4.2 国际贸易规则进入重构期

随着全球贸易格局的变化，WTO 多边贸易规则正面临被弱化的风险，全球贸易规则体系进入前所未有的重构期。

成员方扩容和谈判议题不断增多对 WTO 的运行机制提出严峻考验。作为一个合约式的组织，WTO 采用"一个成员方、一个投票权"的协商一致的决策原则。目前 WTO 各成员在经济规模、发展水平和参与能力上千差万别，各自利益诉求相去甚远，让所有成员达成一致性意见十分困难。与此同时，近年来国际服务贸易迅速发展，相对于商品贸易而言，服务贸易内容的丰富性导致每一个细分行业的情况都不一样，多边贸易谈判需要关注及协调的议题不断增多，WTO 愈加"不堪重负"。例如，WTO 框架下的多哈回合谈判从 2001 年启动以来，历时 10 余年依然进展缓慢。

新兴经济体的崛起对由大国主导的全球贸易治理结构提出挑战。在多边贸易体制的推动下，主要经济体在全球贸易及经济总额中的份额发生根本性变化：以七国集团（G7）为代表的发达国家在全球商品出口贸易中的份额由 50% 以上降至 30% 左右，而以金砖五国为代表的新兴经济体所占份额显著上升。新兴经济体在全球贸易中的重要性愈加凸显，促使其在全球贸易治理中从规则接受者向规则制定的参与者转变，这种趋于多极化的治理结构使得发达国家在推行有利于自身的贸易规则时面临更大的阻力。

全球贸易模式正在发生深刻变革，基于传统贸易形态的 WTO 多边贸易规则面临较大的调整压力。进入 21 世纪后，商品、投资、服务、知识及人员在全球生产网络中的跨境流动成为全球贸易的新特点。生产的全球一体化要求各国市场规则的一致性以及各国标准的相容性，促使国际贸易规则从"边境规则"向"边境内规则"扩展，这涉及一国的国内政策、文化偏好、政治经济制度甚至伦理问题等领域。现有WTO规则基于传统的贸易形态，规则的设定仍主要为了促进商品跨国自由流动。可以说，现有WTO框架下的贸易规则已经落后于国际贸易发展的要求，面临着较大的调整压力。

5.4.3 中国如何应对国际贸易规则重构

现有国际贸易体系受到了一些质疑和冲击，中国的立场是明确的。首先，自由贸易的规则理念应当得到维护，以WTO为核心的多边体制应当得到加强，因为这符合世界各国的整体利益和长远利益，也是绝大多数国家的共识。同时，中国并不认为现有体制是完美无缺的，所以中国支持对现有体制，包括WTO进行必要改革和完善，使其更加公平、更加有效、更加合理。在探讨推进改革的过程中，中国应当坚持三个原则：

一是WTO的核心价值和基本原则不能丢。应以支持自由贸易、维护多边贸易体制、反对保护主义为基本方向，不能逆时代潮流，不能开历史倒车。

二是发展中国家的正当合法权益不能丢。改革的目的应是使各国更公平地分享全球化发展成果，而不是使南北差距进一步扩大。WTO应当继续支持发展中国家更好地融入全球价值链，继续保障发展中国家理应享有的"特殊和差别待遇"。

三是协商一致的精神不能丢。WTO改革触及各方切身利益，需要广泛、充分地协调，听取各方意见，特别是听取和尊重发展中国家意见。不搞"小圈子"，也不搞"一言堂"。

◆ 本章小结

本章主要介绍了WTO的基本内容，重点介绍了WTO的前身GATT的产生及发展过程、主要内容和基本原则。GATT虽然不是正式的国际贸易组织，但是它却发挥了WTO的作用，在现代国际贸易史上功不可没。然而随着世界经济的发展，GATT在其法律地位、职能范围、管辖内容和运行机制等方面的局限性也逐渐凸显出来，使它越来越不适应国际贸易形势的变化。经过乌拉圭回合多边贸易谈判，正式的国际经济组织WTO诞生了，从而代替GATT更有效地促进国际贸易的规范化，促进世界经济的全球化发展。

◆ 思考题

一、简答题
1. 怎样看待GATT的宗旨和历史作用？
2. 中国为什么要加入WTO？对于加入WTO，有人说"狼来了"，你怎么看？
3. 中国加入WTO对世界会产生怎样的影响？
4. 阐述WTO的基本原则及内容。
5. 什么是乌拉圭回合多边贸易谈判？谈判的主要结果有哪些？

6. 试述《服务贸易总协定》的主要内容。
7. 试述《知识产权协定》的主要内容。
8. GATT 通过八轮谈判成功地降低了各成员方货物贸易中的关税和非关税壁垒,为什么还要成立 WTO？
9. 具体分析发达国家实行农产品保护的原因并讨论为什么在 GATT 中农产品作为特殊情况处理。
10. WTO 应当如何改革？

二、案例讨论题

1. 从理论上说,由于一国的出口就是另一国的进口,因此两国的统计数据不应该偏差太大。然而中国统计显示,中国对美贸易 1979—1992 年一直为贸易逆差,1993 年转为顺差,2002 年的贸易顺差为 699.6 亿美元。美国的统计数据显示,美中贸易逆差在 1933 年即开始出现,之后不断增大,到 2002 年已经达到 1 031.15 亿美元。导致中美统计数据如此偏差的原因是什么？
2. 经济学家威廉姆斯曾指出：GATT/WTO 规则是两方面妥协的结果。一方面是全球经济一体化、多边主义以及依赖市场的力量；另一方面是对国内稳定、经济私利以及双边主义的要求。因此,建立在 GATT/WTO 下的贸易体制是双边主义和多边主义的混合体。如何理解威廉姆斯的这番评述？
3. 关于多哈回合谈判的破裂,从根本上说,一些新兴市场大国(特别是印度和中国)希望保留保护本国农民和制造商的权利,它们表示,本国的农民和制造商太脆弱,无力应对国际竞争。另外,在某种程度上,美国和欧盟要求这些国家用市场准入来换取自己减少对本国农民的支持。各方无法就一个可接受的协议达成一致。你对这种观点的看法是什么？
4. 结合对外开放实践,你认为我国应如何应对国际贸易规则重构？

第 6 章
CHAPTER 6

国际贸易术语

§ 教学目的

- 了解国际贸易法律、规则与惯例的主要区别
- 理解主要贸易术语的含义及相互区别
- 熟练掌握主要贸易术语的用法

§ 关键术语

国际条约	国际贸易惯例	贸易术语	装运合同
象征性交货	交货	特定化商品	

§ 章首案例 6-1

国际贸易术语的重要性

案情:某年1月我国某一进口商与东南亚某国以 CIF 条件签订合同进口香米,考虑到海上运输距离较近,且运输时间段海上一般风平浪静,于是卖方在没有办理海上货运保险的情况下将货物运至我国某一目的港口。适逢国内香米价格下跌,我国进口商便以出口方没有办理货运保险,卖方提交的单据不全为由,拒收货物和拒付货款。

试问:我方的要求是否合理,此案应如何处理?

分析:我方的要求是合理的。尽管我方是出于市场行情发生了对其不利变化的考虑,但是由于是 CIF 贸易方式,可以要求卖方凭借合格的单证完成交货义务。本案中卖方没有办理货运保险,提交的单据少了保险单,即使货物安全到达目的港,也不能认为其完成了交货义务。那么,什么是 CIF?国际贸易中贸易术语的国际惯例有哪些?常用的贸易术语有哪些?

6.1 国际贸易法律、规则与惯例概述

国际贸易的当事人一般身处不同的国家和地区,而各国或地区具有不同的法律和制度,因此,国际贸易所适用的法律法规有较大不同。在国际贸易实践中,这容易引起合同当事人之间的争议,甚至演变为国家间的贸易摩擦,并引发"贸易战"。为了消除国际贸易发展的障碍并确保国际贸易正常有序地进行,国际贸易从业人员对国际货物贸易适用的法律和国际惯例,必须切实了解,并遵照执行。现将国际货物贸易适用的法律与国际惯例,分别介绍和说明如下。概括起来,国际贸易所适用的法律法规与惯例主要有:国际条约、国内法和国际贸易惯例等。

6.1.1 国际条约

1. 国际条约的含义及作用

国际条约是指两个或两个以上的主权国家为确定彼此的政治、经济、贸易、文化、军事等方面的关系、权利和义务缔结的诸如公约、协定和议定书等各种协议的总称。

2. 国际商事中的主要国际公约

(1)关于国际货物买卖的公约。
- 《国际货物买卖统一法公约》(海牙,1964)
- 《联合国国际货物销售合同公约》(维也纳,1980)
- 《联合国国际货物买卖时效期限公约》(纽约,1974)

(2)关于国际货物运输的公约。
- 《统一提单的若干法律规则的国际公约》(简称《海牙规则》,1924)
- 《有关修改统一提单的若干法律规则的国际公约的议定书》(简称《维斯比规则》,1968)
- 《联合国海上货物运输公约》(简称《汉堡规则》,1978)
- 《统一国际航空运输某些规则的公约》(简称《华沙公约》,1929)
- 《修改1929年10月12日在华沙签订的统一国际航空运输某些规则的公约的议定书》(简称《海牙议定书》,1955)
- 《国际铁路货物联运协定》(简称《国际货协》,1951)
- 《关于铁路货物运输的国际公约》(简称《国际货约》,1961)
- 《联合国国际货物多式联运公约》(1980)

(3)关于国际支付的公约。
- 《汇票、本票统一法公约》(日内瓦,1930)
- 《解决汇票本票法律冲突公约》(日内瓦,1930)
- 《统一支票法公约》(日内瓦,1931)

- 《解决支票法律冲突公约》(日内瓦，1933)
- 《联合国国际汇票国际本票公约》(日内瓦，1988)

(4) 关于对外贸易管理的公约。
- 《世界贸易组织协议》(马拉喀什，1994)

(5) 关于贸易争端解决的公约。
- 《关于承认和执行外国仲裁裁决的公约》(纽约，1958)
- 《关于争端解决规则和程序的谅解》(马拉喀什，1994)

(6) 关于国际投资的公约。
- 《解决一国与他国国民投资争议的公约》(简称《华盛顿公约》，1965)
- 《多边投资担保机构公约》(简称《汉城公约》，1985)

(7) 关于知识产权的公约。
- 《保护知识产权巴黎公约》(巴黎，1967)
- 《商标注册马德里公约》(马德里，1995)
- 《伯尔尼公约》(伯尔尼，1971)
- 《世界版权公约》(日内瓦，1971)

6.1.2 国内法

由于国际条约和惯例并不能包括国际贸易各个领域的一切问题，因此，国内法在国际贸易活动中仍占有重要地位。

国内法是指由某一国家制定或认可，并在本国主权管辖内生效的法律。从事国际贸易的当事人地处不同的国家或地区，具有不同的法律制度，因此订立合同时，经常会涉及适用何国法律作为争议处理依据的问题。目前我国的国内法所涉及的有关国际贸易的主要法律有以下各项：

(1) 关于适用于国际贸易买卖的国内立法。
- 《中华人民共和国民法典》(2021年1月1日起施行)

(2) 关于适用于国际货物运输与保险的国内立法。
- 《中华人民共和国海商法》(1992年11月7日通过，1993年7月1日生效)

(3) 关于适用于国际货款收付的国内立法。
- 《中华人民共和国票据法》(1995年5月10日通过，1996年1月1日生效)

(4) 关于适用于对外贸易管理的国内立法。
- 《中华人民共和国对外贸易法》
- 《中华人民共和国海关法》
- 《中华人民共和国进出口商品检验法》

(5) 关于适用于国际商事仲裁的国内立法。
- 《中华人民共和国仲裁法》

6.1.3 国际贸易惯例

1. 国际贸易惯例的含义

国际贸易惯例一般是指在国际贸易业务中,经过长期反复实践形成的,并经过国际组织加以解释和编纂的一些行为规范或习惯做法。需要注意的是,国际贸易惯例是在国际贸易习惯做法的基础上产生的,尽管两者有联系,但不能把国际贸易中的贸易习惯做法与国际贸易惯例等同起来,视为同义语,因为国际贸易惯例的层次高于贸易习惯做法。《联合国国际货物销售合同公约》第 9 条对国际贸易惯例的解释为:"在国际贸易上已为有关特定贸易所涉同类合同的当事人所广泛知道并为他们所经常遵守。"从上述定义中,我们可以得出构成国际贸易惯例一般应具备以下三个条件。

(1)国际贸易惯例应是一定范围内的人们经长期反复实践而形成的某种商业方法或通例、行为规范。

(2)国际贸易惯例的内容必须是明确肯定的,并被许多国家和地区认可。

(3)国际贸易惯例必须是在一定范围内众所周知的,从事该行业的人们认为是具有普遍约束力的。

2. 国际贸易惯例的作用

(1)国际贸易惯例有利于买卖合同的顺利磋商和订立。使用国际贸易惯例,可以简化进出口交易的相关手续,节省费用支出,缩短商务谈判时间。

(2)国际贸易惯例有利于解决履行合同中的争议与纠纷。订立国际贸易合同时,有时会出现措辞不严谨、法律适用不明确的情形,当出现争议与纠纷时,当事人可以援引国际贸易惯例来解决。

(3)通过运用国际贸易惯例,有利于国际贸易中各个环节的相互衔接,有效解决银行、船公司、保险公司、海关、商检机构等处理进出口业务中所遇到的各种问题。

(4)国际贸易惯例是国际贸易法律的重要渊源之一,在国际经济与贸易领域,不仅可以弥补国际公约、国内法的不足,而且一旦当事人在合同中援引国际贸易惯例,则该惯例即拥有法律的效力。

3. 国际贸易惯例的使用

法律与国际贸易惯例有本质的不同。国际贸易惯例本身不是法律,而是具有国际社会民间性质的行为规范,不具有强制性,合同当事人是否采用某项国际贸易惯例,完全根据自愿的原则。因此,当事人可以根据自己的意愿,决定采用或排除某项国际贸易惯例,也可以根据双方当事人的约定,对某项惯例进行修改。在此需要说明的是,尽管国际贸易惯例本身不具有法律效力,但通过政府立法和国际立法,可赋予国际贸易惯例法律效力。采用国际贸易惯例已经成为国际范围内的一种趋势。

在国际贸易实践中,运用国际贸易惯例,一般应遵循以下原则。

（1）国际贸易惯例不能与有关的法律和社会公共利益相冲突，在运用时应对国际惯例成立的事实进行必要的审查。

（2）国际贸易惯例不宜与合同明确规定的条款相冲突。

（3）当事人未明确主张适用国际贸易惯例时，法官或仲裁员有权主动适用有关的国际贸易惯例。如果对于同一争议有几个不同的惯例存在，则应考虑适用与具体交易有密切联系的国际惯例。

4. 常用的国际贸易惯例

（1）在国际贸易术语方面。
- 国际商会制定的《2020年国际贸易术语解释通则》
- 国际法协会制定的《1932年华沙–牛津规则》
- 美国全国对外贸易协会制定的《1990年美国对外贸易定义修订本》

（2）在国际货款收付方面。
- 国际商会制定的《跟单信用证统一惯例》2007年修订本，国际商会第600号出版物
- 国际商会制定的《托收统一规则》1995年修订本，国际商会第522号出版物

（3）在运输与保险方面。
- 英国伦敦保险协会制定的《伦敦保险协会保险条款》
- 中国人民保险公司制定的《国际货物运输保险条款》
- 国际海事委员会制定的《约克–安特卫普规则》

（4）在国际仲裁方面。
- 联合国国际贸易法委员会制定的《联合国国际贸易法委员会仲裁规则》

6.2 有关贸易术语的国际贸易惯例

6.2.1 贸易术语的定义

贸易术语（trade terms）是在长期的国际贸易实践中产生的，用来表示商品的价格构成，说明交货地点，确定风险、责任、费用划分等问题的专门用语。

贸易术语的作用主要有：①每种贸易术语都有其特定的含义，一些国际惯例对各种贸易术语也做了统一的解释和规定，这些解释与规定在国际上被广泛接受，成为从事国际贸易的行为准则。因此，买卖双方只要商定按何种贸易术语成交，即可明确彼此在货物交接方面所应承担的风险、责任和费用。这就大大简化了交易手续，缩短了洽商时间，从而节约了费用开支。②由于贸易术语可以表示商品的价格构成因素，因此买卖双方确定成交价格时必然要考虑采用的贸易术语中包含哪些从属费用，如运费、保险费、装卸费、关税、增值税和其他费用，这就有利于交易双方进行比价和加强成本核算。③买卖双方签约时，可能对某些涉及权利和义务的问题规定得不明确，致使履约中产生的争议不能依据合同的规定解决，在这种

情况下，可以援引有关贸易术语的一般解释来处理。所以，熟练掌握国际贸易中的各种贸易术语，有利于妥善解决贸易争端。

6.2.2 有关贸易术语的国际贸易惯例

（1）《1932年华沙–牛津规则》。该惯例由国际法协会制定，只对CIF一种价格术语进行了解释。

（2）《1990年美国对外贸易定义修订本》。该惯例由美国的9个商业团体共同制定，对6种贸易术语进行了解释，即EXW、FOB、FAS、CFR、CIF、DEQ。

（3）《2020年国际贸易术语解释通则》[以下简称《2020通则》（INCOTERMS 2020）]。在《2020通则》中，国际商会根据适用运输方式的不同，将11种贸易术语分为两组：一组是适用于任何单一运输方式或多个运输方式的术语——EXW、FCA、CPT、CIP、DAP、DPU、DDP；另一组是仅适用于海运及内河运输的术语——FAS、FOB、CFR、CIF。具体见6.3节的内容。

6.3 INCOTERMS 2020对主要贸易术语的解释

6.3.1 对FOB贸易术语的解释

1. FOB的概念

FOB即Free on Board的缩写，其中文含义为"船上交货（……指定装运港）"（以下称作"船上交货"），是指卖方以在指定装运港将货物装上买方指定的船上或取得已交付至船上货物的方式交货，其后应注明"2020年国际贸易术语解释通则"或"INCOTERMS 2020"。

FOB习惯上被称为装运港船上交货。装运港船上交货是国际贸易中常用的贸易术语之一。在FOB术语下，卖方要在合同中约定的日期或期限内，将货物运到合同规定的装运港口，并交到买方指派的船上，即完成其交货义务。另外，卖方要提交商业发票以及合同要求的其他单证。

2. 用法上应注意的事项

（1）运输费用问题。INCOTERMS 2020规定，在FOB术语下，"卖方对买方未订立运输合同的义务。但若买方要求，或是按商业实践，而买方未适时做出相反指示，卖方可以按照通常条件签订运输合同，如予拒绝，卖方应立即通知买方"。而对于买方，除卖方按照上述要求签订运输合同的情形外，"买方必须自付费用签订自指定的装运港起运货物的运输合同"。

（2）货物风险转移时间、地点的问题。FOB术语一方面规定卖方必须在规定日期或期间内，在指定装运港买方所指定的"船上交货"；另一方面规定卖方须承担货物灭失或损坏的一切风险直至其在指定装运港"装上船"时为止。那么，货物风险转移的时间、地点究竟以何为准？"装上船"与"在船上交货"两者究竟有何不同？买卖双方的法律责任究竟有何区别呢？

INCOTERMS 2020 在规定 FOB、CFR 及 CIF 这三种常用术语的卖方责任时规定，卖方应将货物装到船上；同时又规定，卖方承担货物的风险，至货物在装运港装上船为止。因此，"在船上交货"与"装上船"，就卖方责任而言，两者的确有所不同。例如，在装船过程中，货物从吊钩上掉落下来受损，如卖方能及时以同类货物替换，当然不成问题；如没有同类货物替代，情况就不一样了。假如买卖合同采用以船舷分界来划分风险，则只要货物不是掉落在码头、驳船或海中，而是掉落在船舶甲板上或是在船舱里受损的，那么卖方就可免予承担"不交货"的责任；但如果采用的是以"在船上交货"来划分风险，则卖方就要承担"不交货"的责任，并对买方由此而遭受的损害负责赔偿。

（3）装载费用的承担问题。在 FOB 术语下，一方面，卖方必须承担有关货物的一切费用，直至在装运港越过买方所指定船舶的船舷为止；另一方面，卖方又必须按港口习惯方法，在装运港买方所指定的船舶上交货。一个是以船舷为界，一个是要求把货物交到船上，那么装载费用究竟应由何方承担呢？按实际装船操作，货物从码头或驳船起吊直至船舱是一个连续的作业过程，不可能把船舷前的费用与船舷后的费用做明确的划分。为解决此项装载费用承担的问题，可能的方法大致有三种。第一，如果货物是以班轮条件来运送，由于班轮运费中一般都包括装卸费用在内，而运费又是由买方支付，因此装载费用也就应由买方负担。第二，如果货物是以租船条件来运送，货物以"装货船方免责条件（FI Terms）"装运时，意味着运费并不包含装载费用。在此情况下，装载费用就须由卖方负担了。第三，装载费用也可按照港口习惯，由买卖双方分担，即买卖双方各自负担装载费用的一部分。货物在船舱的积载费用（stowage）又称理舱费，本来应由买方负担，但按港口习惯，有时将向卖方收取。

6.3.2 对 CFR 贸易术语的解释

1. CFR 的概念

CFR 即 Cost and Freight 的缩写，其中文含义为"成本加运费（……指定目的港）"，是指卖方在船上交货或以取得已经这样交付的货物方式交货。货物灭失或损坏的风险在货物交到船上时转移。卖方必须签订合同，并支付必要的成本和运费，将货物运至指定的目的港。

在 CFR 术语下，如同 FOB，货物的风险从货物越过出口装运港船舷时起，转移至买方承担，卖方应负责适时通知买方有关货物的装船起航事宜，否则由此造成买方未能及时投保保险，其运输途中货物的风险仍应由卖方承担。

2. 用法上应注意的事项

（1）CFR 合同是装运合同。CFR 术语是装运合同的一种，而非到达合同。卖方将货物运至装船港，装上船时，货物的灭失或损坏风险即转由买方承担。也就是说，货物在海上运输中的风险，卖方不负责。这一点与属于到达合同的 DES 或 DEQ 等术语截然不同。

（2）CFR 费用及风险分担的关键点。在 CFR 术语下，卖方虽然必须承担经通常航路并以习惯方式将货物运至指定目的港的正常运费，但货物灭失及货物装上船之后因意外事故而发生的额外费用，则由买方承担。

因此，CFR 术语与其他 C 组术语一样，因其具有两个关键点（费用分担关键点和风险分担关键点）而与其他类型的贸易术语有所不同。基于此，增加卖方在本术语有关上述风险分担关键点以后的义务时，要非常谨慎。本术语的本质是，只要卖方订立运输契约，将货物装上船，履行合同后，卖方就免除了进一步的风险及费用。

（3）交货方式。CFR 术语的交货方式是象征性交付，而不是 EXW、FAS 或 DAF 等术语的实际性交付。买方从卖方取得运输单据后，即有权向承运人请求交货。如货物发生灭失或损坏，买方可按运输单据所载条款向承运人索赔，或按保险单规定向保险人索赔。

（4）卖方的装船通知义务。以 CFR 术语交易时，卖方对于装船通知义务的履行应特别注意，如卖方未按 CFR 术语的规定向买方发出充分的通知，则货物在运输中的风险须由卖方承担，而不是由买方承担。

6.3.3 对 CIF 贸易术语的解释

1. CIF 的概念

CIF 即 Cost Insurance and Freight 的缩写，其中文含义为"成本、保险费加运费（……指定目的港）"，是指卖方在船上交货或以取得已经这样交付的货物方式交货。货物灭失或损坏的风险在货物交到船上时转移。卖方必须签订合同，并支付必要的成本和运费，以将货物运至指定的目的港。

卖方还要为买方在运输途中货物的灭失或损坏风险办理保险。买方应注意，在 CIF 术语下，卖方仅需投保最低险别。如买方需要更多保险保护，则需与卖方明确达成协议，或者自行做出额外的保险安排。当使用该术语时，卖方将货物交付给承运人时，即完成其交付任务，而不是货物到达目的地之时。

2. CIF 的特性

（1）CIF 合同与 FOB、CFR 同属装运合同。在 CIF 术语下，买卖双方对于货物风险的负担以装运港船舷为分界点，卖方负有以下三大义务。

1）安排船舶。

2）将合同项下货物装上船，取得运费付讫的提单，并将其提供给买方。

3）投保海上运输险，取得保险单并向买方提供。

（2）CIF 合同是凭单据交货的买卖合同。在 CIF 术语下，卖方是以提供约定的货运单据作为履行交货的义务，买方在收到货运单据时，即必须按合同规定支付货款。

1）在 CIF 术语下，买方的付款义务不以交运的货物是否尚存在为前提。卖方装运货物，取得提单后，不论货物是否存在（甚至可能在运输途中已灭失），不管买方是否知悉货物已不存在，只要卖方将约定的运输单据向买方提出，买方即有按合同支付货款的义务。如果货物损毁的原因属于保险公司承保范围之内或属于船方的责任，买方在取得运输单据后，可根据提单或保险单的有关规定向保险公司或船方索赔。

2）CIF 术语在本质上是专用于海运或内河航运运输的贸易术语。货物由水上承运人承运，并由其签发可转让提单，而此种提单是表明货物的物权凭证。由于其具有物权凭证性质，才出现凭单据交付的买卖。在空运贸易的情形，由于航空承运人所签发的航空运单不具有可转让性，也非物权凭证，因此不适用凭单据交付为前提的 CIF 术语。至于陆上贸易，承运人所签发的货运单也如同航空运单，既不具有可转让性，也不代表货物所有权，所以也不宜使用 CIF 术语。

3. 用法上应注意的事项

（1）附有与 CIF 本质相违的条件时，则不是 CIF 合同。例如，合同虽名义上以 CIF 为术语，但却附有"货物实际交付买方之前，其风险由卖方承担；货物虽已装船，但如有部分未运抵目的港，则该部分的合同无效；货物在受损状态运达时，必须扣减货款"等条件，与 CIF 术语的"货物在越过装运港船舷时起，其风险即归买方承担"的本质相背离，故不是 CIF 合同。

（2）象征性交货的问题。象征性交货（symbolic delivery）是针对实际交货（physical delivery）而言的，是指卖方只要按期在约定地点完成装运，并向买方提交合同规定的包括物权凭证在内的有关单据，就算完成了交货义务，而无须保证到货。

象征性交货的特点是：卖方凭单交货，买方凭单付款，即只要卖方如期向买方提交合同规定的全套合格单据，即使货物在运输途中损坏或灭失，买方也必须履行付款义务。

（3）风险转移问题。卖方在装运港完成其交货义务时，货物损坏或灭失的风险由卖方转移给买方。

（4）主要费用的划分。它包括卖方承担交货前所涉及的各项费用、买方承担交货后所涉及的各项费用。

1）卖方承担交货前所涉及的各项费用，包括需要办理出口手续时所应缴纳的关税和其他费用。卖方还要支付从装运港到目的港的运费和相关费用，并且承担办理水上运输保险的费用。

2）买方承担交货后所涉及的各项费用，包括办理进口手续时所应缴纳的关税和其他费用。

4. 保险险别问题

CIF 术语中的"I"表示 Insurance，即保险。从价格构成来讲，这是指保险费，也就是说，货价中包括了保险费；从卖方的责任来讲，他要负责办理货运保险。办理保险须明确险别，对于不同险别，保险人承担的责任范围不同，收取的保险费率也不同。按 CIF 术语成交，一般在签订买卖合同时，在合同的保险条款中，明确规定保险险别、保险金额等内容，这样卖方就应按照合同的规定办理投保。但如果合同中未就保险险别等问题做出具体规定，就需要根据有关惯例来处理。涉及 CIF 术语的国际贸易惯例有国际商会的《2020 通则》《1990 年美国对外贸易定义修订本》和《1932 年华沙 – 牛津规则》。按照《2020 通则》对 CIF 的解释，"该保险需至少符合《协会货物保险条款》的 c 款（clause c）或类似条款的最低险别"。但在买方要求时，并由买方承担费用的情况下，可加保任何附加险别。

6.3.4 对 FCA、CPT、CIP 贸易术语的解释

1. FCA 贸易术语

FCA 即 Free Carrier 的缩写，其中文含义是"货交承运人（……指定交货地点）"，是指卖方在卖方所在地或其他指定地点将货物交给买方指定的承运人或其他人。由于风险在交货地点转移至买方，特别建议双方尽可能清楚地写明指定交货地内的交付点。

该术语可适用于任何运输方式，也可适用于多种运输方式。如果买卖双方希望在卖方所在地交货，则应当将卖方所在地地址明确为指定交货地。如果双方希望在其他地点交货，则必须确定不同的特定交货地点。如适用时，FCA 要求卖方办理货物出口清关手续。但卖方无义务办理进口清关、支付任何进口税或办理进口的任何海关手续。

使用 FCA 术语时，需注意以下问题。

（1）关于承运人和交货地点。在 FCA 术语下，通常是由买方安排承运人，与其订立运输合同，并将承运人的情况通知卖方。这里所说的"承运人"可以是拥有运输工具的实际承运人，也可以是运输代理人或其他人。按照《2020 通则》的解释，如果双方约定的交货地点是在卖方所在地，卖方要负责把货物装上买方安排的承运人提供的运输工具；如果交货地点是在其他地方，卖方只需将货物交给承运人，在自己所提供的运输工具上完成交货义务。《2020 通则》特别建议交易双方尽可能清楚地写明指定交货地内的交付点。如果在约定地点没有明确具体的交货点，或者有几个交货点可供选择，卖方可以从中选择为完成交货义务最适宜的交货点。

（2）FCA 术语下风险转移的问题。在采用 FCA 术语成交时，买卖双方的风险划分是以货交承运人为界，这在海洋运输以及陆运、空运等其他运输方式下都是如此。采用 FCA 术语成交时，通常情况下是由买方负责订立运输契约，并将承运人名称及有关事项及时通知卖方，卖方才能如约完成交货义务，并实现风险的转移。如果买方没有及时给予卖方上述通知，或者他所指定的承运人在约定的时间未能接收货物，其后的风险是否仍由卖方承担呢？《2020 通则》的解释是，自规定的交付货物的约定日期或期限届满之日起，若无约定日期的，则按卖方完成交货时的通知日期起算，由买方承担货物灭失或损坏的一切风险，但以货物已被划归本合同项下为前提条件。

（3）有关责任和费用的划分问题。FCA 适用于包括多式联运在内的各种运输方式，卖方交货的地点也因采用的运输方式不同而异。有时，卖方须在出口国的内陆，如车站、机场

或内河港口办理交货。不论在何处交货,根据《2020 通则》的解释,卖方都要自负风险和费用,取得出口许可证或其他官方批准证件,并办理货物出口所需的一切海关手续。这一规定对于一些出口国的内地口岸就地交货和交单结汇的做法是十分适宜的。

按照 FCA 术语成交,一般是由买方自行订立从指定地点承运货物的合同,但是如果买方有要求,并在买方承担风险和费用的情况下,卖方也可以代替买方指定承运人并订立运输合同。当然,卖方也可以拒绝订立运输合同,如果拒绝,应立即通知买方,以便买方另行安排。

2. CPT 贸易术语

CPT 即 Carriage Paid to 的缩写,其中文含义为"运费付至(……指定目的地)",是指卖方将货物在双方约定地点(如果双方已经约定了地点)交给卖方指定的承运人或其他人。卖方必须签订运输合同并支付将货物运至指定目的地所需费用。

使用 CPT 术语时,需注意以下问题:

(1)风险转移问题。卖方承担将货物交给承运人控制之前的风险,买方承担将货物交给承运人控制之后的风险。

(2)通关手续问题。它主要有以下两种:①卖方自负风险和费用,取得出口许可证或其他官方批准证件,并且办理货物出口所需的一切海关手续;②买方自负风险和费用,取得进口许可证或其他官方批准证件,并且办理货物进口及通过第三国过境所需的一切海关手续。

(3)运输合同和保险合同。卖方有义务按照通常条件订立运输合同,将货物从交货地点运送到约定的目的地;当卖方对买方未订立保险合同的义务时,但应买方的要求,并在其承担风险和费用的情况下,卖方必须向买方提供其办理保险所需的信息。

(4)主要费用的划分。主要费用有以下两种:①卖方承担在交货地点交货前所涉及的各项费用,包括需要办理出口手续时所应缴纳的关税和其他费用。此外,卖方要支付将货物运至指定地点的运费以及根据合同规定由卖方支付的装货费和在目的地的卸货费。②买方承担在交货地点交货后与货物相关除运费之外的各项费用,包括办理进口手续时所应缴纳的关税和其他费用。

3. CIP 贸易术语

CIP 即 Carriage Insurance Paid to 的缩写,其中文含义为"运费和保险费付至(……指定目的地)",是指卖方将货物在双方约定地点(如果双方已经约定了地点)交给其指定的承运人或其他人。卖方必须签订运输合同并支付将货物运至指定目的地所需费用。卖方还必须为买方在运输途中货物的灭失或损坏风险签订保险合同。买方应注意,CIP 只要求卖方投保最低险别。如果买方需要更多保险保护,则需与卖方就此达成协议,或者自行做出额外的保险安排。

在使用 CPT 和 CIP 术语时,当卖方将货物交付给承运人时,而不是当货物到达目的地时,即完成交货。由于风险转移和费用转移的地点不同,该术语有两个关键点。特别建议双方尽可能确切地在合同中明确交货地点（风险在这里转移至买方），以及指定目的地（卖方必须签订运输合同运到该目的地）。如果运输到约定目的地，涉及多个承运人，且双方不能就特定的交货点达成一致时，可以推定：当卖方在某个完全由其选择，且买方不能控制的点将货物交付给第一个承运人时，风险转移至买方。如双方希望风险晚些转移（例如在某海港或机场转移），则需要在其买卖合同中订明。由于卖方需承担将货物运至目的地该点的费用，特别建议双方尽可能确切地订明约定的目的地内的该点。建议卖方签订的运输合同应能与所做选择确切吻合。如果卖方按照运输合同在指定目的地卸货发生了费用，除非双方另有约定，否则卖方无权向买方偿付。如适用时，CPT 和 CIP 要求卖方办理货物的出口清关手续，但是卖方无义务办理进口清关、支付任何进口税或办理进口相关的任何海关手续。

使用 CIP 术语时，需注意的问题如下。

（1）正确理解风险和保险问题。按 CIP 术语成交的合同，卖方要负责办理货运保险，并支付保险费，但货物从交货地运往目的地的运输途中的风险由买方承担。所以，卖方的投保仍属于代办性质。根据《2020 通则》的解释，一般情况下，卖方要按双方协商确定的险别投保。但如果双方未在合同中规定应投保的险别，则由卖方按惯例投保最低的险别，保险金额一般是在合同价格的基础上加成 10%，并采用合同货币。如果买方有要求并且能够提供卖方所需的信息时，卖方应获取并向买方提供额外的保险保障，由买方承担费用。

（2）应合理确定价格。与 FCA 相比，CIP 术语下卖方要承担较多的责任和费用。他要负责办理从交货地至目的地的运输，承担有关运费；办理货运保险，并支付保险费。这些都反映在货价之中。所以，卖方对外报价时，要认真核算成本和价格。在核算时，应考虑运输距离、保险险别、各种运输方式和各类保险的收费情况，并要预计运价和保险费的变动趋势等方面的问题。从买方来讲，也要对卖方的报价进行认真分析，做好比价工作，以免接受不合理的报价。

6.3.5 对 DPU、DAP、DDP 贸易术语的解释

1. DPU 贸易术语

DPU 是《2020 年国际贸易术语解释通则》中的国际贸易术语，由 INCOTERMS 2010 中的 DAT 修改而来，意味着 DAT 被 DPU 替代，主要修改原因是为了强调卸货地不一定是"终点站"。DPU 即 Delivered at Place Unloaded（...Named Place of Destination），中文含义为"卸货地交货"，是在指定目的地卸货后完成交货。DPU 术语主要用于铁路、空运、公路、海运、内河航运或多式联运等不同的外贸运输方式。DPU 术语要求卖方将货物交付给买方在目的地国家或地区的目的地（通常是指内陆地区），货物已卸载，但未完成清关手续。卖方需要自行承担将货物从到达港口或机场卸下的费用和风险，并负责将货物安排交付至约定的目的地。在 DPU 术语下，卖方负责安排运输并承担运输费用，包括将货物卸下的费用和风险，直到货物在目的地卸下为止。一旦货物卸下并交付给买方，买方即承担进一步的清关手续和费用，以及货物在目的地卸下后的风险。

在 DPU 术语下，卖方主要承担的义务有：①准备出口货物的出口许可证、安全文件和其他必要文件；②安排合适的运输方式和运输工具，将货物运输至约定的目的地，并承担相应的运输费用；③在目的地卸下货物，并将货物交付给买方或其指定的代理人；④向买方提供货物卸下的通知和相关文件。买方主要承担的义务有：①支付合同中约定的货物价格和其他费用；②安排清关手续、支付关税、税款和其他进口费用；③接收卖方通知的货物卸下，并在卸下后及时接收货物；④承担货物在目的地卸下后的风险和责任。

在使用 DPU 这一术语时，需注意以下问题。

（1）风险转移问题。货物风险在到达买方指定地点并卸下货物移交买方控制时才从卖方转移给买方，因此卖方需要面临整个运输过程中货物可能遇到的所有风险。尤其是当合同双方选择了具有时间长、风险大等特征的海上运输方式时，卖方要承担的运输风险会更大。

（2）合同问题。在 DPU 合同中，当买方要求规定好具体明确的交货日，而不是一个交货期间时，由于运输过程中的不确定性，卖方因为无法按时交货而违约的可能性较大，因此会更加处于被动状态。卖方需要将符合合同规定的货物在合同规定的期限内运到指定终点站并卸货后交给买方或其代理人处置。

（3）主要费用的承担问题。在货物交给买方或其代理人处置之前，所有出口清关、运输与保险、目的港或目的地卸货手续均由卖方办理，由此产生的费用及风险也由卖方承担。买方或其代理人在终点站受领卖方交付的货物后，需要自行办理进口清关、转运等手续，并承担由此产生的相关费用及风险。

2. DAP 贸易术语

DAP 即 Delivered at Place（...Named Place of Destination），其中文含义为"目的地交货（……指定目的地）"，是指当卖方在指定目的地将还在抵达的运输工具上可供卸载的货物交由买方处置时，即为交货。卖方承担将货物运送到指定地点的一切风险。按 DAP 术语交易时，卖方必须承担货物出口所需海关手续费用、出口应缴纳的一切关税、税款和其他费用，以及货物从他国过境运输的费用，但卖方对买方无订立保险合同的义务，如应买方要求并由其承担风险和费用（如有的话），卖方必须向买方提供后者取得保险所需的信息；买方对卖方无订立运输合同和保险合同的义务，如适用时，买方必须承担办理进口海关手续的费用，以及进口需缴纳的所有关税、税款和其他费用。

使用 DAP 术语时，需注意的问题如下。

（1）认真了解 DAP 的具体含义。DAP 是《2010 通则》推出的贸易术语，根据国际商会的解释，它旨在替代原《2000 通则》中的 DAF、DES 和 DDU 术语。这就是说，DAP 的交货地点既可以是两国的边境指定地点，也可以是目的港的船上，还可以是进口国内的某一地点。所以，它的应用范围很宽。但要注意的是，即使是在进口国的目的港或最终目的地交货，没有相反的规定，卖方也不负担卸货费用和进口通关的费用及关税。为了避免纠纷，《2020 通则》建议在采用 DAP 术语成交时，"卖方订立的运输合同应能与所做选择确切吻合。如果卖方按照运输合同在目的地发生了卸货费用，除非双方另有约定，否则卖方无权向买方要求偿付"。

（2）注意 DAP 与 CIP 的异同点。根据《2020 通则》的解释，在 CIP 术语下，卖方要将合同规定的货物运到目的地的指定地点，这个地点可以是两国的边境指定地点，也可以是目的港的船上，还可以是进口国内的某一地点。看起来这与 DAP 条件十分相似，但要注意，二者的交货地点并不相同，采用 CIP 时，卖方只是承担责任和费用，将货物运到目的地指定地点，风险却是在将货物交给承运人时即转移给买方。采用 DAP 时，卖方的交货地点即在目的地的约定地点，卖方承担的风险也是在该地点实际交货时才转移给买方。另外，采用 CIP 时，卖方有义务按合同的约定自负风险和费用，办理货物运输保险。采用 DAP 时，货运途中的风险是由卖方自己承担，保险也是为了自己的利益，所以卖方并不对买方承担必须办理保险的义务。

3. DDP 贸易术语

DDP 即 Delivered Duty Paid（...Named Place of Destination），其中文含义为"完税后交货（……指定目的地）"，是指当卖方在指定目的地将仍处于抵达的运输工具上但已完成进口清关且可供卸载的货物交由买方处置时，即为交货。卖方必须承担将货物运至目的地的一切费用及风险，包括在需要办理海关手续时在目的地应缴纳的任何进口"税费"。"税费"一词包括办理通关手续的义务和风险，以及支付通关手续费用、关税、税款和其他费用。买方则必须承担货物交由其处置时起的一切风险与费用，并按买卖合同支付货款。因此，按本术语成交的贸易如同在进口国境内的国内贸易。在各种贸易术语中，以 EXW 术语交易时，卖方的责任最小；反之，以 DDP 术语交易时，卖方的责任最大。在 DDP 术语下，由于卖方必须在进口国指定地点将货物实际递交于买方，因此它属于目的地合同的一种。

使用 DDP 术语时，需注意的问题如下。

（1）根据情况妥善办理投保事项。DDP 是《2020 通则》中包含的 11 条贸易术语中卖方承担风险、责任和费用最大的一种术语。按照这一术语成交，卖方要负责将货物从启运地一直运到合同规定的进口国内的指定目的地，把货物实际交到买方手中，才算完成交货。根据国际贸易惯例，按照 DDP 术语成交时，卖方对买方并无义务订立保险合同，但由于卖方要承担较大的风险，为了能在货物受损或灭失时及时得到经济补偿，一般情况下，卖方应办理货运保险。在选择投保的险别时，应根据货物的性质、运输方式及运输路线来灵活决定。

（2）其他注意事项。在 DDP 交货条件下，卖方是在办理了进口结关手续后在指定目的地交货的，这实际上是卖方已将货物运进了进口方的国内市场。如果卖方直接办理进口手续有困难，也可要求买方协助办理。如果卖方不能直接或间接地取得进口许可证，则不应使用 DDP 术语。如果双方希望买方承担所有进口清关的风险和费用，则应采用 DAP 术语。如果双方当事人同意在卖方承担的义务中排除货物进口时应支付的某些费用（如增值税），应写明"Delivered Duty Paid, VAT Unpaid"，即"完税后交货，增值税未付"。否则，任何增值税或其他应付的进口税款都由卖方承担。

按性质不同，将 11 种贸易术语归纳为 E、F、C 及 D 四组基本类型，见表 6-1。

表 6-1　INCOTERMS 2020 的四组贸易术语

类别	贸易术语	英文全称	含义
E 组（起运）	EXW	Ex Works	工厂交货
F 组（主要运费未付）	FCA	Free Carrier	货交承运人
	FAS	Free Alongside Ship	船边交货
	FOB	Free on Board	船上交货
C 组（主要运费未付）	CFR	Cost and Freight	成本加运费
	CIF	Cost Insurance and Freight	成本、保险费加运费
	CPT	Carriage Paid to	运费付至
	CIP	Carriage and Insurance Paid to	保险费、运费付至
D 组（到达）	DPU	Delivered at Place Unloaded	卸货地交货
	DAP	Delivered at Place	目的地交货
	DDP	Delivered Duty Paid	完税后交货

6.4　INCOTERMS 2020 和 INCOTERMS 2010 之间的差异

INCOTERMS 2020 聚焦于优化表述，以便引导用户遵循合同中正确的条款。除了这些一般性变化之外，与 INCOTERMS 2010 相比，INCOTERMS 2020 还有一些实质性的变化。

INCOTERMS 2020 新变化如下：

（1）已装船批注提单和 FCA 国际贸易术语规则。
（2）成本列出的位置。
（3）CIF 和 CIP 的保险范围。
（4）FCA、DAP、DPU、DDP 中运输的安排。
（5）将缩写"DAT"改为"DPU"。
（6）在运输职责和费用中增加与安全有关的要求。
（7）用户解释性说明。

6.4.1　已装船批注提单和 FCA 国际贸易术语规则

在 INCOTERMS 2010 中，FOB 的使用说明提道："凡在上船之前已交付给承运人的货物，例如集装箱中的货物，应使用 FCA 术语。"也就是说，如果货物被装入集装箱内，但需要在内陆地区通过多式联运的方式运输，则货物在内陆地点而非港口交付，风险将在此时转移，这时应使用 FCA 术语而非 FOB 术语。但在实际贸易过程中，在多式联运下使用 FCA 术语会在提单的交付上出现很多问题。因此，INCOTERMS 2020 在提单方面有两处改动。

其一是买方必须向卖方提供带有装船批注的提单（或有类似功能的提单）。FCA B6 规定"如果双方在合同中达成一致，买方必须指示承运人向卖方发出运输单据（例如船上提单），说明货物已经装载，费用和风险由买方承担"。当货物在非海运的内陆点交货时，卖方需要一个带有装船批注的提单（以便在信用证项下收到货款），因此买卖双方将在运输合同或销售合同中约定，买方需要指示其承运人向卖方签发此类提单。

其二是卖方必须向买方提供在卸货港获得货物所需的提单。FCA A6 新规定指出："如果买方指示承运人根据 FCA B6 向卖方发出运输单据，则卖方必须向买方提供在卸货港获得货物所需的提单。"这项举措使得货物在非海运的内陆点交货时，买卖双方仍可以就"海运"运输单据的签发达成一致。

6.4.2 成本列出的位置

在 INCOTERMS 2020 中，成本出现在每个贸易术语的 A9/B9 中。除了成本位置的变化，还有一个对用户来说比较直观的变化：在 INCOTERMS 2010 中，各种费用会出现在每个贸易术语的不同部分，例如 FOB 2010 在 A8 交付文件中提到了相关交付的成本，但成本未在 A6 中提及，INCOTERMS 2020 在 A9/B9（即之前的 A6/B6）里则列出了每个特定规则下的成本。因此，INCOTERMS 2020 中的 A9/B9 比 INCOTERMS 2010 中的 A6/B6 篇幅更长。这项举措为用户提供了一站式的费用清单，以便卖方或买方在特定贸易术语下，可以更直观、更方便地查找到与之相对应的费用规定。

6.4.3 CIF 和 CIP 的保险范围

在 INCOTERMS 2010 中，CIF 和 CIP 条款均要求卖方"自费购买至少符合协会货物条款（LMA/IUA）规定的 C 类保险，或其他类似的最低保险"。C 类保险通常适用于散装货物，只承保重大意外事故。然而，对于货物是制成品的买方来说，这类保险是不合适的。制成品的买方可能需要 A 类保险，因为从广义上讲，它涵盖了"所有风险"。

在 INCOTERMS 2020 中，CIF 术语关于保险的规定得以保留，C 类保险的当事人仍然可以自行协商更高的保险级别；而 CIP 术语关于保险的规定发生了变化，更改为协会货物（A）险，当然双方仍然可以选择较低级别的保险。

6.4.4 将缩写"DAT"改为"DPU"

在 INCOTERMS 2010 的 DAT（delivered at terminal，即运输终端交货）中，卖方在便于买方处置的终点港或终点地将货物从运输工具上卸下，完成交货；而在 DAP（delivered at place，即目的地交货）中，卖方用运输工具把货物送达买方指定的目的地后，将装在运输工具上的货物交由买方处置（不用卸下），即完成交货。

INCOTERMS 2020 将 DAP 移至 DAT 之前，强调二者的唯一区别在于 DAP 是在卸载之前交货，而 DAT 是在卸货后交货。另外，使用"终端"一词会对没有仔细阅读指导说明的用户造成混淆，"终端"可指代任何地方而非仅限于集装箱码头等，因此将 DAT 改为 DPU（delivered at place unloaded）只是更改名称，而未对贸易术语进行其他实质性更改。

6.4.5 FCA、DAP、DPU、DDP 中运输的安排

在 INCOTERMS 2010 中，货物从卖方运送到买方的整个过程中，它们将由卖方还是买

方安排第三方承运人承运,具体取决于使用的国际贸易术语解释通则。然而在某些情况下,货物从卖方运到买方可以在没有任何第三方承运人参与的情况下进行运输,没有任何条款规定卖方在 DAT、DAP 或 DDP 条款下不能使用自己的运输工具运输。同样,在 FCA 术语下,虽然买方可以依据销售合同,选择合同中指定的地点聘请承运人运输货物,但也不能阻止买方使用自己的车辆装载货物并将其运输到买方的场所。

INCOTERMS 2010 似乎没有考虑到这些可能性,INCOTERMS 2020 明确规定,买卖双方不仅要制定运输合同,还需在合同中简要安排必要的运输。

6.4.6 在运输职责和费用中增加与安全有关的要求

INCOTERMS 2010 是在安全问题频发之后的第一次改版,仅在 A10 中做出了简单的规定。安全问题的解决方案以及相关运输实践如今已经更为成熟。由于它们与运输要求相关,因此 INCOTERMS 2020 中每个贸易术语的 A4 中都明确分配了安全职责,不同运输条款所产生的不同费用也在费用条款下进行了相应的说明,即 A9/B9。

6.4.7 用户解释性说明

INCOTERMS 2010 中每个贸易术语开头的"指导说明"更改为"用户解释性说明"。这些说明解释了每个贸易术语的基本原则,例如应该何时使用,风险何时通过,以及如何在卖方和买方之间分配费用。解释性说明能帮助用户在特定交易中准确地选择恰当的贸易术语。

| 案例 6-1 |

传统贸易术语的缺点

我国 A 公司以 FOB 条件向美国 B 公司出口一批价值 10 万美元的玩具。合同中规定装运港为宁波港,目的地为洛杉矶长堤港,交货时间为 6 月 27 日,由公司投保平安险。A 公司货源充足,于 6 月 20 日就将货物运抵长堤港。由于未到交货期,就将货物暂存码头。当晚,码头发生火灾,A 公司货物全毁。此时,美国 B 公司所派船舶即将抵达宁波港,A 公司将货物损毁的事实通知了 B 公司,并请 B 公司向保险公司索赔。B 公司以 A 公司尚未交货,货物风险尚未转移为由,拒绝向保险公司索赔,反而要求 A 公司承担货物的全部损失。

分析: A 公司因贸易术语选择不当,承担了本可以避免的风险。在 FOB 术语下,风险划分是以货物在装运港装上船时为界。假设卖方采取了 FCA 术语成交,风险是自货物交于承运人控制时转移,卖方在 6 月 20 日将货物运到装运港交给承运人控制后就可以将货物的风险转移出去,而不需要等到货物装船,这样货物被毁的损失就应由买方指定的承运人承担,而非由卖方承担。此案例中,即使卖方采用 CFR、CIF 术语,结局也是一样。此典型案例从一个侧面反映了传统贸易术语的缺点。

本章小结

本章主要介绍了国际贸易术语的含义、作用和理论基础,介绍了有关贸易术语的国际贸易惯例。

国际条约是指两个或两个以上的主权国家为确定彼此的政治、经济、贸易、文化、军事等方面的关系、权利和义务缔结的诸如公约、协定和议定书等各种协议的总称。目前,我国的国内法所涉及的有关国际贸易的主要法律有以下方面:关于适用于国际贸易买卖的国内立法;关于适用于国际货物运输与保险的国内立法;关于适用于国际货款收付的国内立法;关于适用于对外贸易管理的国内立法;关于适用于国际商事仲裁的国内立法。常用的国际贸易惯例主要包括国际贸易术语方面的惯例、国际货款收付方面的惯例、运输与保险方面的惯例、国际仲裁方面的惯例等。

有关贸易术语的国际贸易惯例主要有三个:《1932年华沙–牛津规则》《1990年美国对外贸易定义修订本》《2020年国际贸易术语解释通则》。

对各种主要贸易术语的解释,着重解析了常用的六个贸易术语——FOB、CFR、CIF、CPT、CIP、EXW,主要从安排船运与装船通知、风险转移和保险办理问题、费用承担、使用限制、术语的变形等方面进行了分析,最后比较了相似贸易术语的区别。此部分是本章的核心内容。

思考题

一、案例分析题

1. 我方某出口公司与外商按CIF伦敦条件成交出口一批货物。合同规定,商品的数量为500箱,以信用证方式付款,5月装运。买方按合同规定的开证时间将信用证开抵卖方。货物顺利装运完毕后,我方在信用证规定的交单期内办好了议付手续并收回货款。不久,我方收到买方寄来的货物在伦敦港的卸货费和进口报关费的收据,要求我方按收据金额将款项支付给买方。

   问:我方是否需要支付这笔费用,为什么?

2. 我方以FCA贸易术语从意大利进口一批布料,双方约定最迟的装运期为4月12日。由于我方业务员疏忽,导致意大利出口商在4月15日才将货物交给我方指定的承运人。当我方收到货物后,发现部分货物有水渍,据查是因为货交承运人前两天被大雨淋湿。据此,我方向意大利出口商提出索赔,但遭到拒绝。

   问:我方的索赔是否有理,为什么?

3. 我方与荷兰某客商以CIF条件成交一笔出口交易,合同规定以信用证为付款方式。我方收到买方开来的信用证后,及时办理了装运手续,并制作好一整套结汇单据。在我方准备到银行办理议付手续时,收到荷兰客商来电,得知载货船只在航海运输途中遭遇意外事故,大部分货物受损。据此,荷兰客商表示将等到具体货损情况确定以后,才同意银行向我方支付货款。

   问:我方可否及时收回货款,为什么?荷兰客商应如何处理此事?

4. 我方以CFR贸易术语与B国的H公司成交一笔消毒碗柜的出口交易,合同规定装运时间为 4 月 15 日前。我方备妥货物，并于 4 月 8 日装船完毕。由于遇到星期日休息，我方业务员未及时向买方发出装运通知，导致买方未能及时办理投保手续，而货物在 4 月 8 日晚因发生了火灾被烧毁。

  问：货物损失责任由谁承担，为什么？

5. 某进出口公司以 CIF 汉堡向英国某客商出售一批供应圣诞节的应季杏仁。由于该商品的季节性较强，买卖双方在合同中规定：买方须于 9 月底以前将信用证开抵卖方，卖方保证不迟于 12 月 5 日将货物交付买方，否则，买方有权撤销合同。如卖方已结汇，卖方需将货款退还买方。

  问：该合同是否还属于 CIF 合同，为什么？

6. 我方某出口公司就钢材出口对外发盘，报价为每吨 2 500 美元 FOB 广州黄埔，现外商要求我方价格改为 CIF 伦敦。

  问：（1）我方对价格应如何调整？

  （2）如果最终按 CIF 伦敦条件签订合同，买卖双方在所承担的责任、费用和风险方面有何不同？

7. 我方某公司从美国进口瓷制品 5 000 件，外商报价为每件 10 美元 FOB 纽约，我方如期将金额为 50 000 美元的不可撤销即期信用证开抵卖方，但外商要求将信用证金额增加至 50 800 美元，否则，有关的出口关税及签证费用将由我方另行电汇。

  问：外商的要求是否合理，为什么？

二、简答题

1. 《2010 通则》将贸易术语划分为几组？每组贸易术语有何特点？
2. 请举例说明装运合同与到达合同的区别。
3. 试比较装运港交货与向承运人交货的两组贸易术语的主要区别。
4. 试比较 CFR 与 CPT 的异同点。
5. 试比较 CFR 与 FOB 的异同点。
6. 试比较 CIF 与 CIP 的异同点。
7. 试比较 DAT 与 DAP 的异同点。
8. 试比较 FOB 与 FCA 的异同点。
9. 在实际业务中选用贸易术语时应考虑哪些因素？
10. 简述 INCOTERMS 2020 与 INCOTERMS 2010 之间的差异。
11. INCOTERMS 2020 对 CIF 和 CIP 的保险范围做出了怎样的改变？

第 3 篇
PART 3

国际贸易合同的磋商与条款

第 7 章　国际贸易合同的签订
第 8 章　商品的品名、品质、数量和包装
第 9 章　国际货物运输
第 10 章　国际货物运输保险
第 11 章　进出口商品的价格
第 12 章　国际货款的收付
第 13 章　商品检验、索赔、不可抗力和仲裁

第 7 章
CHAPTER 7

国际贸易合同的签订

§ **教学目的**

- 了解国际贸易合同的磋商过程
- 掌握发盘、接受与合同成立的条件
- 了解不同法律文本对发盘、接受的分歧
- 掌握合同的主要内容与格式

§ **关键术语**

| 询盘 | 发盘 | 还盘 | 接受 |
| 有条件接受 | 逾期接受 | 撤销 | 撤回 |

§ **章首案例 7-1**

逾期接受导致合同失效

案情：我方某公司于 7 月 16 日收到法国某公司发盘："马口铁 500 公吨，单价 545 美元 CFR 中国口岸，8 月装运，即期 L/C 支付，限 7 月 20 日复到有效。"我方于 17 日复电："若单价 500 美元 CFR 中国口岸可接受，履约中如有争议，在中国仲裁。"法国公司当日复电："市场坚挺，价不能减，仲裁条件可接受，速复。"此时马口铁价格确实趋涨。我方于 19 日复电："接受你方 16 日发盘，L/C 已由中国银行开出。"结果对方退回 L/C。

试问：合同是否成立，为什么？

分析：合同并未成立。我方 19 日复电并不是有效的接受，因为 16 日的法国公司发盘经我方 17 日还盘已经失效，法国公司不再受约束。我方应接受的是法国公司 17 日复电。

7.1 国际贸易的交易磋商

在国际贸易中，交易磋商是指贸易双方为买卖某种商品通过面谈，或通过信函、传真或电子数据交换等方式，就交易的各项条件进行的国际商务谈判。交易磋商的程序依次有四个环节：询盘、发盘、还盘、接受。其中，发盘与接受是构成进出口有效合同的基本环节。

7.1.1 询盘

询盘是准备购买或出售商品的人向潜在的供货人或买主探询该商品的成交条件或交易的可能性的业务行为，它不具有法律上的约束力。

在国际贸易的实际业务中，一般多由买方主动向卖方发出询盘。它的内容可以只是询问价格，也可以询问其他某些交易条件，如品名、数量和交货日期等，还可以要求对方向自己做出发盘。询盘对于询盘人和被询盘人均无法律上的约束力，而且不是交易磋商的必要步骤。发出询盘的目的，除了探询价格或有关交易条件外，有时还表达了与对方进行交易的愿望，希望对方接到询盘后及时做出发盘，以便考虑接受与否。这种询盘实际上属于邀请发盘。

询盘不是每笔交易必经的程序，如交易双方彼此都了解情况，不需要向对方探询成交条件或交易的可能性，则不必使用询盘，可直接向对方做出发盘。

7.1.2 发盘

发盘又称发价或报价，在法律上称为要约，是买方或卖方向对方提出各种交易条件，并愿意按照这些条件达成交易、订立合同的一种肯定的表示。在实际业务中，发盘通常是一方在收到对方的询盘后做出的，但也可不经过对方询盘而直接向对方发盘。发盘应向一个或一个以上特定的人提出。向特定的人提出，即向有名有姓的公司或个人提出。提出此项要求的目的在于，把发盘同普通商业广告及向广大公众散发的商品价目单等行为区别开来。

《联合国国际货物销售合同公约》（以下简称《公约》）第 14 条第 1 款对发盘的解释为："向一个或一个以上特定的人提出的订立合同的建议，如果十分确定并且表明发价人在得到接受时承受约束的意旨，即构成发价。一个建议如果写明货物并且明示或暗示地规定数量和价格或规定如何确定数量和价格，即为十分确定。"

发盘一般可采用书面和口头两种方式。书面发盘包括使用书信、电报、电传、传真和电子邮件等。口头发盘一般是指电话报价。发盘人可以是买方，也可以是卖方。卖方发盘称为售货发盘（selling offer）；买方发盘称为购货发盘（buying offer），人们习惯上称之为"递盘"（bid）。

根据《公约》的规定，构成一项有效的发盘必须具备下列四个条件：

（1）发盘要有特定的受盘人。受盘人可以是一个，也可以是指定的多个；受盘人可以是一个或一个以上的自然人或法人，受盘人必须是特定的，不能是泛指的。

（2）发盘内容必须十分确定。根据《公约》第14条第1款的规定，发盘的内容必须十分确定（sufficiently definite）。所谓十分确定，是指在提出的订约建议中，至少应包括下列三个基本要素：①标明货物的名称；②明示或默示地规定货物的数量或规定数量的方法；③明示或默示地规定货物的价格或规定确定价格的方法。凡包含上述三项基本因素的订约建议，即可构成一项发盘。如该发盘被对方接受，买卖合同即告成立。

（3）必须表明发盘对发盘人有约束力。发盘是订立合同的建议，这个意思应当体现在发盘之中，如发盘人只是就某些交易条件建议同对方进行磋商，而根本没有受其建议约束的意思，则此项建议不能被认为是一项发盘。例如，发盘人在其提出的订约建议中加注"仅供参考""须以发盘人的最后确认为准"或其他保留条件，这样的订约建议就不是发盘，而是邀请对方发盘。

（4）发盘必须送达受盘人才能生效。发盘在其有效期内，发盘人不得任意撤销或更改其内容。在有效期内发盘一经对方表示无条件接受，发盘人将受其约束，并承担按发盘条件与对方订立合同的法律责任，这种发盘称为实盘（offer with engagement）。不符合上述条件的发盘是没有约束力的发盘，这种发盘称为虚盘（offer without engagement）。

关于实盘，应注意以下几点。

1. 构成有效实盘的基本条件

（1）一方愿意与另一方达成交易的肯定表示。

（2）实盘的内容必须明确、完整和无保留。所谓明确，是指实盘的内容清楚、确切，没有含糊不清或模棱两可的词语。所谓完整，是指买卖商品的主要交易条件是完整的。一项交易条件完整的发盘通常应包括货物的品种、品质、数量、包装、价格、交货和支付等主要交易条件。但在实际业务中，一项发盘往往不是以上述所订主要交易条件完整形式出现的。有时发盘条件表面上不完整，而实际上是完整的。例如，双方一般事先订有一般交易条件的协议，援引来往函电、先前合同和买卖双方的先前业务中已形成的习惯做法等。所谓无保留，是指发盘人愿意按所提各项交易条件，同受盘人订立合同，除此以外没有任何其他保留条件。

（3）实盘必须送达受盘人。即使受盘人事先知道发盘的内容，发盘没有到达受盘人，受盘人也不能接受。

2. 实盘的有效期限

作为一项发盘，都有一个有效期限：一种是在实盘中明确具体地规定受盘人接受的有效期限；另一种是在实盘中没有规定明确具体的有效期限，则根据惯例在合理时间内有效。

（1）如果发盘中明确规定了有效期限，受盘人必须在规定的期限内接受才有效。但是各国法律对这个问题有不同解释。由于交易双方的国家处于不同的地理位置，同一日期还存在时差，因此在做进出口业务时，为了避免纠纷，一般规定具体的有效期限，发盘人往往采用以接受通知送达发盘人为准的规定办法。

（2）凡在发盘中未明确规定具体的有效期限，可参照国际贸易的习惯，应理解为受盘人在"合理时间"（reasonable time）内接受有效。但由于对合理时间的解释各国法律并不明确，而且这些解释具有很大的不确定性，为了避免纠纷，进出口业务中一般较少采用这种形式的发盘。

（3）口头发盘必须立即接受。《公约》第18条第2款规定："……对口头发价必须立即接受，但情况特别者不在此限。"

3. 发盘的撤销与撤回

《公约》第15条对发盘生效时间做了明确规定："发价于送达被发价人时生效。"那么，发盘在未被送达受盘人之前，如发盘人改变主意，或情况发生变化，就会产生发盘的撤回和撤销的问题。在法律上，"撤回"和"撤销"属于两个不同的概念。**撤回**（withdraw）是指发盘尚未生效，发盘人采取行动，阻止它的生效；**撤销**（revocation）是指在发盘已经生效后，发盘人以一定方式解除发盘的效力。

《公约》第15条第2款规定："一项发价，即使是不可撤销的，得予撤回，如果撤回通知于发价送达被发价人之前或同时，送达被发价。"

根据《公约》的规定，发盘可以撤销的条件是：发盘人撤销的通知必须在受盘人发出接受通知之前传达到受盘人。但是，在下列情况下发盘是不能撤销的。

（1）发盘人注明了有效期，或以其他方式表示发盘是不可撤销的。

（2）受盘人有理由信赖该发盘是不可撤销的，并且已本着对该盘的信赖做出行动。

【课堂讨论7-1】

在法律上，撤销与撤回的概念有什么区别？

4. 实盘失效

按照国际贸易的习惯和规则，一项实盘遇有下列情况之一，则立即失效，发盘人不再受该项发盘的约束。

（1）过期。如果一项实盘已过有效期，该盘即失效。

（2）拒绝。如果受盘人对一项发盘明确表示拒绝，该项实盘立即失效。

（3）还盘。如果受盘人对发盘做出某些更改的还盘表示，便构成对原发盘实质上的拒绝，原发盘也随之失效。

（4）法律实施。如果发盘人或受盘人丧失行为能力（如精神失常、死亡等），或标的物灭失时，发盘即告失效。

（5）人力不可抗拒的意外事故造成发盘的失效。

5. 虚盘的特点

（1）内容不明确肯定。发盘内容含混不清，没有订立合同的肯定表示。例如，在发盘的时候加上"以现阶段国际市场价为参考""参考价"等。

（2）主要交易条件不完整。发盘中未列出必须具备的主要交易条件，除非双方对未列明的条件事前已经约定或有习惯做法，否则属于虚盘性质。

（3）有保留条件。发盘列明保留条件，如"本报盘以我方最后确认为准""报盘以我方货未出售为准""本报盘以我方申请到出口许可证为准"等。

7.1.3 还盘

还盘（counter-offer）又称还价，是受盘人对发盘内容不完全同意而提出修改或变更的表示，是对发盘条件进行添加、限制或其他更改的答复。还盘只有受盘人才可以做出，其他人做出无效。还盘既是受盘人对发盘的拒绝，也是受盘人以发盘人的地位所做出的新发盘。一方的发盘经对方还盘后失去约束力，除非得到原发盘人同意，受盘人不得在还盘后反悔，再接受原发盘。对还盘做再还盘，实际上是对新发盘的还盘，称为"反发盘"。

在国际贸易实务中，一方发盘，另一方如对其内容不同意，可以进行还盘。同样，一方还盘后，另一方如对其内容不同意也可以进行还盘或再还盘，直至双方同意达成协议或无法达成协议而放弃为止。还盘不是一笔交易达成协议所必须经过的步骤，有些交易有时不经过还盘即可达成协议，有些交易则要经过往返多次还盘、反还盘才能最终达成协议。

另外，还盘可以对商品价格、交易的其他条件提出意见。在还盘时，对双方已经同意的条件一般没必要列出，仅对不同意部分或条件的内容进行改动，并通知对方，即意味着已做出还盘。

【课堂讨论 7-2】

还盘有什么法律后果？

7.1.4 接受

接受（acceptance）在法律上称为"承诺"，是买方或卖方无条件地同意对方在发盘中提出的各种交易条件，并愿意按照这些条件与对方达成交易、订立合同的一种肯定的表示。一方的发盘经另一方接受，交易即告完成，双方就应分别履行其所承担的合同义务。

1. 有效接受

一项有效的接受必须具备下列四个条件。

（1）接受必须由特定的受盘人做出。

（2）接受必须以一定的形式表示出来。接受可以口头形式、书面形式，或用行动表示。例如，接到老客户发盘后立即发货或开立信用证。

（3）接受应当是无条件的。受盘人在答复中使用了"接受"字眼，但是又对发盘的内容做了增加、限制或修改。这在法律上是有条件的接受，不能成为有效的接受，应当叫作还盘。

（4）接受必须在发盘有效期内做出并送达发盘人。受盘人表示接受要以口头、书面或行动的声明形式向发盘人明确表示出来。

2. 接受应注意的问题

根据国际惯例，一般要注意以下几点。

（1）接受必须是无条件的。所谓无条件，是指受盘人对一项实盘无保留地同意，即接受的内容必须同对方实盘的各项条件严格一致。否则，在法律上不能构成一项有效接受。

关于接受必须是无条件的原则，这是各国商法所共同承认的首要原则。但是在贸易实践中，在受盘人表示接受时，往往不能做到完全同意，在接受时对原发盘做了某些添加或更改或限制。为此，《公约》第19条规定："对发价表示接受但载有添加、限制或其他更改的答复，即为拒绝该项发价并构成还价。但是，对发价表示接受但载有添加或不同条件的答复，如所载的添加或不同条件在实质上并不变更该项发价的条件，除发价人在不过分迟延的期间内以口头或书面通知反对其间的差异外，仍构成接受。如果发价人不做出这种反对，合同的条件就以该项发价的条件以及接受通知所载的更改为准。有关货物价格、付款、货物质量和数量、交货地点和时间、一方当事人对另一方当事人的赔偿的责任范围或解决争端等等的添加或不同条件，均视为实质变更发价的条件。"

| 案例 7-1 |

还盘导致合同失效

案情：我方出口公司于7月8日向外商发盘某商品每公吨CFR上海USD200，有效期至7月14日复到。7月12日，我方收到该外商发来的电传："接受CFR上海USD180。"我方未予答复。7月12日，该商品价格剧涨。外商于7月14日又向我方电传表示"接受你方7月8日发盘，信用证已开出"。

问：此项交易可否达成，为什么？

分析：在该案例中，外商第一次发电称"接受CFR上海USD180"，这已经改变了该项发盘的内容，所以外商属于还盘，我方未予答复，说明我方对外商新的还盘未做答复，而在该商品价格剧涨以后，外商又发盘表示接受我方发盘，这不属于接受而属于还盘，所以该项交易不能达成。

（2）接受必须在一项发盘的有效期限以内表示。假使一项实盘规定了明确的、具体的有效期限，受盘人只有在此期限内表示接受才有效。假使一项实盘未规定具体的有效期限，根据国际贸易习惯，也应在"合理时间"内表示接受才有效。关于上述内容在《公约》中均做了相应的规定。除此以外，如果有逾期接受的情况，还应注意以下几点：

1）对于一项逾期接受，按上述规定应为失效。但是如果发盘人认为该项逾期接受可以同意，这项逾期接受仍然有效，但是发盘人必须毫不迟疑地用口头或书面将此种意见通知受盘人。《公约》第 21 条有上述内容的规定。

2）如遇到接受期限的最后一天，由于是发盘人所在地的正式假日或非营业日，而使对方的接受不能送达发盘人的地址，只要事后证明上述情况属实，该项接受的最后期限应顺延至下一个营业日继续有效。《公约》第 20 条第 2 款有此规定。

3）如收到一项逾期接受，从它发出的信件或其他书面文件表明，在传递正常的情况下，本应及时送达发盘人，但由于出现传递不正常的情况而造成了延误，则此逾期的接受仍可以有效，除非发盘人毫不迟疑地用口头或书面通知受盘人："他认为他的发盘已经失效。"《公约》第 21 条第 2 款有此规定。

在接受函电生效日期方面，不同国家的法律规定也不尽相同。普通法国家规定，受盘人只要在规定期限内，接受函电一经投邮发出，即书信投入邮局信箱、电报交到邮电局发出就有效，这叫投邮主义。大陆法国家规定，受盘人必须在规定期限内，将接受函电送达发盘人支配范围为有效，接受可以不一定送达发盘人手中，这叫到达主义。由于国际存在这两种不同的规定，为避免发生纠纷，发盘一般应明确规定以收到接受函电的时间为准。另外，由于国际时差的影响，对大宗商品或价格波动较大的商品发盘，要明确规定以发盘人当地时间为准，即"以我国时间"为准。

一项接受只有送达发盘人才能生效。因此，在它生效之前，一项接受也是可以撤回的，但是此项撤回通知必须在接受通知之前或同时送达发盘人，否则接受是不能撤回的。例如，《公约》第 22 条规定："接受得予撤回，如果撤回通知于接受原应生效之前或同时，送达发价人。"

| 案例 7-2 |

发盘的有效期问题

案情：我方某进出口公司向国外某客商询售某商品，不久我方接到外商发盘，有效期至 7 月 22 日。我方于 7 月 24 日用电传表示接受对方发盘，对方一直没有音讯。因该商品供求关系发生变化，市价上涨，8 月 26 日对方突然来电要求我方必须在 8 月 28 日前将货发出，否则我方将要承担违约的法律责任。

问：我方是否应该发货，为什么？

分析：我方不应发货。因为我方于 7 月 24 日用电传表示的接受已经超过了发盘规定的有效期，不具有接受的效力，仅相当于一项新的发盘，买卖双方之间无合同关系，所以我方不应发货。因该商品的市场行情上涨，我方应寻找出价较高的买方，将货物销售出去。

（3）接受必须由合法的受盘人表示。通常情况下，一项实盘都明确地规定受盘人，即特定的个人或团体，对于这样的实盘，必须由该盘指定的受盘人表示接受才有效。任何第三者针对该项实盘表示的接受均无法律效力，发盘人不受约束。但在个别情况下，有的实盘没有规定特定的受盘人，而是一项公开的发盘。对这种公开发盘，任何人都可以凭发盘通知并按其规定的程序和办法表示接受，建立起有效的合同关系。

│案例 7-3│

有效接受须具备的条件

案情：某中间商 A 就某商品邀请 B 公司发盘，B 公司于 8 月 10 日向中间商 A 发盘并限 8 月 15 日前复到有效。8 月 12 日，B 公司收到美国 C 商人按发盘规定的各项交易条件开来的信用证，但中间商 A 来电称："你方 10 日发盘已转美国 C 商人。"恰好此时该商品价格上涨，于是 B 公司按新价格改向美国 C 商人发盘，而 C 商人以信用证于发盘有效期内到达为由，拒绝接受新价，要求 B 公司按原价发货，否则追究其责任。

问：C 商人的要求合理吗，为什么？

分析：C 商人的要求不合理。因为构成一项接受应具备的条件之一是：接受由特定的受盘人做出。在本案例中，B 公司发盘特定的受盘人是中间商 A，只有 A 发出的接受通知才具有接受的效力。接到美国 C 商人的信用证可视为一项新的发盘，该发盘必须得到 B 公司的接受，合同才成立。所以，在合同未成立的情况下，C 商人要求 B 公司发货是不合理的。

（4）接受必须用一定方式表示出来。接受应由受盘人采用声明或做出实际行动的方式表示，并且这种表示传达给发盘人才能生效；默认或没有做出实际行动本身不构成接受。所谓声明，是指用口头或书面文字表达接受的意思；所谓做出实际行动，是指根据该项发盘的意思或依照当事人之间已经确立的习惯做法或惯例所做出的行动，例如卖方用发运货物或买方已开出信用证或买方用支付部分货款等行为来表示同意。因此，采用做出某种实际行动的方法来表示接受，这种行动并不是任意的行为，而是必须符合上述限制条件的行动。

7.2 国际贸易合同的签订

经过交易磋商，一方发盘经另一方接受后，买卖双方就构成了合同关系。双方在交易磋商过程中的函件，就是合同的书面证明。根据国际有关规定和贸易习惯，买卖双方还要签订书面的正式合同或成交确认书。《中华人民共和国民法典》对涉外经济合同也做出了具体规定。

7.2.1 合同的成立

1. 合同成立的时间

根据《公约》的规定，受盘人接受发盘并在发盘有效期内将接受送达发盘人，合同即告成立。但在实际业务中，合同成立的时间以订约时合同上写明的日期或以收到对方确认书的日期为准，即在签订书面合同时买卖双方的合同关系即告确立。

2. 合同有效成立的条件

一项有法律约束力的合同应符合下列条件。

（1）合同当事人必须具有签订合同的行为能力。签订买卖合同的当事人应是自然人、法人或其他组织。自然人必须是精神正常的成年人，即具有民事权利能力和民事行为能力，未成年人、精神病患者等订立合同必须受到限制。如果当事人是法人，各国法律一般认为，必须通过其代理人，在法人的经营范围内签订合同，越权的合同无效。

（2）合同必须有对价或约因。**对价**（consideration）是指双方当事人之间存在相互给付的关系，即为了取得合同利益所付出的代价。**约因**（cause）是指双方当事人签订合同所追求的直接目的。按照英美法和大陆法的规定，合同只有在有对价或约因时，才是法律上有效的合同。

（3）合同的标的或内容必须合法。标的是合同权利、义务指向的对象，买卖合同的标的是买卖合同当事人应为的给付行为。标的合法是指合同涉及的货物和货款必须合法。合同内容合法包括不得违反法律、公共秩序和公共政策、善良的风俗习惯或道德三个方面。

（4）合同必须符合法律规定的形式。《公约》原则上对国际货物买卖合同的形式不加以限制，但《公约》允许缔约方对此提出声明予以保留。

（5）合同当事人的意思表达必须真实。在国际贸易中，买卖双方必须在自愿和真实的基础上达成协议。任何一方采取欺诈、威胁或暴力行为与对方订立的合同无效。

7.2.2 书面合同的签订

1. 书面合同的作用

书面合同是指以文字为表现形式的合同，多以合同书、信件和数据电文（包括电报、电传、传真、电子数据交换和电子邮件）等形式表现。签订书面合同不是合同有效成立的必要条件，但是交易达成后，签订书面合同有如下三个方面的意义：

（1）作为合同成立的证据。根据法律的要求，合同是否成立必须要有证据证明，包括人证和物证。在用信件、电报或电传磋商时，来往函电就是证明。尤其是通过口头磋商达成的协议，签订一份书面合同是必不可少的。否则，一旦双方发生争议，需要提交仲裁或诉讼时，如果没有充足的证据，就难以得到法律的保护。

（2）作为履行合同的依据。国际货物买卖合同的履行涉及很多部门，如以分散的函电为依据，将给履行合同造成很多不便。所以交易磋商达成后，必须将双方协商一致的交易条件全面、清楚地列明在一份具有一定格式的书面合同中，进一步明确双方的权利和义务，便于买卖双方准确地履行合同。

（3）作为合同生效的条件。一般情况下，合同的成立是以接受的生效为条件的。但在某些情况下，签订书面合同却成为合同生效的条件。如果买卖双方任何一方在发盘或接受中声明以签订书面合同为准，即使双方已对交易条件全部协商一致，也必须在正式签订书面合同后，合同才能成立。

2. 书面合同的形式

根据国际贸易习惯，如果双方通过口头或函电磋商，就主要交易条件达成协议后，就要签订合同或成交确认书，以书面形式把双方的权利和义务固定下来，作为约束双方的法律文件。《公约》对货物买卖合同的书面形式没有特定的限制。买卖双方可以采取正式合同、销售确认书、协议书、备忘录、订单和委托书等形式。在我国对外贸易中，主要使用合同和成交确认书两种形式。

3. 书面合同的内容

书面合同的内容通常包括约首、基本条款和约尾三个组成部分。

（1）约首。约首是合同的首部，一般包括合同名称、合同号码（订约日期、订约地点），以及缔约双方的名称、地址、电话号码和传真号码等内容。此外，在合同序言部分主要写明双方订立合同的意愿和执行合同的保证，对买卖双方都具有约束力等。双方的名称应用全称，不能用简称，地址要详细，因涉及法律管辖问题，所以不能随便填写。

（2）基本条款。这是合同的正文部分，规定双方的权利和义务，具体列明各项交易条件，其中包括品名、品质、规格、数量、包装、价格、交货时间与地点、运输、保险、支付、检验、索赔、不可抗力和仲裁等条款，以及根据不同商品和不同的交易情况加列的其他条款，如保值条款、溢短装条款和合同适用的法律等。这些条款也是交易磋商的主要内容，体现了买卖双方的权利和义务。

（3）约尾。约尾是合同的尾部，一般包括合同的份数、使用的文字及其效力、订约时间和地点、合同生效的时间及双方当事人的签字盖章等内容。合同的订约地点往往要涉及合同准据法的问题，因此要慎重对待。

7.2.3 进出口贸易合同的审核要点

1）进出口贸易合同的形式和格式如果是由外商提供的，必须逐项审查其政治性、合法性、真实性和可操作性。

2）外销员对外签订合同，必须取得公司法定代表人的"签约授权书"，否则无效。"签约授权书"须明确授权范围和工作责任。

3）进出口贸易合同审核的主要内容包括品种、规格、单价、数量、总金额及贸易术语、装运时间、装运港和目的港、包装、保险、付款方式、码头及其他双方约定的条款、仲裁条款等。

4）进出口贸易合同采用书面合同形式，经买卖双方签字、盖章有效。

HEP-Trade 国际贸易实务与结算实训系统中的合同单据，请扫描下方二维码查看。

二维码 7-1
HEP-Trade 国际贸易实务与结算实训系统中的合同单据

| 案例 7-4 |

还盘导致合同失效

案情：我方某进口公司向国外某商人征询某商品，不久我方接到对方8月15日的发盘，发盘有效期至8月25日。我方于8月20日向对方复电："如价格能降至50美元/件，我方可以接受。"对方未做答复，8月23日我方得知价格上涨，又表示可以接受对方8月15日的发盘。对方来电称货已售罄，无货可供。

问：合同是否成立，为什么？

分析：我方的接受不能使合同成立。因为我方在8月20日曾向对方复电"如价格能降至50美元/件，我方可以接受"，属于实质性变更发盘条件，为还盘，所以我方8月23日向对方表示的接受不具有法律效力。因此，合同不能成立。

本章小结

在国际贸易中，交易磋商是指贸易双方为买卖某种商品通过面谈，或通过信函、传真或电子数据交换等方式，就交易的各项条件进行的国际商务谈判。交易磋商的程序依次有四个环节：询盘、发盘、还盘、接受。其中，发盘与接受是构成进出口有效合同的基本环节。

经过交易磋商，一方发盘经另一方接受后，买卖双方就构成了合同关系。双方在交易磋商过程中的函件，就是合同的书面证明。根据国际有关规定和贸易习惯，买卖双方还要签订书面的正式合同或成交确认书。《中华人民共和国民法典》对涉外经济合同也做出了具体规定。

思考题

一、简答题

1. 构成一项法律上有效的发盘必须具备哪些条件？
2. 简述《公约》关于一项发盘能否撤销的规定。
3. 导致发盘效力终止的原因有哪些？
4. 构成一项有效的接受必须具备哪些条件？
5. 试述《公约》关于逾期接受的规定。
6. 简述一项合同有效成立的条件。

二、案例讨论题

1. 我方A公司向美国旧金山B公司发盘某商品100公吨，每公吨2 400美元CIF旧金山，以不可撤销即期信用证支付，收到信用证后2个月内交货，限3日内答复。第二天收到B公司回电："Accept your offer shipment immediately."（接受你方发盘，立即装运。）A公司未予答复。又过两天，B 公司通过旧金山银行开来即期信用证，注明"shipment immediately"（立即装运）。当时该货国际市场价格上涨 20%，A 公司以合同并未达成为由拒绝交货，并立即将信用证退回，于是双方发生争议。

2. 某月 20 日，我方 F 公司向老客户 G 公司发盘："可供一级红枣 100 公吨，每公吨 500 美元 CIF 安特卫普，适合海运包装。定约后即装船，不可撤销即期信用证付款，请速复电。"G 公司立即电复："你方 20 日电我方接受，用麻袋装，内加一层塑料袋。"由于 F 公司一时没有麻袋，故立即回电："布包装内加一层塑料袋。"回电后，G 公司未予答复，F 公司便着手备货。之后在 F 公司去电催请 G 公司开立信用证时，G 公司以合同根本没有成立为由拒绝，于是发生争议。

3. 我方对外发盘轴承 800 套，分别为：101 号/200 套、102 号/100 套、103 号/200 套、104 号/300 套，限 9 月 20 日复到有效。对方在发盘的有效期内来电表示接受，并附第 1080 号订单一份。订单内标明的规格是：101 号/200 套、102 号/200 套、103 号/300 套、104 号/100 套。我方对来电未做处理。数天后收到对方开来的信用证，证内对规格未做详细的规定，仅注明"as per order No.1080"（根据 1080 号订单）。我方凭证按原发盘的规格、数量装运出口，商业发票上注明"as per order No.1080"。

试讨论：以上 3 个案例中，我方能否顺利交单结汇，为什么？

第 8 章
CHAPTER 8

商品的品名、品质、数量和包装

§ **教学目的**
- 了解商品的有关概念
- 了解《联合国国际货物销售合同公约》与《跟单信用证统一惯例》（UCP600）的有关规定
- 掌握国际贸易合同中品质、数量和包装条款的订立方法与注意事项

§ **关键术语**

以毛作净	定牌	溢短装条款	唛头
中性包装	商品条码	OEM	

§ **章首案例 8-1**

更改合同品质条款导致赔偿

案情：A 公司对外成交自行车 3 000 辆。合同规定 2 000 辆为黑色，1 000 辆为红色。备货中，发现黑色有货，红色无货，还有其他颜色。A 公司认为对方是老客户，要货急，给些其他颜色不会有问题，于是，在未征得对方同意下，把 500 辆蓝色自行车和 500 辆白色自行车代替合同中的 1 000 辆红色自行车装运出口。但是客户拒绝付款，理由为单据和货物不符。

试问：我方的错误在哪儿，为什么？

分析：我方的错误在于以下两方面：第一，任意更改合同品质条款，合同是双方交接货物的依据，违反了合同规定自然要进行赔偿；第二，国际货物买卖合同是双方当事人就双方谈判结果达成的协议，但我方不与对方商量私自做出更改，这是对合同的践踏。因此，卖方必须承担违约的后果。

8.1 商品的品名

商品的品名或名称是指能使某种商品区别于其他商品的一种称呼。从法律角度看，在合同中明确规定买卖标的物的具体名称，关系到交易双方在买卖货物方面的权利与义务。

8.1.1 品名条款的意义

品名条款是买卖双方对具有一定外观形态并占有一定空间的有形商品达成共识的一种文字描述，又称标的物条款。对交易标的物的具体描述，是构成货物描述的主要组成部分，是双方交接货物的一项基本依据。根据《联合国国际货物销售合同公约》（以下简称《公约》）的规定，卖方交付的货物必须与合同所规定的数量、质量和规格相符，并须按照合同所规定的方式装箱或包装。

8.1.2 品名条款的内容

明确规定标的物及其品质要求，是买卖双方签订合同时必须解决的问题之一。买卖合同中的品名条款一般比较简单，通常是在"商品名称"或"品名"的标题下，列明缔约双方同意交易的商品名称，故又称为"标的物条款"。国际货物买卖中交易的标的物都是具体的商品，由于进入国际贸易领域的商品种类繁多，即使是同一种商品，也可因品种、品质、产地、花色、外形设计、型号等不同而千差万别。

国际贸易中的**标的物**（subject matter）是指用于换取对价的货物。一般来说，要构成买卖中的标的物必须具备三个条件：①必须是被卖方占有的；②必须是合法的；③必须是双方当事人一致同意的。

按照我国和国际上的通常做法，合同中标的物的品名条款一般比较简单，通常是在"**商品名称**"（name of commodity）或"品名"的标题下予以限定，列明交易双方同意成交商品的名称。有时为了省略，也可不加标题，只在合同的开头部分列明交易双方同意买卖的某种商品的名称，例如计算机、移动通信设备等。但由于成交商品的品种、型号、等级和特点不同，明确起见，可把有关品种或品质、产地、型号的概括性描述包括进去，做进一步限定。

总之，合同中有关品名的规定并没有统一的、固定不变的格式。如何规定，可根据双方当事人的意思予以确定。

│案例 8-1│

商品品质的重要性

案情：我方某出口公司向外商出口一批苹果。合同及对方开来的信用证上均写的是三级品，但交货时发现三级苹果告罄，于是我方改以二级品交货，并在发票上标注："二级苹果仍以三级价格出售。"但对方以与合同规定不符为由拒绝付款。

问：对方的拒付是否合理，为什么？

分析：货物等级是商品品质的重要指标，我方以二级苹果代替三级苹果，违反了品质条款，造成单证不符，所以对方拒付合理。

8.1.3 规定品名条款的注意事项

国际货物买卖合同中的品名条款是合同中的主要条件。因此，在规定此项条款时，应注意下列事项：

1. 商品的品名必须做到内容明确、具体，文字表达清楚

用文字来描述和表达商品的名称，应能确切地反映商品的用途、性能和特点，切忌空泛、笼统或含糊，以免给合同的履行带来不应有的困难，从而埋下纠纷的隐患。

2. 商品的品名必须实事求是，切实反映商品的实际情况

就卖方而言，品名必须是卖方所能生产或供应的品种和型号；就买方而言，品名必须是买方需要进口的商品。凡做不到或不必要的描述性词句，都不应列入，以免给履行合同带来困难。

3. 商品的品名要尽可能使用国际上通用的名称

目前，一部分商品的名称并不完全一致，有的在不同的地区可以有不同的叫法。为了避免误解，在签订合同中应尽可能使用国际上通行的称呼。如果必须使用地方性的名称，交易双方应事先就其名称达成共识。对于一些新商品的定名及其译名，应力求准确、易懂，并符合国际上的习惯称呼。

4. 确定品名时应恰当地选用合适的名称

如果商品具有不同的名称，则在确定品名时，必须注意有关国家的海关税则和进口限制的有关规定，在不影响外贸政策的前提下，从中选择有利于降低关税、方便进口和节省运费开支的名称，作为合同的品名。

5. 确定品名时还应考虑其与运费的关系

目前通行的运送货物的班轮运费是按照商品名称规定收费标准的，但由于商品的名称不统一，存在同一商品因名称不同而收取的费率迥异的现象。从这个角度来看，选择合适的品名，是节省运费和降低成本的一个重要方面，应予以重视。

8.2 商品的品质

商品的品质（quality of goods）是指商品外观形态和内在质量的综合，是反映商品满足

用户明确和隐含需要的能力的特性总和，包括商品的适合性和符合性两个层次的内容。具体来说，商品的品质是商品的化学成分、物理性质、机械性能、结构、造型、色泽及味觉等技术指标的总称。

根据《公约》的规定，若卖方的交货不符合约定的品质条件，买方有权要求损害赔偿，也可要求修理或交付替代货物，甚至拒收货物和撤销合同。

表示商品品质的方法有凭说明表示品质和以实物表示品质两大类。凭说明表示品质可分为凭规格买卖、凭等级买卖、凭标准买卖、凭商标或牌号买卖、凭说明书和图样买卖和凭产地名称买卖六种。以实物表示品质可分为看货买卖和凭样品买卖两种。

①凭规格买卖中商品的规格是指反映商品质量的若干主要指标，如成分、含量、纯度、容量、性能、大小、长短、粗细等。②凭等级买卖中商品的等级是指同一类商品，按其质地的差异或尺寸、形状、重量、成分、构造、效能等的不同，用文字、数字或符号所做的分类。③凭标准买卖中的标准是指对商品规格的标准化，在国际贸易中，对一些已经被广泛接受的标准，一般倾向于按该项标准进行交易。根据标准适用的范围和地域的不同，可分为国际标准、国家标准、行业标准和企业标准。④凭商标或牌号买卖中商标的牌名是指厂商或销售商所生产或销售的商品牌号，又称品牌，商标则是牌号的图案化，是特定商品的标志。商标与牌号受商标法的保护。⑤凭说明书和图样买卖中，卖方要承担所交货物的质量必须与所附说明书、图样、图纸等说明的商品质量特征完全相符的责任。⑥凭产地名称买卖是指买卖双方在交易中以产地名称来表示商品的品质。

凭样品买卖（sale by sample）是指以样品表示商品品质并以此作为交货依据的买卖，又称凭样品交货。凭样品买卖的种类有凭卖方样品买卖（sale by seller's sample）、凭买方样品买卖（sale by buyer's sample）、凭对等样品买卖（sale by counter sample）。

《公约》第 35 条规定，如合同中有条款明示或默示地说明凭样品买卖时，该合同即为凭样品买卖合同。交付样品即为标准样品。

对于难以标准化的农副产品，往往采用以下两种标准：①良好平均品质（fair average quality，FAQ），是指一定时间内某地出口货物的平均品质水平；②上好可销品质（good commodity quality，GMQ），是指卖方交货品质只需保证是上好的，适合市场销售，无须说明具体品质。

规定品质条款应注意的问题有：①对某些商品可规定一定的品质机动幅度，即允许卖方所交货物的质量指标在一定的幅度内机动掌握。品质机动幅度可分为**品质公差**（quality tolerance）和**品质机动幅度**（quality latitude）两种。品质公差用于工业制成品，而品质机动幅度用于农副产品等初级产品。品质公差是指国际上公认的允许卖方交付货物时的产品品质误差。凡在品质公差范围内的货物，买方不得拒收或要求调整价格。②正确运用各种表示品质的方法。在实际业务中，应视商品的特性，选用表示商品品质的方法。③对一种商品同时采用多种表示品质的方法应谨慎。凡能用一种方法表示品质的，一般不宜同时采用两种或两种以上的表示方法，特别是同时采用凭规格和样品成交时，会给履约造成困难，同时避免对所交货物品质承担双重担保的义务。④尊重对方的贸易权利，了解进口国风俗习惯，适应进口国有关法律与条例的规定。

对不符合合同规定的交付货物，当产品的使用价值未受重大影响时，可以通过协商或仲裁要求买方折价或要求换货、修理及损坏赔偿。

8.3 商品的数量

商品的数量（quantity of goods）是指以一定的度量衡单位表示的货物重量、个数、长度、面积、体积或成分百分比等。从内容看，数量可分为数和量两部分。数是指绝对数，量是指计量单位。

按约定的数量交付货物是卖方的一项基本义务。如卖方交货数量大于约定的数量，买方可以拒收多交的部分，也可以收取多交部分当中的一部分或全部，但应按合同价格付款。如卖方交货数量少于约定的数量，卖方应在规定的交货期届满前补交，但不得使买方遭受不合理的不便或承担不合理的开支，即使如此，买方也有保留要求损害赔偿的权利。

国际贸易中通常采用的度量衡制度有公制、英制、美制和国际单位制。我国现行的法定计量单位是国际单位制。

国际贸易中常见的计量方法有重量、个数、容积、长度、面积和体积（见表 8-1）。

表 8-1　国际贸易中常见的计量方法

计量方法	应用情形	常见单位
重量	主要适用于羊毛、棉花、谷物、矿产品、盐、油类等天然产品，以及农副产品和矿砂、钢铁等部分工业制品	克（g）、千克（kg）、盎司（oz）、磅（lb）、公吨（M/T）、长吨（L/T）、短吨（S/T）、公担（q）、英担（BWT）、美担（CWT）等
个数	适用于成衣、文具、纸张、玩具、车辆、拖拉机、活牲畜、机器零件等杂货类商品及一般制成品	只（PC）、件（PKG）、双（PR）、台/套/架（ST）、打（DZ）、罗（GR）、大罗（GGR）、令（RM）、卷（ROI LOR、OIL）、辆（LJNIT）、头（I-IEAI）、箱（C/S）、捆（BALE、BDL）、桶（BARREI、DR）、袋（B）、盒（BX）、听（TIN、CAN）等
容积	主要适用于小麦、玉米、汽油、天然瓦斯、化学气体、煤油、酒精、啤酒、过氧化氢溶液等谷物类及部分流体、气体物品	公升（L）、加仑（GAL）、蒲式耳（BU）等
长度	主要适用于布匹、塑料布、电线电缆、绳索、纺织品等	码（yd）、米（m）、英尺（ft）、厘米（cm）等
面积	主要适用于木材、玻璃、地毯、铁丝网、纺织品、塑料板、皮革等板型材料及皮质商品和塑料制品	平方米（m^2）、平方英尺（ft^2）、平方码（yd^2）、平方英寸（in^2）等
体积	主要适用于化学气体、木材等	立方码（yd^3）、立方米（m^3）、立方英尺（ft^3）、立方英寸（in^3）等

常见的重量计算方法有毛重、净重、公量、理论重量和实物净重五种。

1）毛重是指商品本身的重量加包装物的重量。

2）净重是指产品本身的重量，即除包装后的商品实际重量。有时候采用以毛作净的方法。以毛作净是指按毛重来计算商品的重量。

3）公量是以商品的干净重加上国际公定的回潮率与干净重的乘积所得出的重量。公量的计算公式为

$$公量 = 商品的干净重 \times (1+公定回潮率)/(1+实际回潮率)$$

或

$$公量 = 商品净重 \times (1+公定回潮率) \tag{8-1}$$

回潮率是指水分与干量之比。公定回潮率是指交易双方商定的商品中的水分与干量的百分比，如生丝、羊毛在国际上公认的公定回潮率为11%。实际回潮率是指商品中的实际水分与干量的百分比。

例如，某公司出口羊毛10公吨，买卖双方约定的公定回潮率为11%，其实际回潮率则从10公吨货物中抽取部分样品进行测算。假设抽取10千克，然后用科学方法去掉10千克羊毛中的水分，若净剩8千克干羊毛，则实际回潮率为25%。将两种不同的回潮率代入上述公式，则公量=10×（1+11%）/（1+25%）=8.88（公吨）。

4）对于一些按固定规格形状和尺寸所生产和买卖的货物，只要其规格和重量一致、尺寸大小一致，则每件商品的重量大体是相同的，按该方法得出的重量称为理论重量。表示出来的纯商品重量，称为实物净重。此计重方法大多用于海关计税。

买卖合同中数量条款的内容主要包括成交商品的数量和计量单位。规定数量条款应注意合理规定数量的机动幅度——溢短装条款（more or less clause）。溢短装条款是指允许卖方在交货时根据合同的规定多交或少交一定的百分比。UCP600第30条a款规定，"约"或"大约"用于信用证金额或信用证规定的数量或单价时，应解释为允许有关金额或数量或单价有不超过10%的增减幅度。若合同和信用证中未明确规定可否溢短装，则对于散装，可根据UCP600第30条b款"在信用证未以包装单位件数或货物自身件数的方式规定货物数量时，货物数量允许有5%的增减幅度，只要总支取金额不超过信用证金额"的规定处理。

买卖双方可以在合同中明确规定货物的溢短装条款。

规定溢短装条款应注意的问题有：①数量机动幅度的大小要适当。数量机动幅度的大小通常以百分比表示，如3%或5%不等，百分比的大小应视商品特性、行业或贸易习惯和运输方式等因素而定。②机动幅度选择的规定要合理。数量机动幅度根据实际情况一般由卖方选择，但在由买方安排运输的条件下，也可由买方或船方选择。③溢短装数量的计价方法要公平合理。④数量条款必须明确、具体、完整。按重量成交的应说明是按净重还是按毛重计算，如不说明，根据《公约》第56条规定，应按净重计算。

8.4 商品的包装

按照某些国家法律规定，如卖方交付的货物未按约定的条件包装，或者货物的包装与行业习惯不符，买方有权拒收货物。如果货物虽按约定的方式包装，但却与其他货物混杂在一起，买方可以拒收违反约定包装的那部分货物，甚至可以拒收整批货物。

按照所起的作用不同，包装可分为运输包装（transport package）和销售包装（sales package）。

1. 运输包装

运输包装的标志可分为运输标志、指示标志和警告性标志。其中，运输标志在业务中使用较多。

（1）运输标志。**运输标志**（transport mark）又称唛头，是指书写、压印或刷制在外包装的图形、文字和数字。它通常由一个简单的几何图形和一些英文字母、数字及简单的文字组成，其主要内容包括收发货人代号、目的地、件号和批号，其作用在于使货物在装卸、运输、保管过程中容易被有关人员识别，以防错发错运。

《国际标准银行实务》（ISBP）第 36 条指出，使用唛头的目的在于能够标志箱、袋及包装，如果信用证对唛头的细节做了规定，则载有唛头的单据必须显示这些细节，但额外信息是可以接受的，只要它与信用证的条款不矛盾。

根据国际标准化组织制定的"标准运输标志"的规定，运输标志使用的是带△号的四行文字，每行不超过 17 个字母，其中，目的港（地）名称与件号是必不可少的。

（2）指示标志。指示标志又称保护标志，由辅以英文说明的一些国际通用图形组成，用以说明与搬运易碎、易损、易变质的商品有关的操作事项。如 HANDLE WITH CARE（小心轻放）、USE NO HOOK（请勿用钩）、THIS SIDE UP（此端朝上）、KEEP DRY（保持干燥）、SLING HERE（由此吊起）等。

（3）警告性标志。警告性标志属于法定标志，主要用于说明易燃、易爆、有毒、有放射性、腐蚀性、氧化性等危险品的性质，以提醒操作人员注意。我国在出口危险品时，外包装上一般既要刷制我国规定的危险品标志，也要刷制联合国组织制定的配有英文说明的标准图案。

2. 销售包装

（1）商品条码。商品条码（product code）已被公认为国际通用的"身份证"，是国际市场的"入场券"。它是一种利用光电扫描阅读设备识读并实现数据输入计算机的特殊代号，是一组由粗细不同、黑白色彩相同的条及间隔不等的空与对应的数字，按规定的编码规则组合起来的，用以表示一定信息的图形。这些信息包括商品的品名、规格、价格、制造商等。

目前，国际上通用的商品上的条码有两种：一种是通用于北美地区的 UPC 条码，它被应用于食品、出版物、音像磁带、金属制品等物品上，常用于包装、销售、记账和数据处理等方面。另一种是世界广泛采用的 EAN 条码，由国际物品编码协会统一分配和管理。1991 年 4 月我国正式加入该协会，并被分配以 690 表示我国的国别号。因此，标有 690 为前缀的条码的商品，即表示中国生产的商品。

（2）定牌与中性包装。在国际贸易中，定牌是指买方要求卖方在出口商品或包装上使用买方指定的商标或品牌。中性包装是指商品包装上既没有标明生产国别、地名和制造厂商标志，也没有标明商品原有的商标和品牌的一种特殊包装。它有定牌中性和无牌中性之分。前者是指商品或包装上使用买方指定的商标或牌号，但不注明制造商国别、地名、厂名；后者是指商品或包装上均不注明任何标记。

OEM 是英文 Original Equipment Manufacturer 的缩写，按照字面意思，应翻译成原始设备制造商，是指一家厂商根据另一家厂商的要求，为其生产产品和产品配件，也称为定牌生产或授权贴牌生产。OEM 既可代表外委加工，也可代表转包合同加工，国内习惯称为协作生产、三来加工，俗称加工贸易。

（3）包装条款。包装条款是用来规定货物包装方式、包装材料、包转费用负担和运输方式等方面内容的条款，一般包括包装材料、包装方式、包装规格、包装标志等内容。

规定包装条款应注意的问题如下。

1）考虑商品的特点和不同运输方式的要求。商品的特性、形状和使用运输方式的不同，对包装的要求也不相同，必须从商品在储运和销售过程中的实际需要出发，使约定的包装科学、合理并达到安全适用和适销的要求。

2）对包装的规定要明确具体。应明确规定包装材料、造型和规格。一般不宜采用"海运包装"和"习惯包装"之类的术语。

3）明确包装由谁供应和包装费用由谁负担。包装由谁供应，通常有下列三种做法：

①由卖方供应包装，包装连同商品一起交付买方。

②由卖方供应包装，但交货后，卖方将原包装收回。

③由买方供应包装或包装物料。应明确规定买方提供包装或包装物料的时间，以及由于包装物料未能及时提供而影响发运时买卖双方所负的责任。

本章小结

商品的品名或名称是指能使某种商品区别于其他商品的一种称呼。从法律角度看，在合同中明确规定买卖标的物的具体名称，关系到交易双方在买卖货物方面的权利与义务。

商品的品质是指商品外观形态和内在质量的综合，是反映商品满足用户明确和隐含需要的能力的特性总和，包括商品的适合性和符合性两个层次的内容。

表示商品品质的方法有凭说明表示品质和以实物表示品质两大类。凭说明表示品质可分为凭规格买卖、凭等级买卖、凭标准买卖、凭商标或牌号买卖、凭说明书和图样买卖和凭产地名称买卖六种。以实物表示品质可分为看货买卖和凭样品买卖两种。

商品的数量是指以一定的度量单位表示的货物重量、个数、长度、面积、体积或成分百分比等。从内容看，数量可分为数和量两部分。数是指绝对数，量是指计量单位。

国际贸易中常见的计量方法有重量、个数、容积、长度、面积和体积。

溢短装条款是指允许卖方在交货时根据合同的规定多交或少交一定的百分比。

按照所起的作用，包装可分为运输包装和销售包装。运输包装的标志可分为运输标志、识别标志、指示标志和警告性标志。其中，运输标志在业务中使用较多。

运输标志又称唛头，是指书写、压印或刷制在外包装的图形、文字和数字。它通常由一个简单的几何图形和一些字母、数字及简单的文字组成，其主要内容包括收发货人代号、目的地、件号和批号。

定牌是指买方要求出口商品或包装上使用买方指定的商标或品牌。中性包装是指包装上既没有标明生产国别、地名和制造厂商标志，也没有标明商品原有的商标和品牌的一种特殊包装。

思考题

1. 我方向西欧某国出口一批布匹，货物到目的港后，买方因购销旺季，未对货物进行检验就将布匹投入批量生产。数月后，买方寄来几套不同款式的服装，声称用我方出口的布匹制成的服装缩水严重，难以投入市场销售，因而向我方提出索赔。

    问：我方应否同意对方的要求，为什么？

2. 我方某出口公司对美国成交出口电冰箱 4 500 台，合同规定 pyw-A、pyw-B、pyw-C 三种型号各 1 500 台，不得分批装运。待我方发货时，发现 pyw-B 型电冰箱只有 1 450 台，而其他两种型号的电冰箱存货充足，考虑到 pyw-B 数量短缺不大，我方于是便以 50 台 pyw-A 代替 pyw-B 装运出口。

    问：我方是否应该理赔，为什么？

3. 我方某进出口公司向国外某客户出口一批榨油大豆，合同中规定大豆的具体规格为含水分 14%、含油量 18%、含杂质 1%。国外客户收到货物不久，我方便收到对方来电：我方的货物品质与合同规定的相差较远，具体规格为含水分 18%、含油量 10%、含杂质 4%，并要求我方给予合同金额 40% 的损害赔偿。

    问：对方的索赔要求是否合理？合同中就这一类商品的品质条款应如何规定为宜？

4. 我方某纺织品进出口公司以 CIF 条件与国外买方签订了一份出口 5 000 套西服的合同。货物到目的港，经买方对货物进行复验后，发现部分西服有水渍。因此，买方向我方提出 3 096 套的扣价索赔。但当我方欲就此案进行核查时，买方已将该批西服运往他国销售。

    问：我方是否仍应赔偿对方的损失？

第 9 章
CHAPTER 9

国际货物运输

§ **教学目的**

- 了解各种运输方式及运输单据的概念和特点
- 掌握各种运输单据的法律意义
- 掌握海运提单的相关概念、分类、制作方法
- 掌握 UCP600 的有关规定
- 掌握国际贸易合同中国际贸易运输条款的订立方法与注意事项

§ **关键术语**

班轮运输	租船运输	集装箱运输	国际多式联运
海运提单	不可转让海运单	清洁提单	指示提单
分批装运	转运	滞期费	装卸率

§ **章首案例 9-1**

分批装运延期导致银行拒付

案情：我方某外贸公司与国外 B 公司达成一笔出口合同，信用证规定"数量 10 000 公吨，8—12 月分批装运，每月装 2 000 公吨"。卖方在 8—10 月每月装 2 000 公吨，银行已经凭单付款。第四批货物原定 11 月 15 日装运出口，但由于台风登陆，第四批货物延迟至 12 月 2 日才运出。当受益人凭 12 月 2 日的装船提单向银行议付时，遭到银行拒付。后受益人又以"不可抗力"为由要求银行付款，也遭到银行拒绝。

试问：银行有无拒绝付款的权利，为什么？

分析：本案例中，银行有权拒收单据和拒付货款。因为根据 UCP600，分批交货中，若是其中任何一批交货未按时完成，则本批及以后各批均告失效。根据《公约》第 79 条的规定，合同一方当事人因不可抗力而不能履行合同或不能按时履行合同时，当事人可免除责任，但使用信用证交易时，该规定不适用。因为信用证是独立性法律文件，即独立于合同之外，不受合同的约定，所以银行的拒付有道理。因此，本案例中，银行有权拒付。

9.1 国际货物运输方式

9.1.1 海洋运输

国际贸易的运输方式主要包括海洋运输、铁路运输、公路运输、内河运输、航空运输、邮政运输、集装箱运输等。其中，海洋运输又称"国际海洋货物运输"，是国际贸易运输中历史最悠久而又最重要的运输方式，占当前世界贸易量的 2/3 以上。海洋运输按照船舶的经营方式不同，可以分为班轮运输和租船运输两大类。

1. 班轮运输

班轮运输又称定期船或邮船运输，是指船舶按照固定的船期表、沿着固定的航线和港口并按相对固定的运费率收取运费的一种运输方式。它的服务对象是非特定的、分散的众多货主，班轮公司具有公共承运人的性质。

（1）班轮运输的特点。

1）有固定的港口、固定的航线、固定的船期和相对固定的运费费率，即"四固定"。

2）货物由班轮公司负责配载和装卸，在班轮运费中包括卸货费，故班轮公司和托运人双方不计滞期费和速遣费，即"承运人对全程负责"。

3）运费相对稳定。

4）承运人和托运人之间处理纠纷所依据的是班轮提单。

5）班轮承运货物的数量比较灵活，货主按需订舱，特别适用于一般件杂货和集装箱货物的运输。

（2）班轮运费的计算标准。班轮运费是指班轮公司为运输货物而向货主收取的费用。班轮运费由班轮运价表规定，包括基本运费和附加运费两部分。基本运费是指货物从装运港到目的港所应收取的费用，其中包括货物在港口的装卸费用。它是构成全程运费的主要组成部分，其计算标准主要有以下八种：

1）货物的毛重计收。按此种方法计费者，在班轮运价表中商品名称后面注有 W 字样。

2）货物的体积计收。按此种方法计费者，在班轮运价表中商品名称后面注有 M 字样。

3）货物的价格计收。它是以有关货物的 FOB 总价值按一定的百分比收费。按此种方法计费者，在班轮运价表中商品名称后面注有 A.V 或 Ad.Val 字样，也称从价运费。

4）收费较高者计收。它是以重量吨、尺码吨（W/M）两者或以重量吨、尺码吨、货物的价格（W/M 或 A.V）三者中，选择较高者收费。此外，还有以重量吨、尺码吨两者中选择较高者收费后，另加收一定百分比的从价运费。

5）货物的件数计收。

6）大宗商品交易下，由船、货双方议定。

7）按每件货物作为一个计量单位计收运费，如牲畜、运输机械等。

8）由货主与船公司临时议定价格。

（3）班轮运费中的附加费。附加费是指班轮公司为了保持在一定时期内基本费率的稳定，又能正确反映出各港的各种货物的航运成本，在基本费率之外，为了弥补损失，又规定了各种额外加收的费用，主要有转船附加费、直航附加费、超重附加费、超长附加费和超大附加费、港口附加费、港口拥挤附加费、选港附加费、变更卸货港附加费、燃油附加费、货币贬值附加费、绕航附加费等。

（4）班轮运费的计算步骤。

1）选择相关的船公司价格表。

2）根据货物名称，在货物分级表中查出相应的运费计算标准（basis）和等级（class）。

3）在等级费率表的基本部分，找到相应的航线、起运港和目的港，按等级查到基本运价。

4）再从附加费部分查出所有应收（付）的附加费项目和数额（或百分比）及货币种类。

5）根据基本运价和附加费算出实际运价。

6）总运费 = 实际运价 × 运费吨。

根据上述步骤，总结出班轮运费的计算公式为

$$F = Fb \times (1 + \sum s) \times Q \quad (9\text{-}1)$$

式中，F 是班轮运费；Fb 是基本运费率；$\sum s$ 是附加费率之和；Q 是总货运量。

│案例 9-1│

某 FOB 价值为 20 000 美元的货物由甲地运往乙地，基本费率为每运费吨 30 美元或从价费率 1.5%。体积为 6 立方米，毛重为 5.8 公吨，以 W/M 或 A.V 选择法计费，以 1 立方米或 1 公吨为 1 运费吨。

试计算应收总运费。

解：（1）按"W"计算的运费为：30 美元 / 运费吨 ×5.8 公吨 =174 美元

（2）按"M"计算的运费为：30 美元 / 运费吨 ×6 立方米 =180 美元

（3）按"A.V"计算的运费为：20 000 美元 × 1.5% = 300 美元

三者比较，按"A.V"计算的运费最高，故应收总运费为 300 美元。

2. 租船运输

（1）租船运输的定义。**租船运输**（shipping by chartering）又称不定期船运输，是海洋运

输的一种方式，是指租船人向船东租赁船舶用于货物运输的一种方式。和班轮运输不同，租船没有固定的船期表、航线及挂靠港口，而是根据船东与租船人双方签订的租船合同，按贸易需求安排船期、航线和港口。租船运输通常适用于大宗货物的运输。

目前，国际租船运输包括航次租船（voyage charter）、定期租船（time charter）和光船租船（bare boat charter）。

1）航次租船，简称程租船，是指由船舶所有人负责提供船舶，在指定港口之间进行一个航次或数个航次的对承运人指定货物的租船运输。

航次租船的特点是：①船舶的经营管理由船方负责；②规定一定的航线和转运的货物汇总类、名称、数量以及装卸港口；③船方除对船舶航行、驾驶、管理负责外，还应对货物运输负责；④在多数情况下，运费按所运货物数量计算；⑤规定一定的装卸期限或装卸率，并计算滞期费、速遣费；⑥船舶双方的责任、义务以航次租船合同为准。

2）定期租船，简称期租船，是指由船舶所有人将船舶出租给承租人，供其在一定时期内使用的租船运输，并在规定的期限内由租船人自行调度和经营管理。租期可长可短，短则数月，长则数年。这种租船方式不以完成航次数为依据，而以约定使用的一段时间为限。

定期租船有以下特点：①在租赁期间，船舶的经营管理由租船人管理、调动和使用；②不规定船舶航线和装卸港口，只规定船舶航行区域；③除特别规定外，可以装运各种合法货物；④船方负责船舶的维护、修理和机器的正常运转；⑤不规定装卸期限或装卸率，不计算滞期费、速遣费；⑥租金按租期每月每吨若干金额计算；⑦船租双方的权利与义务，以定期租船合同为准。

3）光船租船实际上是定期租船的一种特殊方式，与一般定期租船不同的是，船东不负责提供船员，只是将空船交给租方使用，由租方自行任命船长，配备船员，负责船员的给养和船舶的经营管理及航行各项事宜。

（2）租船运输的运费。航次租船运费的计算方法有两种：一种是按规定运费率，即按每单位重量或单位体积规定的运费额计算；另一种是按规定的整船包价，费率的高低主要取决于租船市场的供求关系，但也与运输距离、货物种类、装卸率、港口使用、装卸费用划分和佣金高低有关。合同中对运费按照**装船重量**（taken quantity）还是**卸船重量**（delivered quantity）计算，运费是预付还是到付，需要在合同中订明。

航次租船装卸费用的划分方法有以下几种：①船方负担装货费和卸货费条件（gross terms；liner terms 或 berth terms），又称班轮条件。②船方管装不管卸（free out, FO）条件。③船方管卸不管装（free in, FI）条件。④船方不负担装货费和卸货费条件（free in and out）。采用第 4 个条件时，还要明确理舱费和平舱费由谁承担。一般都规定租船人负担，即船方不负责卸货、理舱和平舱费条件（free in and out, stowed and trimmed，FIOST）。

9.1.2 铁路运输

我国对外贸易使用的铁路运输可分为国内铁路货物运输和国际铁路货物联运两部分。

国际铁路货物联运是指两个或两个以上不同国家的铁路当局联合起来，使用一份统一的国际货运单据，以连带责任的方式办理货物的全程运送。

我国的国际铁路货物联运主要是通过铁路合作组织在1951年缔结的《国际铁路货物联运协定》（简称《国际货协》）来进行的。铁路运单全称为国际铁路货物联运单据，它是国际联运中铁路承运人与托运人之间的运输契约。

（1）铁路运输的优点。①运输能力强，这使它适用于大批量低值产品的长距离运输；②单车装载量大，加上有多种类型的车辆，这使它几乎能承运任何商品，几乎可以不受重量和容积的限制；③车速较高，铁路运输的平均车速在五种基本运输方式中排第二位，仅次于航空运输；④受气候和自然条件影响较小，在运输的经常性方面占优势；⑤可以方便地实现驮背运输、集装箱运输及多式联运。

（2）铁路运输的缺点。①铁路线路是专用的，固定成本较高，原始投资较大，建设周期较长；②铁路按列车组织运行，在运输过程中需要有列车的编组、解体和中转改编等作业环节，占用时间较长，因而增加了货物在途中的时间；③铁路运输中的货损率较高，而且由于装卸次数多，货物损毁或丢失事故通常比其他运输方式多；④不能实现"门到门"的运输，通常要依靠其他运输方式配合，才能完成运输任务，除非托运人和收货人均有铁路支线。

9.1.3 公路运输

国际公路货物运输是以卡车或汽车为工具，完成国与国之间的短途货运。国际公路货物运输依据《国际公路货物运输合同公约》（CMR）进行。

公路运输的特点是：①机动灵活，适应性强，可实现"门到门"直达运输；②在中、短途运输中，运送速度较快；③原始投资少，资金周转快；④掌握车辆驾驶技术较易；⑤运量较小，运输成本较高；⑥运行持续性差；⑦安全性低，对环境污染较大。

9.1.4 内河运输

内河运输是利用内河货船、拖船、驳船等船只进行国家间水上运送的运输方式，多用于内陆驳船与海洋运输的连接。

9.1.5 航空运输

航空运输是一种现代化的运输方式，是使用飞机、直升机及其他航空器运送人员、货物、邮件的一种运输方式，一般有班机运输、包机运输、集中托运和航空快递四种。班机运输方式是利用定期的航班运送货物；包机运输方式是一个发货人或几个发货人包租整架飞机来运送货物；集中托运则是指航空货运代理接受委托，将多个发货人单独的货物并装后组成一个整批，集中向航空公司托运；航空快递是指航空快递经营业者将出口货物从发件人所在地通过自身或代理的网络送达国外收件人的快运方式。

9.1.6　邮政运输

邮政运输是一种"门到门"的运输方式，并具有广泛的国际性。需要在国家间运送的小件物品，可以通过国际邮政运输方式运送，并相应出具专递收据或邮寄收据。

9.1.7　集装箱运输

集装箱运输是以集装箱这种大型容器为载体，将货物集合组装成集装单元，以便在现代流通领域内运用大型装卸机械和大型载运车辆进行装卸、搬运作业和完成运输任务的一种现代化的先进运输方式。它可适用于各种运输方式的单独运输和不同运输方式的联合运输。

（1）集装箱的定义。集装箱是一种大型的装货容器和流动性货舱。按国际标准化组织（ISO）第 104 技术委员会（专营集装箱运输）的定义，集装箱是具备下列条件的运输容器：①具有足够的强度，可反复使用；②有特殊的设计，能适用于多种运输方式，途中转运无须倒载，不动容器内的货物即可换装；③有适当装置进行快速装卸，并能从一种运输工具直接迅速地换装到另一种运输工具；④便于货物的装满和卸空；⑤具有 1 立方米以上的容积。

ISO 研究制定了 3 个系列 13 种类型的通用集装箱标准规格。其中，第一系列主要是大型集装箱，适用于洲际运输；1A～1F 型 6 种集装箱高、宽均为 8 英尺（1 英尺 = 0.304 8 米），长分别为 10～68 英尺。目前国际上通用的集装箱多为 1A 型（长 40 英尺，以下简称"40'柜"）和 1C 型（长 20 英尺，以下简称"20'柜"）。20'柜容积为 31～35 立方米，可载重 20 吨左右。40'柜容积为 63～68 立方米，可载重 30 吨左右。因此，选择箱型时，实重货应选装 20'柜，轻泡货应选装 40'柜。为便于统计和计算，目前国际上均以 20'柜为衡量单位，称为"相当于 20 英尺单位"，以 TEU（twenty-feet equivalent unit）来表示，不同型号的集装箱，一律折算成 TEU 加以计算。

（2）集装箱的特点。集装箱是实现货物成组化的最佳方式，其优点在于：①无须开箱；②受天气限制小；③减少货损货差；④节省了包装材料，减少了经营费用；⑤简化货运手续；⑥节约劳动力，改善劳动条件。

（3）集装箱的货物交接方式。集装箱货物运输与传统的货物运输有许多不同之处，其装箱和拆箱的方式主要有两种：整箱（full container load, FCL）和拼箱（less container load, LCL）。

由于集装箱货物运输有整箱和拼箱之分，因此货物的交接方式也有所不同。

1）整装整交（FCL/FCL），交货地点为"门到门"（door to door）。
2）拼箱拆交（LCL/LCL），交货地点为"站到站"（CFS to CFS）。
3）整装拆交（FCL/LCL），交货地点为"门到站"（door to CFS）。
4）拼装整接，交货地点为"站到门"（CFS to door）。

我国集装箱外部尺寸和总重见表 9-1。

表 9-1 集装箱外部尺寸和总重

外部尺寸 / 厘米							总重 / 千克
高		宽		长			
尺寸	公差	尺寸	公差	尺寸	公差		
2 591	−5～0	2 438	−5～0	12 192	−16～0		30 180
2 591	−5～0	2 438	−5～0	6 058	−16～0		20 320
2 438	−5～0	2 438	−5～0	4 012	−5～0		10 000
2 438	−5～0	2 438	−5～0	1 968	−5～0		5 000

9.1.8　国际多式联运

国际多式联运是指按照多式联运合同，以至少两种不同的运输方式，由多式联运经营人将货物从一国境内接收货物的地点运往另一国境内指定交付货物的地点的运输方式。国际多式联运经营人的责任期间是从接收货物之时开始到交货之时为止，对货主负全程运输责任。

根据《联合国国际货物多式联运公约》的解释，国际多式联运方式需同时具备六个条件：

（1）必须要有一份多式联运合同。
（2）使用一份包括全程的多式联运单据。
（3）由一个多式联运经营人对全程运输负责。
（4）必须是至少两种不同运输方式的连贯运输。
（5）必须是国际货物运输。
（6）必须是全程单一的运费费率。

|案例 9-2|

装运条件 CY BY CY 下，货物短重由谁负担

案情：我方某公司按 CFR 条件，凭不可撤销即期信用证以集装箱出口成衣 350 箱，装运条件是 CY BY CY。货物交运后，我方取得清洁已装船提单，提单上标明："Shippers load and count"（货物已装载且已计数）。在信用证规定的有效期内，我方及时办理了议付结汇手续。20 天后，对方来函称：经有关船方、海关、保险公司、公证行会同时对到货开箱检验，发现其中有 20 箱包装严重破损，每箱均有短少，共缺成衣 512 件。各有关方均证明集装箱完好无损。为此，对方要求我方赔偿短缺的损失，并承担全部检验费 2 500 美元。

问：对方的要求是否合理，为什么？

分析：对方的要求是合理的。本案中，装运条件为 CY BY CY，它是指整箱装运、整箱交货，即货物由出口方自行装箱、自行封箱后将整箱货物运至集装箱堆场。箱内货物的情况如何，船方概不负责。货物运抵目的港后，由集装箱堆场负责将整箱货物交给收货人，并由收货人开箱验货。本案中，经有关船方、海关、保险公司、公证行会同时对到货开箱检验，发现其中有20箱包装严重破损，每箱均有短少，共缺成衣512件，各有关方均证明集装箱完好无损，说明货物包装破损和数量的短少是由装箱时的疏忽造成的，因此我方不能推卸责任。

9.2 货物运输单据

9.2.1 海运提单

1. 海运提单的定义、性质和作用

海运提单（bill of lading，B/L）简称提单，是由船长或船公司或其代理人签发的证明已收到特定货物，允诺将货物运至特定的目的地，并交付给收货人的凭证。海运提单是收货人在目的港据以向船公司或其代理提取货物的凭证，是运输契约或其证明。

海运提单的性质与作用可以概括为三个方面：

（1）承运人或其代理人出具的货物收据。提单是承运人或其代理人应托运人的要求向其签发的收据，证明承运人已收到或接管提单上所列的货物，并将按提单所载事项向收货人交付货物。

（2）代表货物所有权的凭证。提单代表着货物所有权，可以经背书转让给他人。提单的转移代表着货物所有权的转移，谁持有提单，谁就掌握了货权，就可以要求承运人交货。承运人一般是凭提单交货，只要承运人善意地将货物交给提单持有人，即使提单持有人实际无权占有货物，承运人也可以免责。

（3）承运人与托运人之间订立的运输契约的证明。提单规定了承运人与托运人之间的责任、义务、权利和豁免条款，但提单本身并不是运输合约，而只是承运人与托运人之间订立运输契约的证明。因为一般情况下，托运人根据船公司事先公布的船期、费用、运输条件等，向班轮公司或其代理洽订舱位，舱位订妥之后，双方之间的运输合约即告成立。也就是说，运输合约在签发提单之前即已成立，而提单是在执行运输合约过程中签发的，因此，提单是已经存在的运输合约的证明。

2. 海运提单的缮制要点

（1）托运人栏（shipper）。当贸易合同是以CIF、CFR、DES以及DEQ等贸易术语成交时，由于是卖方负责签订运输合同，因此一般均会填写为卖方。值得注意的是，当采用F组术语成交时，尽管是由买方负责签订运输合同，但在提单的托运人栏仍应填写为卖方，以保证卖方在收妥货款之前能合法拥有提单项下的货物所有权，避免买方在付款之前就以提单托运人的合法身份提取货物，而在卖方结算货款时却百般刁难，造成卖方货款两空的局面。

（2）收货人栏（consignee）。收货人是指有权提取货物的人，提单的收货人又称提单的抬头。

（3）到货通知人栏（notify party）。到货通知人不是提单的关系人，而是为了便于收货人提货，承运人在货物到港后通知的对象，一般填写为贸易合同中的买方或买方代理人，务必详细准确，以确保货物抵达目的港时能被及时通知办理提货手续。

（4）运费费率及金额的填写。通常在业务实践中，托运人和船方出于各自的考虑，都不愿意注明此项，而代之以"freight prepaid""freight paid"或"freight to collect"等表述方式。但无论如何，缮制提单时都必须做到与信用证要求严格相符，以确保安全收汇。

（5）关于正本提单的份数及认定。承运人在签发提单时，通常会签发几份正本提单。需要注意的是，由于许多船公司在其正本提单上事先印有"original""duplicate""triplicate"等字样，容易在银行审单时被误解为副本提单而导致结算的困难。因此，最稳妥的做法是在所有的正本提单上全部标注"original"字样，以确保安全收汇。

3. 海运提单的分类

依据划分角度的不同，海运提单主要可分为以下几类。

（1）按货物是否装船分。根据货物是否装船，海运提单可分为已装船提单和备运提单。

已装船提单（on board B/L）是承运人已将货物装上指定的船舶后由承运人或其授权代理人根据大副收据所签发的提单。**备运提单**（received for shipment B/L）是承运人在已收到货物，等待装船期间所签发的提单。

已装船提单上会标明船名和装船日期（装船日期通常是指已装船完毕的日期），而备运提单上则没有船名和装船日期。在国际贸易中，进口商和银行一般只接受已装船提单。

（2）按提单上有无对货物或货物外包装的不良批注分。根据提单上有无对货物或货物外包装的不良批注，海运提单分为清洁提单和不清洁提单。

清洁提单（clean B/L）是指在装船时，货物外表状况良好，承运人在签发提单时，未在提单上加注任何有关货物残损、包装不良、件数、重量和体积，或其他妨碍结汇的批注的提单。**不清洁提单**（unclean B/L）是指在货物装船时，承运人发现货物包装不牢、残损、渗漏、沾污、标志不清等现象时，大副将在收货单上对此加以批注，并将此批注转移到提单上。

根据 UCP600 第 27 条 c 款，银行只接受清洁运输单据。"清洁"一词并不需要在运输单据上出现，即使信用证要求运输单据为"清洁已装船"的。

（3）按提单收货人栏的填写方式分。根据提单收货人栏填写方式的不同，海运提单分为记名提单和指示提单。

记名提单（straight B/L）是指在提单的收货人栏填有指定的收货人，这种提单只能由提单上注明的收货人提货，不能转让。

指示提单又称空白提单（Blank B/L 或 Open B/L），是指在提单的收货人栏填有"凭指定"(to order) 或"凭××指定"(to order of ...)。这种提单可以通过背书转让给第三者，是可以流通的提单，在国际贸易中运用得相当广泛。

指示提单的背书方式有两种：一种是**记名背书**，即提单转让人除在提单背面签字盖章外，还注明提单的受让人；另一种是**空白背书**（endorsement in blank），即提单转让人只在提单背面签字盖章，不做其他标注。"凭指定"并经空白背书的提单，习惯上被称为"空白抬头、空白背书"提单。

（4）按运输方式分。根据运输方式的不同，海运提单分为直达提单、转运提单和联运提单。

直达提单（direct B/L）是指货物于装运港装船后，中途不再换船而直接运抵目的港所签发的提单。

转运提单（transshipment B/L）是指货物于装运港装船后不直接驶往目的港，中途还需卸载换交其他船只继续运往目的地所签发的提单。

联运提单（through B/L）是指采用两种或两种以上的运输方式运送货物时由第一承运人所签发的包括全程运输的提单。需要注意的是，尽管联运提单包括了全程运输，但联运提单的签发人只对第一程运输负责。

（5）按提单内容的繁简分。根据提单内容的繁简，海运提单可分为全式提单和略式提单。

全式提单又称繁式提单，是指除在提单正面注明承运货物的基本情况外，还在提单的背面详细注明承运人和托运人的各项权利和义务的提单。由于全式提单条款繁多，因此又称繁式提单。在海运的实际业务中大量使用的大都是这种全式提单。

略式提单则只在提单正面注明所承运货物的基本情况，略去了背面条款。

（6）其他种类的提单。其他种类的提单主要有以下几种：

1）**倒签提单**（anti-dated B/L）。倒签提单是指承运人或其代理人在货物装船后签发提单时，应托运人的请求，将提单记载的装运日期提前，以符合信用证规定的装运日期的提单。这种提单因装船日期倒签而得名。

一般来说，倒签提单属于诈欺行为，船公司不会签出倒签提单。但若托运人的诚信度高，倒签日期在5日之内，船公司会予以考虑。

2）**顺签提单**（post-dated B/L）。顺签提单是指承运人或其代理人在货物装船后签发提单时，应托运人的请求，由承运人或其代理人将提单记载的装运日期延后，以符合信用证规定的装运日期的提单。这种提单因装船日期延后而得名。

一般来说，顺签提单的欺诈程度高于倒签提单，船公司不会签出顺签提单。

3）**预借提单**（advanced B/L）。预借提单是指在货物尚未全部装船，或货物虽已由承运人接管，但尚未开始装船的情况下签发的已装船提单。这种提单通常是已经超过信用证规定的装运日期和交单日期时，或托运人希望提前得到已装船提单以向银行议付货款时，应托运人的要求而签发的。

倒签提单与预借提单都是将提单的签发日期提前，因而使得实际日期与提单记载日期不符，以致构成虚假，所以法律上一般对两者做类似处理。目前普遍的做法是：首先从保护善意第三者的利益和商业流通性出发，承认提单仍然有效；其次把承运人的这种不实记载行为视为违法行为，要求承运人对由此产生的损害负责，同时免除承运人享受免责的权利，而且还应对欺诈行为负责。倒签提单与预借提单是一种欺骗提单持有人的行为。提单持有人一旦发现这一现象，有权拒绝收货，并可就造成的损失向承运人索赔。如此可以有效地制止承运人滥签这类提单。这一点对与信用证有关的各方当事人仍然是相当重要的。

4）**甲板提单**（on deck bill of lading）。甲板提单又称舱面提单，是指承运人签发的、表明货物已装具名船只甲板（舱面）的提单。

一般情况下，由于货装甲板（舱面）时的风险较大，银行将拒绝接受货装甲板（舱面）提单。如果运输单据内有货物可能装于甲板（舱面）的规定，但未特别注明货物已装或将装甲板（舱面），除非信用证另有规定，银行将对此种单据予以接受。

9.2.2 不可转让海运单

不可转让海运单（seaway bill）是证明海上运输合同和货物由承运人接管或装船，以及承运人保证据以将货物交给海运单所载明的实际收货人的一种**不可流通的海上货运单据**（non-negotiable seaway bill）。由于海运单能方便进口商及时提货、简化手续、节省费用、提高效率，越来越多的国家和地区倾向于使用此种海运单。特别是电子数据交换（EDI）技术在国际贸易中被广泛使用的情况下，海运单更适用于电子数据交换信息，不可转让海运单于1977年在北大西洋的海洋运输中出现了。

1. 不可转让海运单的性质、作用

1）不可转让海运单是承运人和托运人之间海上运输合同的证明。

2）不可转让海运单是出运货物的收据。不可转让海运单不被视为传统的可转让提单或物权凭证，因此不能背书转让。因为货物的托运或交付是给指定收货人的，所以该收货人只需证明其身份而不必提交正本海运单。

2. 不可转让海运单的特点

1）不可转让，不是物权凭证。

2）不可转让海运单是发货人与承运人之间运输合同的证明，而不是收货人与承运人之间基于合约的承诺，因此，货物在运输途中遭到损失时，收货人无权索赔。此外，发货人可以要求承运人改变货物目的地。

9.2.3 租船合约提单

租船合约提单（charter party bill of lading）是利用租船方式进行海上运输时签发的并受租船合约约束的提单。租船合约提单通常是简式提单，内容基本上与海运提单相同，有时只列明货名、数量、装船港、目的港等内容，其他一切条件依照租船合约办理。

鉴于租船运输中，不可能在运送过程中将货物卸下，再运往目的港，因此，租船合约提单不可显示转船。

1. 租船合约提单的种类

租船合约提单有以下两种。

（1）出租船舶的船公司（即船东）与承租人订立的租船合约。相当于承运人的承租人

（往往是运输公司或另一家船公司）或其授权人向发货人（shipper/consigner）签发运输单据，即租船合约提单。

（2）船方根据货方与之订立的租船合同而出具的提单。由于该类提单受租船合同的制约，因此它被称为**租船合约提单**（charter party bill of lading）。

租船合约提单使用专门设计的格式，简称租船提单；有些则使用本公司一般海运提单格式签发租船提单。所以，根据 UCP600，无论该提单使用何种名称，只要含有以租船合约为准的声明，即为租船合约提单。

2. 租船合约提单的性质、作用

1）当租船人与托运人是同一人时，由承运人签发的提单仅是物权凭证和货物收据，在提单中往往有"根据×××租船合约出立"等字句。显然，它受到租船合约的约束，这种提单不成为一个完整的独立文件，承运人和托运人双方权利与义务的划分均以租船合约为准，而不以提单为准。

2）当租船人是承运人时，如托运人将租船合约提单背书转让给第三者，并且所签发的提单未列明"根据×××租船合约出立"等字句时，租船合约的权利和义务仍只对船东和租船人而不对第三者具有约束力。

3. 租船合约提单的特点

1）提单的转让受租船合约的约束。
2）提单是否代表货权取决于租船合约。
3）货物的交付方式取决于租船合约。
4）适用于海洋运输、内河运输及多式联运。

9.2.4 多式联运单据

多式联运单据（multimodal transport document，MTD）是为适应广泛开展的集装箱运输的需要而产生的，涵盖至少两种不同运输方式的运输单据。它是指证明多式运输合同以及证明多式联运经营人接管货物并负责按照合同条款交付货物的单据。

1. 多式联运单据的性质、作用

1）多式联运单据是多式联运经营人和托运人之间签订的多式联运合同的证明。在多式联运方式下，多式联运经营人和托运人之间的权利、义务以多式联运合同为依据，多式联运单据就是由多式联运经营人签订的、确认双方之间多式联运合同的证明。

2）多式联运单据是多式联运经营人接管货物的收据。承运人或多式运输经营人或其代理人在内陆地点接收、监管货物时即签发单据，证明已收到货物，承诺所有方式下的全程运输。

3）在特定情况下，多式联运单据是货权凭证。当多式运输的最后一程为海运，且多式联运单据以可转让的方式签发，即将收货人做成凭指示交付时，就是货权凭证。

2. 多式联运单据的特点

1）多式联运单据包含至少两种不同的运输方式，运输过程至少包含海运、空运、公路、铁路、内河运输中的两种。同一种运输方式、不同运输工具的联结，例如海－海、空－空联运不能视作多式联运。

2）如果最后一程运输是海运，则单据可背书转让，且是物权凭证；如果最后一程运输不是海运，则单据不可背书转让，且无物权凭证性质。

3）在多式联运单据可背书转让且是物权凭证的情况下，凭正本提单交付货物；在多式联运单据不可背书转让且不是物权凭证的情况下，则只能将货物交给指定收货人。

9.2.5 空运运单

空运运单（air way bill，AWB）是在航空运输方式下，由作为承运人的航空公司或其代理人接受托运人委托，以飞机装载货物进行运输而签发的货运单据。货物到达目的地后，承运人向收货人发出到货通知，收货人凭到货通知和身份证明提取货物。所以，空运运单并非物权凭证，不能通过背书进行转让和作为抵押品向银行融通资金。但它是证明发货人业已交运货物的正式凭证，是承运人和托运人之间缔结运输合同的证明，是承运人向托运人出具的货物收据。

空运运单按其签发人的不同，可分为航空主运单和航空分运单。

1. 航空主运单

由航空公司或其代理人签发的空运运单是航空主运单（master air way bill），也就是一般意义上的空运运单。在航空主运单的 air way bill No. 一栏中，字首为国际空运协会（IATA）统一编列的公司代号，一般为 3 位阿拉伯数字，如地中海航空公司为 270，中国国际航空公司为 999；其后为不超过 8 位数字的流水码，为航空公司自编的货号。

2. 航空分运单

由货运承揽人签发的空运运单是航空分运单（house air way bill）。在航空分运单的 air way bill No. 一栏中，字首为货运承揽人的英文代号，或者是起运的城市或机场代号，其后为该公司自编的流水码。

空运运单的正本共一式三份，第一份正本注明"original-for the consignor/shipper"（托运人正本运单），应交给托运人；第二份正本注明"original-for the issuing carrier"（承运人正本运单），由航空公司留存；第三份正本注明"original-for the consignee"（收货人正本运单），由航空公司随机带交收货人，供货物运抵后收货人提货时签收。虽然正本空运运单不是物权凭证，收货人仅凭航空公司到货通知书和有关证明即可提货，但托运人可凭正本运单指示承运人行使停运权或变更收货人。

空运运单收货人只能做成具名收货人，不应做成"to order"（凭指示）或"to order

of ×××"（凭某具名人指示）。空运运单须交具名收货人。如果收货人是银行，则凭银行签发给运输公司的提货单（delivery order）放货。

9.2.6 铁路运单

铁路运单和运单副本是国际铁路联运中铁路与货主之间的运输契约，是明确双方权利和义务关系的书面凭证，对收发货人和铁路部门都具有法律约束力。铁路运单正本随货物自始发站运至终点站，最后在终点站由收货人付清应由收货人负担的运杂费用后，连同货物由终点站交给收货人。运单副本由铁路始发站签发给发货人作为货物已经交运的凭证和凭以向银行办理货款结算的主要单据。由于收货人向铁路提取货物时无须提交运单，因此，铁路运单并非物权凭证，不能通过背书进行转让和作为抵押品向银行融通资金。

铁路运单收货人只能做成具名收货人，不应做成"to order"（凭指示）或"to order of ×××"（凭某具名人指示）。铁路运单须交具名收货人。如果收货人是银行，则凭银行签发给运输公司的提货单放货。

9.2.7 公路运单

《国际公路货物运输合同公约》对"公路运单"所下的定义是：公路运输单据是运输合同，是承运人收到货物的初步证据和交货凭证。公路运输单据有三种：国际内陆运输协会运单（international inland transport association waybill）、公路运单（road waybill）和汽车运输公司提单（truck company's bill of lading）。

一般情况下，公路运输单据不是物权凭证，不可流通转让。公路运输单据的性质、作用与铁路运单相似，是运输合同，是承运人收到货物的初步证据，是承运人向收货人交付货物的凭证。

公路运输单据收货人只能做成具名收货人，不应做成"to order"（凭指示）或"to order of ×××"（凭某具名人指示）。公路运输单据须交具名收货人。如果收货人是银行，则凭银行签发给运输公司的提货单放货。

9.2.8 内河运输单据

内河运输单据是指一种以出具提单、运单或任何其他内河运输贸易中使用的单据的形式，证明内河运输合同和货物已经由承运人接管或者装船的运输单据。

一般情况下，内河运输单据不是物权凭证，不可流通转让。内河运输单据的性质、作用与铁路运单相似，是运输合同的证明，是承运人收到货物的初步证据，是承运人向收货人交付货物的凭证。

内河运输单据收货人只能做成具名收货人，不应做成"to order"（凭指示）或"to order of ×××"（凭某具名人指示）。内河运输单据须交具名收货人。如果收货人是银行，则凭银行签发给运输公司的提货单放货。

9.2.9 专递收据和邮寄收据

专递收据是由空运公司或快件公司签发给托运人表明收到货物并将按约定向指定的收货人交付货物的运输单据。专递收据应在表面注明专递或快递机构的名称，由该机构盖章、签字或以其他形式证实，并注明取货或收货日期，该日期便视作装运日期或发运日期。

邮寄收据是盖有邮戳，邮局在收受对外寄发的货物后签发给寄件人的单据。

采用邮政运输货物到达目的地后，承运人向收货人发出到件通知，收货人凭到件通知和身份证明提取邮件。所以，专递收据或邮寄收据并非物权凭证，不能通过背书进行转让和作为抵押品向银行融通资金。国际邮政运输实属国际多式联合运输性质。专递收据或邮寄收据是邮政部门或国际信使专递公司收到由其负责邮递的信函、样品或包裹等邮件后向寄件人出具的注有签发日期的货物收据，也是邮件发生灭失或损坏事故后寄件人或收件人向邮政部门索赔的凭证。但是，邮政收据不代表货物所有权，既不能转让，也不能凭收据提货。邮政运输由邮局通知单指定人提货。

9.3 合同中的装运条款

合同中的装运条款主要包括装运期、装运地、目的地、运输方式、运输线路，以及能否分批装运、转船和转运等方面的内容。明确、合理地规定装运条款，是保证进出口合同顺利履行的重要条件。

9.3.1 装运期

装运期（time of shipment）是指卖方在合同指定地点将货物交付装运的时间期限，是国际贸易合同中的交易要件。卖方推迟或提前装运都属于违约，买方有权撤销合同，并要求相应的损害赔偿。

根据 INCOTERMS 2020 的规定，当合同以 FOB、CFR、CIF、FCA、CPT、CIP 术语成交时，卖方只要在合同规定的装运地或装运港，将货物装到船上或交付承运人监管，就算完成了交货任务。因此，在这类合同中，装运时间实际就等同于交货时间。而当采用 EXW 和 D 组术语成交时，卖方则必须将货物实际地置于买方控制之下才算完成交货义务。因此，以这类术语成交时，交货时间与装运时间是两个不同的概念，交货时间是指买卖双方实际交接货物的时间。

装运时间的具体规定方法有以下几种。

（1）确定最迟装运期限，如 Shipment on or before the end of JAN。

（2）规定一段装运时间，如 Shipment during JAN/FEB 2006。

（3）规定签订合同或收到信用证后若干天装运，如 Shipment within 30 days after receipt of L/C。

（4）收到信汇、票汇或电汇后若干天装运。

由于我国的进出口合同大部分以 FOB、CIF 和 CFR 成交，而且大部分是采用海洋运输方式，因此，根据 INCOTERMS 2020 的规定，卖方只要在合同规定的装运期内在装运港办妥出口报关手续，将货物装上指定的船只，取得清洁的装船单据，之后再通过合同约定的程序向买方递交单据，就算完成交货义务。在上述情形下，合同中的装运条款主要包括装运时间、装运港、目的港以及是否允许转船与分批装运等内容。在采用定程租船的方式下，则还要对滞期费和速遣费条款等做出规定。

9.3.2 装运港和目的港

装运港（port of shipment）是指货物起始装运的港口。为了便于卖方安排货物装运和适应买方接受或转售货物的需要，在一般情况下，装运港都是由卖方提出后经买方同意方可确定。**目的港**（port of destination）是指最终卸货的港口。在合同中规定装运港和目的港时应该注意下述问题。

（1）在一般情形下，应明确规定一个或若干个港口作为装运港或目的港。在出口业务中，对于装运港的规定以靠近货源地为宜；在进口业务中，对于目的港的规定以靠近最终用户为宜。

（2）当明确规定装运港或目的港存在困难时，也可采用选择港（optional port）的规定方法，如"CIF Main European Ports"（CIF 欧洲主要港口）。但必须注意：选择港一般不超过 3 个，且应为同一航线、运费相当的港口；应明确买方宣布卸货港的时间，选港附加费应由买方负担；核定运费应按选择港中最高的费率和附加费计算。

（3）原则上不能接受内陆城市作为装运港或目的港，否则，进口商或出口商还要承担从内陆城市到港口或从港口到内陆城市的运费和风险。

（4）在规定装运港和目的港时应该注意有无重名的问题。例如，名为 Victoria 的港口在世界上有 12 个之多，因此，必须注明港口所在国家的名称，以免混淆。

（5）必须结合考虑港口水域的深浅、码头长度、费用水平、装卸速度、是否拥挤、有无冰冻以及港口的装卸条件等。

（6）货物运往无直达船停靠或虽有直达船而船期不稳定、航次少的目的港，应规定允许转船。

9.3.3 分批装运和转运

1. 分批装运

分批装运（partial shipment）是指一笔成交的货物分若干批交付装运。在国际贸易中，凡数量较大，或受货源、运输条件、市场销售或资金的条件所限，有必要分期分批装运者，均应在买卖合同中规定分批装运条款。在合同的分批装运条款中，既可笼统规定允许卖方分批装运，也可明确规定各批次的具体装运时间和相应的装运数量。后一种情形实际对卖方在装运环节的操作做了严格的限制。按照国际商会 UCP600 第 32 条的规定："如信用证规定在指定的时间段内分期支款或分期发运，任何一期未按信用证规定期限支取或发运时，信用证对该期及以后各期均告失效。"

UCP600 中与分批装运有关的重要条款还包括以下两款。

第 31 条 a 款　允许分批支款或分批装运。

第 31 条 b 款　表明使用同一运输工具并经由同次航程运输的数套运输单据在同一次提交时，只要显示相同目的地，将不被视为部分发运，即使运输单据上标明的发运日期不同或装货港、接管地或发送地点不同。如果交单由数套运输单据构成，其中最晚的一个发运日将被视为发运日。含有一套或数套运输单据的交单，如果表明在同一种运输方式下经由数件运输工具运输，即使运输工具在同一天出发运往同一目的地，仍将被视为部分发运。

2. 转运

转运（transshipment）是指货物在运输过程中的转船、转机以及从一种运输工具上卸下再装上另一种运输工具，或由一种运输方式转向另一种运输方式的行为。如果在合同的转运地和目的地之间没有直达的运输工具，就应在合同中订明允许转船。

根据国际商会 UCP600 第 20 条 b 款的规定，转运意指在信用证规定的装货港到卸货港之间的海运过程中，将货物由一船卸下再装上另一船的运输。

除非信用证禁止转运，只要同一提单包括了海运全过程，银行将接受注明货物转运的提单。凡目的港无直达船或无固定船期，或航次稀少、间隔时间长，或成交量大而港口拥挤，作业条件差，均应允许转船。

9.3.4　装船通知

卖方在将货物装上船后，应及时向买方发出已装船通知（shipping advice），即以电报方式将货船名、船籍、吨位、预计到港日期告诉买方，以确保买方能及时安排接船接货以及在必要的时候及时投保。

装船通知的内容通常包括以下几方面：

（1）合同号或订单号或信用证号以及相应日期、发票金额等。

（2）货物的名称、规格、重量、数量、唛头等。

（3）装货港名称、船公司名称、船名、预计开航日期以及预计抵达日期（ETA）等。

（4）提单号或装运单据号等。

9.3.5　装卸费用、装卸时间、装卸率

大宗货物的运输常常采用定程租船运输。在此情形下，合同中的装运条款还需对装卸费用、装卸时间、装卸率以及滞期费和速遣费等做出相应规定。

1. 装卸费用

装卸费用条款是定程租船运输合同中规定装卸费用由谁承担的条款。主要规定方法有以

下几种。

(1) FIO (free in and out),即装卸费用均由货方承担。有时还规定理舱费 (stow) 和平舱费 (trim) 的分担,即 FIOS (船方不承担装货费、卸货费和理舱费)、FIOT (船方不承担装货费、卸货费和平舱费) 和 FIOST (船方不承担装货费、卸货费、平舱费和理舱费)。

(2) FI (free in),即船方承担卸货费,货方承担装货费。

(3) FO (free out),即货方承担卸货费,船方承担装货费。

(4) berth term (或 liner term),即船方承担装卸费。

2. 装卸时间

装卸时间是指承租人在港口完成装卸任务的时间期限,一般以天数或小时数来表示。一旦超出装卸时间期限,承租人将向船方支付滞期费,用以弥补船方因超期滞留港口所发生的额外开支。

装卸时间的常用规定方法包括以下几方面:

(1) 连续日,是指从午夜零点至 24 点日复一日的所有天数。

(2) 工作日,即按照港口习惯,扣除法定假日,属于正常工作日的天数。

(3) 晴天工作日,即天气良好可以进行装卸作业的工作日。

(4) 连续 24 小时晴天工作日,即天气晴好时钟连续走 24 小时就算一个工作日,在此期间如有几小时是坏天气不能作业,则予以扣除。这种方法比较公平,船货双方均愿接受。

3. 装卸率

装卸率是指每个工作日装卸货物的数量。装卸率直接影响装卸时间。对于装卸率的具体确定,一般应遵循港口惯常的装卸速度,规定得过高或过低都不合适。如果装卸率规定得过高,一旦完不成装卸任务,承租人就要承担滞期费 (demurrage) 的损失;反之,如果装卸率规定得过低,虽能因提前完成装卸任务而得到船方的速遣费 (dispatch money),但因船方在预先核算运费时已因较低的装卸率而规定了较高的运费,所以对承租人而言,也同样得不偿失。因此,装卸率的规定应本着实事求是的原则合理约定。

本章小结

班轮运输又称定期船或邮船运输,是指船舶按照固定的船期表、沿着固定的航线和港口并按相对固定的运费率收取运费的运输方式。

国际铁路货物联运是指两个或两个以上不同国家的铁路当局联合起来,使用一份统一的国际货运单据,以连带责任的方式办理货物的全程运送。

国际公路货物运输是以卡车或汽车为工具,完成国与国之间的短途货运。国际公路货物运输依据《国际公路货物运输合同公约》(CMR) 进行。一般情况下,公路运输单据不是物权凭证,不可流通转让。

内河运输是利用内河货船、拖船、驳船等船只进行国家间水上运送的运输方式,多用于内陆驳船与海洋运输的连接。一般情况下,内河运输单据不是物权凭证,不可流通转让。

航空运输是一种现代化的运输方式,一般有班机运输、包机运输、集中托运和航空快递四种。航空运单不是物权凭证，不能通过背书进行转让和作为抵押品向银行融通资金。

邮政运输是一种"门到门"的运输方式，并具有广泛的国际性。

集装箱运输是以集装箱为运输单位进行运输的一种现代化的先进运输方式，适用于各种运输方式的单独运输和不同运输方式的联合运输。

国际多式联运是指按照多式联运合同，以至少两种不同的运输方式，由多式联运经营人将货物从一国境内接收货物的地点运往另一国境内指定交付货物的地点的运输方式。

海运提单简称提单，是由船长或船公司或其代理人签发的证明已收到特定货物，允诺将货物运至特定的目的地，并交付给收货人的凭证。

不可转让海运单是证明海上运输合同和货物由承运人接管或装船，以及承运人保证据以将货物交给海运单所载明的实际收货人的一种不可流通的海上货运单据。

租船合约提单是利用租船方式进行海上运输时签发的并受租船合约约束的提单。

多式联运单据是指证明多式运输合同以及证明多式联运经营人接管货物并负责按照合同条款交付货物的单据。

合同中的装运条款主要包括装运期、装运地、目的地、运输方式、运输线路，以及能否分批装运、转船和转运等方面的内容。

思考题

一、计算题

1. 我方出口商品共 100 箱，每箱的体积为 30cm×60cm×50cm，毛重为 40 千克。查运费表得知该货为 9 级，计费标准为 W/M，基本运费为每运费吨 109 港元，另外收燃油附加费 20%，港口拥挤费 20%，货币贬值附加费 10%。试计算该批货物的运费。

2. 某公司出口货物共 200 箱，对外报价为每箱 438 美元 CFR 马尼拉，菲律宾商人要求将价格改报为 FOB 价，试求每箱货物应付的运费及应改报的 FOB 价。（已知该批货物每箱的体积为 45cm×35cm×25cm，毛重为 30 千克，商品计费标准为 W/M，基本运费为每运费吨 100 美元，到马尼拉港需加收燃油附加费 20%，货币贬值附加费 10%，港口拥挤费 20%。）

3. 我方按 CFR 价格出口洗衣粉 100 箱，该商品内包装为塑料袋，每袋 0.5 千克，外包装为纸箱，每箱 100 袋，箱的尺寸为长 47cm、宽 30cm、高 20cm，基本运费为每尺码吨 367 港元，另加收燃油附加费 33%，港口附加费 5%，转船附加费 15%，计费标准为 M。试计算该批商品的运费。

4. 我方某公司向东京某进口商出口自行车 100 箱，每箱一件，每箱体积是 20cm×50cm×120cm，计收运费的标准为 M，基本运费为每运费吨 280 港元，另加收燃油附加费 30%，港口拥挤费 10%。该批商品的运费是多少？

二、操作题

我国某贸易有限公司向美国 ABC 公司出口红小豆 1 000 吨，2019 年产。每吨 500 美元 CIF 纽约，单层麻袋包装，每袋 100 千克，运输标志（唛头）如下所示：

LS T

NEW YORK

SY—2010—999
No.: 3000

货物于 2020 年 12 月 28 日在青岛装"菊花"轮运往美国纽约。

请根据上列条件填制一份清洁、已装船、空白抬头提单，并注明"运费已付"。

三、案例分析题

1. 某农产品进出口公司向国外某贸易公司出口一批花生仁，国外客户在合同规定的开证时间内开来一份不可撤销信用证，证中的装运条款规定"Shipment from Chinese Port to Singapore in May, Partial shipment prohibited"（5 月从中国港口运往新加坡，禁止分批发货）。农产品进出口公司按证中规定，于 4 月 15 日将 200 吨花生仁在福州港装上"嘉陵"号轮，又由同轮在厦门港续装 300 吨花生仁。4 月 20 日农产品进出口公司同时取得了福州港和厦门港签发的两套提单。农产品公司在信用证有效期内到银行交单议付，却遭到银行以单证不符为由拒付货款。

    问：银行的拒付是否有理，为什么？

2. 我方某外贸公司以 FOB 中国口岸与日本 M 公司成交矿砂一批，日商即转手以 CFR 悉尼价售给澳大利亚的 G 公司。日商来证价格为 FOB 中国口岸，目的港为悉尼，并提出在提单上注明"运费已付"。

    问：日商为何这样做？我们应如何处理才能使我方的利益不受损害？

3. 一份买卖日用品的 CIF 合同规定"9 月装运"，即期信用证的有效期为 10 月 15 日。卖方 10 月 6 日向银行办理议付所提交的单据中，包括 9 月 29 日签发的已装船清洁提单。经银行审核，单单相符、单证相符，银行接收单据并支付了货款。但买方收到货物后，发现货物严重受损，且短少 50 箱。买方因此拒绝收货，并要求卖方退回货款。

    问：买方有无拒收货物并要求退款的权利，为什么？此案中的买方应如何处理此事才合理？

4. 我方某食品进出口公司向意大利出口 3 000 吨冷冻食品，合同规定 2019 年 4—7 月交货，即期信用证支付。来证规定："Shipment during April/July, April Shipment 800M/T, May Shipment 800M/T, June Shipment 800 M/T, July Shipment 600M/T"（4 月/7 月装运，4 月装运 800 吨，5 月装运 800 吨，6 月装运 800 吨，7 月装运 600 吨）。我公司实际出口情况是：4 月、5 月交货正常，并顺利结汇；6 月因船期延误，拖延到 7 月 12 日才实际装运出口。7 月 15 日我方在同轮又装了 600M/T，付款行收到单据后来电表示拒绝支付这两批货的款项。

    问：我方有何损失？开证行拒付有何依据？

5. 我方某公司与美国某客商以 FOB 条件出口大枣 5 000 箱，5 月装运，合同和信用证均规定不允许分批装运。我方于 5 月 10 日将 3 000 箱货物装上"喜庆"轮，取得 5 月 10 日的海运提单；又于 5 月 15 日将 2 000 箱装上"飞雁"轮，取得 5 月 15 日的海运提单，两轮的货物在新加坡转船，均由"顺风"轮运往旧金山港。

    问：我方的做法是否合适？将导致什么结果，为什么？

第 10 章
CHAPTER 10

国际货物运输保险

§ 教学目的

- 了解国际贸易运输保险的基本原则、海上风险与费用的概念
- 了解仓至仓条款的含义
- 了解伦敦保险协会海洋运输货物保险条款
- 掌握保险金额的计算方法
- 掌握我国进出口货物保险的基本做法

§ 关键术语

推定全损	共同海损	单独海损	施救费用
平安险	水渍险	一切险	仓至仓条款
保险金额	投保加成	保险单	保险费

§ 章首案例 10-1

国际海洋运输保险货物定损的标准

案情："昌隆"号货轮满载货物驶离上海港。开航后不久，由于空气温度过高，导致老化的电线短路引发大火，将装在第一货舱的 1 000 条出口毛毯完全烧毁。船到新加坡港卸货时发现，装在同一货舱中的烟草和茶叶由于羊毛燃烧散发出的焦煳味而受到不同程度的串味损失。其中，由于烟草包装较好，串味不是非常严重，经过特殊加工处理，仍保持了烟草的特性，但是质量已大打折扣，售价下跌三成。而茶叶则完全失去了其特有的芳香，不能当作茶叶出售了，只

能按廉价的填充物处理。

船经印度洋时，不幸与另一艘货船相撞，船舶严重受损，第二货舱破裂，仓内进入大量海水，剧烈的震荡和海水浸泡导致仓内装载的精密仪器严重受损。为了救险，船长命令动用亚麻临时堵住漏洞，造成大量亚麻损失。在船舶停靠泰国港避难进行大修时，船方联系了岸上有关专家就精密仪器的抢修事宜进行了咨询，发现整理恢复费用十分高，已经超过了货物的保险价值。为了方便修理船舶，不得不将第三货舱和第四货舱部分纺织品货物卸下，在卸货时一部分货物有钩损。

试问：上述货物损失属于什么损失？

分析：（1）第一货舱的货物。1 000条出口毛毯的损失是意外事故火灾引起的实际全损，属于实际全损第一种情况——保险标的实体完全灭失。而烟草的串味损失属于火灾引起的部分损失，因为在经过特殊加工处理后，烟草仍然能保持其属性，可以按"烟草"出售，三成的贬值是烟草的部分损失。茶叶的损失则属于实际全损，因为火灾造成了"保险标的丧失属性"，虽然实体还在，但是已经完全不是投保时所描述的标的内容了。

（2）第二货舱的货物。精密仪器的损失属于意外事故碰撞造成的推定全损。根据推定全损的定义，当保险标的的实际全损不可避免，或为避免发生实际全损花费的整理拯救费用超过保险标的本身的价值或其保险价值，就会得不偿失，从而构成推定全损。精密仪器恢复的费用异常昂贵，大大超过了其保险价值，已经构成推定全损。亚麻的损失是在危机时刻为了避免更多的海水涌入货舱威胁到船货的共同安全而被用来堵塞漏洞造成的，这种损失属于共同海损，由受益各方共同分摊。

（3）第三货舱和第四货舱的货物。纺织品所遭遇的损失是为了方便共同海损修理而被迫卸下时所造成的，也属于共同海损。

10.1 保险的基本原则

保险的基本原则是投保人（被保险人）和保险人签订保险合同、履行各自义务，以及办理索赔和理赔工作所必须遵守的原则。保险的基本原则主要有可保利益原则、最大诚信原则、补偿原则、代位追偿原则、重复保险分摊原则及近因原则等。

10.1.1 可保利益原则

1. 可保利益

保险利益（insurable interest）又称可保利益，是指投保人或被保险人对于保险标的因利害关系而产生的为法律所承认、可以投保的经济利益。这种利益在海上运输货物保险中具体表现为被保险人对保险标的享有所有权或承担某种经济风险和责任，被保险人会因为保险标的的安全或按期抵达而获益，或因该标的发生意外灭失或损毁而蒙受损害或承担责任。可保利益是保险合同生效的先决条件，也是向保险公司索赔的必备条件。

2. 可保利益原则

可保利益原则是指投保人或被保险人必须对保险标的具有可保利益，才能同保险人订立有效的保险合同的法律规定，如果投保人或被保险人对保险标的没有可保利益，则他们与保险人所签订的保险合同是非法的、无效的合同。

3. 可保利益原则必备的条件

作为保险合同客体的可保利益必须具有以下三个条件。

（1）可保利益必须是合法的利益，而不应是违反法律规定，通过不正当的手段获得的，即必须是法律上认可的利益。如果属于违法行为所获得的利益，如海上走私，或者属于违反国家利益或社会公共利益所产生的利益，都不能作为可保利益而订立保险合同。

（2）可保利益必须是一种确定的、可实现的利益，而不是仅凭主观臆断、推断可能获得的利益。若是预期利益，虽在签订合同时尚不存在，但只要它是客观上可以实现的，并且在保险事故发生前或发生时是可以确定的，那么就可以成为可保利益。

（3）可保利益必须是可以用货币计算的经济利益，而不是恢复原样或物质补偿。当保险事故发生并造成损失时，需要保险人保障的是投保人或被保险人在经济利益上的损失。

| 案例 10-1 |

保险的可保利益原则

案情：有一份 FOB 合同，货物在装船后，卖方向买方发出装船通知，买方向保险公司投保了"仓至仓条款一切险"（all risks with warehouse to warehouse clause），但货物在从卖方仓库运往码头的途中，被暴风雨淋湿了 10%。事后卖方以保险单含有仓至仓条款为由，要求保险公司赔偿此项损失，但遭到保险公司拒绝。后来，卖方又请求买方以投保人名义凭保险单向保险公司赔偿，也遭到保险公司拒绝。

问：在上述情况下，保险公司能否拒赔，为什么？

分析：本案例考察了保险中的可保利益原则。在 FOB 条件下，买方投保的海运保险是自货物在装运港有效装上船之后才生效的；在货物装上船之前买方尚未承担风险，因此对货物没有可保利益。本案中，保险公司拒赔是有道理的。

10.1.2 最大诚信原则

最大诚信原则（upmost good faith）又称最高诚信原则，是投保人和保险人在签订保险合同时以及在保险合同有效期内必须遵守的一项原则。在各种保险业务中，保险合同的签订都必须以双方当事人的最大诚信为基础；当事人中的一方如果以欺骗或隐瞒的手段诱使他人签订合同，一旦被发现，他方即有权解除合同，或不履行合同约定的义务或责任，甚至因此受到的损害还可以要求对方给予补偿。

对被保险人来说，坚持最大诚信原则主要涉及以下三方面内容。

1. 告知

告知（disclosure）是指被保险人在投保时把其所知道的有关保险标的及其与风险程度有关的实质性重要事项告诉保险人。由于保险标的种类繁多，告知的内容各有不同，范围极其广泛，在保险业发展过程中产生了两种告知方式，即无限告知和询问告知。但是若投保时被保险人对重要事项故意隐瞒，即构成**不告知**（non-disclosure）。

对于不告知的法律后果，《中华人民共和国海商法》规定：①如果被保险人的不告知是故意所为，保险人有权解除合同，并且不退还保险费，合同解除前发生的保险事故，造成损失的，保险人不负赔偿责任。②如果被保险人的不告知不是故意所为，保险人有权解除合同或者要求相应增加保险费。保险人解除合同的，对于合同解除前发生的保险事故造成的损失，保险人应当负赔偿责任。

2. 陈述

陈述（representation）是指被保险人在磋商保险合同或在合同订立前对其所知道的有关保险的情况，向保险人所做的说明。如果所做的陈述不真实，即为**错误陈述**（misrepresentation）。陈述有下列三种类型。

（1）对重要事实的陈述。按照国际保险市场的习惯做法，被保险人对重要事实所做的陈述必须真实；如果不真实，保险人可以因为被保险人违反最大诚信原则而解除合同。

（2）对一般事实的陈述。被保险人对一般事实所做的陈述，只要基本正确，即视为真实。换言之，凡被保险人所做陈述与实际情况之间的差异，从谨慎的保险人的角度看认为出入不大，即视为真实的陈述，保险合同便不得解除。

（3）对希望或相信发生的事实的陈述。被保险人对此类事实所做的陈述，只要出于诚信，即为真实的陈述。即使这种陈述与事实有出入，保险人也不能解除合同。

3. 保证

保证（warranty）又称担保，一般是指被保险人在保险合同中所做的保证要做或不做某种事情，保证某种情况的存在或不存在，或保证履行某一项条件等。对于保险合同中的保证条件，不论其重要性如何，被保险人均须严格遵守，如有违反，保险人可以自保证被违反之日起解除合同。此外，被保险人即使在损失发生之前已对违反的保证做出了弥补，也不能以此为由为其违反保证的事实提出辩护，保险人仍可按违反保证处理。值得指出的是，被保险人违反保证，保险人虽可按规定自被保险人违反保证之日起解除业务，但对违反保证之前所发生的保险事故，仍须承担赔偿责任。保证可分为明示保证和默示保证。明示保证是指以书面形式载明于保险合同中，以"被保险人义务"条款表达的一类保证事项；默示保证是指虽未以条款形式列明，但是按照行业或国际惯例、有关法规以及社会公认的准则，投保人或被保险人应该作为或不作为的事项。

|案例 10-2|

保险公司是否应该赔偿

案情：内地 A 公司向香港出口罐头一批共 500 箱，按照 CIF 香港向保险公司投保一切险。但是因为海运单上只写明进口商的名称，没有详细注明其地址，货物抵达香港后，船公司无法通知进口商来货场提货，又未与 A 公司的货运代理联系，自行决定将该批货物运回起运港天津新港。在运回途中因为轮船渗水，有 229 箱罐头受到海水浸泡。货物运回新港后，A 公司没有将货物卸下，只是在海运提单上写上进口商详细地址后，又运回香港。进口商提货时发现部分罐头已经生锈，所以只提取了未生锈的 271 箱罐头，其余的罐头又运回天津新港。A 公司发现货物有锈蚀后，凭保险单向保险公司提起索赔，要求赔偿 229 箱货物的锈损。保险公司经过调查发现，生锈发生在第二航次，而不是第一航次。

问：保险公司是否应该对该批货物的损失负责？

分析：本案例涉及了保险的最大诚信原则。保险公司有权拒绝赔付，原因如下：其一，保险事故不属于保险单的承保范围，因为本案中被保险人只对货物运输的第一航次投了保险，但是货物是在由香港至天津新港的第二航次中发生风险损失的，即使该项损失属于一切险的承保范围，保险人对此也不予负责。其二，被保险人向保险人提出索赔时明知是不属于投保范围的航次造成的损失，其目的是想利用保险人的疏忽将货物损失转嫁给保险人，这违反了"最大诚信原则"。

10.1.3 补偿原则

保险的补偿原则（principle of indemnity）是指当保险标的物发生保险责任范围内的损失时，保险人应按照合同条款的规定履行赔偿责任。但保险人的赔偿金额不能超过保单上的保险金额或保险人遭受的实际损失。保险人的赔偿不应使被保险人因保险赔偿而获得额外利益。保险补偿原则可通过现金赔付、修理、更换或重置的方式实施。

当保险标的发生保险责任范围内的损失时，保险人在对被保险人进行理赔时，对赔偿原则主要掌握如下几个方面。

1. 赔偿金额既不能超过保险金额，也不能超过实际损失

在订立海上货物保险合同时，根据保险金额与保险价值的关系，保险可分为足额保险、不足额保险和超额保险。**足额保险**（full insurance）是指保险金额等于保险价值的保险；**不足额保险**（under insurance）是指保险金额低于保险价值的保险；**超额保险**（over insurance）是指保险金额高于保险价值的保险。对于不定值保单，超额保险的保险赔偿不超过实际价值，不足额保险的保险赔偿不超过保险金额，足额保险按实际损失赔偿。对于定值保单，在保险金额限度内按实际损失赔偿，最高赔偿金额不超过双方约定的保险价值。

2. 被保险人必须对保险标的具有可保利益

保险人承担经济赔偿责任，是以被保险人对保险标的具有可保利益为前提条件的。同时，赔偿金额也以被保险人在保险标的中所具有的可保利益金额为限度。

3. 被保险人不能通过保险赔偿而得到额外利益

保险的赔偿是对被保险人遭受的实际损失进行补偿，使其恢复到受损前的经济状态，而不应是被保险人通过保险补偿获得额外利益。

被保险人请求损失赔偿的要件如下。

（1）被保险人对保险标的必须具有可保利益。
（2）被保险人遭受的损失必须是在保险责任范围之内。
（3）被保险人遭受的损失必须能用货币衡量。

保险人履行损失赔偿责任的限度如下。

（1）以实际损失为限。
（2）以保险金额为限。
（3）以可保利益为限。

10.1.4 代位追偿原则

代位追偿（subrogation）是指当保险标的发生了保险责任范围内的由第三方责任造成的损失，保险人向被保险人履行了损失赔偿的责任后，有权在其已赔付的金额限度内取得被保险人在该项损失中向第三方要求索赔的权利。保险人取得该权利后，即可站在被保险人的地位上向第三方进行追偿。简言之，代位追偿就是保险人取代被保险人向责任方追偿，是一种权利代位，即追偿权的代位。

若从被保险人的角度看，这种做法又称权益转让，即被保险人因其保险标的遭受损失而取得保险人的赔偿后，应将其享有的向第三方索赔的权益转让给保险人，以便保险人进行代位追偿。

代位追偿构成的条件有以下几方面。

（1）损失必须是第三方因疏忽或过失产生的侵权行为或违法行为所造成的，而且第三方对这种损失，根据法律的规定或双方在合同中的约定负有赔偿责任，被保险人对其享有赔偿请求权。

（2）第三方的这种损害或违约行为又是保险合同中订明的保险责任，即保险人负有赔偿义务。如果第三方的损害或违约行为与保险无关，就构不成保险上的代位追偿。

（3）保险人向第三方行使代位权所获得的补偿不能超过其赔付给被保险人的损失金额。

代位追偿的适用范围有以下两方面。

（1）保险人代位追偿的对象是对保险标的损失负有责任的第三方，但保险人对被保险人的家庭成员及组成人员的过失行为造成的损失不能行使代位追偿权。

（2）代位追偿原则不适用于人身保险。

10.1.5 重复保险分摊原则

重复保险(double insurance)又称双重保险,是指被保险人以同一保险标的向两家或两家以上的保险公司投保了相同的保险,在保险期限相同的情况下,其保险金额的总额超过了该保险标的的价值。

重复保险分摊原则是保险补偿原则派生出来的一项原则。在出现重复保险的情况下,当保险标的发生损失时,按照保险补偿原则,被保险人是不能从保险人那里获得超过保险标的的受损价值的补偿的。为了防止被保险人所受损失获得双重赔偿,把保险标的的损失赔偿责任在各保险人之间进行分摊,这便是重复保险的分摊原则。对重复保险分摊金额的计算,最常使用的方法是比例分摊责任,即在保险标的发生损失时,各保险人按各自保险单中所承担的保险金额与总保险金额的比例来承担保险赔偿责任。

10.1.6 近因原则

近因(proximate cause)是指在效果上对损失最有影响的原因,而不是在时间上或空间上最近的原因。在损失发生时,应考虑造成损失的有效的和有支配力的原因,将远因排除在外。近因原则是保险人对于承保范围内的保险事故作为直接的、最接近的原因所引起的损失,承担保险责任,而对于承保范围以外的原因造成的损失,不负赔偿责任。

寻找近因和近因原则的应用是复杂的,因为造成损失的原因多种多样。下面按照近因损失原因发生的三种情况分析该原则的应用。

1. 只有一个单独的损失原因

这是最简单的一种情况。如果事故发生所致损失的原因只有一个,显然该原因即为损失的近因。如果这个近因属于保险风险,保险人应对损失负责赔偿;如果属于除外责任,则保险人不予以赔付。

2. 多种损失原因组成了因果链

如果损失的发生是由具有因果关系的连续事故所致,保险人是否承担赔付责任,要区分两种情况:第一,如果这些原因中没有除外风险,则这些保险风险即为损失的近因,保险人应负赔付责任;第二,如果这些原因中既有保险风险,又有除外风险,则要看损失的前因是保险风险还是除外风险。如果前因是保险风险,后因是除外风险,且后因是前因的必然结果,则保险人应承担赔付责任;相反,如果前因是除外风险,后因是保险风险,且后因是前因的必然结果,保险人则不承担赔付责任。

3. 多种独立的原因共同存在的情况

这种情况是海上损失最常见的情况。在这种情况下,多种原因都似乎对损失有作用,它们之间不存在明显的因果关系,此时寻找近因的关键仍然要从这些原因对损失的效果上的影响入手,那些在效果上对损失起主导支配作用的原因就是近因。

10.2 海洋运输货物保险保障的风险、损失和费用

10.2.1 海洋运输货物保险保障的风险

一般将海洋运输货物保险保障的风险分为海上风险和外来风险两大类。

1. 海上风险

海上风险(perils of sea)又称海难,是指海上航行中发生以及海上与陆上、内河或驳船相连接的地方所发生的自然灾害或意外事故。

(1)自然灾害。**自然灾害**(natural calamity)是指自然界的变异引起破坏力量所造成的灾害,一般是人力无法抗拒的。中国《海洋运输货物保险条款》把恶劣气候(heavy weather)、雷电(lightning)、海啸(tsunami)、地震(earthquake)和洪水(flood)作为可保的自然灾害;《伦敦保险协会货物保险条款》中所承保的自然灾害包括地震、雷电、火山爆发(volcanic eruption)、浪击落海(wash in/over board)及海水、湖水或河水进入船舱、驳船、运输工具、集装箱、大型海运箱或储存处所。

(2)意外事故。**意外事故**(accident)是指由于外来的、偶然的、非意料中的原因所造成的事故或其他类似事故。海上保险所承保的意外事故并非包括所有的意外事故。中国《海洋运输货物保险条款》中所承保的意外事故包括运输工具遭受的搁浅(stranded)、触礁(grounded)、沉没(sunk)、倾覆(capsized)、碰撞(collision)、失火(fire)和爆炸(explosion)等;《伦敦保险协会货物保险条款》中所承保的意外事故除了以上风险,还包括陆上运输工具的倾覆或出轨(overturning or derailment of land conveyance)以及抛弃(jettison)等。

2. 外来风险

外来风险(extraneous risk)是指由于自然灾害和意外事故以外的其他外来原因带来的风险,但不包括货物的自然损耗和本质缺陷。外来风险不仅必须是意外的、偶然的、难以预防的,而且必须是外部因素所导致的。

外来风险可分为一般外来风险和特殊外来风险。海运货物保险承保的一般外来风险是指一般外来的意外因素所致的货物损失,通常包括偷窃、短量、提货不着、淡水雨淋、混杂、沾污、渗漏、碰撞、破碎、串味、受热、受潮、钩损、包装破裂和锈损风险等。特殊外来风险是指除一般外来风险以外的其他外来因素所致的货物损失,往往是与政治、军事、社会动荡以及国际行政措施、政策法令等有关的风险。常见的特殊外来风险主要有战争、罢工、交货不到、进口国有关当局拒绝进口或没收等。

10.2.2 海洋运输货物保险保障的损失

按照损失的程度,海运保险货物的损失可分为全部损失和部分损失两大类。

1. 全部损失

全部损失（total loss）简称全损，是指整批或不可分割的一批保险货物全部灭失或可视同全部灭失的损害。关于整批或不可分割的一批保险货物的全损，一般包括以下四种情况。

（1）一张保险单所载明的货物的全损。

（2）一张保险单中包括数类货物，每一类货物分别列明数量和保险金额时，其中每一类货物的全损。

（3）在装卸过程中一整件货物的全损。

（4）在使用驳船装运货物时，一条驳船所装运货物的全损。

全部损失可进一步分为实际全损和推定全损。

（1）实际全损。**实际全损**（actual total loss）又称**绝对全损**（absolute total loss），是指保险标的发生保险事故后灭失，或者受到严重损坏完全失去原有形体、效用，或者不能再归被保险人所有。构成实际全损一般有以下几种情况：

1）保险标的的灭失。例如，保险货物被大火焚烧，全部烧成灰烬。

2）保险标的的受损严重，已完全丧失原有的形态和使用价值。例如，水泥被海水浸湿后结成硬块而失去原有的属性和用途。

3）保险标的的丧失已无法挽回，即被保险人无可弥补地失去对保险标的的实际占有、使用、受益和处分等权利。例如，战时货物被敌对国捕获并作为战利品分发。

4）船舶航行失踪，相当时间内杳无音信。

（2）推定全损。**推定全损**（constructive total loss）是指保险标的发生事故后，虽然没有完全毁灭，但对其进行救助或修理的费用估计要超过保险价值，于是对此货物推定为全损。

发生推定全损的情况有下列几种：

1）保险货物受损后，修理费用估计要超过货物修复后的价值。

2）保险货物受损后，整理和发运到目的地的费用将超过货物到达目的地的价值。

3）保险货物的实际全损已经无法避免，或者为了避免实际全损需要施救等所花费用将超过获救后的标的价值。

4）保险标的遭受保险责任范围内的事故，使被保险人失去标的所有权，而收回这一所有权所花费用将超过收回后的标的价值。

在发生推定全损时，被保险人可以要求保险公司按部分损失赔偿，也可要求按全部损失赔偿。要想保险公司能按全损赔偿，必须经过**委付**（abandonment）。

委付是指保险人同意将受损的保险标的视为推定全损，在补偿被保险人全部损失的同时，获得该受损标的的所有权。保险人接受委付后，可以通过对标的物的处理，接受大于赔偿金额的收益。委付成立与否，要满足以下几个条件。

（1）委付通知书必须及时发出。

（2）委付必须经过保险人明示或默示的承诺才能生效。

（3）必须是对全部标的进行委付。

（4）不能附带任何保留条件。

2. 部分损失

不属于实际全损和推定全损的损失，为**部分损失**（particular total loss）。按照造成损失的原因，部分损失可分为共同海损和单独海损。

（1）共同海损。**共同海损**（general average）是指在同一海上航程中，当船舶、货物和其他财产遭遇共同危险时，为了共同安全，有意地、合理地采取措施所直接造成的特殊牺牲、支付的特殊费用，由各受益方按比例分摊的法律制度。共同海损行为是一种非常措施，这种措施在正常航行中是不会采用的。例如，正常航行中船方有保管货物的责任，应谨慎地使货物处于安全状态。然而，在特殊的危险状态中，为了船舶和货物的共同安全，船长可以下令把货物部分抛入海中以减轻船舶载重，这种行为所致的货物牺牲就是共同海损。共同海损的成立必须具备以下几个条件。

1）船舶在航行中将受到危险或已遭遇海难，情况急迫，船长为维护船货安全而必须采取措施。

2）海难与危险必须是真实的而不是推测的。

3）共同海损行为一定是人为的、故意的。

4）损失和开支必须是特殊的。例如，船舶顶强风开船，机器因超过负荷受损，不属于共同海损；若船已搁浅，为脱浅而使机器超过负荷受损，则属于共同海损。

5）所采取的共同海损行为必须合理。

6）为了共同的而不是船方或某一货主货物单独的安全。

7）属于共同海损后果直接造成的损失。例如，引海水灭火，凡有烧痕等的货物再被海水浸坏不算共同海损，原来完好而被海水浸坏的货物的损失应计入共同海损。

8）共同海损行为原则上应由船长指挥，但在意外情况下，例如，船长病重、被俘，由其他人甚至敌国船长指挥，符合上述7个条件，也算共同海损。

共同海损的基本赔偿原则是：以实际遭受的合理损失和额外支出费用为准，经过补偿后使遭受共同海损或支付共同海损费用的一方同没有遭受共同海损或没有支出费用的其他利害关系方处于均等的地位。

【课堂讨论 10-1】

为什么共同海损属于部分损失？

（2）单独海损。**单独海损**（particular average）是指保险标的即船舶或货物在运输途中，纯粹由海上灾害事故造成的，而且无共同海损性质的部分损失。单独海损可能是船舶的单独海损，也可能是货物的单独海损，也可能是运费的单独海损。这种损失只能由被保险人单独承担。如果被保险人投保了相应的险种，且在保险单上载明保险人承担单独海损责任，那么不论是船舶、货物或运费，在受损后均可向保险人要求赔偿。

共同海损与单独海损均属于部分损失，并且共同海损往往由单独海损引起。但两者也存在一定的区别。第一，造成海损的原因不同。单独海损是由所承保的风险直接导致的船货损失,而共同海损是为解除或减轻风险,人为地、有意识地采取合理措施造成的损失。第二,损失的承担者不同。单独海损的损失由受损者自己承担,而共同海损的损失则由受益各方根据获救利益的大小按比例分摊。第三,损失的内容不同。单独海损仅指损失本身,而共同海损则包括损失及由此产生的费用。第四,涉及的利益方不一样。单独海损只涉及损失方的利益,而共同海损是为船货各方的共同利益所受的损失。

10.2.3 海洋运输货物保险保障的费用

发生海上危险事故时,往往需要采取一定的措施以避免损失的发生或扩大,由此会引起费用的支出,对这些费用,保险人根据其性质规定了不同的赔付原则。在海运货物保险中,保险人负责赔偿的费用主要有以下几种。

1. 施救费用

施救费用(sue and labor charges)又称营救费用,是指被保险货物在遭遇承保的灾害事故时,被保险人或其代理人、雇用人为避免、减少损失,而采取各种抢救、防护措施时所支付的合理费用。保险人对施救费用的赔偿金额不得超过保险合同所载明的保险金额。例如,船舶在航行中因意外触礁,致使海水从船底进入船舱,舱内服装部分被浸湿,船长下令将服装搬离该舱,并对已浸湿的服装进行整理和烘干,由此而支出的费用就是施救费用。

施救费用的构成必须符合四个条件。

(1)施救费用必须是合理的和必要的。如果是不合理支出的施救费用,保险人不予赔偿。例如,某船舶起航开往L港,中途搁浅,船上部分货物受损。为了获取可观的佣金收入,船方利用在中途港修船期间,将受损货物卸下进行超标准施救,支出了大量的费用。被保险人事后就该项费用向保险公司索赔施救费用,保险公司以施救费用支出为非必要和不合理为由拒绝赔偿。

(2)施救费用必须是为防止或减少承保风险造成的损失所采取的措施而支出的费用。如果采取行动所避免或减少的损失不是保险单所承保的损失,其费用不得作为施救费用向保险人索赔。例如,保险人对袋装硅藻土承保一切险,由于包装袋不结实,在从海轮卸到驳船上时发生破裂,被保险人将重新包装的费用作为施救费向保险人索赔。法院判定包装不结实是装船前就存在的,这属于货物的"本质缺陷",属除外责任,重新包装货物不是为了避免或减少保险事故造成的损失,故保险人有权拒赔。

(3)施救费用是由被保险人及其代理人、雇用人采取措施而支出的费用。施救费用限于由被保险人支出的费用,不包括保险人支出的费用。被保险支出的费用,包括其本人、代理人和/或雇用人支出的费用。

(4)施救费用的赔偿并不考虑措施是否成功。只要措施得当,费用支出合理,即使施救措施不成功,没有达到目的,保险人对施救费用也应负责。这个规定调动了被保险人拯救保险标的的积极性,从而也保护了保险人自己的利益。

《中华人民共和国海商法》规定,被保险人为防止或减少根据合同可以得到赔偿的损失而支出的必要的合理费用,应当由保险人在保险标的的损失赔偿之外另行支付,保险人对上述费用的支付，以相当于保险金额的数额为限。

此外，即使施救行为没有效果，保险人在支付保险标的赔款后，还应赔偿被保险人支付的合理的施救费用。

2. 救助费用

救助费用（salvage charge）是指保险标的遭遇保险责任范围内的灾害事故时，由保险人和被保险人以外的第三方采取救助行动而支付的费用。随着航海事业的发展，国际上普遍采用的是契约救助，通常采纳的是英国劳合社的"无效果、无报酬"（no cure, no pay）契约格式。该契约在救助前对遇难船舶和救助人之间报酬的确定、支付办法等做了合理明确的规定。确定救助报酬时，不仅要考虑救助效果，还要综合考虑救助工作的时间、危险程度、救助采取的技术措施和投入的工具、被救助财产的价值、救助的开支和所受的损失等事实，通过协商或由仲裁确定，但救助报酬最高不得超过获救财产的价值。

3. 额外费用

额外费用（extra charge）是指为了证明损失索赔的成立而支付的费用，诸如检验费用、拍卖遭损货物的销售费用等。保险人仅是在保险财产确有损失、赔案确实成立的情况下，才对此项费用予以负责。额外费用不得加在保险货物的损失金额内以达到或超过免赔率（额），但若是根据保险人的指示而进行的检验所产生的费用，则不论损失是否达到了免赔率，保险人概予负责。如果保险标的遭遇保险责任范围内的事故，额外费用可由保险人负责赔偿；反之，如果保险标的损失的索赔不能成立，额外费用也不能获赔。

10.3　我国《海洋运输货物保险条款》

我国现行的《海洋运输货物保险条款》(*Ocean Marine Cargo Clauses*) 于 1981 年 1 月 1 日修订实施，主要包括责任范围、除外责任、保险期限（又称责任起讫）、被保险人的义务及索赔期限等内容。

10.3.1　责任范围

1. 基本险的责任范围

我国海运货物保险包括基本险和附加险两部分。基本险又称主险，可以单独投保，被保险人必须投保基本险，才能获得保险保障。附加险则是不能单独投保的险别，它必须在投保基本险的基础上才可以投保。

基本险有平安险、水渍险和一切险三种。

（1）平安险。**平安险**（free from particular average, FPA）又称单独海损不赔险，其承保责任范围有 8 项。

1）被保险货物在运输途中由于恶劣气候、雷电、海啸、地震、洪水等自然灾害造成的整批货物的全部损失或推定全损。

2）由于运输工具遭受搁浅、触礁、沉没、互撞、与流冰或其他物体碰撞、失火以及爆炸等意外事故造成货物的全部或部分损失。

3）在运输工具已经发生搁浅、触礁、沉没、焚毁等意外事故的情况下，货物在此前后又在海上遭受恶劣气候、雷电、海啸等自然灾害所造成的部分损失。

4）在装卸或转运时由于一件或数件整件货物落海造成的全部或部分损失。

5）被保险人对遭受承保责任内危险的货物采取抢救、防止或减少货损的措施而支付的合理费用，但以不超过该批被救货物的保险金额为限。

6）运输工具遭遇海难后，在避难港由于卸货所引起的损失以及在中途港、避难港由于卸货、存仓以及运送货物所产生的特别费用。

7）共同海损的牺牲、分摊和救助费用。

8）运输合同中订有"船舶互撞责任"条款，根据该条款规定应由货方偿还船方的损失。

（2）水渍险。**水渍险**（with particular average/with average，WPA/WA）又称单独海损险，英文原意是单独海损负责赔偿，它是海洋运输货物保险的主要险别之一。这里的"海损"是指由于自然灾害及意外事故导致货物被水淹没，引起货物的损失。

水渍险的责任范围除了包括上述"平安险"的各项责任外，还负责被保险货物由于恶劣气候、雷电、海啸、地震、洪水等自然灾害所造成的部分损失。具体来说，它还分为是海水浸渍还是雨水浸渍。有的是不赔偿雨水浸渍的。就算有水浸渍，还要看水是引起货物损害的直接原因还是间接原因。如果是间接原因，保险公司是不赔偿的。

水渍险承保责任起讫期限采用"仓至仓条款"，如未抵达保险单所载明的仓库或储存处所，则以被保险货物在最后卸载港全部卸离海轮后满 60 天为止；如在上述 60 天内被保险货物需转运至非保险单所载明的目的地时，则以该项货物开始转运时终止。

（3）一切险。**一切险**（all risk，AR）是海洋运输货物保险的主要险别之一。其负责的范围很广泛。除了承保"平安险"和"水渍险"的各项责任外，它还负责承保货物在运输途中由于外来原因所致全部或部分损失。外来原因通常所致的损失有偷窃、提货不着、淡水雨淋、短量、混杂、沾污、渗漏、碰损、破碎、串味、受潮受热、钩损、包装破裂、锈损等。

2．附加险的责任范围

附加险是基本险的扩展，它不能单独投保，而必须在投保主险的基础上加保，承保的是外来风险引起的损失。按承保风险的不同，附加险可分为一般附加险、特别附加险以及特殊附加险。

（1）一般附加险。一般附加险包括偷窃、提货不着险，淡水雨淋险，短量险，混杂、沾污险，渗漏险，碰损、破碎险，串味险，受热、受潮险，钩损险，包装破裂险，以及锈损险 11 种险别。它们包括在一切险范围内。

1）偷窃、提货不着险（theft, pierage and non-delivery risk, T.P.N.D.）。保险有效期内，保险货物被偷走或窃走，以及货物运抵目的地以后，整件未交的损失，由保险公司负责赔偿。

2）淡水雨淋险（fresh water rain damage, F.W.R.D.）。货物在运输中，由于淡水、雨水以至雪溶所造成的损失，保险公司都应负责赔偿。淡水包括船上淡水舱、水管漏水以及汗等。

3）短量险（risk of shortage）。该险负责保险货物数量短少和重量的损失。通常对于包装货物的短少，保险公司必须要查清外装包是否发生异常现象，如破口、破袋、扯缝等，如属散装货物，往往把装船与卸载之间的重量差额作为计算短量的依据。

4）混杂、沾污险（risk of intermixture & contamination）。该险负责保险货物在运输过程中由于混进了杂质所造成的损失。例如，矿石等因混进了泥土、草屑等而使质量受到影响。此外，保险货物因为和其他物质接触而被沾污。例如，布匹、纸张、食物、服装等因被油类或带色的物质污染而引起的经济损失。

5）渗漏险（risk of leakage）。该险负责保险流质、半流质的液体物质以及油类物质在运输过程中因为容器损坏而引起的渗漏损失。例如，以液体装存的湿肠衣，因为液体渗漏而使肠发生腐烂、变质等损失，均由保险公司负责赔偿。

6）碰损、破碎险（risk of clash & breakage）。碰损主要是对金属、木质等货物来说的，破碎则主要是对易碎性物质来说的。前者是指在运输途中，因为受到震动、颠簸、挤压而造成货物本身的损失；后者是在运输途中由于装卸野蛮、粗鲁、运输工具的颠震造成货物本身的破裂、断碎的损失。

7）串味险（risk of odour）。该险负责保险茶叶、香料、药材等在运输途中受到一起堆储的毛皮、樟脑等异味的影响使品质受到的损失。

8）受热、受潮险（damage caused by heating & sweating）。该险负责保险船舶在航行途中由于气温骤变或者船上通风设备失灵等使舱内水汽凝结、发潮、发热引起的货物损失。

9）钩损险（hook damage）。该险负责保险货物在装卸过程中因为使用手钩、吊钩等工具所造成的损失。例如，粮食包装袋因被吊钩钩坏而造成粮食外漏的损失，保险公司在承保该险的情况下，应予赔偿。

10）包装破裂险（loss for damage by breakage of packing）。该险负责保险因为包装破裂造成的物资短少、沾污等损失。此外，对于因保险货物运输过程中，续运安全需要而产生的候补包装、调换包装所支付的费用，保险公司也应负责。

11）锈损险（risk of rust）。该险负责保险货物在运输过程中因为生锈造成的损失。不过这种生锈必须在保险期内发生，如最初装运时就已生锈，保险公司不负责任。

（2）特别附加险。特别附加险包括交货不到险（failure to deliver risk）、进口关税险（import duty risk）、舱面险（on deck risk）、拒收险（rejection risk）、黄曲霉素险（aflatoxin risk）、出口到港澳存舱火险 6 种。

（3）特殊附加险。特殊附加险包括战争险（war risk）和罢工险（strikes risk）两种。

附加险不能单独投保，可在投保一种基本险的基础上，根据货运需要加保其中的一种或若干种。投保了一切险后，因一切险中已包括了所有一般附加险的责任范围，所以只需在特殊附加险中选择加保。

10.3.2 除外责任

1. 基本险的除外责任

（1）被保险人的故意行为或过失所造成的损失。

（2）属于发货人的责任所引起的损失。
（3）在保险责任开始前，被保险货物已经存在的品质不良或数量短差所造成的损失。
（4）被保险货物自然途耗、本质缺陷、市价跌落和运输延迟所引起的损失或费用。
（5）属于海洋运输货物战争险和罢工险条款规定的责任范围和除外责任。

2. 特殊险的除外责任

（1）海运货物战争险的除外责任。对由于敌对行为使用原子或热核武器所致的损失和费用不负责任；对根据执政者、当权者或其他武装集团的扣押、拘留引起的承保航程的丧失和挫折而提出的索赔也不负责任。

（2）罢工险的除外责任。因罢工造成劳动力不足或无法使用劳动力而使货物无法正常运输、装卸以致损失，属于间接损失，保险人不负责任。

10.3.3 保险期限

1. 基本险的保险期限

保险期限在我国《海洋运输货物保险条款》中被称为"责任起讫"，即保险人对运输货物承担保险责任的责任期限。保险人仅对发生在保险期限内的保险事故造成的货物损失负责。海运货物保险承保运输过程中的风险，其责任期限以运输过程为限，在保险实务中通常被称为"仓至仓条款"（warehouse to warehouse Clause, W/W Clause），具体是指被保险货物运离保险单所载明的起运地仓库或储存处所开始运输时生效，包括正常运输过程中的海上、陆上、内河和驳船运输在内，直至该项货物到达保险单所载明目的地收货人的最后仓库或储存处所或被保险人用作分配、分派或非正常运输的其他储存处所为止。如未抵达上述仓库或储存处所，则以被保险货物在最后卸载港全部卸离海轮满 60 天为止。如在上述 60 天内被保险货物需转运至非保险单所载明的目的地时，则以该项货物开始转运时终止。

2. 战争险的保险期限

海运战争险的保险期限以货物装上海轮开始，到卸离海轮为止。如果被保险货物不卸离海轮或驳船，保险责任最长期限以海轮到达目的港当日午夜起算，满 15 天保险责任自动终止。

10.3.4 被保险人的义务

在保险期限内，被保险人必须履行保险合同规定的有关义务，否则，保险事故发生时，保险人可以拒赔损失。被保险人在投保时，应如实告知保险货物的情况及相关事实，不得隐瞒或虚报。合同订立后，被保险人如果发现航程有所变动或保险单所载明的货物数量、船舶名称等有误，应立即通知保险人，并在必要时加缴保险费。

如果在订立合同时，被保险人做了保证，就应自始至终遵循该项保证。这里所谓的保证，是指在保险合同中被保险人明确承诺要做或不做某事、保证某种情况的存在等。例如，某一海运保险合同中有这样一个条款，被保险人保证载货船舶的船龄不超过15年，被保险人应始终保证做到这一条。被保险人如果违反其所做的保证，不管后果如何，保险人都有权解除保险合同，但对在违反保证之前的损失，保险人应予以赔偿。

货物到达目的地后，被保险人应及时提货。如果发现货损，被保险人应及时索赔，其中包括立即通知保险人的检验代理人，向有关方索取货损货差证明，向责任方提出书面索赔，采取措施防止损失扩大以及提交索赔单证等。

10.3.5　索赔期限

我国《海洋运输货物保险条款》规定，海运货物保险的索赔时效为两年，自被保险货物全部卸离海轮起算。一旦过了索赔时效，被保险人就丧失了向保险人请求赔偿的权利。

10.4　《伦敦保险协会货物保险条款》

目前采用的《伦敦保险协会货物保险条款》(以下简称伦敦新条款) 是自1983年4月1日开始实施的，与我国现行的中国人民保险公司的保险条款不一样。伦敦新条款将险别分成6种，即协会货物（A）险、协会货物（B）险、协会货物（C）险、战争险、罢工险和恶意损害险。前三种是主险，可单独投保；后三种是附加险，一般不能单独投保。在需要时，战争险、罢工险可独立投保。在6种新的险别条款中，除恶意损害险之外，其他都按条文性质统一划分为8个部分，即承保风险、除外责任、保险期限、索赔期限、保险利益、减少损失、防止延迟和法律惯例。本节主要介绍承保风险、除外责任和保险期限。

10.4.1　承保风险和除外责任

1. 协会货物（A）险的承保风险和除外责任

（1）承保风险。协会货物（A）险承保范围较广，采用"一切风险减除外责任"的规定方式，其承保风险有以下几种。

1）承保除"除外责任"各条款规定以外的一切风险所造成保险标的的损失。
2）承保共同海损和救助费用。
3）根据运输契约订有"船舶互撞责任"条款应由货方偿还船方的损失。

（2）除外责任。除外责任包含以下四类。

1）一般除外责任。如被保险人故意的不法行为造成的损失或费用；保险标的内在缺陷或特征造成的损失和费用；直接由于延迟所引起的损失或费用；由于使用原子或热核武器造成的损失或费用等。

2）不适航、不适货除外责任。它主要是指被保险人在保险标的装船时已知船舶不适航，以及船舶、运输工具、集装箱等的不适货。

3）战争险除外责任。

4）罢工险除外责任。

2. 协会货物（B）险的承保范围和除外责任

（1）承保范围。采用"列明风险"的方式，协会货物（B）险承保风险有以下几种。

1）归因于火灾、爆炸所造成的灭失和损害。

2）归因于船舶或驳船触礁、搁浅、沉没或倾覆所造成的灭失和损害。

3）陆上运输工具倾覆或出轨。

4）船舶、驳船或运输工具同水以外的任何外界物体碰撞。

5）在避难港卸货所致损失。

6）地震、火山爆发、雷电所致损失。

7）共同海损的牺牲。

8）抛货或浪击入海所致损失。

9）海水、潮水或河水进入船舶、驳船、运输工具、集装箱、大型海运或储存处所。

10）货物在装卸时落海或跌落造成整件的全损。

（2）除外责任。在协会货物（A）险除外责任上加上协会货物（A）险承保的"海盗行为"与"恶意损害险"都是协会货物（B）险的除外责任。

3. 协会货物（C）险的承保范围和除外责任

协会货物（C）险承保的比协会货物（B）险少，只承保"重大意外事故"的风险，采用"列明风险"的方式，具体列出承保风险，即归因于下列原因造成的灭失或损害都属于该承保范围内。

（1）火灾、爆炸。

（2）船舶或驳船触礁、搁浅、沉没或倾覆。

（3）陆上运输工具倾覆或出轨。

（4）在避难港卸货。

（5）共同海损的牺牲。

（6）抛货。

协会货物（C）险的除外责任与协会货物（B）险完全相同。

4. 战争险的承保风险和除外责任

战争险主要承保由于下列原因造成保险标的的损失。

（1）战争、内战、革命、叛乱、造反或由此引起的内乱或交战国或针对交战国的任何敌对行为。

（2）捕获、拘留、扣留、管制或扣押，以及这些行动的后果或这方面的企图。

（3）遗弃的水雷、鱼雷、炸弹或其他遗弃的战争武器。

（4）共同海损和救助费用。

战争险的除外责任与协会货物（A）险的除外责任基本相同。

5. 罢工险的承保风险和除外责任

罢工险主要承保保险标的的下列损失。
（1）罢工者、被迫停工工人或参与工潮、暴动或民变的人所致损失。
（2）恐怖主义者或任何出于政治目的采取行动的人所致损失。
罢工险的除外责任也与协会货物（A）险的除外责任基本相同。

6. 恶意损害险的承保风险

恶意损害险是新增加的附加险别，它所承保的是被保险人以外的其他人（如船长、船员）的故意破坏行为所致被保险货物的灭失或损害。但是，恶意损害如系出于政治动机的人的行动，便不属于该险别的承保风险，而属于罢工险的承保风险。恶意损害的风险除了在协会货物（A）险中被列为承保风险外，在协会货物（B）险及协会货物（C）险中都被列为除外责任。因此，在投保协会货物（B）险和协会货物（C）险时，如果被保险人需要对这种风险取得保障，就需另行加保恶意损害险。

10.4.2 保险期限

协会海运货物保险期限与中国人民保险公司的仓至仓条款规定的保险期限基本相同，但做了以下补充规定。
（1）货物在运抵保险单上所载明目的地收货人仓库之前，被保险人如果要求将货物存储于其他地点，则该地应视为最后目的地，保险责任在货物运抵该地点时即告终止。
（2）一批货物如需运往若干目的地，且货物在卸货港卸货之后，需先运往某一地点进行分配或分派，则除非被保险人与保险人事先另有协议，货物在运抵分配地点时，保险责任即告终止，货物在分配或分派期间以及其后的风险均不在保险人承保责任范围之内。
（3）如果被保险货物在卸离海轮60天以内，需转运到非保险单所载明目的地，则保险责任在该项货物开始转运时终止。以上都要受被保险货物卸离海轮60天的限制。

10.5 海洋运输货物保险投保实务

10.5.1 选择保险险别

前面已经介绍了货运保险的基本险和附加险，如何合理地选择险别以保全货运的安全，则应考虑诸多因素。
（1）根据货物的性质、特点选择相应的险别。例如，对价值不高的货物可投保平安险；如果此货物属于易碎物品，可再加保破碎险。
（2）根据运途中可能遭受的风险和损失而定。
（3）根据船舶所走的航线和停靠的港口不同而定。

（4）根据国际形势的变化而定。对于政局不稳定，有发生战争可能的，就要考虑加保战争险。

（5）根据以往的经验而定。商人可以根据自己的从商经验和保险公司每年总结的货损资料确定应选择何种险别投保。

【课堂讨论 10-2】

不同贸易术语下，投保责任分别由哪一方承担？

10.5.2 确定保险金额

保险金额（insured amount）是被保险人向保险公司申报的保险标的价额，是保险公司赔偿的最高限额，也是计算保险费的基础。

1. 出口业务中保险金额的确定

在出口业务中，海运保险的保险金额以 CIF 价为基础，并适当加成以补偿贸易过程中支付的各项费用（手续费、利息、往来函电费）及利润损失。故保险金额为 CIF×（1+ 保险加成率）。由此可见，投保海运保险后，一旦货物遭遇保险事故损失，被保险人不仅可以收回货款、运费、保险费及其他开支，还能获得正常的预期利润的补偿，得到较充分的保障。

在实际业务中，保险加成率通常最低为 CIF 价的 10%。如果交易贸易利润比较高，进口商所提出的保险加成率大于 CIF 价的 10%，比如为 CIF 价的 30%，经过保险双方的协商，保险人综合考虑货物在当地的价格、进口商的资信和其所在地区等情况后，如果认为风险较小，一般同意接受投保人提出的高于 10% 的保险加成率。在具体业务中，为防止被动，如国外进口商要求较高的保险加成率，出口方应事先征求保险人意见，保险人表示同意后才能接受买方的保险条件。保险金额的确定以 CIF 价或 CIP 价为基础。若进口方报约是 CFR 价或 CPT 价，却要求出口方代为办理货运保险，或是要求改报 CIF 价或 CIP 价，应先把 CFR 价或 CPT 价转化为 CIF 价或 CIP 价，然后再计算保险金额。计算公式为

$$\text{CIF 价或 CIP 价} = \text{CFR 价或 CPT 价} / [1 - \text{保险费率} \times (1 + \text{保险加成率})] \quad (10\text{-}1)$$

$$\text{保险金额} = \text{CIF 价或 CIP 价} \times (1 + \text{保险加成率}) \quad (10\text{-}2)$$

2. 进口业务中保险金额的确定

在进口业务中，如果以 FOB、CFR 条件成交，则需由买方自行投保，此时保险金额同样以 CIF 价为基础。如果客户要求按 CIF 价的一定比例加成，保险金额为 CIF 价 ×（1+ 保险加成率）；如果客户没有提出保险加成，CIF 价即为保险金额。

进口业务中关于 CIF 价的计算公式与出口中有所不同。目前它有两种计算方法：一种是以货价加上实际运费和保险费为 CIF 价，保险金额需逐笔计算；另一种适用于与保险公司订有预约保险合同、享有优惠的保险费率的外贸企业，计算 CIF 价时用平均运费率与特约保险费率代替实际运费率和保险费率。在实际业务中并不需要逐笔计算保险金额，而是定期确定

总的保险金额，这样可极大地简化计算过程。此时，CIF 价 =FOB 价 ×（1+ 平均运费率 + 特约保险费率）+CFR 价 ×（1+ 特约保险费率）。

10.5.3 填写投保单

在进出口业务中，投保海运保险时，投保人均需填写进出口货运投保单，作为其对保险标的及其他相关事实的告知和陈述。保险人则根据投保单所填写的内容决定是否接受保险。保险人如果接受保险，即以投保单为依据，出立保险单，确定其所承担的保险责任，并由此确定保险费率，计算投保人应缴纳的保险费。

1. 海运出口货物投保单填制要求

（1）被保险人。这是受保险合同保障的一方。如果以 CIF 条件成交，由卖方办理保险，一般均以卖方本人为被保险人。当卖方在保险单背面签章背书后，保险单即可转让。若信用证要求以进口商为被保险人或指明要过户给某一银行或第三者，应在投保单上填明。如果以 FOB 或 CFR 条件成交，由买方自行投保，直接以其本人为被保险人，一般不存在过户问题。

（2）发票号码和合同号码。此项是为了确定保险保障的贸易货物的具体批号，以便发生索赔时进行核对。若为出口货物，只需填写该批货物的发票号码；若为进口货物，则填写贸易合同号码。

（3）标记。此项应填写商品的运输标志，或写明按发票规定（as invoice）。

（4）包装数量。此项写明包装方式以及包装数量。如果一次投保有数种不同包装时，可以件（packages）为单位。散装货应填写散装重量。如果采用集装箱运输，应予注明"in container"。

（5）保险货物项目。此项应填写保险货物的名称，按发票或信用证填写，不必过于具体。

（6）保险金额。此项填写按照贸易合同或信用证规定的加成计算得出的保险金额数值。计算时一般按发票的金额加成。保险金额货币名称要与发票一致。

（7）装载运输工具。海运时应写明具体的船名。如果中途需转船，已知第二程船时应写明船名；如果第二程船名未知，则只需写明转船字样。集装箱运输应写明用集装箱。

（8）开航日期。此项一般应注明"按照提单"或注明船舶的大致开航日期。

（9）运输路线。此项填写起始地和目的地名称。中途如需转船，则应注明转船地。若到目的地后需转运内陆，应注明内陆地名称。如果到达目的地路线不止一条，要填写经过的中途港（站）的名称。

（10）承保险别。此项需要具体写明险别以及按什么保险条款执行。

（11）赔款地。通常在目的地支付赔款。如果被保险人要求在目的地以外的地方赔款，应予注明。

（12）投保人签章及公司名称、电话、地址。此项应如实填写。

（13）投保日期。投保日期应在船舶开航日期或货物起运日期之前。在出口投保时，有时为简化手续，投保人不单独填写投保单，而以现成的公司发票副本代替投保单，并将下列内容在发票上逐一列明：承保险别、投保金额、运输工具、开航日期、赔款地点、保单份数、投保日期、其他要求等。在进口投保时，对于经常有进口业务的外贸企业，如果与保险公司订有海运进口货物运输预约保险合同，则凡属保险合同规定的货物，保险人均予负责，被保险人只需在接到"国外出口商装船通知"后，填写"国际运输预约保险启运通知书"，将装运情况，包括装货的船名、货物名称、数量、价值、保险金额等事项通知保险人，即履行了投保手续。

办理投保手续后，投保人如果发现填写内容有错误、遗漏或实际情况发生变化，应及时书面通知保险人，申请变更有关内容，以免因重要事实陈述不实而致保险人解除保险合同或拒付保险赔款。

【课堂讨论 10-3】

保险单大部分需要背书，为什么？保险单的背书与提单背书有什么联系？

2. 出口投保中的有关注意事项

出口投保时，投保人应注意以下几点。

（1）如果以信用证方式付款，投保险别、币制及其他条件要与信用证所列保险条款一致，以免银行拒收保险单或拒付货款。

（2）投保险别及其他条件还应与贸易合同一致，以免因违反合同而致对方索赔。

（3）如果目的地在内陆，保险时应尽量保到内陆目的地，而不应只保到目的港，以保证货物在整个运输过程中的损失均能得到保险保障，避免贸易双方因货损产生纠纷。

（4）对方有特殊要求时，投保人应事先同保险公司商量是否接受，还应事先问清保险费。

本章小结

保险的基本原则主要有可保利益原则、最大诚信原则、补偿原则、代位追偿原则、重复保险分摊原则及近因原则等。

一般将海洋运输货物保险保障的风险分为海上风险和外来风险两大类。其中，海上风险包括自然灾害和意外事故，外来风险可分为一般外来风险和特殊外来风险。

按照损失的程度，海运保险货物的损失可分为全部损失和部分损失两大类。全部损失可分为实际全损和推定全损，部分损失可分为共同海损和单独海损。

我国海运货物保险包括基本险和附加险两部分。基本险有平安险、水渍险和一切险三种，附加险可分为一般附加险、特别附加险以及特殊附加险。

仓至仓条款是指被保险货物运离保险单所载明的起运地仓库或储存处所开始运输时生效，包括正常运输过程中的海上、陆上、内河和驳船运输在内，直至该项货物到达保险单所载明目的地收货人的最后仓库或储存处所或被保险人用作分配、分派或非正常运输的其他储存处所为止。

伦敦新条款将险别分成六种，即协会货物（A）险、协会货物（B）险、协会货物（C）险、战争险、罢工险和恶意损害险。前三种是主险，可单独投保；后三种是附加险，一般不能单独投保。

思考题

一、简答题

1. 什么情况下才构成共同海损？
2. 共同海损与单独海损的主要区别是什么？
3. 简述平安险、水渍险和一切险的责任范围。
4. 在海运货物保险中，保险公司承保哪些风险、损失与费用？
5. 何谓救助费用？此项费用属于什么性质？

二、计算题

1. 我方出口货物 3 000 件，对外报价为 2 美元/件 CFR 纽约。为避免漏保，客户要求我方装船前按 CIF 总值代为办理投保手续。查得该货的保险费率为 0.8%，试计算我方对该货投保时的投保金额和应缴纳的保险费。
2. 某货主在货物装船前，按发票金额的 110% 办理了货物投保手续，投保一切险加保战争险。该批货物以 CIF 成交的总价值为 20.75 万美元，一切险和战争险的保险费率合计为 0.6%。

    问：该货主成交的保险费是多少？若发生了保险公司承保范围内的风险，导致该批货物全部灭失，保险公司的最高赔偿金额是多少？
3. 我方某公司对外报某商品每吨 10 000 美元 CIF 纽约，现外商要求将价格改报为 CFR 纽约，保险费率为 1%。我方应从原报价中减去的保险费是多少？
4. 我方出口某商品净重 100 吨，装 5 000 箱，每箱单价为 89 美元，加 1 成投保一切险。货到目的港后，买方发现除短少 5 箱外，还短量 380 千克。保险公司负责赔偿的金额是多少？
5. 某保险标的的实际价值是 100 万元，投保人分别向甲保险公司投保 40 万元、乙保险公司投保 60 万元、丙保险公司投保 20 万元。若保险事故发生后，该保险标的的实际损失为 60 万元，则 3 个保险人的分担金额应该分别为多少？
6. 某外贸公司与中国人民保险公司订有进口预约保险合同，约定保险费率为 0.27%，平均运费率为 10%，该外贸公司以 FOB 价进口的货物折合人民币 832 700 元，以 CFR 价进口的货物折合人民币 568 300 元。该外贸公司的进口商品的总保险金额为多少？
7. 某公司出口一批纺织品到欧洲某港口，原定价为欧洲港口每打 CFR105 美元，保险费率为 0.8%，按加成 10% 作为保险金额。改报成 CIF 价格后的保险金额是多少？

三、案例分析题

1. 某货轮在某港装货后，航行途中不慎发生触礁事件，船舶搁浅，不能继续航行。事后船方反复开倒车强行浮起，但船底划破，致使海水渗入货舱，造成船货部分损失。为使货轮能继续航行，船长发出求救信号，船被拖至就近港口的船坞修理，暂时卸下大部分货物。为此前后花了 10 天，共支出修理费 5 000 美元，增加各项费用支出（包括员工工资）共 3 000 美元。当船修复后继续装上原货起航。次日，忽遇恶劣天气，使船上装载的某货主的一部分货物被海水浸湿。

    问：（1）从货运保险义务方面分析，以上所述的各项损失分别属于什么性质的损失？

（2）在投保了平安险的情况下，被保险人有权向保险公司提出哪些赔偿要求，为什么？

2. 某合同出售一级小麦150吨，按FOB条件成交，装船时货物经检验符合合同规定的品质条件，卖方在装船后及时向买方发出装运通知。但船舶在航行途中，由于遭遇触礁事件，小麦被入侵海水浸泡，品质受到严重影响。当货物到达目的港后，只能降价出售，买方因此要求卖方赔偿其差价损失。

  问：卖方对上述情况下产生的货物损失是否要承担赔偿责任，为什么？

3. 一份CIF合同，出售大米50吨，卖方在装船前投保了一切险加战争险，自南美内陆仓库起，直至英国伦敦的买方仓库为止。货物从卖方仓库运往码头装运途中，发生了承保范围内的货物损失。当卖方凭保险单向保险公司提出索赔时，保险公司以货物未装运，货物损失不在承保范围内为由，拒绝给予赔偿。

  问：在上述情况下，卖方有无权利向保险公司索赔，为什么？

4. 我方某进出口公司以CIF条件进口货物一批，合同中的保险条款规定："由卖方按发票金额的130%投保一切险。"卖方在货物装运完毕以后，已凭结汇单据向买方收取了货款，而货物在运输途中遇险导致全部灭失。当买方凭保险单向保险公司要求赔付时，卖方却提出，超出发票金额20%的赔付部分应该是买卖双方各得一半。

  问：卖方的要求是否合理，为什么？

5. 某笔业务的A方向B方以CFR条件出口散装货物共2 000吨。A方同时也以相同条件向C方出口同种货物1 500吨。货物出运时，A方将B、C两方的货物装运在同一艘货运船只上，并与船公司联系好，在货物运抵目的港后，由船公司负责分拨。A方在货物装船后及时向B、C两方发出了装运通知。不巧，受载船舶在运输途中遇到风险，使该批货物当中的1 500吨全部灭失。事件发生以后，A方致电C方，告知其所进口的1 500吨货物已在运输途中全部灭失，且风险在CFR条件下由C方承担。

  问：在上述情况下，A方对这1 500吨的货物有无交货责任，为什么？

6. 国内某公司进口一批货物，已经投保平安险加战争险，运载该批货物的"海伦"船在航行中遇到敌对两国交战，船舶被炮火击中严重受创，但货物未受损害，当该船驶到附近港口进行修理时，却遭遇恶劣天气，导致船舶沉没，货物全部遭到损失。

  问：保险公司是否应该承担赔偿责任，为什么？

四、讨论题

1. 有一份CFR合同，买卖双方约定适用INCOTERMS 2020，卖方出售不锈钢5 000吨，但实际装船时仅装运了2 000吨，船只在运输途中发生意外事故，货物全部灭失。当买方凭保险单向保险公司索赔时遭到拒绝。保险公司拒赔的理由是："买方购买的是5 000吨，而不是2 000吨，因此买方对这2 000吨不能拥有全部的可保利益。"

  问：保险公司拒绝赔偿是否成立，为什么？

2. 在FOB与CIF术语下，对保险人来说，保险赔付的起止范围有何不同？

第 11 章
CHAPTER 11

进出口商品的价格

§ 教学目的

- 了解影响进出口商品作价的主要因素、计价货币的选择、国际定价方法、佣金及折扣的概念
- 掌握不同贸易术语价格的换算
- 掌握出口商品成本的核算方法
- 掌握签订合同中价格条款的技巧

§ 关键术语

佣金　　折扣　　单价　　出口总成本　　出口销售净收入

§ 章首案例 11-1

根据贸易术语确定商品价格

案情：出口箱装货物一批，报价为每箱 35 美元 CFR 伦敦，英国商人要求改报 FOB 价，我方应报价多少？已知：该批货物每箱长 45 厘米、宽 40 厘米、高 25 厘米，每箱毛重 35 千克，运费计算标准为 W/M，每运费吨基本运费为 120 美元，并加收燃油附加费 20%，货物附加费 10%。

解：首先，需要确定运费计算标准。

因为每箱毛重为 35 千克，所以 W=0.035M/T。

又因为每箱体积为 $0.45 \times 0.40 \times 0.25 = 0.045 m^3$，所以 $M=0.045 m^3$。

故 M>W，因此按体积计收运费。

其次，计算每箱运费，F=120×（1+20%+10%）×0.045=7.02（美元）。

最后，每箱 FOB 价 =CFR-F=35-7.02=27.98（美元）。

答：应报价为每箱 27.98 美元。

11.1 进出口商品作价的基本方法

11.1.1 影响进出口商品价格的因素

国际贸易中商品价格的确定受多种因素的影响。在确定进出口商品价格时，必须充分考虑影响价格的各种因素，并注意同一商品在不同情况下应有合理的差价，防止全球同一价格的错误做法。影响进出口商品价格的因素主要有以下几点。

1. 交货地点和交货条件

在国际贸易中，由于交货地点和交货条件的不同，买卖双方承担的责任、费用和风险也不同，在确定进出口商品价格时，必须首先考虑这一因素。例如，在同一距离内成交的同一商品，按 CIF 条件成交与按 FOB 条件成交，其价格应当不同。

2. 商品的质量和档次

国际市场价格严格遵循按质论价的原则，好货好价，次货次价，名牌高价。产品档次的高低、包装装潢的好坏、款式的新旧、商标和品牌的知名度，都影响商品的价格。

3. 运输距离

在国际贸易实务中，全部运输成本平均占产品价格的 10%～15%。在我国的出口贸易中，采用 CFR、CIF 价格术语报价的情况较多，因此报价时必须考虑运输成本，尽可能节约运输成本。对于能够采用拆装的商品，如家具、机器设备等，最好采用拆装运输，这样可大大节约运费。

4. 成交数量

按国际贸易的习惯做法，成交数量大时给予一定的数量折扣。所以，成交数量的大小影响商品的价格，即成交数量大时，对价格给予适当的优惠，或者采用数量折扣的办法；反之，如果成交数量过小，甚至低于起订量，也可以适当提高出售价格。那种不管成交数量大小，都采用同一价格的做法是不妥当的。我们应巧妙地利用成交数量，合理地掌握价格。

5. 支付条件和汇率风险

在进出口贸易中，一项交易从贸易磋商报价到收取货款需要较长的时间，容易造成汇率风险，而且支付条件不同，收汇的安全度也不同。所以，报价时支付条件不同，报价应有所差别。

6. 市场需求

一般来说，货物价格由供需两方面决定。在当前国际市场处于供大于求的态势下，价格的高低最终取决于市场需求。在市场需求方面，收入水平、货物的价格弹性、对货物需求的迫切程度、消费习惯与偏好和消费心理等都会对价格产生一定的影响。

7. 季节性需求的变化

在国际市场中，某些时令性商品，如在节令前到货，抢先应市，就能卖上好价。过了时令的商品，其售价往往很低，甚至以低于成本的"跳楼价"销售。因此，应充分利用季节需求的变化，切实掌握好季节性差价，争取卖上好价。

8. 贸易术语的不同

不同的贸易术语由于其风险、手续、费用负担的不同，其价格的组成就不同，报价也应不同。同一运输距离内，按 CIF 报价应比按 FOB 报价高。

9. 国际市场价格动态

国际市场活跃，商品价格有向上的趋势；国际市场疲软，商品价格有向下的趋势。

10. 进出口商的类型

作价与进出口商的类型密切相关。生产厂家的报价一般低于中间贸易商的报价，处于较长分销链条上的进口商往往要为更多的下家留足利润空间，价格一般压得较低。

11. 自由贸易区或自由贸易协议的影响

货物进入自由贸易区或自由港可以免交关税，在自由贸易区发生的劳务成本和间接费用也可以免税，同时，贸易国间签订的自由贸易协议或安排可以为进出口商节省费用，对进出口贸易作价产生影响。

11.1.2 进出口商品作价的方法及计价货币的选择

1. 进出口商品作价的方法

货物的价格，通常是指货物的单价，简称单价（unit price）。在机电产品交易中，有时也有一笔交易含有多种产品或多种不同规格的产品只规定一个总价的情况。国际贸易的单价远比国内贸易的单价复杂，一般由计量单位、货币金额、计价货币和贸易术语四项内容组成。

（1）固定价格。国际货物买卖的作价方法，一般均采用固定价格，即在交易磋商过程中把价格确定下来，在合同执行过程中不论发生什么情况均按确定的价格结算应付货款。如买卖双方无明确约定，应理解为固定价格，即订约后买卖双方按此价格结算货款，即使在订约后市价有重大变化，任何一方不得要求变更原定价格。

（2）非固定价格。它主要有以下几种。

1）暂不固定价格。某些货物因其国际市场价格变动频繁、幅度较大，或交货期较长，买卖双方对市场趋势难以预测，但又有订约的意向，则可以约定有关货物的品质、数量、包装、交货和支付等条件，对价格暂不固定，而约定将来如何确定价格的方法。例如，在合同中规定，以某月某日某地的有关商品交易所内该商品的收盘价为基础，再加（或减）若干美元。按此作价方法，买卖双方都不承担市价变动的风险。

2）暂定价格。买卖双方在洽谈某些价格变化较大、交货期较长货物的价格时，可先在合同中规定一个暂定价格，待日后交货期前的一定时间，再由双方按照当时市价商定最后价格。在我国出口业务中，有时在与信用可靠、业务关系密切的客户洽商大宗货物的远期交易时，偶尔也会采用这种暂定价格的做法。

3）滑动价格。对于某些货物，如成套设备、大型机械等，从合同成立到履行完毕需时较长，为了避免因原材料、工资等变动而承担风险，可采用滑动价格。所谓滑动价格，是指在合同中规定一个基础价格（basic price），交货时或交货前一定时间，按工资、原材料价格变动的指数做相应调整，以确定最后价格。在合同中对如何调整价格的方法，则一并具体订明。

2. 计价货币的选择

（1）计价货币。计价货币是指合同中规定的用来计算价格的货币。在国际货物买卖合同价格条款中，必须对货币做出明确的规定。通常情况下，计价货币与支付货币为同一种货币，但有时也有不一致的。使用可自由兑换货币，有助于转移货币汇率风险。在出口业务中，一般尽可能多地使用在成交期内汇率比较稳定且有上升趋势的货币，即"硬币"或称"强币"。在进口业务中，则应争取多使用在成交期内汇率比较疲软且有下降趋势的货币，即"软币"或称"弱币"。为减少外汇风险，除采用"软币"和"硬币"外，还可采用以下几种方法。

1）压低进口价格或提高出口商品价格。如果在进口合同中，卖方坚持要使用当时所谓的"硬币"，在确定价格时，可要求压低价格，将汇率可能上浮的因素考虑进去。反之，如果在出口合同中，买方坚持要使用当时所谓的"软币"，可适当要求提高价格。这一方法通常较多适用于成交后至进口付汇或出口收汇间隔时期较短的交易。

2）"软币"和"硬币"结合使用。在不同的合同中，交替使用"软币"和"硬币"，也可以起到减少外汇风险的作用。因为在国际金融市场上，往往两种货币"软""硬"会经常发生变化，例如，今日之"软币"可能是明日之"硬币"。

（2）订立外汇保值条款。外汇保值条款主要有以下几种。

1）计价货币和支付货币均为同一"软币"，确定订约时这一货币与另一"硬币"的汇率，折算成硬币，支付时再按当日汇率折算成原货币支付。

2）按"软币"计价，"硬币"支付。将商品的价格按照计价货币与支付货币当时的汇率折合成另一种"硬币"，按这种"硬币"支付。

3）按"软币"计价，"软币"支付。确定这一货币与另外几种货币的算术平均汇率或用其他方式计算的汇率，按支付当日汇率的变化做相应的调整，折算成原货币支付。这种保值可称为一揽子汇率保值。几种货币的综合汇率的计算方法，可采用简单的算术平均法、加权平均法等，这主要由双方协商决定。在一揽子汇率保值中，值得一提的是采用特别提款权的办法，在目前的国际贸易中也在广泛使用。

【课堂讨论 11-1】

合同上所列的价格，正确的写法由哪几部分组成？

11.1.3 佣金与折扣

1. 佣金

佣金（commission）是商业活动中的一种劳务报酬，是具有独立地位和经营资格的中间人在商业活动中为他人提供服务后所得到的报酬。根据交易的性质，佣金可分为销售佣金（selling commission）和采购佣金（purchasing commission）。

（1）表示方式。佣金的表示方式是在其价格术语后面用文字说明，如"每码 200 美元 CFR 香港，包括 2.5% 佣金"，即"USD200 Per Yard CFR Hong Kong Including 2.5% Commission"。此外，还可以在价格术语后加注英文字母 C，如"每打 2 000 美元 CIF 新加坡，包括 5% 佣金"，即"USD2 000 Per dozen CIFC5% Singapore"。价格中所包含的佣金也可以用绝对数表示，如"每公吨付佣金 25 美元"，即"USD25.00 Commission Per M/T"。凡是价格中含有佣金的称为含佣价。佣金在合同中有明确规定的，称为明佣；佣金没有在合同中明确规定的，称为暗佣。

价格中不含佣金或折扣，则称为净价（net price）。有时为明确说明成交价格是净价，可在贸易术语后加注"Net"字样。例如，"USD10.00 Per Set CIF Tokyo Net"。

（2）佣金计算。按照国际贸易的习惯做法，佣金可以按实际成交数量一定的百分比进行计算。如按金额，则涉及用什么价格条件作为计算基础。在规定佣金的条件下，不但佣金的高低会影响买卖双方的实际利益，而且以什么价格基数来计算佣金，对双方的经济利益也会产生直接影响。计算佣金可以有以下几种方法。

1）不管买卖双方以何种价格成交，均按 FOB 价计算佣金。理由是：运费、保险费是卖方固定支付的，而不是卖方销售收入，因此不应支付佣金。

这种方法在实际业务中很少采用。因为对卖方和中间商均无好处。对卖方来说，在计算佣金时虽然事先扣除了运费和保险费，可以少支付一点佣金，但由于佣金直接从原来的成交价格中扣除，减少了卖方的外汇收入。对中间商来说，按 FOB 价格计算佣金，中间商所得的佣金较少，挫伤了中间商的积极性。

2）按成交价格计算佣金。例如，CIFC2.5% 的价格为 1 000 美元，根据公式

$$佣金 = 含佣价 \times 佣金率 \quad (11\text{-}1)$$

得　佣金 =1 000 × 2.5%=25.00（美元）

则　净价 =1 000−25=975（美元）

这种方法是最为常用的一种。它是按含佣价来计算佣金的，然后从含佣价中扣除佣金，即可得出净价。净价是指在进出口合同中订立的不包括佣金和折扣的价格，如"每公吨 1 000 美元 FOB 净价广州"。这是在不降低出口商净收入的基础上给予中间商一定比率的佣金，应根据下列公式计算含佣价：

$$含佣价 = 净价 / (1 - 佣金率) \quad (11\text{-}2)$$

则　佣金 = 含佣价 × 佣金率或佣金 = 含佣价 − 净价

（3）支付方法。佣金一般在出口方收到全部货款后再另行支付给中间商。但为了防止误解，对佣金在全部货款收妥后才予以支付的做法，出口企业与中间商应予以明确，并达成书

面协议。否则，中间商可能在买卖双方交易达成后即要求支付佣金。这样，以后合同能否得到履行，货款能否按时支付，就缺乏中间商的保证。

2. 折扣

折扣（discount）是指卖方按照原价给予买方一定的价格减让，或称价格优惠。折扣的高低可根据具体成交条件及买卖双方关系而定。

（1）表示方法。折扣一般用文字表示，如"每打 200 美元 CIF 纽约减 1.5% 折扣"，即"USD200 per dozen CIF New York less 1.5% discount"。

此外，还可以用绝对数表示，如"每打折扣 3 美元"，即"USD3.00 discount per dozen"；"CIF 香港每打 24.00 美元，折扣 2%"，即"USD 24.00 per dozen CIF R2 HongKong"，其中 R 为折扣 rebate 的缩写，R2 即为 rebate 2%。

（2）种类。贸易中通常使用的折扣种类包括以下几种：

1) 数量折扣。它是制造商对经销商、零售商或大客户等因其购买数量大而给予的一种折扣。

2) 现金折扣。它是对于及时付清货款的购买者的一种价格折扣。

3) 功能折扣。它是由制造商向履行了某种功能，如推销、储存和账务记载的贸易渠道成员所提供的一种折扣。

4) 季节折扣。它是卖主向那些非当令商品或服务的买者提供的一种折扣。

5) 网上订购折扣。它是给予在网上下单客户的折扣。

6) 促销折扣。它是指卖方对中间商的各种营业推广活动给予一定折扣作为报酬或补贴。

（3）计算公式。折扣的计算较为简单，不存在按 FOB 价还是按 CIF 价计算的问题。一般按实际发票金额乘以约定的折扣百分率为应减去的折扣金额，即

$$折扣金额 = 发票金额 \times 折扣百分率 \qquad (11-3)$$

此外，折扣也可以按商品数量计算折扣金额。例如，每件商品折扣 5 美元，共 500 件商品，则折扣金额为 5×500=2 500（美元）。

（4）支付方法。折扣的支付方法与佣金不同，它由买方预先主动从货款中扣除。

【课堂讨论 11-2】

缮制发票时，佣金与折扣是否可以同等对待，为什么？

11.1.4 不同贸易术语价格换算的进出口报价

在国际贸易中，不同的贸易术语表示其价格构成因素不同，即包括不同的从属费用。

$$FOB 价 = 进货成本价 + 国内费用 + 净利润 \qquad (11-4)$$

$$CFR 价 = 进货成本价 + 国内费用 + 海运费 + 净利润 \qquad (11-5)$$

$$CIF 价 = 进货成本价 + 国内费用 + 海运费 + 国外保险费 + 净利润 \qquad (11-6)$$

买卖双方在洽谈交易时，经常会根据对方要求改变原报价的贸易术语，如按 FOB 报价，

对方要求改为 CIF 价或 CFR 价，这就涉及价格换算问题。

1. FOB、CFR、CIF 三种价格的换算

（1）FOB 价换算为其他价。具体方法如下：

$$CFR 价 = FOB 价 + 海运费$$

$$CIF 价 = (FOB 价 + 海运费) / (1 - 投保加成 \times 保险费率)$$

（2）CFR 价换算为其他价。具体方法如下：

$$FOB 价 = CFR 价 - 海运费$$

$$CIF 价 = CFR 价 / (1 - 投保加成 \times 保险费率)$$

（3）CIF 价换算为其他价。具体方法如下：

$$FOB 价 = CIF 价 \times (1 - 投保加成 \times 保险费率) - 海运费$$

$$CFR 价 = CIF 价 \times (1 - 投保加成 \times 保险费率)$$

2. FCA、CPT、CIP 三种价格的换算

（1）FCA 价换算为其他价格。具体方法如下：

$$CPT 价 = FCA 价 + 海运费$$

$$CIP 价 = (FCA 价 + 海运费) / (1 - 投保加成 \times 保险费率)$$

（2）CPT 价换算为其他价格。具体方法如下：

$$FCA 价 = CPT 价 - 海运费$$

（3）CIF 价换算为其他价格。具体方法如下：

$$FCA 价 = CIF 价 \times (1 - 投保加成 \times 保险费率) - 海运费$$

$$CFR 价 = CIP 价 \times (1 - 投保加成 \times 保险费率)$$

11.1.5 出口商品成本和效益的核算

1. 成本核算

出口成本包括出口商品进价和出口流通费用两个部分。出口商品进价是指购进用于出口商品的价格。在我国，由于实行增值税制度，购买商品除了商品本身价格外，还要缴纳产品的增值税。不过，为了鼓励出口，商品出口后出口商可以办理出口退税。出口流通费用在业务中又被称作定额费用，它是指出口企业就某一商品的出口，从与国外进口商进行交易磋商起，一直到商品出口、收取货款为止的一切费用开支。

我国为了鼓励出口，对出口产品实行退增值税制度。当商品出口后，由出口企业按当时国家规定的退税率获取一定的退税额。出口退税实际上是国家补贴出口商品、降低出口企业的出口成本、提高出口商品竞争力的一种做法。因此，把出口退税计入出口成本，出口成本就有一定限度的下降。

2018 年，财政部和税务总局发布《关于调整部分产品出口退税率的通知》（以下简称《通知》），将相纸胶卷、塑料制品、竹地板、草藤编织品、钢化安全玻璃、灯具等产品的出

口退税率提高至16%；将润滑剂、航空器用轮胎、碳纤维、部分金属制品等产品的出口退税率提高至13%；将部分农产品、砖、瓦、玻璃纤维等产品的出口退税率提高至10%；取消豆粕出口退税。除了《通知》中的上述产品外，其余出口产品，原出口退税率为15%的，出口退税率提高至16%；原出口退税率为9%的，出口退税率提高至10%；原出口退税率为5%的，出口退税率提高至6%。至此，新一轮提高出口退税率的政策正式落地。根据《通知》附件，这一轮出口退税率调整共涉及1 172个产品。

2020年，财政部和税务总局进行了新一轮出口退税率的调整。根据《关于提高部分产品出口退税率的公告》，瓷制卫生器具等1 084项产品出口退税率提高至13%；植物生长调节剂等380项产品出口退税率提高至9%，自2020年3月20日起实施。

企业出口退税的相关计算公式如下所示。

（1）内资生产企业（含新外商投资企业）实行"免、抵、退"税的计算公式为

当期应纳税额＝当期内销货物的销项税额－（当期进项税额－当期出口货物不予免征、抵扣和退税的税额） (11-7)

当期出口货物不予免征、抵扣和退税的税额＝当期出口货物的离岸价格×外汇人民币牌价×（增值税税率－退税率） (11-8)

（2）生产企业以"进料加工"贸易方式进口料件加工复出口的，"免、抵、退"税的计算公式为

当期出口货物不予免征、抵扣和退税的税额＝当期出口货物的离岸价格×外汇人民币牌价×（征税税率－退税率）－当期海关核销免税进口料件组成计税价格×（征税税率－退税率） (11-9)

2. 效益核算

出口效益核算实际上是核算商品出口业务是赢利还是亏损。出口效益分析的原则是出口销售收入和出口成本进行比较。如果出口销售收入大于出口成本，就意味着出口业务有赢利；反之，则意味着出口业务亏损。这里要注意两点。

（1）使用相同的货币进行比较。在我国，由于出口销售收入的货币是外币（一般用美元），而出口成本是用人民币来表示的，因此，需要把出口销售收入的外币折算成人民币，这样才能进行比较。一般按银行外汇买入价来兑换人民币。另外，如果在某一笔出口业务中国际运输费和保险费是由出口方负担的，按照业务习惯，在分析出口经济效益时，出口成本中不计入这两种费用，这种出口成本称作出口净成本，出口销售收入也需要把这两部分费用减去。不包含这两种费用的出口销售收入称作出口销售净收入，即按FOB价作为出口净收入。

（2）出口效益核算分析指标。

1）出口商品盈亏率。出口商品盈亏率是指计算出口商品的盈亏程度。计算公式为

出口商品盈亏额＝出口销售净收入（人民币）－出口总成本（人民币） (11-10)

出口商品盈亏率＝出口商品盈亏额（人民币）/出口总成本（人民币）×100% (11-11)

式中，出口销售净收入是指出口商品的FOB价，按当天的外汇牌价（银行外汇买入价）折算成人民币的数额；出口总成本是指出口商品购进价（含增值税）加上定额费用，减去出口退

税收入。

2）出口商品换汇成本。出口商品换汇成本是指商品出口净收入 1 美元所需支出的人民币总成本，即商品出口收入 1 美元需要多少人民币的成本。计算公式为

出口商品换汇成本 = 出口总成本（人民币）/ 出口销售外汇净收入（美元） （11-12）

出口商品换汇成本高于银行外汇牌价，则出口亏损；反之，则出口赢利。所以，对于我国出口公司来讲，出口换汇成本越低越好。

3. 出口创汇率

出口创汇率又称外汇增值率，原本是用以考核进料加工的经济效益，具体计算方法是以成品出口所得的外汇净收入减去进口原料所支出的外汇，算出成品出口外汇增值的数额，即创汇额，再将其与原料外汇成本相比，计算出百分率。若原料为外国产品，则原料外汇成本采用 FOB 价计算；若原材料是进口的，则原料外汇成本采用 CIF 价计算。此指标主要考察出口成品的赢利性，在进料加工的情况下显得尤为重要。出口创汇率一般在加工贸易出口时才用到。计算公式为

出口创汇率 =（成品出口外汇净收入 – 原材料外汇成本）/ 原材料外汇成本 ×100% （11-13）

11.1.6　对出口商品换汇成本的控制事项

1. 建立出口换汇测算制度

外贸企业（或自营出口生产企业）应建立出口换汇测算制度，变事后反应为事前预测。控制要点有以下两点。

1）在签订合同前应填写"出口合同换汇成本测算表"，由企业外贸业务主管确认应退客户佣金、折扣和海运费等。经合同评审后，对外签订外销合同。

2）办理货物托运并交单议付后，向财务部门提交出口发票列入销售收入，同时提供由财务部门留存的测算表。

2. 对出口换汇成本构成内容的控制

计算出口换汇成本时，要注意把所有的成本和费用都包括进去。另外，要尽量减少业务环节的费用。

11.2　合同中的价格条款

11.2.1　价格条款中的内容

合同中的价格条款是指国际贸易合同中表明价格条件的款项，是对外经济贸易合同中的重要条款之一，一般包括商品的单价和总值两项基本内容，所以确定单价的作价办法、与单价有关的佣金及折扣的运用，也属于价格条款的内容。

1. 单价

如前所述,国际贸易商品单价由四个部分组成,缺一不可。这四个部分分别为计量单位、计价货币、单价金额和贸易术语。具体写法举例如下:

每公吨 100 美元,FOB 大连
USD100/t FOB Dalian

2. 总值

总值是单价同数量的乘积,即一笔交易的货款总金额。总值所使用的货币应与单价所使用的货币一致。

3. 价格调整条款

出口交易自签约到付款、交货往往间隔相当长的时间,其间原材料价格、经营成本难免发生波动。如波动剧烈,可能会使原合同难以继续履行,否则买卖双方之一就将蒙受严重损失。为此,买卖双方可在合同中规定适当的价格调整办法,以兼顾双方利益。这类条款被称为价格调整条款或价格变动条款。

举例:"Seller reserves the right to adjust the contracted price, if prior to delivery there is any substantial variation in the costs of raw material or component parts used and people employed."

该条款规定,如果在装船前原材料、零部件价格及工资水平发生重大变化,卖方有权调整合同价格。

11.2.2 规定价格条款的注意事项

(1) 合理地确定商品的单价,防止偏高或偏低。
(2) 根据船源、货源等实际情况,选择适当的贸易术语。
(3) 争取选择有利的计价货币,必要时可制定保值条款。
(4) 灵活运用各种不同的作价办法,尽可能避免承担价格变动的风险。
(5) 参照国际的习惯做法,注意佣金和折扣的合理运用。
(6) 如交货品质、交货数量有机动幅度或包装费另行计价时,应一并明确机动部分作价和包装费计价的具体办法。
(7) 单价中的计量单位、计价货币和装运地或卸货地名称,必须书写清楚,以利于合同的履行。

❖ 本章小结

影响进出口商品价格的因素有:交货地点和交货条件、商品的质量和档次、运输距离、成交数量、支付条件和汇率风险、市场需求、季节性需求的变化、贸易术语的不同、国际市场价格动态、进出口商的类型、自由贸易区或自由贸易协议的影响。

佣金是具有独立地位和经营资格的中间人在商业活动中为他人提供服务后所得到的

报酬。折扣是指卖方按照原价给予买方一定的价格减让，或称价格优惠。折扣的高低可根据具体成交条件及买卖双方关系而定。

合同中的价格条款一般包括商品的单价和总值两项基本内容，所以确定单价的作价办法、与单价有关的佣金及折扣的运用，也属于价格条款的内容。

◆ 思考题

一、计算题

以下各题均按现行汇率水平计算。

1. 我方出口某商品，原报价为 350 美元/桶 CIF 纽约，现外商要求将价格改报 CFRC5%。已知保险费率为 0.6%。我方应将价格改报为多少？
2. 我方出口某商品对外报价为 480 美元/吨 FOB 湛江，现外商要求将价格改报 CIF 旧金山。我方的报价应为多少才使 FOB 净值不变？（假设运费是 FOB 价的 3%，保险费为 FOB 价的 0.8%。）
3. 某外贸公司出口一批商品，国内进货价共 10 000 元，加工费支出 1 500 元，商品流通费是 1 000 元，税金支出为 100 元，该批商品出口销售净收入为 2 000 美元。

    试计算：（1）该批商品的出口总成本是多少？

    （2）该批商品的出口销售换汇成本是多少？

    （3）该商品的出口销售盈亏率是多少？
4. 某出口商品，我方对外报价为每吨 1 200 英镑 FOB 黄埔，对方来电要求改报 CIFC5% 伦敦。CIFC5% 伦敦价为多少？（已知保险费率为 1.68%，运费合计为 9.68 英镑。）
5. 我方某外贸公司出口商品货号为 H208 的货物共 5 000 箱，该货物每箱净重 20 千克，毛重 22 千克，体积 0.03 立方米，出口总成本每箱 999 元，外销价每箱 120 美元 CFR 卡拉奇。海运运费按 W/M12 级计算，装中远公司班轮出口，查运价表可知，到卡拉奇 12 级货运费为每运输吨 52 美元。该商品的出口销售换汇成本及盈亏率是多少？
6. 内地某公司向香港客户报水果罐头 200 箱，每箱 132.6 港元 CIF 香港，客户要求改报 CFR 香港含 5% 佣金价。假定保险费相当于 CIF 价的 2%，保持原报价格不变。

    问：（1）CFRC5% 香港价应报多少？

    （2）出口 200 箱应付给客户多少佣金？

    （3）某公司出口 200 箱可收回多少外汇？
7. CIF 价格为 1 000 美元，运费为 100 美元，保险费为 10 美元，佣金率为 2.5%，则佣金额是多少？

二、案例讨论题

我方某出口公司拟出口化妆品到中东某国。正好该国某佣金商主动来函与该出口公司联系，表示愿为推销化妆品提供服务，并要求按每笔交易的成交金额给予 5% 的佣金。不久，经该佣金商中介与当地进口商达成 CIFC5% 总金额 5 万美元的交易，装运期为订约后 2 个月内从中国港口装运，并签订了销售合同。合同签订后，该佣金商即来电要求我方出口公司立即支付佣金 2 500 美元。我方出口公司复电称：佣金需待货物装运并收到全部货款后才能支付，于是双方发生了争议。

试讨论：这起争议发生的原因是什么？我方出口公司应从中吸取什么教训？

第 12 章
CHAPTER 12

国际货款的收付

§ **教学目的**

- 了解国际贸易结算中主要票据的概念、特点与分类，以及主要国际结算方式的概念与方法
- 掌握汇付、托收的定义和流程
- 掌握信用证的定义、流程、分类及国际惯例
- 掌握起草和审核信用证的基本方法

§ **关键术语**

汇票	支票	出票	见票
背书	追索	承兑	贴现
提示	托收	D/P	T/T
备用信用证	银行保函	D/A	开证行
付款行	受益人	通知行	议付行
不可撤销信用证			

§ **章首案例 12-1**

信用证修改引发的争议

案情：F 行应进口商 N 的要求，以减免开证保证金、敞口部分授信的方式对外开出总价为 USD80 000.00 的远期 90 天自由议付跟单信用证，受益人为马来西亚的 A 公司。该信用证通过马来西亚的 S 银行通知了 A 公司。作为开证行，F 行在信用证的附加条款中加列了一条：受益人交单议付时，必须提交

一份由受益人签署的正本书面申明函，申明受益人是否接受信用证的修改书，并注明修改书的日期和次数。在信用证开出后，申请人向开证行提交了修改申请，而F行通知S行发出了该修改。受益人依照信用证及修改书的规定装船、制单、交单给S银行。但A公司并未提供以上所述的申明函。合同规定，当行情发生变化后，可在一定幅度内降低货价，所以N公司主动提出降价10%，但A公司拒绝了该请求。为逼受益人降价，F行以不符点，即"所提交单据中未提交受益人的申明函"为由向S行发出了拒付电报。

试问：F行提出的不符点是否合理，为什么？

分析：该案例中，开证行的附加条款中规定受益人交单议付时，必须提交一份由受益人签署的正本书面申明函。虽然依照UCP600第10款c，所提交单据的表面显示受益人接受了修改，但毕竟缺少了受益人签发的"申明函"，少提交了一种单据，未按信用证的条款执行，应视为不符点。因此，拒付理由成立。

12.1 票据

国际贸易中的支付工具主要有货币和票据两种。其中，**票据**（bill）在国际贸易结算中占据主要地位。票据包括商业票据和金融票据。后者又包含了汇票、本票、支票或其他类似用以取得款项的凭证。在信用证项下，汇票是最常使用的金融票据。

国际结算工具是指为实现国际债权债务清偿所使用的工具，主要包括货币和票据。

国际贸易结算主要是非现金结算，要结清国际债权债务必须使用一定**支付工具**（payment instrument）。票据就是一种能起到货币的支付和结算功能的有效支付工具。

所谓票据，通常是指以支付一定金额为目的，并可以自由流通转让的特种证券。票据可以通过**交付**（delivery）及**背书**（endorsement）连续转让，使票据得以广泛流通，既节省了现金使用，又扩大了流通手段。和货币一样，票据可以在流通中实现票据和对价（商品或劳务）的对流，其结算功能主要体现在流通手段、支付手段和信用手段上。

国际结算中使用的票据主要包括汇票、本票和支票。

12.1.1 汇票

1. 汇票的含义和基本内容

汇票（bill of exchange，draft）是国际货款结算中使用最为广泛的主要票据。根据现行《中华人民共和国票据法》的规定，汇票是出票人签发的，委托付款人在见票时或者在指定日期无条件支付确定的金额给收款人或者持票人的票据。

根据各国广泛引用或参照的《英国票据法》的规定，汇票是由一人签发给另一人的无条件书面命令，要求受票人见票时或于未来某一规定的或可以确定的时间，将一定金额的款项支付给某一特定的人或其指定的人或持票人。

汇票是一种要式证券，所以必须要式齐全。所谓要式齐全，就是必须具备法定的形式要件，必须载明必要的法定事项，才能成为完整的汇票，从而具有票据的效力。

2. 汇票的性质、作用

（1）汇票是支付工具。国际结算的基本方式是非现金结算，汇票是能够用来结清国际债权债务的支付工具之一。

（2）汇票是信用货币。汇票不是领款单，而是由出票人担保的信用货币，收款人的权利完全依赖于出票人的信用。

（3）汇票是流通工具。汇票可以经过交付或背书转让给他人，并能连续多次转让。背书人对票据的付款负有担保责任，因此，背书次数越多，对票据付款担保的人越多，票据也更加容易被接受。

3. 汇票的主要种类

汇票从不同的角度可分为以下几种。

（1）按出票人不同，汇票分为银行汇票和商业汇票。

银行汇票（banker's draft）是指由银行签发的汇票，是一家银行向另一家银行发出的书面支付命令，出票人和付款人都是银行。

在我国，银行汇票根据用途又分为现金银行汇票和转账银行汇票。现金银行汇票在出票金额前填写"现金"字样，并且只有在申请人和收款人都为个人时才能够使用。转账银行汇票只能用于转账方式付款。

商业汇票（commercial bill）是指由企业或个人签发的汇票。商业汇票的付款人可以是企业、个人或银行。

我国对于商业汇票使用比较严格，只有在银行开立存款账户的法人及其他组织之间才能够使用商业汇票，而个人不能使用商业汇票。

（2）按有无附属单据不同，汇票分为光票和跟单汇票。

光票（clean bill）是由出票人开立的不附任何单据的汇票。银行汇票多为光票。光票常在国际贸易中支付佣金、代垫费用以及收取货款尾数时开立。

跟单汇票（documentary bill）是指附带有关单据的汇票，附带单据可能是发票、提单、保险单、产地证明等。商业汇票多为跟单汇票。

（3）按承兑人不同，汇票分为银行承兑汇票和商业承兑汇票。

银行承兑汇票（banker's acceptance bill）是指汇票上的付款人为银行，以银行为承兑人的远期汇票。

商业承兑汇票（commercial acceptance bill）是指建立在商业信用基础上的，由银行以外的任何商号或个人为承兑人的远期汇票。

（4）按付款时间不同，汇票分为即期汇票和远期汇票。

即期汇票（sight bill, demand draft）是指持票人向付款人提示后，对方立即付款，又称"见票即付"汇票。银行汇票多是即期汇票。

远期汇票(time bill, usance bill)是指在出票一定期限后或特定日期付款的汇票。远期汇票多为商业汇票。

远期汇票的付款时间,有以下几种规定办法。
- 见票后若干天付款(At ×× days after sight)
- 出票后若干天付款(At ×× days after date)
- 提单签发日后若干天付款(At ×× days after date of bill of lading)
- 指定日期付款(fixed date)

【课堂讨论 12-1】

在票据流通市场上,银行承兑汇票和商业承兑汇票哪一种容易流通,并享受优惠贴现率,为什么?

4. 汇票的使用

汇票的使用有出票、提示、承兑、付款等,背书后可以转让。

(1)出票。**出票**(issue)是指出票人按照一定要求和格式签发汇票并将其交付他人的一种行为。

在出票时,对收款人通常有三种写法:①限制性抬头;②指示性抬头;③来人或持票人抬头。

(2)提示。**提示**(presentation)是指持票人向付款人提交汇票后,要求其承兑或付款的行为。提示可以分为付款提示和承兑提示。

(3)承兑。**承兑**(acceptance)是远期汇票的付款人在持票人提示的汇票正面签字,从而承诺在汇票到期时向付款人付款的一种行为。承兑是一种从属票据行为。

承兑包括两个动作:①付款人在汇票正面写上"承兑"(accepted)字样,注明承兑日期并签字;②将已承兑汇票交付持票人。

经过以上两个动作,承兑就是有效和不可撤销的。

(4)付款。在即期汇票及远期汇票到期提示时,付款人可以付款。付款后,汇票上一切债务即告终止。

(5)背书。**背书**(endorsement)是转让汇票的法定手续,是持票人以转让其权利为目的而在汇票背面签字的一种行为。它是一种从属票据行为。背书可分为限制性背书、指示性背书和空白背书。

1)限制性背书即不可转让背书,是指背书人对支付给被背书人的指示带有限制性词句。例如:"Pay to ABC bank, not transferable"(付给 ABC 银行,不能转让)。

2)指示性背书是指背书人先做被背书人记载,再签字。例如:"Pay to the order of ABC bank, James chen"(背书人签字)。

3)空白背书是指背书人仅在票据背面签名而不指定被背书人。经背书后,汇票的收款权利便转让给受让人。汇票可以经过背书不断转让下去。对受让人来说,所有在他以前的背书人以及原出票人都是他的"前手";而对出让人来说,所有在他让与以后的受让人都是他的"后手",前手对后手负有担保汇票必然会被承兑或付款的责任。

在国际市场上,一张远期汇票的持有人如想在付款人付款前取得票款,可以经过背书转让汇票,即将汇票进行贴现。**贴现**(discount)是指远期汇票承兑后,尚未到期,由银行或贴现公司从票面金额中扣减按一定贴现率计算的贴现息后,将余款付给持票人的行为。贴现后余额的计算公式为

$$贴现后余额 = 票面金额 - (票面金额 \times 贴现率 \times 日数/360) - 有关费用 \quad (12-1)$$

(6)拒付。持票人在向付款人提示汇票要求承兑或付款时,付款人可能会出于多种原因而拒绝承兑或付款,这时汇票即遭拒付(dishonor)。付款人拒付后,持票人应及时将汇票遭拒付的事实通知其前手,前手再通知其前手,直至出票人,以便于持票人向他们追索。如持票人未能及时通知,则丧失追索权。

5. 汇票的要式项目

国际贸易中使用的汇票,经长期的演化,其格式已经大致固定。

(1)汇票号码。受益人在缮制汇票时,通常会选择发票号码作为汇票号码,以方便单据的管理;有时也会单独编排汇票号码。

(2)出票日期和地点。在汇票的右上角,要注明汇票的出票时间和地点,因为按照出票地国家的法律来确定汇票是否成立以及有效与否。

(3)汇票金额。汇票要注明大、小写金额。例如,小写金额为 USD7 000.00,大写金额写法为 US DOLLARS SEVEN THOUSAND ONLY。

(4)汇票期限。汇票期限即到期日,须与信用证的规定一致。

如为即期信用证,则在 AT 与 SIGHT 之间的横线或虚线上打上 ××××,表明此空白处不填写任何信息,汇票即为即期汇票。

如为远期信用证,则在 AT 与 SIGHT 之间的横线或虚线上填写相关期限。例如:

见票后 180 天付款,AT 180 DAYS AFTER SIGHT …

(5)无条件支付命令。PAY TO THE ORDER OF,后面要注明议付行的全称,如 PAY TO THE ORDER OF、BANK OF CHINA BEIJING BRANCH。

(6)汇票的出票依据。有的信用证会要求受益人出具的汇票注明信用证号码等相关细节。因此,大多数汇票上有 VALUE RECEIVED …,受益人要在此空白处加列信用证号码、开证行名称和开证日期。例如:

L/C NO.123456 ISSUED BY BANK OF CHINA DATED JUN 01 2012.

(7)付款人(drawee)。汇票左下角 TO 后注明开证行的名称。若信用证规定有偿付行(reimbursing bank),则注明偿付行的名称。汇票不能以开证申请人为付款人,若受益人提交的汇票以开证申请人为付款人,则此汇票作为与商业发票一类的商业票据处理。

(8)出票人(drawer)。汇票的出票人必须是信用证的受益人,即在汇票的右下角加盖受益人的章。

12.1.2 本票与支票

1. 本票与支票的定义

本票（promissory note）是一个人向另一个人签发的保证于见票时或定期或在可以确定的将来时间，对某人或其指定人或持票人支付一定金额的无条件书面承诺。简言之，本票是出票人对收款人承诺无条件支付一定金额的票据。

本票可分为商业本票和银行本票。商业本票可按付款时间分为即期本票和远期本票两种。而银行本票都是即期的。《中华人民共和国票据法》第78条规定，我国允许开立自出票日起、付款期限不超过2个月的银行本票。银行本票仅限于由中国人民银行审定的银行或其他金融机构签发。

支票（check）是以银行为付款人的即期汇票。出票人在支票上签发一定的金额给特定人或持票人。

支票的出票人在签发支票后，应负票据上的责任和法律上的责任。前者是指出票人对收款人担保支票的付款；后者是指出票人签发支票时，应在付款银行存有不低于票面金额的存款。如存款不足，支票持有人在向银行提示支票要求付款时，就会遭到银行的拒付，这种支票称为空头支票。

根据《中华人民共和国票据法》的规定，支票可以分为现金支票和转账支票两种。

2. 汇票、本票与支票的主要区别

（1）本票与汇票的主要区别。

1）本票的票面有两个当事人，即出票人和收款人；而汇票则有三个当事人，即出票人、付款人和收款人。

2）本票的出票人即是付款人，远期本票无须办理承兑手续；而远期汇票则要办理承兑手续。

3）本票在任何情况下，出票人都是绝对的主债务人，一旦拒付，持票人可以立即要求法院裁定，命令出票人付款；而汇票的出票人在承兑前是主债务人，在承兑后，承兑人是主债务人，出票人则处于从债务人的地位。

（2）支票与汇票的主要区别。

1）支票的付款人是银行；而汇票的付款人可以是银行，也可以是商人。

2）支票为即期；而汇票有即期，也有远期。

3）汇票有承兑行为；而支票无承兑行为。

4）支票上可以画线表示转账；而汇票则无须画线。

5）支票的主债务人是出票人；而远期汇票在承兑前的主债务人是受票人，承兑后为承兑人。

12.2 汇付和托收

汇付和托收都是国际贸易中经常采用的支付方式。按资金的流向与支付工具的传递方

向，支付方式可以分为顺汇和逆汇两种。顺汇是指资金的流动方向与支付工具的传递方向相同，汇付采用的是顺汇方法；逆汇是指资金的流转方向与支付工具的传递方向相反，托收采用的是逆汇方法。

12.2.1 汇付

1. 汇付的含义

汇付（remittance）又称汇款，是指付款人（债务人）主动通过银行将款项汇交收款人（债权人）的一种结算方式。国际货款的收付如采用汇付，一般是由买方按买卖合同约定的条件（如收到单据或货物）和时间，将货款通过银行汇交给卖方。

2. 汇付方式的当事人

在汇付业务中，通常涉及以下四个当事人。

（1）汇款人（remitter）。汇款人即汇出款项的人。在进出口交易中，汇款人通常是进口人。

（2）收款人（payee or beneficiary）。收款人即收取款项的人。在进出口交易中，收款人通常是出口人。

（3）汇出行（remitting bank）。汇出行即受汇款人的委托汇出款项的银行，通常是在进口地的银行。

（4）汇入行（paying bank）。汇入行即受汇出行委托解付汇款的银行，故又称解付行。在对外贸易中，汇入行通常是出口地的银行。

汇款人在委托汇出行办理汇款时，要出具汇款申请书。此项申请书是汇款人和汇出行之间的一种契约。汇出行一经接受申请，就有义务按照汇款申请书的指示并使用一定的传递方式（如电报、电传、信件、票据等）通知汇入行。汇出行与汇入行之间，事先订有代理合同，在代理合同规定的范围内，汇入行对汇出行承担解付汇款的义务。

3. 汇付的种类

汇付可分为信汇、电汇和票汇三种。

（1）信汇。**信汇**（mail transfer，M/T）是指汇出行应汇款人的申请，将信汇委托书邮寄给汇入行，授权解付一定金额给收款人的一种汇款方式。

信汇方式的优点是费用较低，但资金在途时间长，收款人收到汇款的时间较迟。

（2）电汇。**电汇**（telegraphic transfer，T/T）是指汇出行应汇款人的申请，采用电信手段将电汇付款委托书给在另一国家的分行或代理行（即汇入行），指示解付一定金额给收款人的一种汇款方式。

电汇方式的优点是收款人可迅速收到汇款且安全系数高，但费用也较高。电汇流程如图12-1所示。

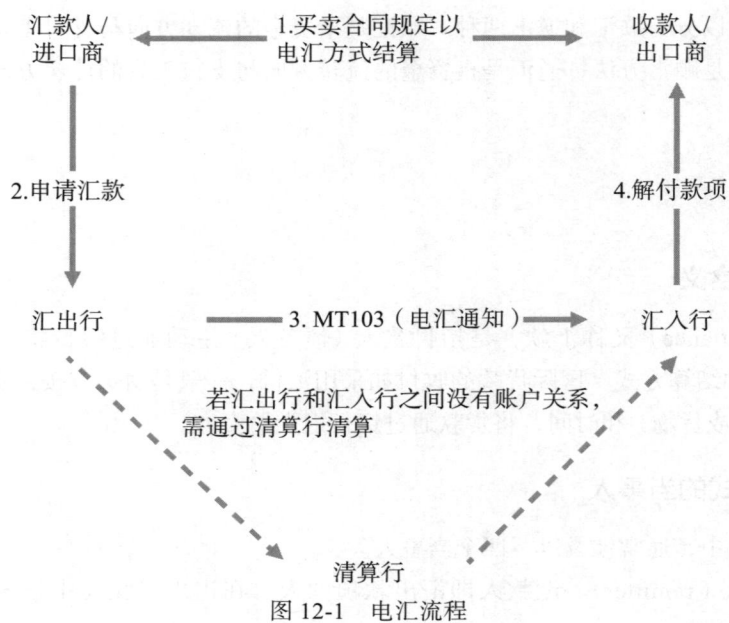

图 12-1 电汇流程

（3）**票汇**。**票汇**（demand draft，D/D）是指汇出行应汇款人的申请，代汇款人开立以其分行或代理行为解付行的银行即期汇票（banker's demand draft），支付一定金额给收款人的一种汇款方式。

票汇与电汇、信汇的不同在于，票汇的汇入行无须通知收款人取款，而由收款人持票登门取款。这种汇票除有限制转让和流通的规定外，经收款人背书，可以转让流通，而电汇、信汇的收款人则不能将收款权转让。因此，票汇具有较大的灵活性，使用也较方便。

汇付方式在国际贸易中主要用于预付货款、随订单付款和赊销等业务中。

【课堂讨论 12-2】

在当今的国际贸易结算中，电汇结算比重日益提升，其根本原因有哪些？在什么情形下使用汇付结算比较适宜？请设计一个安全、高效的电汇结算方案。

12.2.2 托收

1. 托收的含义

托收（collection）是委托收款的简称。国际商会制定的《托收统一规则》（URC522）对托收做了如下定义：托收是指由接到托收指示的银行根据所收到的指示处理金融单据和／或商业单据，以便取得付款／承兑，或凭付款／承兑交出商业单据，或凭其他条款或条件交出单据。

金融单据（financial document）又称资金单据，是指汇票、本票、支票、付款收据或其他类似用于取得付款的凭证。

商业单据（commercial document）是指发票、运输单据、物权单据或其他类似单据，或除金融单据以外的其他单据。

简言之，托收是指债权人（出口人）出具债权凭证（汇票等）委托银行向债务人（进口人）收取货款的一种支付方式。

2. 托收的当事人

托收方式所涉及的当事人主要有以下几方面。

（1）委托人。委托人（principal 或 consignor）即委托银行向国外付款人代收货款的人，通常为出口人。

（2）托收行。托收行（remitting bank）即接受出口商的委托代为收款的出口地银行。托收行有义务按照委托人的指示办事，它与委托人之间是委托代理关系。因此，托收行对单据的正确性不负责任。对于因委托人的指示，利用外国银行的服务而发生的一切费用和风险，托收行也不负责任。

（3）代收行。代收行（collecting bank）是指接受托收行的委托向付款人收取票款的进口地银行，通常是托收银行的国外分行或代理行。代收行应遵照托收行的指示，尽快向付款人提示汇票，要求其付款或承兑，并在付款或承兑后，及时通知托收行。

（4）提示行。提示行（presenting bank）是指向付款人提示汇票和单据的银行。代收行可以自己兼任提示行，也可以委托与付款人有账户往来关系的银行作为提示行。

（5）付款人。付款人（drawee）是根据托收指示，向其提示单据的人。例如使用汇票，付款人即为汇票的受票人，通常也为进口人。

3.《托收统一规则》

《托收统一规则》是国际商会制定的供各国商业银行办理托收业务时使用的国际惯例。

1967年国际商会正式制定并颁布了《商业票据托收统一规则》(*Uniform Rules for Collection of Commercial Paper*, ICC Publication No.254)。该规则基本上统一了银行托收业务涉及的术语、定义、程序和原则，并成为贸易上办理托收业务的重要依据。

国际商会于1978年颁布了更名后的《托收统一规则》(*Uniform Rules for Collection*, ICC Publication No.322)，于1979年起实施。

目前使用的《托收统一规则》于1996年1月1日起生效，即国际商会第522号出版物，简称URC522。URC522全文包括总则、定义及具体条款，共26条，为国际托收业务提供了规范性指导意见。

《托收统一规则》的基本精神是：银行办理托收业务完全根据委托人的指示办事。银行在托收过程中遇到的一切风险、费用、意外事故概由委托人承担。

4. 托收的种类

根据委托人签发的汇票是否附有单据，托收可以分为光票托收和跟单托收。

（1）光票托收。**光票托收**（clean collection）是指委托人仅签发金融单据不附有商业单据的托收，即提交金融单据委托银行代为收款。在国际贸易中，光票托收用于收取货款的尾数、佣金、样品费以及其他贸易从属费用等小额款项。

（2）跟单托收。**跟单托收**（documentary collection）是指委托人签发的金融单据中附有商业单据或不附有金融单据的商业单据的托收。在实务中，跟单托收所附单据主要有提单、保险单、装箱单等。跟单托收如以汇票作为收款凭证，则使用跟单汇票。

在国际贸易中，货款的收取大多采用跟单托收。在跟单托收的情况下，按照货物单据和货款的支付是否同时进行即向进口人交单条件的不同，又分为付款交单和承兑交单两种。

1）付款交单（documents against payment，D/P）。付款交单是指出口商的交单以进口商的付款为条件，即只有在进口商付清货款后，才能把装运单据交给进口商。按付款时间的不同，付款交单又可分为即期付款交单（D/P sight）和远期付款交单（D/P after sight）。付款交单业务流程如图12-2所示。

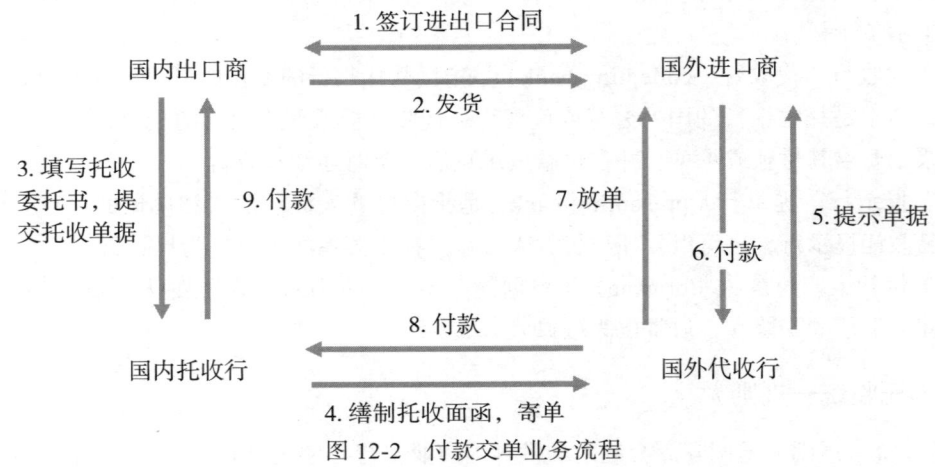

图12-2　付款交单业务流程

第一步：进出口商签订进出口合同，确定用即期/远期方式付款交单的结算方式和国外进口商所在地的代收行。

第二步：国内出口商发货，按照合同缮制各种单据，开立即期/远期汇票。其中，运输单据不能做成银行抬头（如to order of ×××bank），因为银行没有义务办理提货、仓储和保险。

第三步：国内出口商填写托收委托书，注明国外进口商的名称和地址、国外代收行信息、提交单据的份数和种类、交单条件（D/P）等内容，并向国内托收行提交全套单据。

第四步：国内托收行审核国外出口商提交的单据数量是否与托收委托书的内容相符后，缮制托收面函，连同即期/远期汇票、货运单据等交国外代收行，委托其代收货款。

第五步：国外代收行收到单据后，通知国外进口商，提示单据。

第六步：在即期付款交单情况下，国外进口商向国外代收行付款；在远期付款交单情况下，国外进口商在远期汇票到期时向国外代收行付款。

第七步：国外代收行向国外进口商放单。

第八步：国外代收行向国内托收行付款。

第九步：国内托收行扣除相关手续费后，将款项划入国内出口商账户。

2）**承兑交单**（documents against acceptance，D/A）。承兑交单是指代收行在付款人承兑

远期汇票后，把货运单据交给付款人，于汇票到期日由付款人付款的一种交单方式。

需要特别注意承兑交单与远期付款交单的区别：承兑交单仅凭付款人对远期汇票的承兑而交单；在远期付款交单的情况下，代收行必须在付款人对已承兑的远期汇票付款后才能交单。URC522明确指出⊖："如果托收含有远期付款的汇票，则该托收指示书中应注明商业单据是凭承兑交付还是凭付款交付。如果无此注明，则商业单据仅能凭付款交付，代收行对因迟交单据而产生的任何后果不负责任。"同时，URC522也规定："托收不应含有凭付款交付商业单据的远期汇票，其用意是劝阻出口商尽可能不采用远期付款交单方式。"

承兑交单的主要流程如图12-3所示。

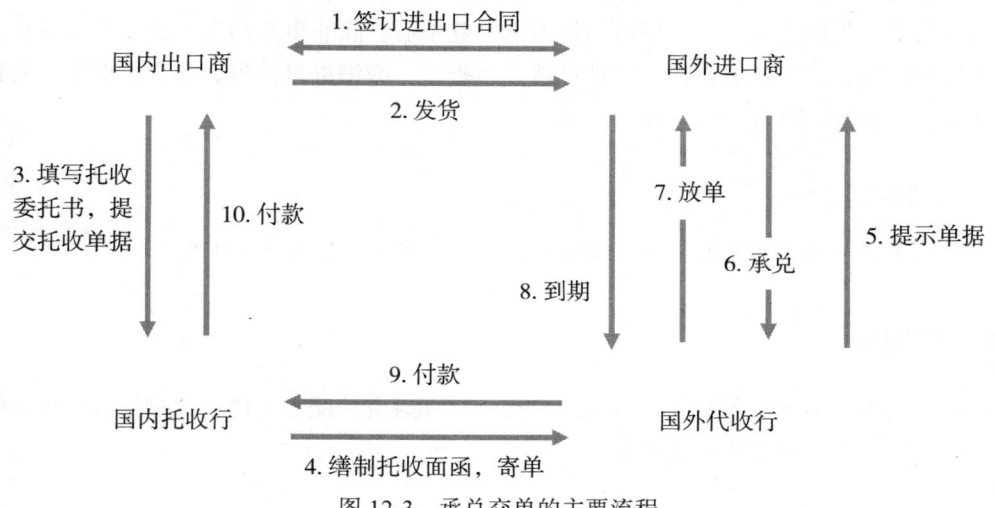

图 12-3 承兑交单的主要流程

第一步：进出口商签订进出口合同，确定用 D/A 方式结算和国外进口商所在地的代收行。

第二步：国内出口商发货，缮制各种单据。其中，运输单据不能做成银行抬头（如 to order of ××× bank），因为银行没有义务办理提货、仓储和保险。

第三步：国内出口商填写托收委托书，注明国外进口商的名称和地址、国外代收行信息、提交单据的份数和种类、交单条件（D/A）等内容，并向国内托收行提交全套单据。

第四步：国内托收行审核国内出口商提交的单据数量是否与托收委托书的内容相符后，缮制托收面函，连同单据向国外代收行寄单。

第五步：国外代收行收到单据后，通知国外进口商，提示单据。

第六步：国外进口商在汇票上做承兑，确定付款日期。

第七步：国外代收行向国外进口商放单。

⊖ 根据 URC522 第 7 条 b 款 If a collection contains a bill of exchange payable at a future date, the collection instruction should state whether the commercial documents are to be released to the drawee against acceptance（D/A）or against payment（D/P）.In the absence of such statement commercial documents will be released only against payment and the collecting bank will not be responsible for any consequences arising out of any delay in the delivery of documents.（资料来源：国际商会中国国家委员会. 国际商会托收统一规则评注［M］. 北京：中国民主法制出版社，2004.）

第八步：到期日，国外进口商向国外代收行付款。
第九步：国外代收行向国内托收行付款。
第十步：国内托收行扣除相关手续费后，将款项划入国内出口商账户。

5. 托收的利弊

托收的好处主要有：进口商不但可免去申请开立信用证的手续，不必预付银行押金，减少费用支出，而且有利于资金融通和周转，增强出口商品的竞争能力。

托收的弊端主要有：①银行办理托收业务时，只是按委托人的指示办事，并无检查单据内容和承担付款人必然付款的义务；②如果进口商破产或丧失清偿债务的能力，出口商则可能收不回或晚收回货款；③在进口商拒不付款赎单后，除非事先约定，银行无义务代管货物；如货物已到达，还要承担在发生进口地办理提货、缴纳进口关税、存仓、保险、转售以致被低价拍卖或被运回国内的损失。

【课堂讨论 12-3】
为什么出口商采用托收 D/P 支付方式时，选用的贸易术语多为 CIF？

12.3 信用证

信用证是重要的国际贸易结算方式，它集结算和融资功能于一体，通过银行信用弥补商业信用的不足，为国际贸易提供服务。

12.3.1 信用证的定义与特征

1. 信用证的定义

UCP600 在第二条"定义"中规定："信用证意指一项约定，无论其如何命名或描述，该约定不可撤销并因此构成开证行对于相符提示予以兑付的确定承诺。"

信用证是开证银行对受益人的一种保证，只要受益人履行信用证所规定的条件，即受益人只要提交符合信用证所规定的各种单据，开证行就保证付款。因此，在信用证支付方式下，开证行成为首先付款人，故属于银行信用。

2. 信用证的基本特征

（1）信用证是一种银行信用。它是指由开证行以自己的信用做出承付的保证。在信用证付款的条件下，开证银行处于第一付款人的地位，信用证是开证行的付款承诺。因此，开证行是第一付款人。在信用证业务中，开证行对受益人的承付责任是一种独立的责任，即开证行的承付不以进口人的付款作为前提条件。

（2）信用证是独立于贸易合同之外的自足文件。就其性质而言，信用证与可能作为其开立基础的销售合同或其他合同是相互独立的交易，即使信用证中含有如此类合同的任何援引，银行也与该合同无关，且不受其约束。因此，银行关于承兑、议付或履行信用证项下其他义务的承诺，不受申请人基于其与开证行，或与受益人之间的关系而产生任何请求或抗辩的影响。

信用证的开立虽然是以贸易合同为基础，但是银行并未参与合同的签订，不是合同的当事人。信用证与合同是相互独立的两个契约。

受益人依据信用证的规定缮制并提交单据，银行向受益人付款的依据是与信用证相符的单据。

（3）信用证的标的是单据。在信用证业务中，银行处理的是单据，而不是可能涉及的货物、服务或履行行为。

3. 信用证的当事人

（1）申请人。申请人（applicant）是指要求开立信用证的一方。在货物贸易中，通常是买方（进口商）根据买卖合同所确定的付款条件，由其向往来银行申请开立信用证。因此，开证申请人通常为买方（buyer）或进口商（importer）。

（2）开证行。开证行（issuing bank）是指应申请人要求或者代表自己开出信用证的银行。当信用证规定的单据全部提交指定银行或开证行，并符合开证行的条款和条件，便构成了开证行确定的付款承诺。因此，在跟单信用证交易中，开证行所起的作用最为重要。

（3）通知行。通知行（advising bank）是指应开证行的要求通知信用证的银行。信用证可由开证行直接寄受益人，但由于银行间建有印鉴、密押关系，经银行核验信用证的真实性，有利于保护受益人的权益。如果通知行选择不通知信用证，必须不延迟地将其决定告知开证行。如果通知行无法审核信用证的表面真实性，仍可将信用证通知受益人，但必须如实告诉受益人它无法确定该证的真实性。否则，受益人就可以假定通知行已确定该证的表面真实性。

（4）受益人。受益人（beneficiary）是指接受信用证并享受其利益的一方。在信用证交易中，一般而言，受益人大多是卖方（seller）或出口商（exporter）。因他有权利使用或享受信用证的利益，所以称为受益人。

（5）指定行。指定行（nominated bank）是指信用证可在其处兑用的银行。例如，信用证可在任一银行兑用，则任一银行均为指定行。

（6）保兑行。保兑行（confirming bank）是指根据开证行的授权或要求对信用证加具保兑的银行。有些开证行的规模较小，或信用等级较低，或所在地国家经济、政治、社会状况不稳定，而须由开证行另请一家为受益人所熟悉（通常是出口地的通知行）或其他信用较好的银行对其多开信用证进行保兑。这一家依照开证行的授权或要求，而对开证行所开信用证承担保证兑付责任的银行即为保兑行。保兑行与付款行一样，对受益人的保兑行为无追索权。

（7）交单人。交单人（presenter）是指实施交单行为的受益人、银行或其他人。

12.3.2 信用证的内容

1. 关于信用证本身的内容

- 开证行（issuing bank）

- 通知行（advising bank）
- 信用证种类（kind of credit）
- 信用证号码（credit number）
- 开证日期（date of issue）
- 受益人（beneficiary）
- 开证申请人（applicant，accountee）
- 可利用金额（available amount）[即信用证金额（L/C amount）]
- 有效期限（validity or expiry date）
- 信用证使用地点（credit available at …）

2. 关于汇票的内容

- 出票人（drawer）
- 受票人（drawee）(即付款人)
- 汇票期限（tenor）
- 汇票金额（draft amount）

3. 关于单据及商品的内容

（1）单据。
- 商业发票（commercial invoice）
- 运输单据（transport document）
- 保险单据（insurance policy）
- 其他单据（other document）

（2）商品（goods of merchandise）。
- 商品描述、数量、单价、贸易条件等（description, quantity, unit price, trade term etc.）
- 装运地、目的地（point of shipment/destination）
- 装运期限（latest date of shipment）

4. 其他事项

（1）有关议付行应注意事项。例如，将押汇金额在信用证背面背书（endorsement）。
（2）开证行担保兑付的条款。它包括以下内容。
- 不可撤销条款
- 可撤销信用证中的免责条款
- 开证行有权签字人签字
- 是否遵守《跟单信用证统一惯例》的条款

（3）其他。

案例 12-1

SWIFT 开立信用证[一]

APPLICATION HEADER	700	UOVBPHMMAXXX
		UNITED OVERSEAS BANK PHILIPPINES
		MANILA
SEQUENCE OF TOTAL	27：	1/1
FORM OF DOC CREDIT	40：	IRREVOCABLE
DOC CREDIT NUMBER	20：	18LC04/10359
DATE OF ISSUE	31C：	080315
EXPIRY	31D：	DATE080430 PLACE / CHINA
APPLICANT	50：	TBCD ELECTRONIC CO LTD
		N2036 FEATI CTREET PAMPANGA PHILIPPINES
BENEFICIARY	59：	BEIJING LONGTAIDA CO LTD
		NO 123 ZHONGGUANCUN SOUTH ROAD
		HAIDIAN DISTRICT BEIJING PRC
AMOUNT	32B：	CURRENCY USD AMOUNT36.432，30
AVAILABLE WITH/BY	41D：	ANY BANK BY NEGGOTIATION
DRAFTS AT …	42C：	SIGHT FOR 100 PERCENT INVOICE VALUE
DRAWEE	42A：	UOVBPHMM
		UNITED OVERSEAS BANK PHILIPPINES
PARTIAL SHIPMENTS	43P：	PERMITTED
TRANSHIPMENT	43T：	PERMITTED
LOADING IN CHARGE	44A：	ANY PORT IN CHINA
FOR TRANSPORT TO	44B：	MANILA PHILIPPINES
LATEST DATE OF SHIP.	44C：	080412
DESCRIPT. OF GOODS	45A：	730 PCS. 60 CRT
AS PER PROFORMA INVOICE NO.PO0601		

注释说明：
- 信用证有效地是中国，表明受益人在2008年4月30日在中国交单即可；若信用证有效地为开证行所在国家，则受益人要提前交单，以预留单据邮寄在途时间，保证单据在2008年4月30日之前到达开证行
- 此为自由议付信用证
- 此为即期信用证
- 开证行为汇票付款人
- 目的港必须体现在运输单据上
- 最迟装运日期，货物必须在此日期前装运完毕
- 货物描述

[一] SWIFT 信用证是指凡通过 SWIFT 系统开立或予以通知的信用证。在国际贸易结算中，SWIFT 信用证是正式的、合法的、被信用证各当事人所接受的、国际通用的信用证。采用 SWIFT 信用证必须遵守 SWIFT 的规定，也必须使用 SWIFT 手册规定的代号（Tag），而且信用证必须遵循国际商会 2007 年修订的《跟单信用证统一惯例》各项条款的规定。在 SWIFT 信用证中可省去开证行的承诺条款（undertaking clause），但不因此免除银行所应承担的义务。SWIFT 信用证的特点是快速、准确、简明、可靠。

DATED FEB 29, 2008
P.S.C.C.: 776.10.00
FOB DALIAN CHINA
DOCUMENTS REQUIRED 46A:

1. FULL SET OF 3/3 CLEAN ON BOARD OCEAN BILL OF LADING ISSUED TO THE ORDER OF UNITED OVERSEAS BANK PHILIPPINES MARKED "FREIGHT COLLECT" NOTIFY APPLICANT.

2. SIGNED COMMERCIAL INVOICE IN TRIPLICATE.

3. PACKING LIST IN TRIPLICATE.

4. BENEFICIARY'S CERTIFICATE THAT ONE (1) SET OF NON –NEGOTIABLE SHIPPING DOCUMENTS HAVE BEEN FORWARDED DIRECTLY TO APPLICANT VIA COURIER WITHIN FIVE (5) WORKING DAYS AFTER SHIPMENT.

ADDITIONAL COND. 47A:

ALL COPIES OF SHIPPING DOCUMENTS SUCH AS BUT NOT LIMITED TO BILL OF LADING (B/L), AIR WAYBILL (AWB) OR POSTAL RECEIPT MUST LEGIBLY INDICATE THE L/C NUMBER REGARDING THE SHIPMENT.

BILL OF LADING MUST SHOW ACTUAL PORT OF LOADING AND DISCHARGE.

IN CASE OF PRESENTATION OF DISCREPANT DOCUMENTS AND SUBJECT TO THE ISSUING BANK'S ACEPTANCE, A DISCREPANCY FEE OF USD40.00 FOR ACCOUNT OF BENEFICAIRY SHALL BE LEVIED.

UNLESS OTHERWISE STIPULATED, ALL DOCUMENTS SHOULD BE ISSUED IN ENGLISH LANGUAGE.

DETAILS OF CHARGES 71B: ALL BANK CHARGES OUTSIDE PHILIPPINES ARE FOR BENEFICAIRY'S ACCOUNT.

PRESENTATION PERIOD 48: ALL DOCUMENTS SHOULD BE PRESENTED WITHIN 15 DAYS AFTER SHIPPING DATE.

CONFIRMATION 49: WITHOUT
INSTRUCTIONS 78:

UPON RECEIPT OF DOCUMENTS WITH ALL TERMS AND CONDITIONS COMPLIED WITH, WE WILL REMIT THE PROCEEDS TO THE NEGOTIATING BANK ACCORDING TO THEIR INSTRUCTIONS.

DOCUMENTS TO BE MAILED DIRECTLY TO UNITED OVERSEAS BANK PHILIPPINES, LOCATED AT 17TH FLR, PACIFIC STAR BLDG, SEN GIL PUYAT AVE, COR, MAKATI AVE, MAKATI CITY, PHILIPPINES IN ONE (1) LOT VIA COURIER.

REIMBURSEMENT, IF APPLICABLE, IS SUBJECT TO ICC URR 525.

THIS CREDIT IS SUBJECT TO ICC UCP 600.

12.3.3 信用证种类

1. 不可撤销信用证和可撤销信用证

（1）不可撤销信用证。**不可撤销信用证**（irrevocable L/C）是指信用证一经开出，在有效期内，未经受益人及有关当事人的同意，开证行不得片面修改和撤销，只要受益人提供的单据符合信用证规定，开证行必须履行付款义务的信用证。

根据 UCP600 第 3 条，信用证是不可撤销的，即使未如此表明。根据 UCP600 第 10 条，未经开证行、保兑行（如有）及受益人同意，信用证既不能修改，也不能撤销。因此，UCP600 确立了信用证的不可撤销性。

（2）可撤销信用证。**可撤销信用证**（revocable L/C）是指开证行对所开信用证不必征得受益人或有关当事人的同意，有权随时撤销或修改的信用证。

UCP500 第 6 条规定，信用证可以是可撤销的，也可以是不可撤销的。因此，信用证上应明确注明是可撤销的或是不可撤销的。如无此项注明，应视为不可撤销的。

由于 UCP600 确立了信用证的不可撤销性，可撤销信用证退出历史舞台。

2. 保兑信用证和不保兑信用证

（1）保兑信用证。**保兑信用证**（confirmed L/C）是指另一家银行保证对符合信用证条款规定的单据履行付款义务的信用证。

二维码 12-1

保兑信用证

根据开证行的授权或要求对信用证加具保兑的银行为保兑行，而保兑是指保兑行在开证行承诺之外做出的承付或议付相符交单的确定承诺。

特别提示：如何判断保兑信用证。

We hereby confirm the above mentioned credit and undertake to honor the draft drawn in compliance with the terms and conditions of the credit.

当信用证上出现上述字样时，则说明该信用证需做保兑，并需承诺对符合信用证条款的汇票付款。

按 UCP600 第 8 条的规定，保兑行自对信用证加具保兑之时起即不可撤销地承担承付或议付的责任。也就是说，信用证一经保兑，即构成保兑行在开证行以外的一项确定承诺，保兑行与开证行一样承担第一性付款责任。简而言之，银行一旦对信用证加具保兑，其地位即相当于一个开证行：其不仅负有与开证行相同的责任，也享有要求开证行偿付，若开证行倒闭或无力支付则向申请人索偿的权利。

同时，根据 UCP600 第 8 条的规定，如果开证行授权或要求一银行对信用证加具保兑，而该银行并不准备照办，则其必须毫不延误地通知开证行，而不加保兑。

（2）不保兑信用证。**不保兑信用证**（unconfirmed L/C）是指开证行开出的没有经另一家银行保兑的信用证。当在开证行资信较好和信用证金额不大的情况下，一般都使用不保兑信用证。

【课堂讨论 12-4】

保兑信用证的使用背景是什么？

3. 即期付款信用证、延期付款信用证、承兑信用证和议付信用证

（1）**即期付款信用证**（sight payment L/C）。即期付款信用证是指履行付款责任的银行一收到信用证项下单据，经在本惯例规定的时间内审核相符立即付款的信用证。在即期付款信用证中，通常会注明"付款兑现"（available by payment）字样。即期付款信用证一般不要求受益人开立汇票。即期付款信用证的付款行可以是开证行自己，也可以是其指定的另一银行。在即期付款信用证下，付款行一经付款，对受益人无追索权（详见即期信用证部分）。

（2）**延期付款信用证**（deferred payment L/C）。

二维码 12-2

延期付款信用证

1）关于延期付款。延期付款信用证是指履行延期付款责任的银行收到信用证项下相符单据后，按信用证规定若干天后付款的信用证。信用证内明确注明"By deferred payment"。

2）延期付款信用证提供的便利。由于延期付款信用证可不使用汇票，银行也无法进行承兑，无法通过汇票的转让来获得融资，出口商要解决其资金周转的困难，就必须找本地的银行贷款，而贷款的利率比贴现的利率要高，因而出口报价可能比承兑信用证的要高。

在大型机电设备的进出口贸易中，进口商往往要求出口商在设备安装后甚至在投产后才付款，而进行设备安装需要较长的时间，最长可能达数年之久，所以大型机电设备进出口贸易的付款时间较长。从银行角度来看，为了安全起见，银行对票据进行贴现的时间不可能太长。换言之，银行进行票据贴现的期限一般在 6 个月以内。

鉴于此，有的国家对此做出了明文规定，承兑的汇票期限超过 6 个月的，不允许在金融市场上贴现。

因此，为了解决在大型机电设备的进出口贸易中资金周转的困难，出口商必须找本地的银行进行中长期贷款。如果条件适合，出口商可以利用政府提供的利率比较优惠的出口信贷。

另外，有些国家的税法规定，出具汇票要交印花税。因此，从合理避税的角度来考虑，出口商肯定会在远期信用证中要求能够用商业发票来替代汇票作为付款凭证。从目前延期付款信用证在一般普通的进出口贸易中广泛使用的情况来看，其主要目的就是合理避税，从而节约出口成本。

（3）承兑信用证（acceptance L/C）。

二维码 12-3
承兑信用证

1）关于承兑。承兑是指履行承兑责任的银行收到信用证项下相符单据及汇票，承诺兑付并在到期日付款。承兑信用证必须注明"ACCEPTANCE"（承兑）字样。

下面两个条款中，有一个出现或两个同时出现，即表明此信用证为远期承兑信用证。

有的信用证 41D 域内注明"Avaiable with ... bank by acceptance"（由某银行承兑）。

有的信用证又在 42C 域内注明"Draft at: 90 days after sight for acceptance"（要求开立见票后 90 天的远期承兑汇票）。

2）承兑的表示方法。按照票据法，承兑必须是由承兑行在汇票上做"已承兑"字样，退寄单行或受益人，到期日由寄单行或受益人提示付款。

在信用证交易中，跟单汇票的承兑一般是由承兑行向寄单行发承兑电文，通知汇票已承兑、汇票的到期日及付款路线。

【课堂讨论 12-5】

对出口方、进口方来说，承兑信用证提供的便利分别是什么？

（4）议付信用证（negotiable L/C）。议付是指定银行在相符交单下，在其应获偿付的银行工作当天或之前向受益人预付或者同意预付款项，从而购买汇票（其付款人为指定银行以外的其他银行）及／或单据的行为。

二维码 12-4
议付信用证

信用证 41D 域明确注明"By negotiation"，表明该信用证为议付信用证。

议付与付款的主要区别在于，付款无追索权，议付有追索权。

在任何信用证项下，开证行的付款是终局性的，无追索权。延期付款信用证下付款行的到期付款，以及承兑信用证下承兑行的到期付款都是终局性的。即使单据到达开证行，开证行以单证不符为由拒付，付款行作为开证行的代付行，付款后也不得向受益人追索。

在议付信用证项下，受益人凭相符单据要求议付行议付，受益人可即期获得款项。如果单据被开证行或保兑行拒付，议付行均有权向受益人追索议付的款项及利息。如果议付行保兑了信用证，其议付就相当于开证行的终局性付款，也就没有权利向受益人追索。

4. 即期信用证、远期信用证和假远期信用证

根据付款时间的不同，信用证可分为即期信用证、远期信用证和假远期信用证。

（1）即期信用证。

1）什么是即期信用证。即期信用证是指开证行或付款行在收到受益人提交的、符合信用证规定的单据后，要立即对单据付款。这种信用证使出口方得以迅速收回货款，是国际贸易中最常见的一种信用证。

二维码 12-5
即期信用证

2）如何判断即期信用证。在信用证上明确注明"AT SIGHT"字样或"SIGHT"字样。常见的表达方式有以下三种：

①信用证注明"Avaiable with issuing bank by sight payment"，即付款行是开证行，向开证行交单请求立即付款。此时，汇票付款人（受票人）为开证行，汇票期限为 At ××× sight。

②信用证注明"Avaiable with ... bank by sight payment"，即向开证行以外的另一被指定银行交单请求立即付款。此时，汇票付款人（受票人）为该指定银行，汇票期限为 At ××× sight。

③信用证在 45 域注明"Draft at sight for 100% invoice value"（要求出具 100% 发票价值的即期汇票），这也表明该证为即期信用证。

3）即期信用证的付款方式有以下两种：

①单到付款。开证行或付款行收到符合信用证条款的汇票和单据后，立即付款。目前国际上使用这类信用证最多。

②电索条款。如"T/T Reimbursement acceptable"（允许电索）。议付行收到受益人提交的单据，与信用证条款核对无误后，可通过函电（MT742）要求开证行或付款行立即付款，函电中应明确标明信用证号码，这种条款叫作电索条款，通常加列在即期信用证的末端。这种带有电索条款的信用证，有利于出口商的资金周转。

（2）远期信用证。

1）什么是远期信用证。远期信用证是指开证行或付款行在收到受益人提交的、符合信用证规定的单据时，并不立即付款，而是在信用证规定的付款期限到来时才付款。持这种信用证，出口方交单在先、收款在后，实际上等于为进口方提供了资金融通的便利。常见的远期信用证有延期付款信用证和承兑信用证。

二维码 12-6
远期信用证

2）远期信用证的风险。对于出口商来说，远期信用证在带来高效益的同时，也存在巨大的风险，主要表现在以下两方面：

①在远期信用证下，进口商提货在先，付款在后，往往以此要求开证行在开立远期信

用证时减收或免收保证金，而以担保、抵押等形式解决。实务中，开证企业普遍保证金交纳不足，有的甚至是全部授信开证。一旦付款时企业资金不到位，担保抵押等手续又不能及时兑现，承担无条件付款责任的开证行在承兑到期日只能先行对外付款，再与开证企业交涉解决，这无疑加大了开证行垫款的风险。

②在远期信用证下，卖方远期收汇，除非能提前贴现或汇票已由开证行持有且押汇银行已得到货款，否则在特定期限内，将面临开证行倒闭，进口地因发生罢工、政变等非人力不可抗拒因素而导致银行停止汇兑，买方以品质不符为由申请法院下令开证行止付等风险，出口商可能因此遭受被追索票款或收不到票款的风险。此外，出口商先交单、后付款，意味着要垫出资金，承担一定的利息损失和汇率变动损失，收汇不如即期信用证安全。

（3）假远期信用证。

1）假远期信用证（usance credit payable at sight）又称买方（进口方）远期信用证，是银行为买方（进口商）提供资金融通的信用证。假远期信用证的四个条件是：①贸易合同规定即期结算；②买方向开证行申请开立远期信用证，受益人提交远期汇票和相符单据，即可即期获得款项；③即期付款日与汇票到期日之间的贴现息、承兑费用由买方负担；④实质是卖方的即期信用证、买方的远期信用证。

二维码 12-7

假远期信用证

2）如何判断假远期信用证。以下是假远期信用证常见的代表性表述，常见于 SWIFT 开立信用证中的 47 域。

The usance draft are payable on sight basis. We are authorized to pay the face amount of your draft upon presentation, and discount charge is for account of the applicant.

远期汇票即期支付，汇票一经提示，即按面值付款，贴现息由申请人承担。

Usance draft shall be negotiated at sight basis. Discounting commissions and charges are for buyer's account.

远期汇票可即期议付，贴现利息及费用由开证申请人承担。

3）假远期信用证与远期信用证的区别。

①开证基础不同。假远期信用证是以即期付款的贸易合同为基础，而远期信用证是以远期付款的贸易合同为基础。

②信用证的条款不同。假远期信用证中有"假远期"条款，而远期信用证中只有利息由谁负担条款。

③利息的负担者不同。假远期信用证的贴现利息由进口商负担，而远期信用证的贴现利息由出口商负担。

④收汇时间不同。假远期信用证的受益人能即期收汇，而远期信用证的受益人要等汇票到期才能收汇。

【课堂讨论 12-6】

假远期信用证的使用背景是什么？

5. 可转让信用证和不可转让信用证

根据使用信用证的权利能否转让来划分，信用证分为可转让信用证和不可转让信用证两种。

一般信用证的利益只能是受益人本人享有，即受益人不能将信用证权利转让他人，这类信用证称为**不可转让信用证**（non-transferable credit）。

可转让信用证（transferable L/C）是指特别注明"可转让"（transferable）字样的信用证，可转让信用证可应受益人（第一受益人）的要求转为全部或部分由另一受益人（第二受益人）兑用。也就是说，信用证的受益人（第一受益人）可以根据信用证有关条款的规定，要求信用证指定的转让行将该信用证全部或部分转让给另一受益人（第二受益人）兑用。

根据 UCP600 第 38 条的规定，只有开证行在信用证中明确注明"transferable"（可转让）字样，信用证方能转让。

二维码 12-8

可转让信用证

【课堂讨论 12-7】

可转让信用证的使用背景是什么？

6. 循环信用证

（1）什么是循环信用证。**循环信用证**（revolving L/C）是指信用证被全部或部分使用后，其余额又恢复到原金额，可再次使用，直至达到规定的次数或规定的总金额为止的信用证。

与循环信用证相对应的是非循环信用证。通常信用证的金额及其有效期限是固定的，除非修改增加金额，其金额一经用完，信用证即告失效。即使尚有未用余额，若已超过信用证有效期，则信用证也失效，这种信用证即为非循环信用证。

（2）循环信用证的优点。循环信用证的优点有以下几点。

1）进口商可不必多次开证而节省开证费用。

2）进口商可不必向开证行缴纳过多开证保证金，减少资金占用。

3）简化出口商的审证、改证等手续，有利于合同的履行。

（3）循环信用证的分类。循环信用证分为两种：一种是按时间循环使用的信用证；另一种是按金额循环使用的信用证。

1）按时间循环使用的信用证是指受益人在一定的时间内（如一个月）可议付信用证规定

的一定金额，议付后，在以后一定时间内（如下一个月）又恢复至原金额，并仍可议付使用，在若干个月内循环使用，直至规定的总金额用完为止。

2）按金额循环使用的信用证是指受益人按照该证规定的一定金额进行议付后，该证仍恢复到原金额，可供再行议付使用，直至规定的总金额用完为止。

【课堂讨论 12-8】

循环信用证的使用背景是什么？

7. 对开信用证

对开信用证（recipocal credit）是指买卖双方在易货贸易中，同时以对方为受益人而开立的金额大体相等的信用证。对开信用证的特点是第一张信用证的受益人（出口商）和开证申请人（进口商）与第二张信用证（回头信用证）的开证申请人和受益人的地位恰恰对调。也就是说，第一张信用证的申请人是第二张信用证的受益人，第一张信用证的受益人是第二张信用证的申请人。第一张信用证的通知行通常是第二张信用证的开证行。

（1）对开信用证的使用背景。

1）进出口双方进行易货贸易。

2）进出口双方进行补偿贸易、来料加工、来件装配等交易。

3）外汇管制严格的国家、地区间开展贸易。

（2）对开信用证的特点。对开信用证是易货交易、补偿贸易、来料加工、来件装配业务中较常采用的一种结算方式，其特点有以下几点。

1）合同双方须签订两份契约，一份为原料或零配件的进口契约，一份为产品出口契约，以保证进出口平衡。

2）在两份契约基础上开立两份信用证，两份信用证系两批不同的进出口货物，第一张信用证的受益人和通知行分别为第二张信用证（又称回头证）的开证申请人和开证行，两证金额相等或大体相等。

3）采用对开信用证的最大优点是可以做到外汇收支平衡，这对外汇管制严格的国家或地区非常重要。

8. 背对背信用证

背对背信用证（back-to-back L/C）又称转开信用证，是指受益人要求原证的通知行或其他银行以原证为基础，另开一份内容相似的新信用证。

新证开立后，原证仍然有效，由开立背对背信用证的开证行代原证受益人保管。原开证行及原开证申请人与新证毫无关系。

（1）如何判断背对背信用证。背对背信用证的开证行为保护自身的利益，把风险降到最低，常常要求待原证受益人提示原证所规定的单据之后，才兑付背对背信用证项下的汇票。常见的条款如下：

1）PAYMENT UNDER THIS CREDIT IS TO BE MADE UPON RECEIPT OF THE COVER OR THE NOTICE OF ACCEPTANCE FROM THE ISSUING BANK OF THE MASTER CREDIT.

2）THIS CREDIT SHALL BECOME OPERATIVE ONLY UPON OUR RECEIPT FROM … OF THE RELATIVE DOCUMENTS AS REQUESTED BY THE MASTER CREDIT NO. … DATED … AND MADE OUT IN COMPLIANCE WITH THE TERNMS THEREOF.

（2）背对背信用证的使用方法。

1）中间商与最终供货商和最终购买商分别签订商务合同。

2）最终购买商开来一份以中间商为受益人的信用证，称为主证或原证。

3）中间商凭此证要求往来银行（一般为原证通知行）另开立一份以最终供货商为受益人的信用证，称为背对背信用证或转开信用证。

4）最终供货商发货后交单索汇。

5）背对背信用证开证行收到背对背信用证项下的单据后，通知原证受益人（中间商）交来原证项下的出口单据（替换发票和汇票等）。

6）背对背信用证开证行审核中间商的单据，若单据存在不符点，电询原证开证行；原证开证行接受不符点后，背对背信用证开证行将议付款项作为背对背信用证项下单据的赎买款项，支付最终供货商；若原证开证行拒绝接受不符点，则将中间商的单据做出口托收处理，收到款项后方向最终供货商付款。

二维码 12-9
背对背信用证

【课堂讨论 12-9】

背对背信用证的使用背景是什么？

12.4 各种支付方式的选用

在国际贸易业务中，一笔交易的货款结算，可以只使用一种结算方式（通常如此），也可根据不同的交易商品、交易对象、交易做法等，将两种以上的结算方式结合使用，从而有利于促成交易安全、及时收汇等。在开展国际贸易业务时，究竟选择哪一种支付方式，可酌情而定。

12.4.1 主要结算方式的比较

在国际贸易中，汇付、跟单托收和跟单信用证是常用的结算方式。表 12-1 对这三种结算方式在手续繁简、银行收费、资金占用、买卖双方风险等方面做了比较。

表 12-1　汇付、跟单托收和跟单信用证的比较

结算方式		手续	银行收费	买卖双方的资金占用	买方风险	卖方风险
汇付	预付货款	简单	最少	不平衡	最大	最小
	赊账交易	简单	最少	不平衡	最小	最大
跟单托收	付款交单	稍繁	稍多	不平衡	较小	较大
	承兑交单	较繁	稍多	不平衡	极小	极大
跟单信用证		最繁	最多	较平衡	稍大	较小

12.4.2　影响结算方式选择的因素

在选择结算方式时，安全因素是首先需要考虑的重要问题，其次是占用资金时间的长短，当然也要注意具体操作时的手续繁简、银行收费的多少等。此外，下列因素对选择使用何种结算方式具有一定的影响，有时甚至起决定性作用。

1. 客户资信

在国际贸易中，合同能否顺利圆满地得到履行，在很大限度上取决于客户的信用。因此，要在贸易中安全收汇、安全用汇就必须事先做好对客户的资信调查，以便根据客户的具体情况，选用适当的结算方式。

2. 贸易术语

国际货物买卖合同中采用不同的国际贸易术语，表明各项合同的交货方式和使用的运输方式是不同的，而不同的交货方式和运输方式所适用的结算方式不会完全相同。因此，在选择结算方式时，要注意合同所采用的贸易术语。

3. 运输单据

如果货物通过海上运输，出口商装运货物后得到的运输提单是海运提单，而海运提单属于物权凭证，提单交付给进口商之前，出口商尚能控制货物，故可以选用信用证和托收方式结算货款。如果货物通过航空、铁路、邮政等方式运输时，出口商装运货物后得到的运输单据是航空运单、铁路运单或邮包收据，这些都不是物权凭证，因此在这种情况下，一般不适宜做托收。即使采用信用证方式，也大都规定必须以开证行作为运输单据的收货人，以便银行控制货物。

12.4.3　各种支付方式的选用

在国际贸易实务中，除采用某一种支付方式之外，有时也可以将各种不同的支付方式结合起来使用，主要有以下方式。

1. 信用证与汇付相结合

信用证与汇付相结合是指部分货款采用信用证支付，余额采用汇付方式结算。这种结合

形式常用于允许交货数量有一定机动幅度的某些初级产品的交易。例如，买卖矿砂、煤炭、粮食等散装货物时，买卖合同规定 90% 的货款以信用证方式支付，其余 10% 在该货物运抵目的港、经检验核实货物数量后，按实到数量确定余额以汇付方式支付。又如，对于特定商品或特定交易需进口商预付定金的，一般规定预付定金部分以汇付方式支付，其余货款以信用证方式结算。

2. 信用证与托收相结合

信用证与托收相结合是指一笔交易的货款，部分用信用证方式支付，余额用托收方式结算。这种结合形式的具体做法通常是：信用证规定受益人（出口商）开立两张汇票，属于信用证项下的部分货款通过光票支付，而将货运单据附在托收部分的汇票项下按即期或远期付款交单方式托收。对进口商而言，这种做法可减少开证金额，少付开证押金，少垫资金。对出口商而言，托收部分虽然有一定风险，但因为有部分信用证的保证，而且货运单据在信用证内规定跟随托收汇票，开证行需等全部货款付清后才能向进口商交单，所以收汇较为安全。但信用证中必须订明信用证的种类和支付金额以及托收方式的种类，而且必须订明"在全部付清发票金额后方可交单"的条款。

│ 案例 12-2 │

信用证改为托收造成严重后果案

案情：B 公司以 FOB 条件向 A 公司出口 2 500 公吨油籽产品。合同规定，商品规格为"杂质最高 3%，含油量最低 29%"，支付条件为"买方通过卖方接受的银行开立不可撤销远期信用证，凭卖方开具见票 30 天付款跟单汇票办理议付"。银行开立了不可撤销可议付信用证，并通过 A 银行通知受益人。信用证对提单条款规定：全套清洁已装船海运提单，做成 A 银行抬头，通知申请人。B 公司在船舶到港后立即装运。船长要求运费支付按租船合同办理。但信用证对运费并未规定具体填法，于是按租船船长要求办理，但开证行在审核单据后，认为单据不符，拒绝付款，理由为：提单受租船合同的约束已经构成租船合同提单，如果信用证要求或允许提交租船合同提单，除非信用证另有规定，银行将接受下述单据，不论其名称如何：表明受租船合同约束，但本信用证要求提交"全套清洁已装船海运提单"，根据 UCP500 第 23 条 a 款第 5 项的规定，银行接受未注明受租船合同约束的提单。受益人 B 公司要求 A 公司将信用证修改为接受租船合同提单。A 公司以修改信用证延误时间为由拒绝修改，而要求 A 公司以承兑交单见票 30 天付款办理托收，B 公司最终采纳对方建议。

一个多月后，I 银行通过 A 银行转告 B 公司，该托收付款人以货物品质不合格为由拒绝付款。但 B 公司认为产品品质没有问题，据此多次与 A 公司交涉，但对方一直不予答复。经调查，买方 A 公司由于其他商品经营亏损，资金有困难，这是拒绝付款的主要原因。B 公司最终不得不同意以货物降价 25% 结算，此笔交易损失 20 多万美元。

分析：本案争议焦点是，海洋运输提单上显示的运费支付按照租船合同办理是否构成租船合约提单。在国际贸易运输中，租船合同提单（charter party B/L）是指在租船运输业务中，在货物装船后由船长或船东根据租船合同签发的提单。提单内容和条款与租船契约有冲突时，以租船契约为准。租船合约提单上应该有类似这样一些文字："此提单受到租船合同的约束。"

本案例中，租船合同约束的提单事实上已构成租船合同提单。按照 UCP500 第 25 条 a 款的规定，"信用证要求或允许提交租船合同提单时，银行才接受含有受租船合同约束的任何批注的租船合同提单"。也就是说，只要提单上含有表明受租船合同约束的任何批注，该提单就构成了租船合同提单。由此可见，议付行拒绝议付的理由是充分的。在此案例中，受益人有两大失误：其一是机械地理解信用证条款，并据此制单使自己最终陷于被动局面；其二是在单据存在不符点，开证行拒绝接受单据的情况下，受益人对买方提出的以 D/A 30 天的方式办理托收的建议又予以轻率接受。这两大失误最终给收益人造成了严重的损失。

本章小结

国际结算中使用的票据主要包括汇票、本票和支票。

汇票是一方向另一方签发，要求受票人在见票时或于未来某一确定时间，或可以确定的时间，对某人或其指定的人或来人支付一定金额的无条件的书面支付命令。

本票是一个人向另一个人签发的保证于见票时或定期或在可以确定的将来时间，对某人或其指定人或持票人支付一定金额的无条件书面承诺。

支票是以银行为付款人的即期汇票。出票人在支票上签发一定的金额给特定人或持票人。

在国际货款的结算中，较常见的结算方式有汇付、托收和信用证三种。其中，汇付和托收方式属于商业信用，而信用证方式属于银行信用。

汇付又称汇款，指付款人主动通过银行将款项汇交收款人的结算方式。汇付可分为信汇、电汇和票汇三种。

跟单信用证是一项约定，即在单证相符的情况下，开证行向受益人或其指定人付款（即期付款或远期付款）或承兑汇票并付款，授权另一银行（被指定银行）付款或承兑汇票并付款，授权另一银行议付。

以信用证项下的汇票是否附带商业单据划分，信用证可分为跟单信用证和光票信用证。按是否加以保兑，信用证可分为保兑信用证和不保兑信用证。

即期付款信用证是指履行付款责任的银行一收到信用证项下单据，在规定的时间内审核相符立即付款的信用证。

延期付款信用证是指履行延期付款责任的银行收到信用证项下相符单据后，按信用证规定若干天后付款的信用证。

承兑信用证是指履行承兑责任的银行收到信用证项下相符单据及汇票后，承诺兑付并在到期日付款的信用证。

议付信用证是指由被授权议付的银行对汇票及/或单据付出对价的信用证。只审核单据而未付出对价并不构成议付。

根据付款时间的不同，信用证可分为即期信用证、远期信用证和假远期信用证。

根据使用信用证的权利能否转让来划分，信用证分为可转让信用证和不可转让信用证两种。

循环信用证是指信用证被全部或部分使用后，其余额又恢复到原金额，可再次使用，直至达到规定的次数或规定的总金额为止的信用证。

对开信用证是指买卖双方在易货贸易中，同时以对方为受益人而开立的金额大体相等的信用证。

背对背信用证又称转开信用证，是指受益人要求原证的通知行或其他银行以原证为基础，另开一份内容相似的新信用证。

◆ 思考题

一、案例分析题

1. 我方某丝绸进出口公司向中东某国出口丝绸织制品一批，合同规定：出口数量为2 100箱，价格为2 500美元/箱 CIF 中东某港，5—7月分三批装运，即期不可撤销信用证付款，买方应在装运月份开始前30天将信用证开抵卖方。合同签订后，买方按合同的规定按时将信用证开抵卖方，其中汇票各款载有"汇票付款人为开证行/开证申请人"字样。我方在收到信用证后未留意该条款，即组织生产并装运，待制作好结汇单据到付款行结汇时，付款行以开证申请人不同意付款为由拒绝付款。

    问：付款行的做法有无道理，为什么？我方的失误在哪里？

2. 某笔进出口业务，约定分两批装运，支付方式为即期不可撤销信用证。第一批货物发送后，买方办理了付款赎单，但收到货物后发现货物品质与合同规定严重不符，便要求开证行通知议付行对第二批信用证项下的货运单据不要议付。银行不予理睬。后来议付行对第二批信用证项下的货运单据仍予议付。议付行通知买方付款赎单，遭到买方的拒绝。

    问：银行处理方法是否合适？买方应如何处理此事为宜？

3. 我方某纺织品进出口公司与国外某商人于5月18日签订了一份出口精纺棉织品的合同，合同中规定采用信用证付款方式付款，装运期为10月。由于双方的疏忽，合同中未对信用证的种类予以规定。我方收到国外客户开来的信用证后，发现该证也未规定信用证的种类。

    问：该证是否要经过修改才可适用？UCP600对此是如何规定的？

4. 我方某贸易有限公司向国外某客商出口货物一批，合同规定的装运期为6月，D/P支付方式付款。合同订立后，我方及时装运出口，并收集好一整套结汇单据及开出以买方为付款人的60天远期汇票委托银行托收货款。单据寄抵代收行后，付款人办理承兑手续时，货物已到达了目的港，且行情看好，但付款期限未到。为及时提货销售取得资金周转，买方经代收行同意，向代收行出具信托收据借取货运单据提前提货。不巧，在销售的过程中，因保管不善导致货物被焚毁，付款人又遇其他债务关系倒闭，无力付款。

    问：在这种情况下，责任应由谁承担，为什么？

二、讨论题

1. 作为出口商，防范托收风险的措施有哪些？
2. 在20世纪六七十年代，全球进出口贸易85%以上使用信用证作为结算方式。但根据联合国国际贸易中心1995年底的统计，全球贸易中使用信用证结算的比重为18%左右，其余均为非信用证结算，其中又以赊销为最多。从区域看，欧美等国的信用证结算比率占进出口总额的10%以下，东亚国家使用信用证的比率在15%～28%。为什么会出现这样的变动？

第 13 章
CHAPTER 13

商品检验、索赔、不可抗力和仲裁

§教学目的

- 了解国际货物交易中检验、争议、索赔和理赔的含义和范围
- 了解货物检验、违约索赔、不可抗力的实务知识
- 掌握仲裁程序方面的实务知识

§关键术语

法定检验　　　索赔　　　　理赔　　　　索赔协议
罚金　　　　　不可抗力　　仲裁

§章首案例 13-1

索赔逾期导致无法退货

案情：中国内地 A 公司出售一批电视机给香港地区 B 公司，B 公司又把这批电视机转口给泰国 C 公司，在货物到达中国香港时，B 公司发现货物质量有问题，但 B 公司仍将这批货物转船直接运往泰国。泰国 C 公司收到货物后，检验发现货物有严重的质量问题，要求退货。于是 B 公司转向 A 公司提出索赔，但遭 A 公司拒绝。因为 A 公司认为货物已经由 B 公司转卖并过了索赔期，所以拒绝索赔。

试问：C 公司有权向 B 公司提出索赔吗？B 公司有权向 A 公司提出索赔吗？

分析：B 公司在接收货物时已经发现货物有瑕疵，应在约定的检验期限内或法律规定的期间内通知 A 公司，如已过了通知期限，则被视为承认货物无瑕疵。但是 B 公司向 C 公司故意隐瞒了瑕疵问题，C 公司有权要求 B 公司退货。

13.1 商品检验

13.1.1 商品检验的内容

国际货物买卖中的**商品检验**（commodity inspection）简称商检，是指检验机构对进出口商品的品质、数量、包装、卫生、装运条件，以及对涉及人类健康安全、动植物生命和健康保护、环境保护、欺诈行为防止、国家安全维护等项检验内容，进行检验、鉴定和监督管理。

（1）商品品质检验（质量检验）。品质检验的范围很广，大体上包括外观质量检验与内在质量检验两个方面。外观质量检验主要是对商品的外形、结构、花样、色泽、气味、触感、疵点、表面加工质量、表面缺陷等的检验；内在质量检验一般是指对商品的有效成分的种类含量，有害物质的限量，商品的化学成分、物理性能、机械性能、工艺质量、使用效果等的检验。同一商品根据不同的外形、尺寸、大小、造型、式样、质量、密度、包装类型等而有不同的规格。

（2）商品数量和重量检验。商品数量和重量检验是按合同规定的计量单位和计量方法对商品的数量和重量进行检验，看其是否符合合同规定。在实务中，商品重量检验允许有一定的合理误差。

（3）商品包装检验。商品包装检验是根据外贸合同、标准和其他有关规定，对进出口商品的外包装、内包装以及包装标志进行检验。包装检验首先核对外包装上的商品包装标志（标记、号码等）是否与进出口贸易合同相符。对进口商品主要检验外包装是否完好无损，包装材料、包装方式和衬垫物等是否符合合同规定要求。对出口商品的包装检验，除包装材料和包装方法必须符合外贸合同、标准规定外，还应检验商品内外包装是否牢固、完整、干燥、清洁，是否适于长途运输和保护商品质量、数量的习惯要求。

（4）商品残损检验。商品残损检验主要是对进口受损货物的残损部分予以鉴定，了解致残原因及对商品使用价值的影响，估定残损程度，出具证明，作为向有关各方索赔的依据。商品的残损主要是指商品的残破、短缺、生锈、发霉、虫蛀、油浸、变质等情况。检验的依据包括发票、装箱单、保险单、重量单、提单、商务记录及外轮理货报告等有效单证或资料。

（5）商品卫生检验。商品卫生检验主要是对肉类罐头食品、奶制品、禽蛋及蛋制品、水果等进出口食品，检验其是否符合人类食用卫生条件，以保障人民健康和维护国家信誉。

（6）商品的安全性能检验。商品的安全性能检验是根据国家规定和外贸合同、标准以及进口国的法律要求，对进出口商品有关安全性能方面的项目进行的检验，如易燃、易爆、易触电、易受毒害、易受伤害等，以保证安全使用和生命财产的安全。

13.1.2 商品检验的时间和地点

在国际贸易中，进出口商品检验的时间和地点关系着买卖双方的切身利益。因为它涉及检验权、检验机构以及有关的索赔问题。商品检验的时间和地点的规定，成为合同中商检条款的一个核心问题。商品检验的做法主要有以下几种。

1. 出口国产地检验

发货前，由卖方检验人员会同买方检验人员对货物进行检验，卖方只对商品离开产地前的品质负责。离开产地后运输途中出现的风险，由买方负责。

2. 装运港（地）检验

货物在装运前或装运时由双方约定的商检机构检验，并出具检验证明，作为确认交货品质和数量的依据。这种规定称为以离岸品质和离岸数量为准。

3. 目的港（地）检验

货物在目的港（地）卸货后，由双方约定的商检机构检验，并出具检验证明，作为确认交货品质和数量的依据。这种规定称为以到岸品质和到岸数量为准。

4. 买方营业处所或用户所在地检验

对于那些密封包装、精密复杂的商品，不宜在使用前拆包检验，或需要安装调试后才能检验的产品，可将检验推迟至用户所在地，由双方认可的检验机构检验并出具证明。

5. 出口国检验，进口国复验

按照这种做法，装运前的检验证书作为卖方收取货款的出口单据之一，但货到目的地后，买方有复验权。如经双方认可的商检机构复验后，发现货物不符合合同规定，且系卖方责任，买方可在规定时间内向卖方提出异议和索赔，直至拒收货物。

上述几种做法各有各的特点，应视具体的商品交易性质而定。但对大多数一般商品交易来说，"出口国检验，进口国复验"的做法最为方便而且合理。因为这种做法一方面肯定了卖方的检验证书是有效的交接货物和结算凭证，同时又确认买方在收到货物后有复验权，这在一定程度上调和了买卖双方在检验问题上的矛盾，符合各国法律和国际公约的规定。我国对外贸易中大多采用这一做法。

13.1.3 商品检验机构

在国际货物买卖中，交易双方除了自行对货物进行必要的检验外，通常还要委托独立于买卖双方之外的第三方对货物进行检验。有时，虽然买卖双方未要求对所交易的商品进行检验，但根据有关法律或法规的规定，必须由某机构进行检验，经检验合格后方可出境或入境。这种根据客户的委托或有关法律、法规的规定对进出境商品进行检验、鉴定或监督管理的机构就是进出口商品检验机构，简称检验机构或商检机构。

1. 国际上商品检验机构的类型

国际上的商品检验机构种类繁多，名称各异，有的称为公证行（authentic surveyor）、宣誓衡量人（sworn measurer），有的称为实验室（laboratory），检验机构的类型大体上可归纳为官方检验机构、半官方检验机构和非官方检验机构三种。

（1）官方检验机构。官方检验机构是指由国家或地方政府投资，按照国家有关法律法令对出入境商品实施检验、鉴定和监督管理的机构。例如，我国的国家质量监督检验检疫总局，美国的食品药品监督管理局（FDA）、动植物检疫署和粮谷检验署，以及日本的通商省检验所等。

（2）半官方检验机构。半官方检验机构是指一些有一定权威的、由国家政府授权、代表政府行使某项商品检验或某一方面检验管理工作的民间机构。例如，根据美国政府的规定，凡是进口与防盗信号、化学危险品，以及与电器、供暖、防水等有关产品的安全检验和鉴定，必须经美国保险人实验室（Underwriter's Laboratory）这一半官方检验机构检验认证合格，并贴上该实验室的英文缩写标志"UL"后，该产品方可进入美国市场。

（3）非官方检验机构。非官方检验机构主要是指由私人创办的、具有专业检验、鉴定技术能力的公证行或检验公司，如英国劳埃氏公证行（Lloyd's Surveyor）、瑞士日内瓦通用公证行（Societe Generale do Surveillance, SGS）等。

2. 我国的商品检验机构

我国进出口商品检验主要由中华人民共和国海关总署及其分支机构承担。此外，还有各种专门从事动植物、食品、药品、船舶、计量器具等检验的官方检验机构。

我国官方商检机构统一按照《中华人民共和国进出口商品检验法实施条例》执行检验任务。主要任务有三项：①对重要商品实施法定检验；②对所有进出口商品的品质实施监督管理；③办理对外贸易公证鉴定业务。

（1）法定检验。进出口商品分为法定检验商品和非法定检验商品。法定检验是指商检机构依据国家法律、法规对重点进出口商品实行的一种强制性检验。法定检验的范围如下。

1）列入"商检机构实施检验的进出口商品种类表"的进出口商品。

2）《中华人民共和国食品安全法》和《中华人民共和国进出境动植物检疫法》规定的商品。

3）对出口危险货物包装容器、危险货物运输设备和工具的安全技术的性能和使用鉴定。

4）装运易腐烂变质食品、冷冻品的船只和集装箱等运载工具实施适载检验。

5）根据国外法规要求强制检验或认证的商品。

6）对外贸易合同规定由商检机构检验出证的进出口商品。

以上范围之外的进出口商品为非法定检验商品。

法定检验商品和非法定检验商品在办理报检手续上有所不同。法定检验商品到货后，收货人或其代理人必须向口岸或到达站商检机构办理进口商品登记手续，然后按商检机构规定的地点和期限向到货地商检机构办理进口商品报检。

非法定检验商品到货后，由收货部门直接办理进口通关手续。提货后，可按合同的约定自行检验，若发现问题需凭商检证书索赔的，应向所在地商检机构办理进口商品报检。

（2）监督管理。监督管理是指检验检疫机构通过行政管理手段，对本地区进出口商品的检验检疫工作进行监督管理。监督管理的范围包括对一切进出口商品的质量、规格、数量、重量、包装以及生产经营、仓储、运输、安全和卫生要求等进行检验、鉴定。商检机构除依法对规定的进出口商品实施检验外，还有权对规定以外的进出口商品进行抽查检验。

（3）鉴定业务。鉴定业务是指商检机构接受对外贸易关系人的申请或外国检验机构的委托，以公正的态度，对进出口商品进行鉴定，签发鉴定证书，作为申请人办理进出口商品的交接、结算、报关、纳税、计费、理算索赔、仲裁等的有效依据。鉴定业务与法定检验不同，它不具有强制性。鉴定业务的范围主要包括：进出口商品的质量、数量、重量、包装、商品残损的鉴定；货载衡量，车辆、船舱、集装箱等运载工具的清洁、密固和冷藏效能等装运技术的鉴定；抽取并签封各类样品，签发价值证书；等等。

13.1.4　商品检验的程序

为贯彻落实《深化党和国家机构改革方案》工作部署，海关总署对企业报关、报检资质进行了优化整合，自2018年4月20日起，企业在海关注册登记或者备案后将同时取得报关、报检资质，不再实行过去的报关、报检流程。具体程序如下所述。

1. 注册登记或者备案申请

企业在互联网上办理注册登记或者备案的，应当通过"中国国际贸易单一窗口"标准版（以下简称"单一窗口"，网址：http://www.singlewindow.cn）"企业资质"子系统填写相关信息，并向海关提交申请。企业申请提交成功后，可以到其所在地海关任一业务现场提交申请材料。

二维码13-1
中国国际贸易单一窗口

企业同时办理报关人员备案的，应当在"单一窗口"相关业务办理中同时填写报关人员备案信息。其中，报关人员身份证件信息应当填写居民身份证相关信息，"单一窗口"暂时不支持使用其他身份证件办理报关人员备案。

除在"单一窗口"办理注册登记或者备案申请外，企业还可以携带书面申请材料到业务现场申请办理相关业务。

2. 提交申请材料

企业按照申请经营类别情况，向海关业务现场提交下列书面申请材料：

1）申请进出口货物收发货人备案的，需要提交营业执照复印件、对外贸易经营者备案登记表（或者外商投资企业批准证书、外商投资企业设立备案回执、外商投资企业变更备案回执）复印件。

2）申请报关企业（海关特殊监管区域双重身份企业）注册登记的，需要提交注册登记许可申请书、企业法人营业执照复印件、报关服务营业场所所有权证明或者使用权证明。

3）申请报关企业分支机构备案的，需要提交报关企业"中华人民共和国海关报关单位注册登记证书"复印件、分支机构营业执照复印件、报关服务营业场所所有权证明或者使用权证明。

此外，企业通过"单一窗口"还可向海关申请备案成为加工生产企业或者无报关权的其他企业，此时企业需要提交营业执照复印件。企业备案后可以办理报检业务，但不能办理报关业务。

企业提交的书面申请材料应当加盖企业印章。向海关提交复印件的，应当同时交验原件。

3. 海关审核

海关在收取企业申请材料后进行审核，审核通过的，予以注册登记或者备案；审核不通过的，应当一次性告知企业需要补正的全部内容。海关将审核结果通过"单一窗口"反馈企业，企业登录"单一窗口"可以查询注册登记或者备案办理结果。

4. 证书发放

自 2018 年 4 月 20 日起，海关向注册登记或者备案企业同时核发"中华人民共和国海关报关单位注册登记证书"和"出入境检验检疫报检企业备案表"，相关证书或者备案表加盖海关注册备案专用章。企业有需要的，可以在业务现场领取。没有领取的，不影响企业办理海关业务。

2018 年 4 月 20 日前，原检验检疫部门核发的"出入境检验检疫报检企业备案表"继续有效。

13.1.5　合同中的商品检验条款

商品检验（以下简称"商检"）条款是国际货物买卖合同中的一项重要内容，其所包含的商检权与当事人的拒收权和索赔权有着直接的联系。当事人依据商检条款，行使相应的商检权。因此，应根据平等互利原则与对方协商订立商检条款，从而提高合同的履约率。

1. 出口合同中的商品检验条款

在我国出口合同中，商检条款一般的订法如下所示。

双方同意以国家出入境检验检疫局所签发的品质/数量检验证书作为信用证项下议付单据的一部分。买主有权对货物进行复检。复检费由买方负担。如发现品质或数量与合同不符，买方有权向卖方索赔，但需提供经卖方同意的公证机构出具的检验报告。索赔期限为货物到达目的港 ×× 天内。

2. 进口合同中的商品检验条款

在我国进口合同中，商检条款一般订法如下所示。

双方同意以制造厂（或××检验机构）出具的品质及数（重）量检验证明书作为有关信用证项下付款的单据之一。货到目的港经国家出入境检验检疫局复验，如发现品质或数（重）量与本合同规定不符时，除属保险人或承运人责任外，买方凭中国出入境检验检疫机构的检验证书，在索赔有效期内向卖方提出退货或索赔。索赔有效期为××天，自货物卸毕日期起计算。所有退货或索赔引起的一切费用（包括检验费）及损失均由卖方负担。

根据《中华人民共和国进出口商品检验法》的规定，对重要的进口商品和大型的成套设备，收货人应当依据对外贸易合同约定在出口国装运前进行预检验、监造或者监装。

3. 商品检验条款的注意事项

合同中的商检条款一般包括检验方式、检验内容、检验机构和检验费用等方面的内容。所以，在与外商签订的进出口合同中，需要科学、明确、具体、合理地确定这些内容。

（1）确定检验方式。出口检验方式理论上可分为自验、共验、出口商品预先验验、驻厂检验、产地检验、出口商品内地检验与口岸查验、出口商品的重新检验、免验、复验等多种方式。不同的商检机构有不同的要求。所以在与外商签订合同时，事先就要搞清楚客户所要求的出证机构将会采取哪种方式检验。

（2）确定检验内容。双方商量好每一批货物应检验哪些项目，并将它清楚地写到合同里，这是商检条款的核心内容之一。此外，对该项检验内容进行合同表述时要科学、合理和精确。

（3）慎选检验机构。要选择世界公认的、一流的检验机构。这类机构在世界分支机构多、信誉好、技术水平先进、效率高、出证快、权威性强，一般来说比较公正，收费规范，联系也方便。

（4）明确检验费用由谁承担。在出口业务中，商检费用一般由出口商自己承担。但是，当买方提出额外的商检方面的要求时，出口商就得考虑费用该由谁承担的问题了。当然，还要考虑额外的工作所占用的时间和对整个出口流程的影响。

（5）检验权的约定应公平合理。商品检验权的归属直接关系到买卖双方的切身利益。因此，合同当事方对商品检验权的约定应十分慎重。一般来说，以卖方的检验为准对买方不利，而以买方的检验为准则对卖方不利。比较公平合理的做法应当是，以出口国检验证明作为卖方交付凭证，但货物到达后买方享有复验权。

| 案例 13-1 |

由商品检验引发的争议

案情：日本某公司与美国贸易公司签订了一份贸易合同。随后，日本进口方委托银行开出的信用证上规定：卖方须提交"商品净重检验证书"。进口商在收到货物后，发现除质量不符外，卖方仅提供重量单。买方立即委托开证行向议付行提出拒付，但货款已经押出。事后，买方向卖方索赔，卖方拒赔并解释卖方所附的重量单即为净重检验证书。双方因此发生争执。

分析：商品净重检验证书是由商检机构签发的关于货物重量的公证文件，而重量单为发货人所出具的货物重量说明文件，二者是不同的。信用证中要求卖方提供商品净重检验证书，而议付行误以为重量单即为商品净重检验证书，议付行必须为此过失承担责任。开证行有权对议付行拒付，而议付行可向出口商追索押汇款项。

13.2 索赔

13.2.1 争议、索赔和理赔的含义

1. 争议

（1）争议的含义。**争议**（disputes）是指买卖的一方认为另一方没有履行合同规定的责任与义务所引起的纠纷。

（2）争议引起的原因。

1）卖方违约。例如，卖方不交货，或未按合同规定的时间、品质、数量、包装条款交货，或单证不符等。

2）买方违约。例如，买方不开或缓开信用证，不付款或不按时付款赎单，无理由拒收货物，在 FOB 条件下不按时派船接货等。

3）双方对合同条款规定得欠妥当、不明确，或同一合同的不同条款之间互相矛盾，致使双方当事人对合同规定的权利与义务的理解互不一致，导致合同的顺利履行产生困难，甚至发生争议。买卖双方所在国家的法律或对国际贸易惯例的解释不一致，甚至对合同是否成立有不同的看法。

4）在履行合同过程中遇到了买卖双方不能预见或无法控制的情况。例如，某种不可抗力，双方有不一致的解释等。

由上述原因引起的争议，概括起来就是：是否构成违约；双方对违约的事实有分歧；对违约的责任及其后果的认识不一致。对此，双方应采取适当措施，妥善解决。

2. 索赔与理赔

索赔和理赔是一个问题的两个方面。

（1）索赔。**索赔**（claim）是指签订合同的一方违反合同的规定，直接或间接地给另一方造成损害，受损方向违约方提出损害赔偿要求。

导致索赔的原因主要包括：买方违约、卖方违约、承运人违约、发生保险范围内的货损货差。

（2）理赔。**理赔**（settlement of claims）是指违约方受理受损方提出的赔偿要求。

13.2.2 不同法律对违约行为的不同解释

违约（breach of contract）是指买卖双方之中任何一方违反合同义务的行为。国际货物买卖合同是对缔约双方具有约束力的法律文件。任何一方违反了合同义务，就应承担违约的法律责任，受损的一方有权提出损害赔偿要求。但是，因为不同的法律和文件对于违约方的违约行为及由此产生的法律后果、对该后果的处理有不同的规定和解释，所以我们必须了解和熟悉这方面的知识。

1. 英国的法律规定

英国的《货物买卖法》将违约分为违反要件和违反担保两种。**违反要件**（breach of condition）是指违反合同的主要条款，即违反与商品有关的品质、数量、交货期等要件；在合同的一方当事人违反要件的情况下，另一方当事人即受损方有权解除合同，并有权提出损害赔偿。**违反担保**（breach of warranty）是指违反合同的次要条款，受损方只能提出损害赔偿，而不能解除合同。至于在每份具体合同中哪个属于要件，哪个属于担保，该法并无明确具体的解释，只是根据"合同所做的解释进行判断"。这样，在解释和处理违约案件时，难免带有不确定性和随意性。

2.《联合国国际货物销售合同公约》的规定

《联合国国际货物销售合同公约》对违约的后果及其严重性进行判断，将违约分为根本性违约和非根本性违约。**根本性违约**（fundamental breach）是指违约方的故意行为造成的违约，如卖方完全不交货，买方无理由拒收货物、拒付货款，其结果给受损方造成实质损害。如果一方当事人根本违约，另一方当事人可以宣告合同无效，并可要求损害赔偿。**非根本性违约**（non-fundamental breach）是指违约的状况尚未达到根本违反合同的限度，受损方只能要求损害赔偿，而不能宣告合同无效。

13.2.3 进出口合同中的索赔条款

买卖双方可根据交易的需要在合同中订立或不订立索赔条款。在订立索赔时，应包括以下两项条款：

1. 异议与索赔条款

该条款是针对卖方交货品质、数量或包装不符合合同规定而订立的，包括索赔依据、索赔期限和赔偿损失。

（1）索赔依据。在异议与索赔条款中，一般都规定：货到目的地卸货后，若发现交货品质、数量或重量与合同规定不符，除由保险公司或承运人负责之外，买方应凭双方约定的某商检机构出具的检验证明向卖方提出异议与索赔。但货物在运输途中发生品质和重量上的自然变化，则不在索赔之列。

（2）索赔期限。在异议与索赔条款中，一般都规定守约方向违约方索赔的时限，如超过约定时限索赔，违约方可不予受理。在约定索赔时限时，对该时限的起算时间也应一并做出具体规定，常见的起算方法有以下几种。

1）货到目的地后××天起算。

2）货到目的地卸离运输工具后××天起算。

3）货到买方营业处所或用户所在地后××天起算。

4）货到检验后××天起算。

此外，凡有质量保证期的商品，合同中应加订质量保证期限，若在质量保证期内出现质量问题，买方有权凭相关证明向卖方提出索赔。

（3）赔偿损失。一般对此问题只做笼统规定，主要是由于违约的原因通常较复杂，在订立合同时很难预计。

2. 罚金条款

该条款针对当事人不按期履约而订立，如卖方未按期交货或买方未按期派船、开证等，主要在合同中规定：如由一方未履约或未完全履约，应向对方支付一定数量的约定金额，即罚金或违约金，以补偿对方的损失。罚金的支付并不解除违约方继续履行合同的义务。因此，违约方除支付罚金外，仍应履行合同义务，如因故不能履约，则另一方在收受罚金之外，仍有权索赔。违约金的起算日期有两种方法：一种是按合同规定的交货期或开证期终止后立即起算；另一种是规定优惠期，即在合同规定的有关期限终止后再宽限一段时间，在优惠期内免于罚款，优惠期届满即开始起算。各国在法律上对罚金条款的解释和规定存在差异，实务中应引起重视。例如，英美法系国家的法律只承认损害赔偿，不承认带有惩罚性的罚金。所以在与这些国家进行贸易时，应注意约定的罚金的合法性。

罚金条款常用于大宗商品或成套设备的合同中。

13.3 不可抗力

13.3.1 不可抗力的含义

在国际货物贸易中，由于自然原因或社会原因引起的人力不可抗拒的事件，使买卖双方签署的合同不能履行，在此情况下，按照国际贸易有关法律和惯例，可以免除合同当事人的责任。为了明确责任，在国际货物买卖合同中，一般都约定了此项免责条款，即所谓不可抗力条款。

13.3.2 不可抗力条款的主要内容

不可抗力条款的约定繁简不一，也并无统一的格式和规定，但归纳起来，一般包括以内容。

1. 不可抗力事件的规定办法

不可抗力事件有其特定的解释,并不是任何一种意外事件都可随意称作不可抗力事件。不可抗力事件的范围较广,它包括自然力量引起的水灾、旱灾、冰灾、雪灾、雷电、暴风雨、地震、海啸等,以及社会原因引起的战争、暴动、骚乱、政府颁布禁令、封锁禁运和调整政策制度等。关于不可抗力事件的性质与范围,交易双方商定合同时应达成共识,并具体写明,以免事后引起争议。

不可抗力事件发生后如影响合同履行,发生事件的一方当事人应按约定的通知期限和通知方式,将事件情况如实通知对方,对方在接到通知后,应及时答复,如有异议已应及时提出。此外,发生事件的一方当事人还应按约定办法出具证明文件,作为发生不可抗力事件的证据。在国外,这种证明文件一般由当地的商会或法定公证机构出具。在我国,这种证明文件可由中国国际贸易促进委员会出具。

2. 不可抗力事件的处理原则与办法

发生不可抗力事件后,应按约定的处理原则和办法及时进行处理。不可抗力的后果有两种:一是解除合同;二是延期履行合同。究竟如何处理,应视事故的原因、性质、规模及其对履行合同所产生的实际影响程度,由双方当事人酌情依约处理。

鉴于在实践中往往会出现一旦发生不可抗力事件一方就提出解除合同的问题,且合同是否延期执行或解除直接关系到交易双方的经济利益,故在不可抗力条款中,应就不可抗力所引起的法律后果做出明确规定,以利于执行。例如,我国进出口合同一般都规定,因不可抗力事件的影响而不能履行合同时,可根据实际所受影响的时间延迟履行合同的期限;如因不可抗力事件延迟履行合同达若干天(如60天或90天),双方应就履行合同的有关问题进行协商。按照这样的规定,当发生不可抗力事件时,可先推迟履行合同的期限;只有当不可抗力事件持续下去超过合同规定的期限以后,才能通过双方协商,最后决定是否解除合同。

3. 约定不可抗力条款的注意事项

(1)对不可抗力事件性质与范围的约定办法要合理。关于不可抗力事件的性质与范围,通常有下列三种约定办法,我们应在权衡利弊的基础上,选用其中有利的一种:

1)概括规定。在合同中不具体规定哪些事件属于不可抗力事件,而只是笼统地规定"由于公认的不可抗力的原因,致使卖方不能交货或延期交货,卖方不负责任",或"由于不可抗力事件使合同不能履行,发生事件的一方可据此免除责任"。这类规定办法过于笼统,含义模糊,解释伸缩性大,容易引起争议,合同中不宜采用。

2)具体规定。在合同中详列不可抗力事件。这种一一列举的办法,虽然明确具体,但文字烦琐,且可能出现遗漏情况,因此也不是最好的办法。

3)综合规定。在列明经常可能发生的不可抗力事件(如战争、洪水、地震、火灾等)的同时,再加上"以及双方同意的其他不可抗力事件"的文句。这种规定办法既明确具体,又有一定的灵活性,是一种可取的办法。在我国进出口合同中,一般都采取这种规定办法。

（2）约定不可抗力条款应体现公平合理原则。不可抗力条款应对买卖双方都有约束力，任何一方当事人因发生不可抗力事件，以致不能履行合同义务，均可免除责任。过去我国某外贸公司从国外订购货物时，在进口合同中仅片面约定"如卖方发生不可抗力事件可免除责任"的条款，这种显失公平的规定是极不合理的。

（3）不可抗力条款的内容应当完备。为了便于履行合同和按约定办法及时处理不可抗力事件，不可抗力条款的内容应当完备。在实际业务中，有的合同只约定了不可抗力事件的性质和范围，而对不可抗力事件的通知、出证和如何处理等事项缺乏明确具体的规定，以致影响对不可抗力事件做出及时妥善的处理。

13.3.3 进出口合同中的不可抗力条款

不可抗力条款的内容主要包括不可抗力事件的范围、不可抗力事件引起的法律后果、不可抗力事件的通知期限和方式以及出具不可抗力事件证明的机构等。

1. 不可抗力事件的范围

不可抗力事件的范围较广，哪些意外事故构成不可抗力，哪些不能构成，买卖双方在交易磋商时应达成一致意见，而且对不可抗力条款的表述应明确、具体。关于不可抗力事件的范围，应在买卖合同中订明。通常有下列三种规定办法：

（1）概括规定。在合同中不具体规定不可抗力事件的范围，只做概括的规定。例如：

If the fulfillment of the contract is prevented due to force majeure, the Seller shall not be liable.However, the Seller shall notify the buyer by cable and furnish the sufficient certificate attesting such event or events.

当由于不可抗力的原因导致卖方不能履行合同规定的义务时，卖方不负责任，但卖方应立即电报通知买方，并须向买方提交证明发生此类事件的有效证明书。

（2）具体规定。在合同中明确规定不可抗力事件的范围，凡在合同中没有订明的，均不能作为不可抗力事件加以援引。例如：

If the shipment of the contracted goods is delayed by reason of war, flood, fire, earthquake, heavy snow and storm, the seller can delay to fulfill, or revoke part or the whole contract.

当由于战争、洪水、火灾、地震、雪灾、暴风的原因致使卖方不能按时履行义务时，卖方可以推迟这些义务的履行时间，或者撤销部分或全部合同。

（3）综合规定。在合同中采用概括和列举综合并用的方式。在我国进出口合同中，一般都采取这种规定办法。例如：

If the fulfillment of the contract is prevented by reason of war or other causes of force majeure, which exists for three months after the expiring the contract, the non-shipment of this contract is considered to be void, for which neither the seller nor the buyer shall be liable.

如果因战争或其他人力不可控制的原因，买卖双方不能在规定的时间内履行合同，如此种行为或原因，在合同有效期后继续三个月，则本合同的未交货部分即视为取消，买卖双方的任何一方，不负任何责任。

2. 不可抗力事件引起的法律后果

发生不可抗力事件后，应按约定的处理原则和方法及时进行处理。不可抗力事件引起的法律后果有两种：一种是解除合同；另一种是延期履行合同。至于什么情况下可以解除合同，什么情况下只能延期履行合同，应视事件的原因、性质、规模及其对履行合同所产生的实际影响程度而定。

3. 不可抗力事件的通知期限和方式

不可抗力事件发生后，当影响合同履行时，发生事件的一方当事人应按约定的通知期限和方式将不可抗力事件情况如实通知对方，如以电报通知对方，并在15天内以航空信提供事故的详尽情况和影响合同履行程度的证明文件。对方在接到通知后，应及时答复，如有异议也应及时提出。

4. 出具不可抗力事件证明的机构

在国际贸易中，当一方援引不可抗力条款要求免责时，必须向对方提交有关机构出具的证明文件，作为发生不可抗力的证明。在国外，一般由当地的商会或合法的公证机构出具。在我国，由中国国际贸易促进委员会或其设在口岸的贸促分会出具。

5. 援引不可抗力条款和处理不可抗力事件应注意的事项

当不可抗力事件发生后，合同当事人在援引不可抗力条款和处理不可抗力事件时，应注意如下事项。

（1）发生事故的一方当事人应按约定期限和方式将事件情况通知对方，对方也应及时答复。

（2）双方当事人都要认真分析事件的性质，看其是否属于不可抗力事件的范围。

（3）发生事件的一方当事人应出具有效的证明文件，以作为发生事件的证据。

（4）双方当事人应就不可抗力的后果，按约定的处理原则和办法进行协商处理。处理时，应弄清情况，体现实事求是的精神。

（5）信用证项下，UCP600第36条规定，银行对由于天灾、暴动、骚乱、叛乱、战争、恐怖主义行为或任何罢工、停工或其无法控制的任何其他原因导致的营业中断的后果，概不负责。

|案例 13-2|

装运延期引发的争议

案情：2019年1月，中国某公司（以下简称"A公司"）与马来西亚某化工企业（以下简称"B公司"）签了一份100 000吨石油合同，装运期为2019年5月，装运港为马来西亚某港,支付方式为不可撤销跟单信用证。合同内容完备,对不可抗力、仲裁等条款做了详细规定。2019 年 4 月 10 日 A 公司向中国银行申请开出信用证。5 月 10 日 B 公司致电请求将装运时间延至 6 月底。5 月 15 日 B 公司再次致电称:由于供油厂发生泄漏,已经停产,要求以发生不可抗力事件为由解除合同。后经 A 公司多次催告未果,恰逢国际油价暴涨,A 公司被迫高价另寻货源,导致 A 公司遭受价差损失近 30 万美元。于是,A 公司向 B 公司提出索赔,但遭到 B 公司拒绝,最终提交仲裁。

分析:本案的争议焦点在于,B 公司的供油厂发生泄漏停产是否构成不可抗力。B 公司要求免责的理由属于供货方的所谓技术原因,而非自然灾害、战争、内乱、政府禁令等无法预见、无法预防、无法控制、无法避免的原因造成的。根据各国贸易惯例和司法实践,技术原因不构成无法克服的不可抗力之事。石油属于种类物质,而非特定物,即使 B 公司实际发生泄漏停产,也应设法从其他供货渠道寻求替代物,因此,B 公司以不可抗力为由要求解除合同的前提不成立。

13.4 仲裁

13.4.1 仲裁的含义和特点

1. 仲裁的含义

仲裁(arbitration)又称公断,是指买卖双方在争议发生之前或发生之后,签订书面协议,自愿将争议提交双方均同意的第三者予以裁决(award)。由于仲裁是依照法律所允许的仲裁程序裁定争端,因此仲裁裁决是最终裁决,具有法律约束力,当事人双方必须遵照执行。

2. 仲裁的特点

国际贸易中,双方在履约过程中有可能发生争议。由于买卖双方之间的关系是一种平等互利的合作关系,因此一旦发生争议,首先应通过友好协商的方式解决,以利于保护商业秘密和企业声誉。如果协商不成,则当事人可按照合同约定或争议的情况采用调解、仲裁或诉讼方式解决争议。

诉讼是一方当事人向法院起诉,控告合同的另一方,一般要求法院判另一方当事人以赔偿经济损失或支付违约金的方式承担违约责任,也有要求对方实际履行合同义务的。诉讼的特点是:诉讼是当事人单方面的行为,只要法院受理,另一方就必须应诉。但诉讼方式的缺点在于立案时间长、诉讼费用高,异国法院的判决未必是公正的,各国司法程序不同,当事人在异国诉讼比较复杂。

与诉讼相比,仲裁具有解决争议时间短、费用低、能为当事人保密、异国执行方便等优点,且仲裁是终局的,对双方都有约束力。因此,在国际贸易实践中,仲裁是被广泛采用的一种方式。

13.4.2 仲裁协议的形式和作用

1. 仲裁协议的形式

在国际货物贸易中,仲裁协议是指合同当事人或争议双方达成的有关解决彼此争议的一种书面协议。它主要包括两种形式:一种是在争议发生之前订立的,它通常作为合同中的一项仲裁条款(arbitration clause)出现,在绝大多数国际货物买卖合同中都有此项条款;另一种是在争议发生之后订立的,它是把已经发生的争议提交仲裁的协议(submission)。

需要强调的是,仲裁协议应当采取书面形式。书面形式包括合同书、信件、电报、电传、传真、电子数据交换和电子邮件等可以有形地表现所载内容的形式。在仲裁申请书和仲裁答辩书的交换中,一方当事人声称有仲裁协议而另一方当事人不做否认表示的,视为存在书面仲裁协议。

2. 仲裁协议的作用

仲裁协议的作用,包括下列三个方面。

第一,约束双方当事人只能以仲裁方式解决争议,不得向法院起诉。

第二,排除法院对有关案件的管辖权。如果一方违背仲裁协议,自行向法院起诉,另一方可根据仲裁协议要求法院不予受理,并将争议案件退交仲裁庭裁断。

第三,使仲裁机构取得对争议案件的管辖权。

这里需要强调的是,在上述三项作用中,最关键的是排除法院对争议案件的管辖权。因此,若双方当事人不愿将其争议提交法院审理,就应在争议发生前在合同中约定仲裁条款,以免将来发生争议后,由于达不成仲裁协议而不得不诉诸法院。

13.4.3 仲裁协议的内容

国际货物买卖合同中的仲裁条款通常包括仲裁地点、仲裁机构、仲裁程序、仲裁裁决的效力及仲裁费用的负担等。

1. 仲裁地点

交易双方磋商仲裁条款时,都极为关心仲裁地点的确定,这是因为仲裁地点与仲裁所适用的法律密切相关。按有关国家的法律规定,凡属程序方面的问题,除非仲裁条款(或协议)另有规定,否则一般都适用审判地法律,即在哪个国家仲裁,就往往适用哪个国家的仲裁法规。至于确定合同当事人权利、义务的实体法,如果在合同中未具体约定,则一般由仲裁庭按仲裁地点所在国的法律冲突规则予以确定。

鉴于仲裁地点是买卖双方共同关心的一个十分重要的问题,故在仲裁条款中必须做出明确具体的规定。在我国进出口合同中,关于仲裁地点通常有三种规定办法:一是约定在中国仲裁;二是约定在被申请人所在国仲裁;三是约定在双方同意的第三国仲裁。

2. 仲裁机构

国际上的仲裁机构很多，其中有常设的仲裁机构，也有由双方当事人共同指定仲裁员临时组成的仲裁庭。

在国际上，有些国际组织和许多国家或地区都分别成立了常设仲裁机构。除设在巴黎的国际商会仲裁院外，还有英国伦敦仲裁院、瑞典斯德哥尔摩商会仲裁院、瑞士苏黎世商会仲裁院、美国仲裁协会、日本国际商事仲裁协会等。我国常设的涉外仲裁机构主要是中国国际经济贸易仲裁委员会和中国海事仲裁委员会。根据业务发展的需要，中国国际经济贸易仲裁委员会在上海和深圳分别设有分会。此外，近年来我国有些省市和地区还按实际需要设立了若干地区性的仲裁机构。

鉴于国际上的仲裁机构较多，甚至在一个国家或地区就有多个仲裁机构，合同当事人究竟选用哪个仲裁机构，应在合同仲裁条款中具体列明。

专为审理某争议案件而临时组成的仲裁庭，待案件审理完毕，即自动解散，因此，在采取此种办法处理争议时，买卖双方应在合同仲裁条款（或协议）中，就临时仲裁庭的组庭人数、是否需要首席仲裁员和指定仲裁员的办法等做出明确规定。

3. 仲裁程序

在买卖合同的仲裁条款中，应订明用哪个国家（地区）和哪个仲裁机构的仲裁规则进行仲裁。各国（地区）仲裁机构的仲裁规则对仲裁程序都有明确规定。按我国仲裁规则规定，基本程序如下：

（1）申请仲裁。申请人应提交仲裁协议和仲裁申请书，并附交有关证明文件和预交仲裁费。仲裁机构立案后，应向被诉人发出仲裁通知和申请书及附件。被诉人可以提交答辩书或反请求书。

（2）组成仲裁庭。当事人双方均可在仲裁机构所提供的仲裁员名册中指定或委托仲裁机构指定一名仲裁员，并由仲裁机构指定第三名仲裁员作为首席仲裁员，共同组成仲裁庭。如果用独任仲裁员方式，可由双方当事人共同指定或委托仲裁机构指定。

（3）仲裁审理。仲裁审理案件有两种形式：一种是书面审理，又称不开庭审理，根据有关书面材料对案件进行审理并做出裁决，海事仲裁常采用书面仲裁形式；另一种是开庭审理，这是普遍采用的一种方式。

（4）做出仲裁裁决。裁决是仲裁程序的最后一个环节。裁决做出后，审理案件的程序即告终结，因而这种裁决被称为最终裁决。根据我国仲裁规则，在仲裁过程中，仲裁庭认为有必要或接受当事人之提议，可就案件的任何问题做出中间裁决或者部分裁决。中间裁决是指对审理清楚的争议所做的暂时性裁决，以利于对案件的进一步审理；部分裁决是指仲裁庭对整个争议中的一些问题已经审理清楚，而先行做出的部分终局性裁决。部分裁决是构成最终裁决的组成部分。

仲裁裁决必须于案件审理终结之日起 45 天内以书面形式做出。仲裁裁决除由于调解达成和解而做出的裁决书外，应说明裁决所依据的理由，并写明裁决是终局的和做出裁决书的日期、地点以及仲裁员的署名等。

4. 仲裁裁决的效力

仲裁裁决的效力主要是指由仲裁庭做出的裁决对双方当事人是否具有约束力，是否为终局性的，能否向法院起诉要求变更裁决。进出口中的仲裁条款一般都规定仲裁裁决是终局的，对争议双方都有约束力，任何一方都不得向法院提出诉讼。但是有些国家则规定允许向上一级仲裁庭或法院上诉。即使向法院提起诉讼，法院也只是审查程序，而不审查裁决本身是否正确。即便如此，双方当事人在签订仲裁条款时仍应规定：仲裁裁决是终局的，对双方都有约束力。

5. 仲裁费用的负担

仲裁费由谁负担，通常在仲裁条款中予以约定，以明确责任。根据双方当事人的意愿，有的约定由败诉方承担，有的约定由仲裁庭裁决确定。

◆ 本章小结

商品检验是指检验机构对进出口商品的品质、数量、包装、卫生、装运条件，以及涉及人类健康安全、国家安全维护等项检验内容，进行检验、鉴定和监督管理。

争议是指买卖的一方认为另一方没有履行合同规定的责任与义务所引起的纠纷。

索赔与理赔是一个问题的两个方面。索赔是指签订合同的一方违反合同的规定，直接或间接地给另一方造成损害，受损方向违约方提出损害赔偿要求。理赔是指违约方受理受损方提出的赔偿要求。

仲裁又称公断，是指买卖双方在争议发生之前或发生之后，签订书面协议，自愿将争议提交双方均同意的第三者予以裁决。国际货物买卖合同中的仲裁条款通常包括仲裁地点、仲裁机构、仲裁程序、仲裁裁决的效力及仲裁费用的负担等。

◆ 思考题

一、简答题

1. 诉讼与仲裁有何异同？
2. 简述国际贸易中的索赔对象及其责任范围。
3. 简述不可抗力事件的构成条件、范围及法律后果。
4. 解决国际贸易争议有哪些途径？为什么仲裁是解决国际贸易争议最主要的方式？
5. 简述仲裁协议的形式及作用。
6. 在国际贸易中，产生争议的原因有哪些？
7. 异议和索赔条款的主要内容有哪些？

二、案例讨论题

1. 甲国公司与乙国商人签订一份食品出口合同，并按乙国商人要求将该批食品运至某港通知丙国商人。货到目的港后，经丙国卫生检疫部门抽样化验发现真菌含量超过该国标准，决定禁止在丙国销售并建议就地销毁。丙国商人去电请示，并经乙国商人的许可将货就地销毁。事后，丙国商人凭丙国卫生检疫机构出具的证书及有关单据向乙国商人提出索赔。乙国商人理赔后，又凭丙国商人提供的索赔依据向甲国公司索赔。对此，你认为甲国公司应如何处理？

2. 某年夏天，我国南方发生特大洪水灾害，在此之前外贸企业与外商订有三份大米合同，合同的商品名称分别为"太湖大米""在某仓库存放的江苏大米""中国大米"，七八月交货。请就以上情况分别说明我方如何向外商提出免责要求。

3. 我国某公司与外商订立了一项出口合同，并在合同中明确规定了仲裁条款，约定在履约过程中如发生争议，在中国仲裁。后来，双方对商品的品质发生争议，对方在其所在地法院起诉我方，法院发来传票，传我国该公司出庭应诉。对此，你认为应如何处理？

第 4 篇
PART 4

国际贸易合同的履行

第 14 章　出口合同的履行
第 15 章　进口合同的履行

第 14 章
CHAPTER 14

出口合同的履行

§ **教学目的**

- 了解国际贸易出口合同履行的基本流程及注意事项
- 掌握审查信用证的方法
- 学会制作各种结汇单据

§ **关键术语**

| 租船订舱 | 催证 | 审证 | 改证 | 收妥结汇 |
| 定期结汇 | 出口押汇 | 出口收汇核销 | 出口退税 | |

§ **章首案例 14-1**

信用证结汇的注意事项

案情：我国 A 公司向加拿大 B 公司以 CIF 术语出口一批货物，合同规定 4 月装运。B 公司于 4 月 10 日开来不可撤销信用证。此证按 UCP600 规定办理。证内规定：装运期不得晚于 4 月 15 日。此时我方已来不及办理租船订舱，立即要求 B 公司将装运期延至 5 月 15 日。随后 B 公司来电称：同意展延船期，有效期也顺延一个月。我国 A 公司于 5 月 10 日装船，提单签发日为 5 月 10 日，并于 5 月 14 日将全套符合信用证规定的单据递交银行办理议付。

试问：我国 A 公司能否顺利结汇，为什么？

分析：1）根据 UCP600 规定，只要受益人提供的单据符合信用证规定，开证行必须履行付款义务。本案中，A 公司提出信用证装运期的延期要求仅得到 B 公司的允诺，并未由银行开出修改通知书，所以 B 公司同意修改是无效的。

2）信用证上规定"装运期不得晚于 4 月 15 日",而 A 公司所交提单的签发日为 5 月 10 日,与信用证规定不符,即单证不符,银行可以拒付。

因此,A 公司不能结汇。

14.1 备货和落实信用证

出口合同的履行程序一般包括准备货物(简称备货)、落实信用证、租船订舱、报验、报关、保险、装船、制单结汇以及索赔、理赔等环节。履行出口合同可归纳为货、证、船、款四个基本环节,它们是出口合同履行的必要程序。

14.1.1 备货

备货是出口企业根据合同或信用证规定,向有关企业或部门采购和准备货物的过程。目前,我国两种企业——生产型企业和贸易型企业的备货过程各不相同。

生产型企业备货是向生产加工或仓储部门下达联系单(在有些企业称为加工通知单或信用证分析单等),要求该部门按联系单的要求,对应交的货物进行清点、加工整理、包装、刷制运输标志以及办理申报检验和领证等工作。联系单是进出口企业内部各个部门进行备货、出运、制单结汇的共同依据。对于贸易型企业,如果该企业没有固定的生产加工部门,就要向国内有关生产企业联系货源,订立国内采购合同。无论是哪种类型的企业,在备货工作中都应注意以下几个问题。

1. 有关货物问题

(1)货物的品质、规格。应按合同的要求核实,必要时应进行加工整理,以保证货物的品质、规格与合同或信用证规定一致。

(2)货物的数量。应保证满足合同或信用证对数量的要求,备货的数量应适当留有余地,万一装运时发生意外或损失,以备调换和适应舱容之用。

(3)备货时间。应根据信用证规定,结合船期予以安排,以利于船货衔接。

2. 有关货物的包装问题

出口货物要经过多个环节的长途运输,中途还要经过多次搬运和装卸,甚至多次转换运输工具。为了最大限度地使货物保持完好无损,应注意如下出口包装问题。

(1)尽量安排将货物装运到集装箱中或牢固的托盘上。

(2)必须将货物充满集装箱并做好铅封工作。

(3)集装箱中的货物应均匀放置且均匀受力。

(4)为了防止货物被盗窃,货物的外包装上不应注明识别货物的标签或货物的品牌。

(5)由于运输公司按重量或体积计算运费,出口企业应尽量选择重量轻的小体积包装,以节省运输费用。

(6)对于海运货物的包装,应着重注意运输途中冷热环境变化出现的潮湿和冷凝现象。

即使有些船舱有空调设备，但仍可能导致货物受损。采用集装箱运输通常可以避免绝大多数货物的受潮现象。

（7）对于空运货物的包装，应着重注意货物被偷窃和被野蛮装卸的情况，特别是易损货物，应用牢固的箱子包装。鉴于飞机的舱位有限，对于包装尺寸的要求，应与有关运输部门及时联系。

（8）随着技术进步，自动仓储环境处理的货物越来越多，货物在运输和仓储过程中，通常由传送带根据条码自动扫描分拣。因此，应注意根据仓储要求，严格按统一尺寸对货物进行包装或将货物放置于标准尺寸的牢固托盘上，并预先正确印制和贴放条码。

3. 有关货物外包装的运输标志问题

正确刷制运输标志的重要性主要反映在如下四个方面：一是符合运输要求和有关国家海关的规定；二是保证货物被适当处置；三是掩盖包装内货物的性质；四是帮助收货人识别货物。因此，在运输标志的准备上应注意以下内容。

（1）刷制运输标志应符合有关进出口国家的规定。

（2）包装上的运输标志应与所有出口单据上对运输标志的描述一致。

（3）运输标志应既简洁又能提供充分的运输信息。

（4）所有包装上的运输标志必须用防水墨汁刷写。

（5）有些国家海关要求所有的包装箱必须单独注明重量和尺寸，甚至用公制，或用英语或目的国的语言注明。为此，应注意有关国家的海关规定。

（6）在运输包装上的运输标志应大小尺寸适中，使相关人员在一定距离内能够看清楚。根据国外的通行做法，就一般标准箱包装，刷制的运输包装字母的尺寸至少为 4cm 高。

（7）运输标志应该在包装箱的表面都刷制，以防货物丢失。

（8）除了在外包装上刷制运输标志之外，应尽量在所有的货运单据上标注相同的运输标志。这些单据包括内陆运输提单、海运提单或空运单、码头收据、装箱单、商业发票、报关单等。

14.1.2　落实信用证

针对信用证付款的合同，在履行过程中，对信用证的掌握、管理和使用直接关系到进出口企业的收汇安全。信用证的掌握、管理和使用主要包括催证、审证和改证等内容，这些都是与履行合同有关的重要工作。

1. 催证

在出口合同中，买卖双方如约定采用信用证方式付款，买方则应严格按照合同的规定按时开立信用证。如合同中对买方开证时间未做规定，买方应在合理时间内开出，因为买方按时开证是卖方正常履约的前提。但在实际业务中，有时经常遇到国外进口商拖延开证，或者在行市发生变化或资金发生短缺的情况时，故意不开证。对此，我们应催促对方迅速办理开证手续。特别是针对大宗商品交易或应买方要求而特制的商品交易，更应结合备货情况及时进行催证。必要时，也可请驻外机构或有关银行协助代为催证，图 14-1 所示为信用证通知书。

第14章 出口合同的履行　263

ADVICE OF DOCUMENTARY CREDIT
信用证通知书

Date: 2011-08-06

To 致： Yuanyang Export Co., Ltd.	When corresponding please quote our ref. No. 如有接洽，请注明我行编号
Issuing Bank 开证行 Multiple International Bank	Transmitted to us through 转递行
L/C No. 信用证号 xh2 Dated 开证日期 2011-08-06	Amount 金额 USD42000

DEAR SIRS, 敬启者：
We have pleasure in advising you that we have received from the a/m bank a(n)
兹通知贵司，我行收自上述银行

☑ Telex/Swift issuing 电传开立　　☐ Uneffective 未生效

☐ Pre-advising of 预先通知　　☐ Mail confirmation of 证实书

☑ Original 正本　　☐ Duplicate 副本

Documentary credit, contents of which are as per attached sheet(s).
信用证一份，现随附通知。
This advice and the attached sheet(s) must accompany the relative documents when presented for negotiation.
贵司交单时，请将本通知书及信用证一并提示。

☑ Please note that this advice does not constitute our confirmation of the above L/C nor does it convey any engagement or obligation on our part.
本通知书不构成我行对此信用证之保兑及其他任何责任。

☐ Please note that negotiation of the L/C is restricted to ourselves.
该信用证限向我行交单议付。

Remarks 备注

This L/C consists of ONE sheet(s), including the covering letter and a...
本信用证连同面函及附件共 1 页。
If you find any terms and conditions in the L/C which you are unable to c... suggested that you contact applicant directly for necessary amendment(s) so as to avo... when documents are presented.
如本信用证中有无法办到的条款及/或错误，请迳与开证申请人联系进行必...的问题。

*Stamp

Authorised Signature(s) 蒋××

图 14-1　信用证通知书

资料来源：HEP-Trade，国际贸易实务与结算实训系统（http://120.25.210.88:8088/vouching2/login.jsp）。

2. 审证

审证是审核所收到的信用证是否与合同规定一致。审证一般要审核以下内容：

（1）开证行和保兑行的资信。开证行和保兑行的资信对于出口商安全收汇很重要，因此，对其资信情况要进行审核，特别是出口大宗货物时，要更加认真审核。另外，对于大宗货物出口，可要求允许分批发运，分期收汇，以减少风险。

（2）对信用证金额和货币的审核。这两项内容（包括价格术语）要与合同一致。

（3）对商品名称、规格、数量、包装等条款的审核。这些内容要与合同一致。如果信用证有一些特别规定，要充分考虑是否做得到，是否能全部接受。否则，要求银行改证。

（4）对信用证有效期、装运期、交单期和到期地点的审核。按国际惯例，信用证均规定一个交单付款或议付的有效期（或称到期日），所以未注明到期日的信用证不能使用。如信用证规定的到期地在国外，最好能修改，否则要提前交单，以免过期。装运期必须与合同规定一致。如来证较晚，无法按期装货，应及时电请买方延展装运期限。装运期最好应早于信用证有效期几天，以便出口商制作整套单据向银行议付。此外，如信用证没有规定交单期，按照惯例，卖方必须在信用证有效期到期之前，装运单据签发后 21 天内交单。

（5）对单据的审核。对于来证中要求提供的单据种类和份数及填制方法等，要仔细审核，如发现有自己做不到或导致被动的条款，例如，对要求商业发票或产地证明书需外国第三者签证的，以及提单上的目的港后面加上指定码头等字样的，都要慎重对待，一般不宜接受。

3. 改证

对信用证进行了全面细致的审核以后，如果发现问题，应区别问题的性质，分别同银行、运输、保险、商检等有关部门研究，做出恰当妥善处理。凡是属于不符合我国对外贸易方针政策，影响合同执行和安全收汇的情况，我们必须要求国外客户通过开证行进行修改，并坚持在收到银行修改信用证通知书后才能对外发货，以免发生货物装运后而修改通知书未到的情况，造成我方工作上的被动和经济上的损失。

在办理改证工作中，凡需要修改的各项内容，应做到一次向国外客户提出，尽量避免由于我方考虑不周而多次提出修改要求，否则不仅会增加双方的手续和费用，而且会延误装运，影响合同履行。图 14-2 所示为进口信用证修改申请书。

UCP600 第 10 条规定，除可转让信用证另有规定外，未经开证行、保兑行（如有）及受益人同意，信用证既不得修改，也不得撤销。因此，信用证中任何条款的修改，都必须在有关当事人全部同意后才能生效。开证行自发出修改之时起即不可撤销地受其约束。在受益人通知修改的银行接受修改之前，原信用证的条款对受益人仍然有效。受益人应提供接受或拒绝修改的通知。如果受益人未能给予通知，当交单与信用证以及尚未表示接受的修改要求一致时，即视为受益人已做出接受修改的通知，并且从此时起，信用证被修改。对同一修改的内容不允许部分接受，部分接受将被视为拒绝修改的通知。

进口信用证修改申请书
APPLICATION FOR AMENDMENT
TO DOCUMENTARY CREDIT

*To致: Multiple International Bank

Date日期:【 2011-08-06 】

本申请适用国际商会于信用证开立当时有效的《跟单信用证统一惯例》（请用“√”选择）

This application is subject to the Uniform Customs and Practice for Documentary Credit (latest revision from time to time) (Please mark "√" in □)

信用证号 Credit No.	xh2	第 1 次修改 No. 1 of Amendment	
开证日期 Issuing Date	2011-08-06	金额 Amount	USD42000

请将上述信用证做如下修改（请用“√”选择）：
Please amend the above-mentioned credit as follows(Please mark "√" in □):

☑ 装期展至 Shipment date extended to　2011-08-12
□ 有效期展至 Expiry date extended to
□ 其他 Others:

所有其他条款不变 All other terms and conditions remain unchanged.
本次修改的银行费用由 □受益人 ☑申请人承担
Banking charges are for account of □ beneficiary ☑ applicant

联系人 ____________ 电话 ____________
In case of queries, please contact Mr./Ms. ____________ at Tel. No. ____________

口商有限公司
2261
申请人签章 Stamp and Signature(s)

图 14-2　进口信用证修改申请书

资料来源：HEP-Trade，国际贸易实务与结算实训系统（http://120.25.210.88:8088/vouching2/login.jsp）。

此外，对来证不符合合同规定的各种情况，还需要做出具体分析，不一定坚持要求对方办理改证手续。只要来证内容不违反政策原则并能保证我方安全迅速收汇，我们也可灵活掌握。

总之，对国外来证的审核和修改，是保证顺利履行合同和安全迅速收汇的重要前提，我们必须给予足够的重视，认真做好审证工作。

14.2　报验和申报出口

14.2.1　报验

报验是指出口方向商品检验机构申报检验。商品检验机构经过抽样检查或化验合格后，向出口方颁发合格的检验证书。报验的一般程序如下。

1. 申请

凡需要法定检验出口的货物，应由出口企业填写"出口商品检验申请书"，向当地商检机构申请办理报验手续。申请时，须随附下列单据或证件。
- 出口货物明细单
- 出口货物报关单或其他供通关用的凭证
- 对外贸易合同或售货确认书及有关函电、信用证等
- 凭样品成交的，要提交样品

2. 检验

检验的内容包括商品的质量、规格、数量、重量、包装及是否符合安全、卫生要求等。

3. 出证

商品检验合格后，由商检机构签发检验证书，或在出口货物报关单上加盖检验印章。对检验不合格的商品，商检机构签发不合格通知单。根据不合格的原因，商检机构可酌情同意申请人申请复验（复验原则上仅限一次），或由申请单位重新加工整理后申请复验。复验时，应随附加工整理情况报告和不合格通知单。经复验合格，商检机构签发商品合格的检验证书。

14.2.2 申领出口许可证

在我国，为了鼓励出口，对大部分商品的出口不加管制，因此，不需要办理出口许可证。但是，对属于以下三种情况的商品出口，则需要申领出口许可证：第一，根据双边、多边协定的规定，我国限制出口的商品；第二，考虑到国际市场的容量，为了防止盲目出口而予以管制的商品；第三，关系到国计民生的重要物资而需要控制出口的商品。

申领出口许可证的一般程序如下。

1. 申请

由出口单位向发证机关提出书面申请报告。申请报告的内容包括出口商品的名称、规格、数量、单价、总值、输往国别地区、交货期、支付方式等项目。同时，还要附有关的证件和材料，如合同、主管部门的批准文件等。

2. 审核、填表

发证机关收到上述申请报告和有关证件、材料后进行审核。审核通过后，由申请人按规定的要求填写"中华人民共和国出口许可证申请表"，并在表上加盖申请单位的公章。

3. 发证

发证机关在申请表送交后 3 个工作日内，签发"中华人民共和国出口许可证"，一式四

联，将第一、第二、第三联交申请人，凭此向海关办理货物出口报关和银行结汇手续。同时，发证机关要收取一定的办证费用。出口单位如遇情况变化，需要变更出口许可证的内容时，需要到原发证机关申请换证。换证必须在原许可证和合同有效期内进行。

14.2.3 报验商品的审核要点

1. 报验商品必须符合的条件

- 生产加工完毕的商品，外包装符合合同要求
- 销售合同已签订，凭信用证结算的，已收到信用证
- 已印刷好唛头标志（合同、信用证规定的中性包装除外）
- 货物堆放整齐、批次分清，便于商检人员抽验和检查

2. 不实行紧急放行措施

对供应方未检验或检验不合格的商品不准收购，不准出口。

14.3 托运、投保和报关

14.3.1 托运

托运是指出口企业委托运输机构（如对外贸易运输公司或其他有权受理对外货运业务的单位）向承运单位或其代理办理货物的运输业务。如果出口货物数量较大，需要整船装运的，还要对外办理租船手续；如果出口数量不大，不需要整船装运的，则办理订舱事宜。办理出口货物对外运输的基本程序如下。

1. 查看船期表，填写出口货物托运委托书

外运机构按月编制出口船期表，分发给各出口公司，或由出口企业向外运机构索取。船期表上有航线、船名、国籍、抵港日期、预计装船日期和港口名称等。出口企业根据贸易合同和信用证的情况，填写托运委托书（shipping note），说明出运要求，交给外运机构。

2. 船公司或其代理签发装货单

外运机构收到托运委托书后，以出口企业的代理身份向船公司或代理公司办理订舱手续，并会同船公司或外轮代理公司，根据配载原则，结合货运重量、体积、装运港、目的港等情况，安排船只和舱位。然后，由船公司或外轮代理公司据以签发装货单（shipping order）。装货单的作用有以下三个方面。

（1）表示船公司承运这批货物。装货单一经签发，承运、托运双方均受其约束。

（2）报关时，海关凭此查验出口货物。如果海关准予出口，即在装货单上加盖海关放行章。

（3）通知船方装货。装货单是船公司或其代理给船方的装货通知和指令。

3. 提货装船，获取大副收据

完成货物报关手续后，外运机构到出口企业的仓库提货，送进码头装船。装船完毕，由船上的大副签发场站收据副本大副联。大副收据是船方收到货物的凭证。

4. 支付费用，换取提单

外运机构代出口企业向船公司或外轮代理公司支付运费，用大副收据向船公司或其代理换取海运提单。

5. 发装运通知

货物装船后，出口企业应向国外进口方发出装运通知（shipping advice），以便进口方准备付款，办理进口报关和接货手续。

14.3.2 投保

出口企业在确定船期、船名后，应向保险公司办理投保手续，以取得保险单。办理投保手续的程序如下。

1. 投保申请

由出口企业填制运输险投保单，一式两份。一份由保险公司签署后交出口企业作为接受承保的凭证；另一份由保险公司留存，作为制作、签发保险单的依据。

2. 缴纳保险费，获取保险单

出口企业收到由保险公司签署的投保单后，向保险公司缴纳保险费，然后获取由保险公司签发的保险单。

二维码 14-1

相关单据示例

14.3.3 报关

报关是指出口货物装船前，向海关申报通关所要办理的手续。根据《中华人民共和国海关法》的规定，货物出口必须向海关申报，提交海关出口货物报关单，经过海关查验放行后，货物方可装运出口。办理报关手续一般有以下几个步骤。

1. 申报

海关接受申报时，一般要求申报人出示以下证明文件。

（1）申报单位在海关办理的企业海关注册登记手册。

（2）申报人员的报关员证。

（3）由申报单位和申报人员盖章的出口货物报关单一式两份。

（4）随附单证，如出口许可证或有关主管机关的批准文件、法定商品检验证书、合同、产地证明、发票、装货单、装箱单、减免税证明文件、出口收汇核销单，以及海关认为必要的其他有关单据。

2. 查验

海关对上述文件按照国家有关政策规定进行审核。海关还要对出口货物进行查验，以确保实际货物与报关单证所列一致。查验货物须在海关规定的时间和处所进行，在特殊情况下，由海关派人到发货人仓库查验。海关查验时，出口方要派人到现场，协助海关搬运货物，开拆和封装货物等。海关按规定收取费用。

3. 缴纳出口税

按照我国进出口关税征收办法的规定，须纳税的出口货物必须纳完税才能出口。

4. 出口放行

出口货物由申报人按照海关的规定办妥申报手续，经海关审核单证和查验有关货物，办理纳税手续后装运出境。海关出口货物报关单如图 14-3 所示。

14.3.4 对托运、投保和报关的审核要点

（1）海运提单是议付结汇中最重要的单据之一。要审核海运提单的抬头和背书是否符合信用证的规定。审核运输单据的出单日期、签发地点、内容是否符合合同或信用证规定的要求，是否需要背书和签名。

（2）审核保险单内容是否与合同或信用证条款一致。保险单出单日期不得晚于运输单据的出单日期。

（3）审核出口报关的工作日期，是否做出提前安排，出口报关的申请资料是否完善、准确，申报手续是否按海关规定办妥，出口放行日期必须在办理托运手续的程序之前。

14.4 交单、结汇、核销和退税

14.4.1 交单

交单是指出口企业在规定时间内向银行提交信用证项下的全套出口单据，这些单据经过银行审核，银行根据信用证条款的不同付汇方式办理结汇。交单的要求有以下三条：

海关出口货物报关单

预录入编号：		海关编号：	
*出口口岸 Guangzhou	备案号	出口日期	申报日期
经营单位 Guangdong Donghua Medical	运输方式 Port-to-Port Shipment	运输工具名称 DA FU 3	提运单号
发货单位 Guangdong Donghua Medical	贸易方式 一般贸易	征免性质 一般征税	结汇方式 D/P
许可证号	*运抵国（地区） France	*指运港 Le Havre	境内货源地
批准文号	成交方式 CFR	运费	保费	杂费
合同协议号 contract02	*件数与包装种类 100Cases		*毛重（公斤） 140000.00	净重（公斤）
集装箱号	随附单据			生产厂家
标记唛码及备注 N/M				

项号	商品编号	商品名称、规格型号	数量及单位	最终目的国（地区）	单价	总价	币制	征免
1	9022140090	Medical X-ray Machine	100PCs	France	4100	410000	EUR	照章征免

税费征收情况

录入员	录入单位	兹声明以上申报无讹并承担法律责任 申报单位（签章）	海关审单批注及放行日期（签章）	
报关员	报关员		审单	审价
单位地址			征税	统计
邮编	电话	填制日期	查验	放行

图 14-3 海关出口货物报关单

资料来源：HEP-Trade，国际贸易实务与结算实训系统（http://120.25.210.88:8088/vouching2/login.jsp）。

1. 单据齐全

所谓单据齐全，是指：①单据的种类符合信用证的要求；②每种单据的份数符合信用证的要求。

2. 内容正确

内容正确即单据内容与信用证规定严格一致，做到单单相符、单证相符。

3. 按时交单

信用证除须规定交单的有效期限外，还应规定一个从出具提单之日算起的交单期限，在这个期限内必须提交符合信用证条款的单据。如无此规定，银行将不接受自提单签发日起21天后提交的单据。但在任何情况之下，单据的提交不得迟于信用证的有效期。

14.4.2 结汇

结汇是指出口商在货物装运后，按照信用证的规定，把制作好的所有单据在信用证规定的交单期内送交银行，银行对这些单据审核无误后向出口商支付货款。在我国出口业务中，结汇还包括银行将外汇货款按当日人民币市场价结算成人民币支付给出口企业。目前，在我国出口业务中，使用议付信用证比较多。对于这种信用证的出口结汇办法，主要有以下三种：

1. 收妥结汇

这种方法是先收后结，即议付行收到受益人提交的交易单据，经审核确认与信用证条款的规定相符后，将单据寄给国外付款索汇，待付款行将外汇付给议付行后，议付行才按当日外汇牌价结算成人民币交付给受益人。

2. 定期结汇

这种方法是指议付行在收到受益人提交的单据，经审核无误后，将单据寄给国外银行索取外汇，并自交单之日起在事先规定的期限内将外汇货款结算成人民币交付给受益人。此项期限是根据不同国家（地区）的银行收取外汇的时间长短来确定的。

3. 买单结汇

买单结汇又称出口押汇，是指议付行在审单认可的情况下，按信用证条款买入出口公司的汇票和单据，按照汇票金额扣除从议付日到估计收到货款之日的利息，将余款按当天的牌价折算成人民币付给出口企业买单结汇。买单结汇实际上是出口方银行对出口企业的资金融通，使出口企业在交单议付时即可收到货款，从而加快资金周转，有利于扩大出口业务。

14.4.3 核销

出口收汇核销是指国家为了加强出口收汇管理，保证国家的外汇收入，防止外汇流失，指定外汇管理等部门对出口企业贸易项下的外汇收入情况进行监督检查的一种制度。世界上许多国家都实行这项制度。我国自1991年1月1日起也开始对出口企业的收汇进行跟踪核销。根据《出口收汇核销管理办法》的规定，我国的核销工作由国家外汇管理局在海关、银行等部门的配合下具体实施。办理出口收汇核销的基本程序如下：

1. 申领核销单

出口企业派人到当地外汇管理部门申领有顺序编号的出口收汇核销单。首次申领应提供本单位经营进出口业务的批准文件，出口企业应如实填写。

2. 报关审核

在出口报关时，海关将核对报关单和出口收汇核销单的内容是否一致，以及报关单上的核销单编号与所附的核销单是否一致，然后在核销单上盖"验讫"章。

3. 银行出具核销专用联

当货款汇至出口地外汇指定银行后，该银行向出口企业出具结汇水单时，将提供出口收汇核销专用联，上面载有核销单编号，供出口企业办理核销用。

4. 外汇管理部门核销

出口企业凭出口收汇核销专用联的结汇水单及其他规定的单据，到国家外汇管理局办理核销手续。国家外汇管理局按规定办理核销后，将在核销单上加盖"已核销"章，并将其中的出口退税专用联退还出口企业。出口收汇核销单如图14-4所示。

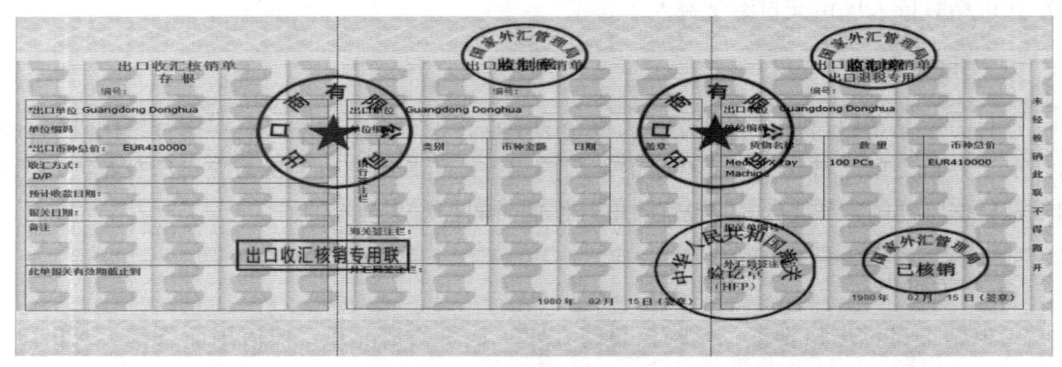

图 14-4　出口收汇核销单

资料来源：HEP-Trade，国际贸易实务与结算实训系统（http://120.25.210.88:8088/vouching2/login.jsp）。

14.4.4　出口退税

出口退税是国家为了降低出口产品成本、增强出口竞争力、鼓励出口而制定的一项政策措施。也就是说，在国际贸易业务中，对我国报关出口的货物退还或免征在国内各环节和流转环节按税法规定缴纳的增值税和消费税，对出口货物实行零税率。

对有进出口经营权的生产企业自营或委托外贸企业代理出口货物，实行"免、抵、退"税的办法。实行"免、抵、退"税办法的"免"税，是指对生产企业自营或委托外贸企业代理出口的自产货物，免征本企业生产销售环节增值税；"抵"税，是指生产企业出口自产货物所耗用的原材料、零部件、燃料、动力等所含应予退还的进项税额，抵顶内销货物的应纳税额;"退"税,是指生产企业出口的自产货物在当月内应抵顶的进项税额大于应纳税额时,经主管退税的税务机关批准,对未抵顶完的部分予以退税。

| 案例 14-1 |

某一有进出口经营权的生产企业,2018年3月国际销售额为600万元,外销货物销售额为40万美元(FOB),美元记账汇率为6.60。货物增值税征收税率为17%,退税率为13%,上期免抵退后的留抵税额为3万元,来料加工复出口免税进口材料价格为10万元,若进项税额为80万元,计算该企业当月应纳税额及免抵退税额。

解:第一步,计算当月应纳税额。
1)当期内销货物的销项税为600×17%=102(万元)。
2)当期进项税额为80万元。
3)当期出口免抵退税额不得免征和抵扣税额为10.16 [40×6.60×(17%–13%)–10×(17%–13%)]万元。
4)当期免抵退后的留抵税额为3万元。
5)当月应纳税额为29.16 [102–(80+3–10.16)]万元。
第二步,计算当月免抵退税额。
当月免抵退税额为33.02(40×6.60×13%–10×13%)万元。
由于自产货物在当月内应抵顶的进项税额小于应纳税额,因此当期应退税额为0。

我国政府为了加强对出口退税的管理,采取了出口退税与出口收汇核销挂钩的办法。办理出口退税的基本程序如下:

1. 申请

从2005年起,在出口单位办理出口退税手续时,填写出口产品退税申请表,向国家税务机构提交增值税专用发票、出口货物报关单退税联、出口收汇核销单等凭证,送当地工商行政管理部门稽查签章,然后报所在地主管出口退税业务的税务机关。

2. 上报

由企业所在地主管出口退税业务的税务机关(国税局)进行审核,符合条件和要求的,按照税收退税审批权限,逐级上报上级税务机关。

3. 批复

企业所在地主管出口退税业务的税务机关接到上级税务机关批准的退税通知后,签发税收收入退还书给出口退税的企业,并把退税款划到企业银行账户。

14.4.5 结汇、核销和退税的审核工作要点

1. 对结汇单证的审核

认真检查单证制作是否有错误,出口单证制作时要求单单相符、单证相符。如果与信用证的规定不一致,要立即改正。

2. 对核销的审核

主要检查出口收汇核销单、报关单内容与实际业务是否一致,出口收汇核销单与出口退税专用联上注明的出口发票号是否一致,出口货物报关单、出口收汇水单和出口发票所涉内容与信用证内容是否一致。

3. 对退税的审核

主要核对由商品供应方提供的增值税发票抵扣联和专用缴款书内容是否准确,印章是否齐全。同时,对申报出口的退税和凭证(包括出口发票、海关报关及出口核销单)进行核对。

14.5 出口结汇的主要单据

对于结汇单据,要求做到正确、完整、及时、简明、整洁。

14.5.1 汇票

汇票一般是各种结汇方式中都使用的主要单据之一,其填制方法和内容是否正确无误,对出口商安全收汇很重要。出口商开具汇票时,首先要明确如下事项。

1. 付款人

采用信用证支付方式时,汇票的付款人应按信用证的规定填写,如来证没有具体规定付款人名称,一般可理解为付款人是开证行。如果采取的是托收方式,一般汇票的付款人是进口商。

2. 受款人

除个别情况另有规定外,无论是信用证付款方式,还是其他付款方式,如托收,汇票的受款人一般做成凭指示抬头(pay to order),由收款银行指示将该货款打入出口公司的银行账号。

3. 开具汇票的依据

开具汇票的依据,作为出票条款的内容,一般指的是开具汇票的具体原因。如属于信用证方式付款的凭证之一,应按照来证的规定文句填写。如信用证内没有规定具体文句,可在汇票上注明开证行名称、地点、信用证号码及开证日期。如属于托收方式下付款的凭证之

一，则应在汇票上注明有关合同号码等。

汇票一般开具一式两份，两份具有同等效力，其中一份付讫，另一份自动失效。汇票如图 14-5 所示。

```
                         BILL OF EXCHANGE
  号 码                    信用证号                        日 期
  No. _____              L/C No. _____                 Dated _____
                                按息                                   付款
   Exchange for  EUR410000  Payable with interest @ _____ % per annum
        在                              日            凭此汇票
   At ***                                         sight of this exchange
   pay to the order of  Zhongshan Development Bank _____
   金     额
   the sum of _____ value received
   凭
   Drawn under _____
   此致
   To  Williams Hospital, London
                                                     年       月       日
```

图 14-5 汇票

资料来源：HEP-Trade，国际贸易实务与结算实训系统（http://120.25.210.88:8088/vouching2/login.jsp）。

14.5.2 发票

发票（invoice）分为商业发票（commercial invoice）（见图 14-6）、海关发票（customs invoice）、形式发票（performa invoice）、领事发票（consular invoice）和厂商发票（manufacturer's invoice）等多种。缮制商业发票应注意以下几个问题。

（1）对收货人的填写。除少数信用证另有规定外，一般均应填写来证的开证申请人或进口人。

（2）对货物的名称、规格、数量、单价、包装等项内容的填制，凡属信用证方式，必须与来证所列各项要求完全相符，不能有任何遗漏或改动。如来证内没有规定详细品质或规格，必要时可按合同加注一些说明，但不能与来证的内容有抵触，以防国外银行挑剔而遭到拖延或拒付货款。

（3）如客户要求或信用证规定在发票内加列船名、原产地、生产企业的名称、进口许可证号码等，均可一一照办。

（4）来证和合同规定的单价含有"佣金"（commission）的情况，在发票处理上应照样填写，不能以"折扣"字样代替。如来证和合同规定有"现金折扣"（cash discount）的字样，在发票上也应全名照列，不能只写"折扣"或"贸易折扣"（trade discount）等字样。

（5）如属信用证方式付款，发票的总值不得超过信用证规定的最高金额。按照银行惯例的解释，开证行可以拒绝接受超过信用证金额的商业发票。

*ISSUER				
Guangdong Donghua Medical Equipment Co.,LTD				
*TO				
Williams Hospital, London				

商业发票 COMMERCIAL INVOICE

Transport details	NO. contract02	DATE
FROM Guangzhou TO Le Havre	S/C NO. contract02	L/C NO.
	Terms of payment D/P	

Marks and number	*Description of goods	*Unit	*Quantity	*Unit price	*Amount
N/M	Medical X-ray Machine	PCs	100	EUR4100	EUR410000
			Total		

Say Total

[签章]

图 14-6 商业发票

资料来源：HEP-Trade，国际贸易实务与结算实训系统（http://120.25.210.88:8088/vouching2/login.jsp）。

（6）如信用证内规定"选港费"（optional charges）、"港口拥挤费"（port congestion charges）或"超额保费"（additional premium）等费用由买方负担，并允许凭本信用证支取的条款，可在发票上将各项有关费用加在总值内，一并向开证行收款。但是如信用证内未做上述注明，即使合同中有此约定，也不能凭信用证支取。除非国外客户同意并经银行通知在信用证内加列上述条款，否则，上述增加的费用应另制单据通过银行托收解决。

（7）由于各国法令或习惯不同，有的来证要求在发票上加注"证明所列内容真实无误"[或称"证实发票"（certified invoice）]、"货款已经收讫"[或称"收妥发票"（receipt invoice）]，或加注有关出口企业国籍、原产地等证明文句，出口商应在不违背我国方针、政策和法令的情况下，酌情办理。出具"证实发票"时，应将发票的下端通常印有的"有错当查"（E. & O. E.）字样删去。

14.5.3 提单

缮制海运提单（以下简称"提单"）应注意以下几个问题。

（1）提单（bill of lading）的种类。提单的种类很多，应按国外来证所要求的类别提供。

（2）提单的收货人（consignee）。提单的收货人习惯上称为抬头人。在信用证或托收支付方式下，绝大多数的提单都做成"凭指定"（to order）抬头或者"凭发货人指定"（to order of shipper）抬头，这种提单必须经发货人背书才可流通转让；也有的要求做成"凭××银行指定"（to order of ×× bank）抬头，一般规定凭开证行指定。

（3）提单的货物名称。提单上有关货物名称可以用概括性的商品统称，不必列出详细规格，但应注意不能与来证所规定的货物特征相抵触。

（4）提单的运费项目。如 CIF 或 CFR 条件，在提单上应注明"运费已付"（freight prepaid）；如成交价格为 FOB 条件，在提单上则注明"运费到付"（freight to collect）。除信用证内另有规定外，提单上不必列出运费的具体金额。

（5）提单上的目的港和件数。提单上的目的港和件数，原则上应和运输标志上所列的内容相一致。对于包装货物，在装船过程中如发生漏装少量件数，可在提单上运输标志件号前面加"EX"字样，以表示其中有缺件，例如"EX Nos.1—100"。

（6）提单的签发份数。根据《跟单信用证统一惯例》规定，银行接受全套正本仅有一份的正本提单，或具有一份以上的正本提单。如提单正本有几份，每份正本提单的效力是相同的，但是只要其中一份凭以提货，其他各份立即失效。因此，合同或信用证中规定要求出口商提供"全套提单"（full set or complete set, B/L），就是指承运人在签发的提单上所注明的全部正本份数。

（7）提单的签署人。如信用证要求港到港的海运提单，银行将接受由承运人或作为承运人的具名代理或代表，或船长或作为船长的具名代理或代表签署的提单。

（8）有关装运的其他条款。买方有时限于本国法令，或为了使货物迅速到达或其他原因，在来证中加列其他装运条款，并要求出口商照办。如要求出口商提供航线证明、船籍证明、船龄证明，或者指定装运船名、指定转运港、指定用集装箱货轮等。对上述各项要求，应按照有关规定，并结合运输条件适当掌握。如属不合理的或者卖方难以办到的运输条款，必须向买方提出修改信用证。

HEP-Trade 中的 DACHSER 提单，请扫描下方二维码查看。

二维码 14-2

HEP-Trade 中的 DACHSER 提单

14.5.4 保险单

缮制保险单应注意以下几个问题。

1）保险单的被保险人应是信用证上的受益人，并加空白背书，便于办理保险单转让。

2）保险险别和保险金额应与信用证规定一致。当单据上能够确定 CIF 和 CIP 的金额时，保险单必须表明投保最低金额。该项金额应为货物的 CIF 或 CIP 的金额加 10%，否则，银行接受的最低投保金额应为根据信用证要求而付款、承兑或议付金额的 110%，或发票金额的 110%，以两者之中较高者为准。保险单所标明的货币应与信用证规定的货币相符。

3）保险单的签发日期应当合理，在保险单上，除非标明保险责任最迟于货物装船或发运或接受监督之日起生效外，银行将拒受出单日期迟于装船或发运或接受监管时间的保险单。

14.5.5　产地证明书

产地证明书（certificate of origin），俗称产地证，是证明货物系在某地制造或生产的凭证。目前部分国家规定某些货物进口需提交产地证明书。

1. 产地证明书的作用

（1）享受优惠利率的凭证。一些国家的进口税率有官定税率与协定税率或优惠利率之分。协定税率较官定税率低，但其适用范围仅限于与进口国签订关税协定的国家所生产的产品，欲享受协定税率，即须提出产地证明书。

（2）防止货物来自敌对国家或地区。有些国家因政治、军事关系，禁止从某些国家或地区进口货物，或仅允许进口若干特定货物。在这种情况下，进口国海关通常要求出口商提交产地证明书，以证明货物的来源。

（3）防止外货倾销。进口国为防止外国产品的倾销，除实施进口配额制外，通常规定提交产地证明书，作为进口管制的参考。

（4）用于海关统计。进口国为了解货物从哪些国家进口，往往会要求提交产地证明书，作为海关统计的参考。

2. 产地证明书的签发与种类

产地证明书的签发人通常有以下几种。
- 进口国派驻出口国的领事签发
- 商会签发
- 由同业公会签发
- 由出口商自行签发
- 由出口国政府机构签发

当信用证未明确规定由何人签发时，银行会就受益人所提交的单据照单接受，而不论其由何人签发。

3. 我国不同签发机构签发的产地证明书

（1）中国国际贸易促进委员会产地证（certificate issued by C.C.P.I.T.）。

（2）中国出入境检验检疫机构（CIQ）签发的普惠制产地证（generalized system of preference certificate of origin，G.S.P.），用于对普遍给惠国家（给我国以普惠制关税优惠待遇的国家）出口，作为进口国海关减免关税的依据，其书面格式通常称为"格式A"（form A）。普惠制产地证要向各地商检局申请，由出口商缮制后，送交商检局盖章。一套格式A含一份正本、两份副本。

（3）面向欧盟市场的产地证，专门用于有配额的产品（主要是纺织品产地证、手工制纺织品产地证），由地方经贸厅（委、局）签发。

（4）对美国出口一般使用原产地申明书，可由出口单位出具。此申明书有以下三种格式。

1）单一国家声明书（single country declaration），声明商品的原产地只有一个国家。

2）多国家产地声明书（multiple country declaration），声明商品的原材料是由几个国家生产的。

3）非多种纤维纺织品的声明书，适用于主要价值或主要重量属于麻或丝的原料或所含羊毛量不超过17%的纺织品。

4. 产地证明书的要式项目

（1）出口商（exporter），应为信用证的受益人。

（2）收货人（consignee），多数情况下是信用证的开证申请人，且应与B/L收货人一致。因此，若B/L收货人为to the order of issuing bank或to order时，产地证的收货人也应如此填写，否则便构成单单不符。

（3）运输方式和路线，应填写启运港、卸货港和运输方式。如需转运，应注明转运港，如W/T Hong Kong或Via Hong Kong。

（4）唛头和包装编号，应与信用证和发票一致，若内容过多，可另加附页，打上原证码，并由原证出具机构签章。

（5）货描，应与信用证和发票一致，也可以使用与其他单据一致的统称，但不得与信用证矛盾。若信用证有特殊规定，如注明信用证号，均可填在此栏。

（6）数量、重量以及发票日期和号码，需与发票等其他单据一致。

（7）产地证的签发日期，最好早于或等于装运日期。

一般原产地证书如图14-7所示。

二维码14-3
出口普惠制原产地证明

二维码14-4
出口一般原产地证明

二维码14-5
公司出具的澳大利亚原产地证明

二维码14-6
国家机构出具的澳大利亚原产地证明

 二维码 14-7 欧盟原产地证明

 二维码 14-8 中国东盟自贸区特惠原产地证书

图 14-7 一般原产地证书

资料来源：HEP-Trade，国际贸易实务与结算实训系统（http://120.25.210.88:8088/vouching2/login.jsp）。

14.5.6 关于检验证书

检验证书是商检机构对进出口商品进行检验、鉴定后签发的书面证明文件。检验证书对贸易有关各方履行契约义务、处理索赔争议和仲裁、诉讼举证具有法律效力，也是海关验放、征收关税和优惠减免关税的必要证明。

1. 类型

（1）品质检验证书。品质检验证书是出口商品交货结汇和进口商品结算索赔的有效凭证。法定检验商品的证书是进出口商品报关、输出输入的合法凭证。商检机构签发的放行单和在报关单上加盖的放行章有与商检证书同等的通关效力，签发的检验情况通知单同为商检证书性质。

（2）数量或重量检验证书。数量或重量检验证书（见图14-8、图14-9）是出口商品交货结汇、签发提单和进口商品结算索赔的有效凭证。出口商品的重量检验证书也是国外报关征税和计算运费、装卸费用的证件。

 中华人民共和国上海出入境检验检疫局
SHANGHAI ENTRY-EXIT INSPECTION AND QUARANTINE BUREAU
OF THE PEOPLE'S REPUBLIC OF CHINA

地址：上海市中山东一路13号　　　　　　　　　　No.
Addrass:13,Zhongshan Road
　　(E.1), Shanghai

数 量 检 验 证 书
QUANTITY INSPECTION CERTIFICATE
　　　　　　　　　　　　　　　　日期：
　　　　　　　　　　　　　　　　Date:

电话：
Tel: 8621-32155296

发 货 人：
Consignor:
收 货 人：
Consignee:
品 　 名：
Commodity:
报验数量/重量：
Quantity/Weight Declared:
包装种类及数量：
Number and Type of Packages:
运输工具：
Means of Conveyance:
检验结果：
Results of Inspection:

我们已尽所知和最大能力实施上述检验，不能因我们签发本证书而免除卖方或其他方面根据合同和法律所承担的产品数量责任和其他责任。
ALL INSPECTIONS ARE CARRIED OUT CONSCIENTIOUSLY TO THE BEST OF OUR KNOWLEDGE AND ABILITY. THIS CERTIFICATE DOES NOT IN ANY RESPECT ABSOLVE THE SELLER AND OTHER RELATED PARTIES FROM HIS CONTRACTUAL AND LEGAL OBLIGATIONS ESPECIALLY WHEN PRODUCT QUANTITY IS CONCERNED.

图14-8　数量检验证书

资料来源：HEP-Trade, 国际贸易实务与结算实训系统（http://120.25.210.88:8088/vouching2/login.jsp）。

（3）兽医检验证书。兽医检验证书是证明出口动物产品或食品经过检疫合格的证件，适用于冻畜肉、冻禽、禽畜罐头、冻兔、皮张、毛类、绒类、猪鬃、肠衣等出口商品，是对外交货、银行结汇和进口国通关输入的重要证件。

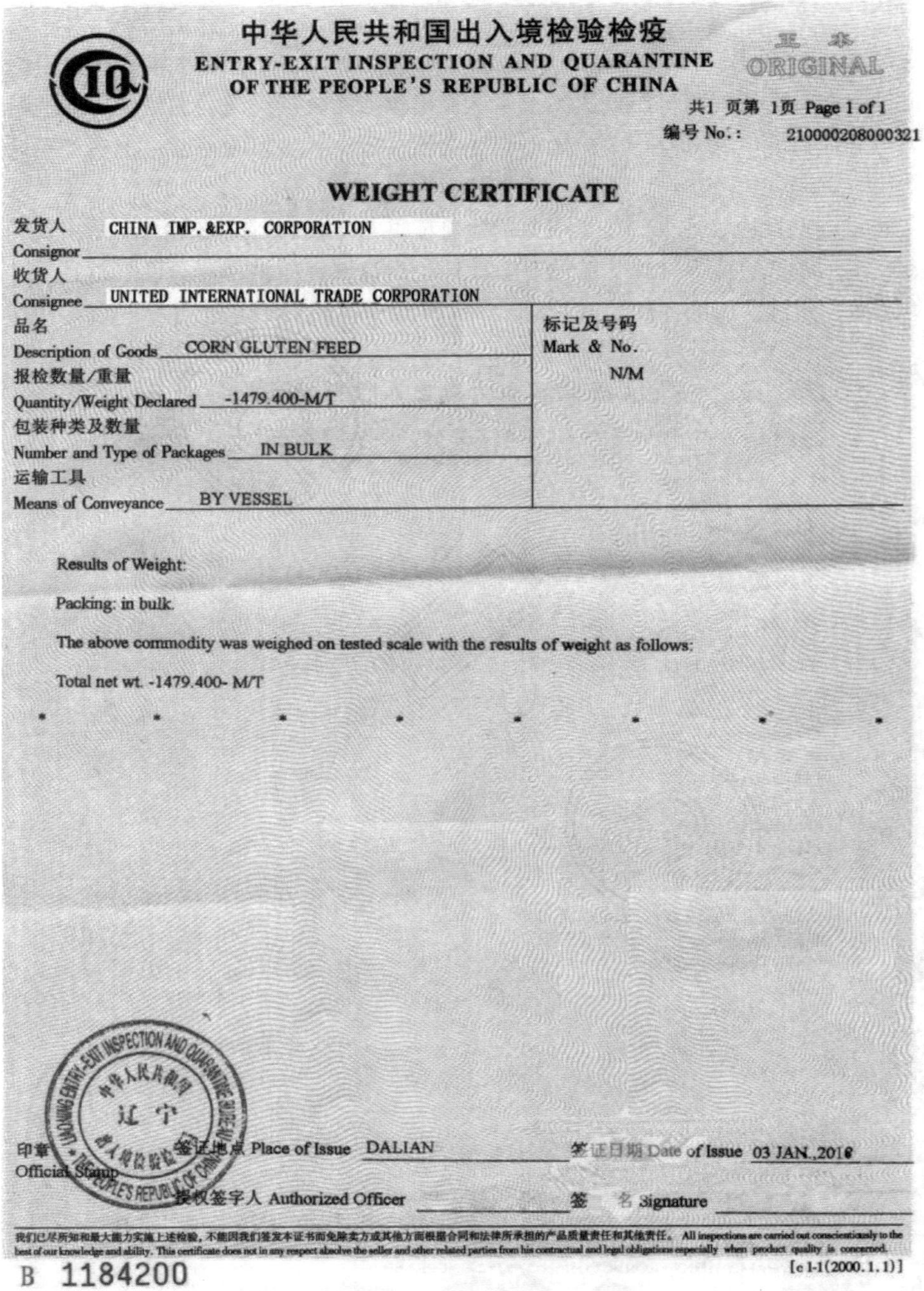

图 14-9　重量检验证书

资料来源：HEP-Trade，国际贸易实务与结算实训系统（http://120.25.210.88:8088/vouching2/login.jsp）。

（4）卫生健康证书。卫生健康证书是证明可供人类食用的出口动物产品、食品等经过卫生检验或检疫合格的证件，适用于肠衣、罐头、冻鱼、冻虾、食品、蛋品、乳制品、蜂蜜等出口商品，是对外交货、银行结汇和通关验放的有效证件。

（5）消毒检验证书。消毒检验证书是证明出口动物产品经过消毒处理，保证安全卫生的证件。它适用于猪鬃、马尾、皮张、山羊毛、羽毛、人发等商品，是对外交货、银行结汇和国外通关验放的有效凭证。

（6）产地证明书。产地证明书是出口商品在进口国通关输入和享受减免关税优惠待遇和证明商品产地的凭证。

（7）残损检验证书。残损检验证书是证明进口商品残损情况的证件，适用于进口商品发生残、短、渍、毁等情况，可作为受货人向发货人或承运人或保险人等有关责任方索赔的有效证件。

（8）价值证明书。价值证明书是进口国管理外汇和征收关税的凭证。在发票上签盖商检机构的价值证明章与价值证明书具有同等效力。

（9）船舱检验证书。船舱检验证书证明承运出口商品的船舱清洁、密固、冷藏效能及其他技术条件是否符合保护承载商品的质量和数量完整与安全的要求，可作为货物交接和处理货损事故的依据。

除上述各种检验证书外，还有证明其他检验、鉴定工作的检验证书，如生丝品级及公量检验证书、熏蒸证书、货载衡量检验证书等。

二维码 14-9 中国包装检验证书

二维码 14-10 中国健康证书

二维码 14-11 中国绢丝品质检验证书

二维码 14-12 中国生丝品级及公量证书

二维码 14-13 中国兽医（卫生）证书

二维码 14-14 中国熏蒸、消毒证书

二维码 14-15 中国船舱检验证书

2．检验证书的作用

检验证书具有以下作用。

（1）作为议付货款的单据之一。

（2）作为证明交货的品质、重量、包装等是否符合规定的依据。

（3）作为对品质、重量、数量、包装等提出异议、拒收、理赔、解决争议的凭证。

（4）作为海关验关放行的凭证。

（5）作为进口国实行关税差别待遇的依据。

（6）从进口商的角度，使用检验证书可以防止出口商装运不符合标准品质或合同规格的货物，或符合进口国海关的规定。

3. 签发机构

检疫证书大多由以下机构签发。

- 政府机构
- 进口商的指定代理人
- 制造厂商或行业公会
- 公证处（行、公司）

由制造厂商签发的检疫证书称为 Manufacturer's Inspection Certificate，有一定规模的厂商均有完善的检验设备及技术，出厂的货物均经过严格检验，以保证品质符合标准，其所出具的检疫证也多为进口商所接受。由公证行（公司）签发的检验证称为 Independent Inspection Certificate（独立检验证明书），此类证书无固定格式，视货物性质而定，国内少见。

4. 检验证书的内容

关于检验证书的内容，需要注意以下几点。

（1）检验证书的货物描述可以使用统称，但不得与信用证中对货物的描述有抵触，通常的做法是仅仅照抄信用证或发票中货物的总称或概称，而省略关于规格、类别、成分、颜色等方面的详细描述。

（2）与产地证书 Exporter 一栏对应的是检验证 Shipper/Consigner 一栏。当受益人不是实际交货人，受益人以外的第三方是实际交货人时，该栏应填写 B/L 的 Shipper/Consigner，以保证单单一致。

（3）检验证书的签发日期应早于或等于运输单据签发日期。由进口商指定代理人签发检验证通常是带有特别条款信用证的表现形式之一，除非出口方对进口方十分熟悉、商业往来密切，否则不宜接受含有此类条款的信用证。

案例 14-2

单据与信用证不符，造成开证行拒付案

案情：美国某商人按 CFR 纽约条件凭信用证付款方式向意大利某商人购买了一批智利产的金鱼粉，买方通过美国银行开出一张不可撤销的信用证，其中规定：在议付单据中，提单必须是空白抬头并注明运费已付，品质证书必须证明含蛋白质不低于70%。但议付时，受益人却提供不可转让的提单，且无"运费已付"字样，品质证书仅注明蛋白质为67%，发票的商品名称是鱼粉，而不是金鱼粉。由于单证不符，开证行拒付。后受益人又补交了符合信

用证要求的单据,并遭到开证行再次拒受单据和拒付货款。

分析:信用证项下的交易,单据十分重要。卖方凭单据议付和买方付款赎单,都离不开单据。单据与付款是对流的,银行处理信用证业务,实际上是从事单据的买卖,所以银行议付时必须贯彻单据与信用证"严格相符"的原则。如发现受益人提交的单据表面上与信用证规定不相符,银行即有权拒受单据和拒付货款。本案中,受益人第二次补交的单据虽符合信用证要求,但交单时信用证有效期已过,按《跟单信用证统一惯例》规定,开证行再次拒受单据和拒付货款,也是有理有据的。

本章小结

本章主要阐述了出口合同的履行程序,即准备货物、落实信用证、租船订舱、制单结汇等,并对履行出口合同的重点和难点做了详细的介绍。

备货是出口企业根据合同或信用证规定,按时、按质、按量准备好应交的货物,并做好申请报验和领证工作。

审证、改证是卖方履行合同的重要步骤,直接涉及交易能否顺利完成。审证首先要从政策、银行资信和付款责任以及信用证性质等方面进行审查,再从商品品质、规格、数量、包装、单据、特殊条款等方面审查。发现问题,一次向客户提出改正,不要多次提出,否则增加双方的手续和费用。对修改内容只能全部接受或拒绝,部分接受当属无效。

租船装运是卖方履行合同的根本,涉及几个部门的配合衔接,协调不好,会影响货物按时装运。

结汇是交易的最后一环,它要求业务员认真、仔细,具有高度的责任感。

核销与出口退税是保证出口企业取得预期经济效益的关键,它要求企业与海关、外管局、税务局、银行等部门衔接,共同把这项工作做好。

思考题

一、简答题

1. 简述履行 CIF 条件下,以信用证方式支付货款的出口合同的基本环节及其主要内容。
2. 出口公司审核信用证的重点包括哪些内容?
3. 简述引起修改信用证的原因及修改的程序。
4. 简述议付信用证方式下我国出口结汇的主要做法。

二、案例讨论题

我国某进出口公司与日商在某年 11 月按 CIF 条件签订了一份出口 10 万元棉布的合同,支付方式为不可撤销即期信用证,日商于次年 3 月上旬通过银行开来信用证,经审核与合同相符,其中保险金额为发票金额加一成。我方正在备货期间,日商通过开证行送来一份信用证修改书,内容为将保险金额改为按发票金额加三成。我方按原证规定投保、发货并于货物装运后在信用证有效期内向议付行提交全套装运单据。议付行议付后将全套单据寄给开证行,开证行以保险单与信用证修改书不符为由拒付。

试讨论:开证行拒付的理由对否,为什么?

第 15 章
CHAPTER 15

进口合同的履行

§ **教学目的**
- 了解进口合同履行的一般程序
- 掌握国际贸易进口合同履行过程中的基本环节和注意事项

§ **关键术语**

进口押汇　　　逐笔投保　　　预约投保　　　议付

15.1　申领进口许可证

15.1.1　申请

由进口单位或需要进口产品单位向发放许可证机关提出申请,申请的内容包括进口商品名称、规格、数量、单价、总值、进口国别或地区、贸易方式、报关口岸等项目。同时,还要附有关的证件和资料,如主管部门的批准文件或进口合同等。

进口许可证申请表如图 15-1 所示。

15.1.2　审核、填表

发证机关收到上述申请和有关证件、材料后进行审核。如果审核通过,则由申请人按照规定的要求填写"中华人民共和国进口许可证申请表",并在表上加盖申请单位公章。

进口许可证申请表

1. 进口商: Standard Import	3. 进口许可证号: importxh2
2. 收货人: Standard Import	4. 进口许可证有效截止日期: 2011-11-06
5. 贸易方式: 一般贸易	8. 出口国（地区）: China
6. 合同号: Contract No. xh2	9. 付款方式: Payment L/C
7. 报关口岸: San Francisco	10. 运输方式: Port-to-Port Shipment
11. 商品名称: Canned Beef	商品编码: 1602501090

12. 规格、等级	13. 单位	14. 数量	15. 单价	16. 总值
	Cans	12000	USD 3.5	USD42000
17. 总计				

18. 备注	19. 签证机构审批（初审）
申请单位盖章 申领日期: 2011-08-06	经办人: 终审:

填表说明: 1. 本表应用正楷逐项填写清楚，不得涂改、遗漏，否则无效。
2. 本表内容需打印多份许可证的，请在备注栏内注明。
3. 本表填写一式两份。

图 15-1 进口许可证申请表

资料来源：HEP-Trade，国际贸易实务与结算实训系统（http://120.25.210.88:8088/vouching2/login.jsp）。

15.1.3 发证

发证机关收到申请表后，经审核无误，在确定订购市场和交易对象 3 个工作日内签发"中华人民共和国进口许可证"。进口许可证一般是一式四联，将第一、第二联交给申请人，凭此向海关办理进口报关手续和向银行办理付汇手续。如果进口单位在办理进口过程中情况发生变化，需要对进口许可证的内容做一些变更，必须在许可证有效期内到原发证机关办理换证手续。发证机关根据实际情况给予换证，并收回原许可证。

进口许可证如图 15-2 所示。

进口商: Importer	Standard Import	进口许可证号: Import licence No.	importxh2
收货人: Consignee	Standard Import	进口许可证有效截止日期: Import licence expiry date	2011年11月6日
贸易方式: Forms of trade	一般贸易	出口国(地区): Country/Region of purchase	China
合同号: Contract No.	xh2	付款方式: Payment	L/C
报关口岸: Place of clearance	San Francisco	商品用途: Use of goods	
商品名称: Description of goods	Canned Beef	商品编码: Code of goods	1602501090

规格、等级 Specification	单位 Unit	数量 Quantity	单价 Unit price	总值 Amount
	Cans	12000	USD3.5	USD42000
总计 Total		12000		USD42000

备注: Supplementary details

发证机关签章: Issuing authority's stamp （商务部进口许可证专用章）

发证日期: Licence date 2011年08月06日

图 15-2 进口许可证

资料来源：HEP-Trade，国际贸易实务与结算实训系统（http://120.25.210.88:8088/vouching2/login.jsp）。

15.2 开立信用证

15.2.1 申请开立信用证

进口合同签订后，进口企业应在合同规定的期限内向银行申请开立信用证。银行开立信用证后，经出口方审核，如果出口企业发现内容与合同不符，或不满意进出口双方的要求和规定，出口方要向银行提出修改信用证。

申请开立信用证的一般程序如下所示。

1. 提交开证申请书

开证申请人根据合同和自己的要求，在开证申请书中选择适当的项目，或填写特殊的要求。开证申请书如图 15-3 所示。

IRREVOCABLE DOCUMENTARY CREDIT APPLICATIION

To: Multiple International Bank	Date:
Beneficiary: Yuanyang Export Co., Ltd.	L/C No. xh2
	Contract No. xh2
	*Date of expiry of the credit: 2011-09-06
	*Place of expiry of the credit: China

Partial shipments　allowed　not allowed　　Transhipment　allowed　not allowed

*Loading on board/dispatch/taking in charge at/from: Dalian
*not later than: 2011-08-06
*For transportation to: San Francisco

*Description of goods: Canned Beef
*Quantity: 12000Cans
*No.&Kind of Packages: 600Cartons

☐ Issue by airmail
☐ With brief advice by teletransmission
☐ Issue by express delivery
☑ Issue by teletransmission (which shall be the operative instrument)

*Credit available with: Yuandong Export Bank
　⦿ by sight payment at *** sight
　◯ by acceptance at ___ days after the date of our acceptance
　　by negotiation
　　by deferred payment at___ from___
Against the documents detailed herein:
And beneficiary's draft for 100 % of the invoice value drawn on
Multiple International Bank

*Amount(both in figures and words): USD42000　　*Price Item: FOB

*Document required:(marked with √)
☑ 1. Signed Commercial Invoice in original (s) and copy(ies) indicating this L/C No. and Contract No.
☑ 2. Signed Packing List in copy(ies) indicating quantity/gross and net weights.
☑ 3. Full set of clean on board Ocean Bill(s) of Lading marked "☐ Freight Prepaid ☑ Freight Collect" made out to the order of Standard Import and blank endorsed, notifying "Standard Import"
☐ 4. Clean Air Waybills showing "☐ Freight Prepaid ☐ Freight Collect" and consigned
☐ 5. Rail Waybills showing "Freight Prepaid" and consigned to___
☐ 6. Insurance Policy/Certificate blank endorsed for % of the invoice value, showing claims payable at destination in currency of the draft, covering All Risks
☐ 7. Certificate of Origin in copy(ies) issued by___
☐ 8. Generalized System of Preferences Certificate of Origin (Form A) in ___ copies issued by___
☐ 9. Certificate of Weight in ___ copies issued by ___
☐ 10. Certificate of Quantity in ___ copies issued by ___
☐ 11. Veterinary (Health) Certificate in ___ copies issued by ___
☐ 12. Health Certificate in ___ copies issued by ___

图 15-3　开证申请书

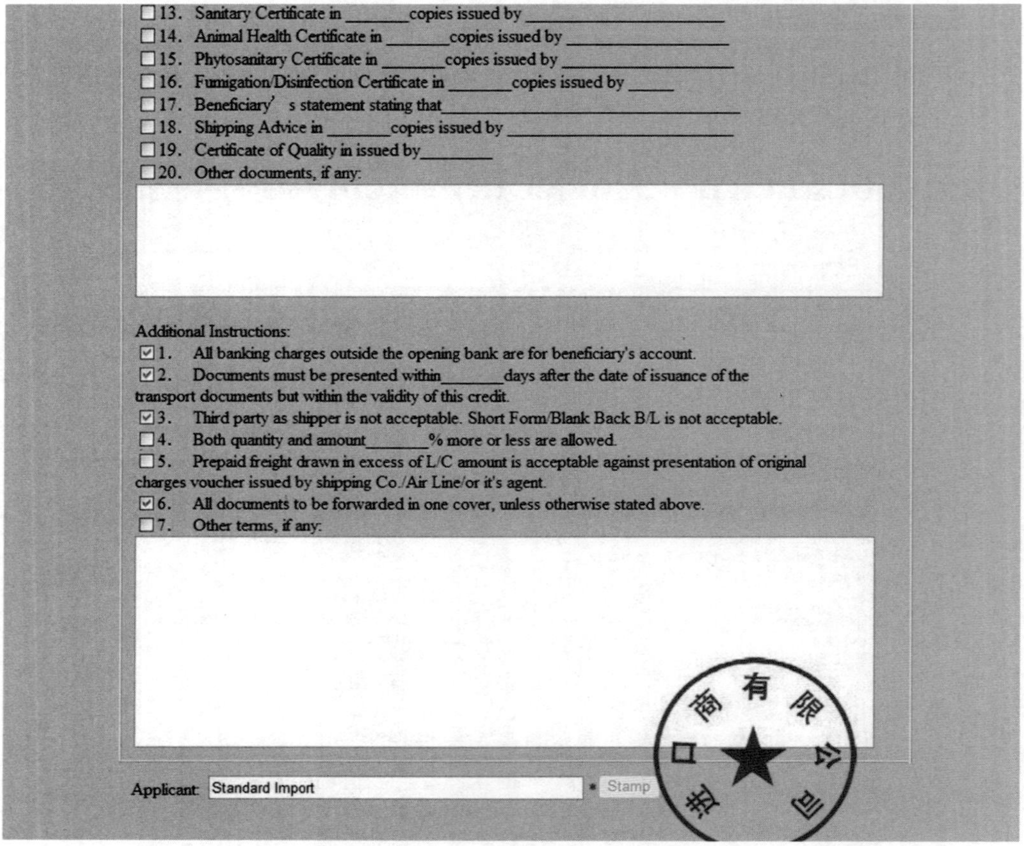

图 15-3 （续）

资料来源：HEP-Trade，国际贸易实务与结算实训系统（http://120.25.210.88:8088/vouching2/login.jsp）。

2. 提交有关的文件和证明

主要提交有关部门的审批文件、进口配额或进口许可证、合同等。

3. 审核与开证

开证行对开证申请书的内容和有关资料进行审核，并对开证人资信进行审核。开证行若审核所有资料无误，则可予以安排开证。

4. 进口企业缴纳开证保证金

一般而言，如果开证申请人在开证行批准的授信额度内申请开证，则不需要缴纳开证保证金；如果开证申请人在开证行没有授信额度或开证金额超过授信额度，则开证行将要求进口企业先缴纳一部分开证保证金，或以自身及第三方资产作为抵押担保。

15.2.2 修改信用证

信用证开出后，如果发现内容与开证申请书不符或其他原因，需要对信用证进行修改，原开证申请人要向开证行提交修改申请书。开证行经审查后，若同意修改，则根据要求修改，并通知相关单位。

UCP600 第 10 条 c 款规定，在受益人向通知修改的银行表示接受该修改内容之前，原信用证（或包含先前已被接受修改的信用证）的条款和条件对受益人仍然有效。受益人应发出接受或拒绝接受修改的通知。如果受益人未提供上述通知，当交单与信用证以及尚未表示接受的修改的要求一致时，则该事实即视为受益人已做出接受修改的通知，并从此时起，该信用证已被修改。

UCP600 第 10 条 e 款规定，对同一修改的内容不允许部分接受，部分接受将被视为拒绝修改的通知。

进口信用证修改申请书如图 15-4 所示。

中国银行
BANK OF CHINA

CABLE: CHUNGKUO
TELEX: 3062 BOCSHE CN
SWIFT: BKCHCMBJ300

Letter of Credit Amendment Applicant

FAX: 63232071

Date: ______

Ref. No. ______

Principal: (Full name, Company ID and Email address)	**Beneficiary:** (Full name, Company ID and Email address)
Advising bank:	L/C NO.: Contract No.: Date of the LC issuing:
Amend	**to read**

Account No.: ______（name of bank）

Transacted by:

Telephone No.:

Email:

(Applicant: name, signature of authorized person)

图 15-4　进口信用证修改申请书

资料来源：国际商务单证教学系统（http://39.103.163.25/login.html）。

15.3 运输与投保

按 FOB 贸易术语成交的进口合同，货物采用海运的方式进行运输，应由进口方负责办理租船订舱工作，并办理投保工作。

15.3.1 运输

履行 FOB 交货条件下的进口合同，应由买方负责派船到对方口岸接运货物。卖方在交货前一定时间内，应将预计装运日期通知买方。买方接到上述通知后，应及时向货运代理公司办理租船订舱手续。在办妥租船订舱手续后，应按规定的期限将船名、船期及时通知对方，以便对方备货装船。同时，为了防止船货脱节和出现船等货物的情况，注意催促卖方按时装运。对数量大或重要物资的进口，如有必要，买方亦可请驻外机构就地督促外商履约，或派人员前往出口地点检验监督。

国外装船后，卖方应及时向买方发出装船通知，以便买方及时办理保险和做好接货等项工作。

15.3.2 投保

货物装船后，出口方应及时向进口方发出装船通知，以便进口方及时办理保险和接货等工作。我国对进口货物运输投保一般采取逐笔投保和预约投保两种形式。

1. 逐笔投保

逐笔投保是指对各笔进口业务分别办理保险手续。进口企业在接到出口方的发货通知后，填写运输险投保单，保险公司在投保单上签署同意后，进口方向保险公司缴纳保险费，然后保险公司出具一份正式的保险单给进口方。进口次数少的企业一般采用这种逐笔投保的方式。

2. 预约投保

预约投保是进口商或收货人同保险公司签订预约保险合同，其中对各种货物应投保的险别做了具体规定，故投保手续比较简单。按照预约保险合同的规定，所有预约保险合同项下按 FOB 及 CFR 条件进口货物的保险，都由该保险公司承保。因此，对于每批进口货物，在收到国外装船通知后，即直接将装船通知寄到保险公司或填制国际运输预约保险启动通知书，将船名、提单号、开船日期、商品名称、数量、装运港、目的港等内容通知保险公司，即作为已办妥保险手续，保险公司则对该批货物负自动承保责任，一旦发生承保范围内的损失，由保险公司负责赔偿。

15.4 审单和付款

银行收到国外寄来的汇票及单据后，对照信用证的规定，核对单据的份数和内容。如内容无误,即由银行对国外付款。同时,进出口公司用人民币按照国家规定的有关外汇牌价向银行买汇赎单。进出口公司凭银行出具的"付款通知书"向用货部门进行结算。如审核国外单据发现单证不符时,应做出适当处理。处理办法很多,例如,停止对外付款,相符部分付款,不符部分拒付,货到检验合格后再付款,凭卖方或议付行出具担保付款,要求国外改正单据,在付款的同时提出保留索赔权等。

二维码 15-1

相关单据示例

15.5 提货、报关和纳税

进口报关是指进口货物的收货人或其代理人向海关交验有关单证,办理进口货物申报手续的法律行为。进口报关必须由海关准予注册登记的报关企业或有权经营进口业务的企业负责办理,报关员须经海关培训和考核认可。办理报关的程序如下。

15.5.1 换取提货单、提货

进口商付款赎单,并且收到货物已运达目的地/港的通知后,可凭借海运提单去外运公司换取提货单,办理提货。

提货单如图 15-5 所示。

15.5.2 填写进口货物报关单

为贯彻落实《深化党和国家机构改革方案》工作部署,海关总署对企业报关、报检资质进行了优化整合,自 2018 年 4 月 20 日起,企业在海关注册登记或者备案后将同时取得报关、报检资质,不再实行过去的报关、报检流程。

关检融合后的海关进口货物报关单如图 15-6 所示。

15.5.3 查验

海关接受申报后,对进口货物进行检查,以核对与进口货物报关单及其他单据文件上所列是否一致。查验应在海关规定的时间和场所进行,即在海关监管区域内的仓车、场地进行。查验时,进口方应派人到场并负责开拆包装。在特殊情况下,由报关人申请,经海关同意,也可由海关派员到进口方的仓库、场地查验。

提 货 单
〈DELIVERY ORDER〉

收货人 Standard Import			下列货物已办妥手续，运费结清准许交付收货人
船名： HANJIN YANTIAN_7	航次： PDL13	起运港： Dalian	唛头： N/M
提单号： xh2	交付条款： FOB	目的港： San Francisco	
一程船：	合同号： xh2		

集装箱号	货物名称	件数与包装	重量（kgs）	体积（m³）
	Canned Beef	600 Cartons	6 300.00	12.000

请核对放货

凡属法定检验检疫的进口商品，必须向有关监督机关申报

（COSCO SHIPYARD GROUP CO., LTD 提货专用章）

货主自付港口费用

报关员名章	签章（海关放行章）	签章（检验检疫专用章）	

图 15-5　提货单

资料来源：HEP-Trade，国际贸易实务与结算实训系统（http://120.25.210.88:8088/vouching2/login.jsp）。

15.5.4　纳税

进口方在收到海关的税款缴款书后，应当及时履行纳税义务。根据《中华人民共和国海关进出口货物征税管理办法》的规定，进口方应当自海关填发税款缴款书之日起 15 日内向指定银行缴纳税款。逾期缴纳税款的，由海关自缴款期限届满之日起至缴清税款之日止，按日加收滞纳税款万分之五的滞纳金。

进口关税的计算方法是：首先确定计算税额的价格，即完税价格；然后按进口货物适

应的进口税税率计算税额。我国计算进口关税是以货物到达我国口岸的 CIF 价格作为完税价格。

中华人民共和国海关进口货物报关单

预录入编号：		海关编号：		（新港海关）				页码/页数:1/1
境内收货人		进境关别		进口日期 20200102		申报日期	备案号	
境外发货人		运输方式 (3) 铁路运输		运输工具名称及航次号 5226554		提运单号 11100840	货物存放地点	
消费使用单位		监管方式 (0110) 一般贸易		征免性质 (101) 一般征税		许可证号	启运港	
合同协议号 0417190105204401		贸易国（地区）（JPN） 日本		启运国（地区）		经停港	入境口岸	
包装种类 (22) 纸制或纤维板制盒/箱		件数 5	毛重（千克） 2590	净重（千克） 2490	成交方式 (3) FOB	运费	保费	杂费
随附单证及编号								
标记唛码及备注								
项号	商品编号	商品名称及规格型号		数量及单位	单价/总价/币制	原产国（地区）	最终目的国（地区）	境内目的地	征免
	特殊关系确认：		价格影响确认：		支付特许权使用费确认：		自报自缴：否	
报关人员	报关人员证号		电话		兹申明对以上内容承担如实申报、依法纳税之法律责任 申报单位（签章）		海关批注及签章	
申报单位 中××××进出口公司								

图 15-6　海关进口货物报关单

二维码 15-2

进口委托报关协议书

15.5.5　放行

放行又称结关，是进口货物在办完海关申报、查验和纳税后，由海关在报关单和货运单据上签字和加盖"验讫"章，进口企业或其代理人持海关签字并盖有放行章的"提货单"提取进口货物。未经海关放行的货物，任何单位和个人都不得将货物提走。但是，对保税货物和加工贸易项下的进口货物，海关放行不等于结关，海关还要对货物进行后续监管，直到以后办完海关手续。

15.6 商品检验

1. 企业报关、报检资质合并范围

（1）将检验检疫自理报检企业备案与海关进出口货物收发货人备案，合并为海关进出口货物收发货人备案。企业备案后同时取得报关和报检资质。

（2）将检验检疫代理报检企业备案与海关报关企业（包括海关特殊监管区域双重身份企业）注册登记或者报关企业分支机构备案，合并为海关报关企业注册登记和报关企业分支机构备案。企业注册登记或者企业分支机构备案后，同时取得报关和报检资质。

（3）将检验检疫报检人员备案与海关报关人员备案，合并为报关人员备案。报关人员备案后同时取得报关和报检资质。

具体办理上述业务的现场（以下简称业务现场）相关信息由各直属海关对外进行公告。企业向海关办理其他注册登记或者备案业务的，暂时按照原有模式办理。

2. 新企业注册登记或者备案业务办理方式

（1）申报。企业在互联网上办理注册登记或者备案的，应当通过"中国国际贸易单一窗口"标准版（以下简称"单一窗口"，网址：http://www.singlewindow.cn）"企业资质"子系统填写相关信息，并向海关提交申请。

（2）审核。企业按照申请经营类别情况，向海关业务现场提交书面申请材料，海关在收取企业申请材料后进行审核。

（3）出证。自2018年4月20日起，海关向注册登记或者备案企业同时核发"中华人民共和国海关报关单位注册登记证书"和"出入境检验检疫报检企业备案表"，相关证书或者备案表加盖海关注册备案专用章。

3. 已办理注册登记或者备案企业处理方式

（1）已在海关和原检验检疫部门办理了报关和报检注册登记或者备案的企业无须再到海关办理相关手续，原报关和报检资质继续有效。

（2）只办理了报关或者报检注册登记或者备案的企业，海关将对现行报关和报检企业管理作业系统数据库及相关功能进行整合和修改，共享相关数据。自2018年6月1日起，企业可以通过"单一窗口"补录企业和报关人员注册登记或者备案相关信息。

1）只取得报关资质的企业或者只取得报检资质的代理报检企业，在补录信息后，将同时具有报关、报检资质。

2）只取得报检资质的自理报检企业，在补录信息后，不需要向海关提交商务部门的对外贸易经营者备案登记表（或者外商投资企业批准证书、外商投资企业设立备案回执、外商投资企业变更备案回执）复印件，才能同时具有报关、报检资质。

没有报关或者报检资质的企业，在2018年6月1日前需要办理报关或者报检业务的，

可以按照原有模式向海关申请办理注册登记或者备案手续。

关检融合后的海关出口货物报关单如图 15-7 所示。

中华人民共和国海关出口货物报关单

预录入编号：　　海关编号：　　（新港海关）　　页码/页数:1/1

境内发货人	出境关别	出口日期	申报日期	备案号
境外收货人	运输方式（3） 铁路运输	运输工具名称及航次号 5226554	提运单号 11100840	
生产销售单位	监管方式（0110） 一般贸易	征免性质（101） 一般征税	许可证号	
合同协议号	贸易国（地区）	运抵国（地区）（RUS） 俄罗斯联邦	指运港（RUS000） 俄罗斯	离境口岸

包装种类（23） 木制或竹藤等植物性材料制盒/箱	件数 5	毛重(千克) 2590	净重(千克) 2490	成交方式（3） FOB	运费	保费	杂费

随附单证及编号

标记唛码及备注
备注:N/M

项号	商品编号	商品名称及规格型号	数量及单位	单价/总价/币制	原产国(地区)	最终目的国(地区)	境内货源地	征免

特殊关系确认：　　价格影响确认：　　支付特许权使用费确认：　　自报自缴:否

报关人员　报关人员证号　电话　兹申明对以上内容承担如实申报、依法纳税之法律责任 申报单位（110152361011152450）中国××××进出口公司　申报单位（签章）	海关批注及签章

图 15-7　海关出口货物报关单

15.7　进口索赔

15.7.1　进口索赔的分类

进口索赔是指货物自出口方到进口方的过程中，由于人为、天灾或其他各种原因，使进口方收到的货物不符合合同规定或货物有其他损害，进口方依责任归属，向有关方面提出赔偿要求，以弥补其所受的损失。

索赔对象的确定有以下三种情形。

1. 由卖方赔偿

一般情况下，由于卖方原因所造成的货物损失，或所交货物不符合合同规定的，大致有下列几种情况：

- 货物的品质、规格等不符合合同规定

- 交货数量不足，重量短少
- 掺杂使假，以次充好，以旧顶新
- 包装不良或不符合合同要求造成货物残损
- 凭样品成交的商品，所交商品与样品不符
- 未按合同规定的交货期限交货或不交货

进口方应视出口方的违约情况和因违约造成损失的大小，提出要对方履行合同或采取补救措施，同时提出损害赔偿条件。

2. 承运人赔偿

有时索赔的起因在于承运人的疏忽或过失，有下列几种情况。
- 因短卸或误卸造成货物短少
- 托运货物在运输途中遗失
- 托运货物由于承运人配载不当、积载不良或装卸作业粗疏造成货物损毁
- 船舶不适合航行条件、设备不良造成所装货物损毁

发生上述情况时，进口方应毫不迟延地将损害事实书面通知承运人，让承运人了解货物灭失或残损、短缺的状况，以便确定其赔偿责任。

3. 保险公司赔偿

凡属于承运人的过失造成的货物残损、遗失，而承运人不予赔偿或赔偿金额不足以抵补损失的，只要属于保险公司承保范围之内的，当事人可向保险公司提出索赔。

15.7.2　进口索赔应注意的问题

1. 索赔依据

索赔时提交索赔清单和有关货运单据，如发票、提单（副本）、装箱单。向卖方索赔时，应提交商检机构出具的检验证书；向承运人索赔时，应提交理货报告和货差证明；向保险公司索赔时，除上述各项证明外，还应附加保险公司出具的检验报告。

2. 索赔期限

向卖方索赔应在合同规定的索赔期限之内提出，如商检工作确有困难可能需要较长时间的，可在合同规定的索赔有效期内向对方要求延长索赔期限，或在合同规定索赔有效期内向对方提出保留索赔权。按《联合国国际货物销售合同公约》规定，两年是在合同未明确索赔期限情况下最长的、不得超过的索赔期限。

3. 双方责任

买方在向有关责任方提出索赔时，应采取适当措施保持货物原状并妥善保管。按国际惯

例，如买方不能按实际收到货物的原状归还货物，就丧失宣告合同无效或要求卖方交付替代货物的权利；按保险公司规定，被保险人必须按保险公司的要求采取措施避免损失进一步扩大，否则不予理赔。

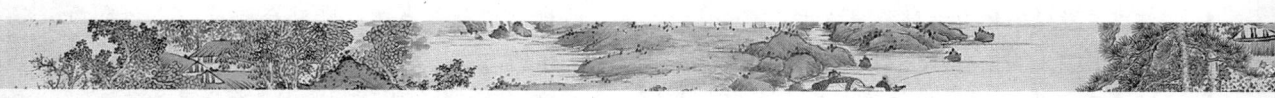

案例 15-1

进口商以低于议付行索汇的金额赎单争议案

案情：某年 10 月 8 日，A 公司以跟单即期信用证方式从中国香港进口原材料，金额为 125 000 美元。当年 12 月 5 日，开证行 I 银行收到议付行 N 银行寄来的全套单据，经审核发现单据有不符点。I 银行向 A 公司提示单据，询问其是否接受不符点。由于进口的原材料是 A 公司的生产必需品，因此 A 公司同意接受不符点，拟赎单提货。但是，A 公司又称受益人 B 公司尚欠其货款 52 000 美元，想从本次款项中扣除，欲以 73 000 美元赎单。开证行 I 银行认为，这种做法不符合国际惯例，要求 A 公司直接与 B 公司商量。

当年 12 月 8 日，开证行 I 银行以不符点为由，向议付行 N 银行发出拒付通知。12 月 10 日，A 公司称 B 公司已同意以 73 000 美元赎单，开证行 I 银行致电议付行 N 银行，要求其确认；12 月 12 日，N 银行确认；12 月 13 日，A 公司赎单，I 银行对外付款 73 000 美元。

分析：UCP600 第 2 条规定，议付是指定银行在相符交单下，在其应获偿付的银行工作当天或之前向受益人预付或者同意预付款项，从而购买汇票（其付款人为指定银行以外的其他银行）或单据的行为。本案例中，作为开证行应承担第一付款的责任，它对议付行提示的单据只有以下两种选择：

（1）如单证相符，则对外付款（UCP600 第 15 条）。

（2）如单据表面与信用证条款不符，可以拒付，并毫不延迟地以快捷方式通知议付行，并妥善保留单据（UCP600 第 16 条）。

至于单据能否降价，取决于议付行和受益人。本案例中，开证行做得很规范，是以信用证中的不符点对外拒付，为申请人与受益人之间的洽商赢得了时间。

从议付索汇的全过程来看，下列因素对安全收汇十分重要：

（1）单证相符。要做到单证相符，需要进出口商认真履约，正确制单，准时交单。

（2）产品质量和销售市场。产品质量好，销路畅，申请人有利可图，会急于提货，而不会过多地计较单据情况。

（3）进口商资信情况。进口商实力雄厚，合作意识强，贸易和单据上出现的纠纷可以容易得到解决，而不会故意挑剔单据，拒不付款。

本章小结

本章主要介绍了国际贸易进口合同履行过程中的基本环节和注意事项。进口合同的履行过程可以简化为进口商申请开立信用证，开证行开立信用证，在不同的贸易术语下由进口商或者出口商安排运输与投保事宜；开证行收到国外寄来的单据后开展审单和付款业务，进口商或其代理人要进行报关，并对商品进行检验。当然，进口合同是一个动态而复杂的过程，履行过程中会出现各种问题和摩擦，双方要依据国际惯例进行磋商和索赔。

思考题

一、简答题

1. 简述履行 FOB 条件下以信用证支付方式的进口合同的基本环节及主要内容。
2. 在信用证方式下，进出口商如何在履行进口合同时避免违约风险？

二、案例分析题

1. 某年 8 月 5 日，中国某进出口公司与海外公司以电传方式达成协议，此后卖方发出了已经签署的"售货确认书"，其主要内容为：数量 3 万套，单价 30 美元，总价 90 万美元，价格条件是 CIF（成本加保险费加运费）某港交货，并明确要求买方在同年 9 月 5 日以前，向卖方开出百分之百的、保兑的、不可撤销的、可分割的即期付款信用证。8 月 20 日，卖方收到了经过买方签字的确认书，但买方将确认书中的 CIF 价格条件改为托盘运输条款。9 月 2 日，卖方收到了经过买方开出的信用证，金额与确认书相符，但信用证种类与价格条款等却与确认书原有规定存在重大差异。其一，信用证并非保兑；其二，确认书原定的 CIF 价格条件变成了托盘运输条款。据此，卖方于 9 月下旬电告买方拒收上述信用证，并将信用证退给了开证行。此后，双方未能就确认书条款与信用证条款的差异达成一致，导致此合同不能履行，双方因此发生争议。

　　试问：（1）本案中，买方修改了确认书而卖方未及时答复，合同是否成立？

　　（2）本案中信用证是否有效？

2. 2019 年 6 月，济南某进出口公司（以下简称"济南公司"）按 CIF 术语与印度外商签订了一份出口电缆的合同（合同由进口方制作），总金额为 31 万美元，其中 80% 的货款采用即期信用证支付，20% 的货款待货到目的地收货人仓库后，经买方查验后再用电汇方式支付（合同保险条款规定：保险期限为货到收货人仓库 90 天为止）。济南公司于 9 月 5 日收到进口方开来的即期信用证 24.8 万美元，在交货后向中国人民保险公司投保了一切险和战争险。10 月底，济南公司将全部货物在青岛港装船运往目的港，并获得船公司签发的清洁已装船提单。货物抵达目的港后卸下轮船，货物数量与提单相符，运至收货人仓库，仓库也出具了清洁仓库收据。

　　次年 1 月，收货人发现货物在仓库内有部分损坏，损失价值 5 万美元，于是买方持保险单向中国人民保险公司索赔。中国人民保险公司认为，保险单载明被保险人投保的是一切险和战争险，其责任起讫为"仓到仓"和"水面责任"，此案保险标的物已经安全如数运到收货人仓库，保险责任已经终止，所以拒绝赔偿。

2月底，印度进口方来电通知济南公司："在合同保险条款中规定保险期限不能少于货物到达买方仓库后90天，而贵公司只投保战争险和一切险，货物到达我方仓库22天后发生了部分损坏，属于你方漏保而造成的5万美元损失。现在通知你方，损失金额从尚未汇付的6.2万美元货款中扣除，其余1.2万美元现汇付到你公司。"

你认为济南公司是否应当赔偿？为什么？企业应当从案例中吸取怎样的教训？

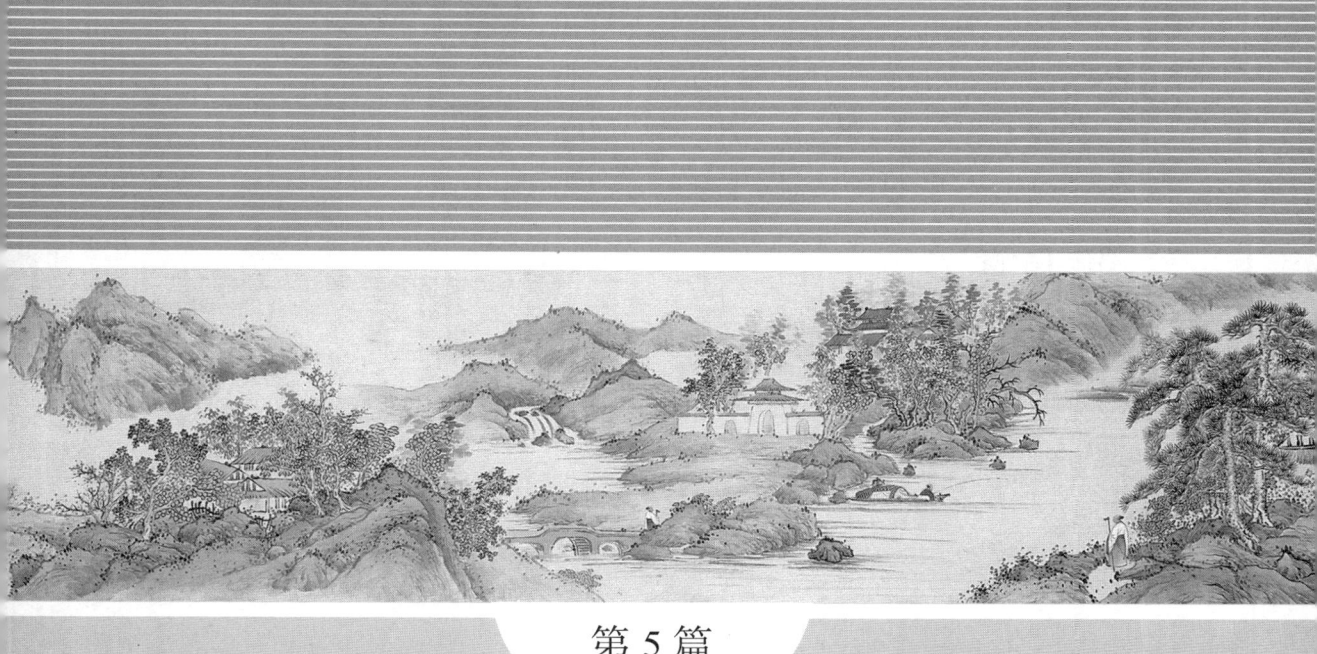

第 5 篇
PART 5

贸易方式

第 16 章　国际贸易方式

第 16 章
CHAPTER 16

国际贸易方式

§ 教学目的

- 了解国际贸易方式
- 掌握不同国际贸易方式的特点,熟悉和掌握各种国际贸易方式在具体交易中的基本做法
- 了解跨境电子商务的内涵
- 了解跨境电子商务的发展趋势

§ 关键术语

包销	独家代理	寄售	投标
套期保值	补偿贸易	加工贸易	电子商务
B2C	B2B	B2A	C2A
跨境电子商务			

§ 章首案例 16-1

电子商务再创佳绩

近年来,随着我国物联网、云计算和移动联网等新一代信息技术的跨越式迅猛发展和普及应用,互联网用户呈现出爆发式增长,为我国电子商务的飞跃发展奠定了基础。自 2005 年起,我国电子商务经历了高速增长的阶段,当前正以一种新型的商业模式加速与我国实体经济融合,成为引领我国国民经济和社会发展不可或缺的重要力量。

2021 年 10 月 26 日,商务部、中央网信办、国家发展改革委联合发布了

《"十四五"电子商务发展规划》(以下简称《规划》)。《规划》指出,"十三五"时期,我国电子商务取得了显著成就:电子商务交易额从 2015 年的 21.8 万亿元增至 2020 年的 37.2 万亿元;全国网上零售额 2020 年达到 11.8 万亿元,我国已连续 8 年成为全球规模最大的网络零售市场;2020 年实物商品网上零售额占社会消费品零售总额的比重接近 1/4,电子商务已经成为居民消费的主渠道之一;电子商务相关从业人数超过 6 000 万,电商新业态、新模式创造了大量新职业、新岗位,成为重要的"社会稳定器"。这些数据充分说明,电子商务已经融入我国生产生活各领域,成为提升人民生活品质和推动经济社会发展的重要力量。《规划》明确指出,到 2025 年,我国电子商务高质量发展取得显著成效。电子商务新业态新模式蓬勃发展,企业核心竞争力大幅增强,网络零售持续引领消费增长,高品质的数字化生活方式基本形成。预计到 2025 年实现电子商务交易额 46 万亿元,全国网上零售额 17 万亿元。

《规划》在开篇就明确提出"电子商务是数字经济和实体经济的重要组成部分,是催生数字产业化、拉动产业数字化、推进治理数字化的重要引擎,是提升人民生活品质的重要方式,是推动国民经济和社会发展的重要力量"。这一判断进一步明确了电子商务产业在国民经济中的定位和作用,解决了长期以来关于电子商务到底是不是虚拟经济的问题。在国家高度重视实体经济发展的大背景下,电子商务因其互联网属性引发了颇多争议。《规划》明确指出,电子商务既是实体经济的组成部分,也是数字经济的重要内容。我们重视实体经济的发展,更要看到在实体经济数字化转型过程中,电子商务一直处于实体经济数字化转型的前沿,通过销售和采购的数字化形成实体经济全链条数字化的强大驱动力。因此,实体经济的数字化离不开电子商务的拉动,同样,数字经济在与实体经济融合发展的过程中,电子商务也是数字经济中发展空间最大、创新最活跃的重要组成部分。

《中国电子商务报告(2021)》(以下简称《报告》)指出,电子商务作为数字经济中发展规模最大、增长速度最快、覆盖范围最广、创业创新最为活跃的重要组成部分,一直以来通过业态模式持续创新,不断助推传统行业数字化转型,2021 年,我国电子商务市场规模再创新高,连续 9 年保持全球最大网络零售市场地位。2021 年,全国电子商务交易额达 42.3 万亿元,同比增长 19.6%。东部地区电子商务领跑全国,交易额达 27.4 万亿元,同比增长 18.2%;西部地区电子商务增速最快,交易额达 6.5 万亿元,增长 24.2%。国家统计局数据显示,2021 年,全国网上零售额达 13.09 万亿元,同比增长 14.1%。实物商品网上零售额 10.8 万亿元,增长 12.0%,占社会消费品零售总额的比重为 24.5%。网购群体规模决定了电商发展"天花板",《报告》显示,中国的网购群体正在不断壮大,中国互联网络信息中心(CNNIC)数据显示,截至 2021 年 12 月,我国网络购物用户规模达 8.42 亿,较 2020 年 12 月增长 5 968 万,占网民整体的 81.6%。

海关统计调查显示,2021 年我国跨境电商进出口规模约 1.92 万亿元,同比增长 18.6%,占进出口总额的 4.9%。东部沿海地区是跨境电商发展的集聚区,2021 年,我国跨境电商进出口总额排名前五的省份分别为广东、山东、福建、浙江、河南,占跨境电商进出口总额的 40.63%。

16.1 经销与代理

16.1.1 经销

经销（distribution）是指进口商［即经销商（distributor）］根据与国外出口商［即供货商（supplier）］达成的协议，承担义务在规定的期限和地域内购销指定商品的一种做法。

1. 经销的概念与类型

按照经销商权限的不同，经销方式分为两种：一种是独家经销（sole distribution），也称包销（exclusive sales），它是指经销商在协议规定的期限和地域内，对指定的商品享有独家专营权的经销方式；另一种是一般经销，也称定销。在这种方式下，经销商不享有独家专营权，供货商可在同一时间、同一地区内，委派几家商号来经销同类商品。

2. 包销的特点与应用

在包销方式下，包销商具有独家专营的权利，是指在包销期限和指定地区内出口商出口指定的商品只能向包销商报盘成交，而不能售给该地区内的其他客户；包销商在包销期限和一定地区范围内也不得向其他人购买此种商品。在包销方式下，商品由包销商以自己的资金购入，取得商品的所有权，自行销售，自负盈亏，并承担各种风险。因此，出口商与包销商之间是货主与买主的关系，属于买卖关系。但包销商又不同于一般的单纯买卖关系，而是一种受专卖权和专买权约束的售定买卖关系。双方签订包销协议后，出口商获得了专卖权，同时又有义务不再将包销商品向指定地区内的其他商人报盘成交；包销商获得了专买权，同时又有义务不再购买其他商人的同类商品，保证购进包销协议规定的最低数量的该种商品，并只在指定地区销售。

对出口商来说，采用包销方式的主要目的是，利用包销商的资金和销售能力，在特定的区域建立一个稳定发展的市场。对包销商来说，由于取得了专卖权，因此在指定商品的销售中处于有利的地位，避免了多头竞争而导致降价减利的局面，故其有较高的经营积极性，能在广告促销和售后服务中做较多的投入。但如果出口商不适当地运用包销方式，则存在包销人包而不销，依赖出口商，导致出口受阻的风险，同时存在包销商利用垄断地位操纵价格、控制市场的可能。因此，对出口商来说，选择一个合适的包销商是成功地采用包销方式的关键所在。

3. 定销与包销的联系与区别

定销与包销具有相同之处，即出口商与定销商和包销商之间都是售定性质的买卖关系，定销商也要像包销商一样自垫资金购货，取得商品的所有权，自行销售，自担风险，自负盈亏。在实践中，出口商常与定销商签订远期支付合同，在支付条件上给予定销商优惠待遇，但这只是出口商给予定销商的资金融通，并不能改变双方的买卖关系。定销与包销的区别主要在于：包销商享有独家经营的权利，即在包销地区和包销期限内只有一个包销商经营出口商供应的商品；而定销商不享有专营权，在同一地区内可以有几个定销商同时为一个出口商销售同种或同类商品。定销方式下一般规定有最低数量限额，可以避免包销方式下可能出现的包而不销的问题，定销还可以防止出现垄断。但定销对调动定销人员的推销积极性一般效果较差，难以发挥集中经营的作用。在定销期内，出口商可以对定销商的资信情况、商业作风、经营能力进行考察。因此，定销常被用作挑选包销人的过渡手段。出口商在采用定销方式时，应注意选择经营能力较强、资信较好的国外客户作为定销商，并在协议中规定定销的最低限额。

16.1.2 代理

1. 代理的概念与类型

代理（agency）的一般概念是，代理人（agent）按照本人（principal）的授权，代表本人与第三人订立合同或从事其他法律行为，而由本人直接负责由此所产生的权利与义务。《中华人民共和国民法典》第162条规定："代理人在代理权限内，以被代理人名义实施的民事法律行为，对被代理人发生效力。"

国际贸易中的代理是以委托人为一方，接受委托的代理人为另一方达成协议，规定代理人在约定的时间和地区内，以委托人的名义与资金从事业务活动，并由委托人直接负责由此而产生的后果。

我国在进出口业务中也广泛地运用了代理方式。代理方式按不同的标准有不同的分类。

（1）按行业性质的不同分类。

1）销售代理。它是代理方式中常见的一种，指的是代表出口商或制造商为其商品在国际市场上的销售提供服务的代理人。

2）购货代理。购货代理又称采购代理，即代理人受进口人的委托，为其在国际市场上采购商品提供服务。

3）货运代理。一般是以货主的受托人身份为货主办理有关货物的报关、交接、仓储、调拨、检验、包装、转运、订舱等业务。

4）船方代理。船方代理是指承运人的代理人，包括外轮代理，为承运人承揽货载提供服务。

5）保险代理。保险代理通常是指保险人的代理，代表保险人和被保险人打交道。还有一种代理称作保险经纪人（broker），他是作为被保险人的代理，为其办理投保手续服务。

此外，代理还有广告代理、诉讼代理、仲裁代理、商标代理、专利代理等。

（2）按委托人授权范围的不同分类。

1）总代理。总代理（general agent）是委托人在指定地区的全权代表，他有权代表委托人从事一般商务活动和某些非商务性的事务。

2）一般代理。一般代理（agent）又称佣金代理（commission agent），是指不享有独家经营权的代理。因此，在同一地区和期限内委托人可同时委派几个代理人代表委托人行为。

3）独家代理。独家代理（sole agent，exclusive agent）是在指定地区和期限内单独代表委托人行为，从事代理协议中规定的有关业务的代理人。委托人在该地区内不得再委托其他代理人。这种进出口业务中常见的独家代理是本节介绍的重点。

2. 代理协议

代理协议又称代理合同，是用以明确委托人和代理人之间权利与义务的法律文件。协议内容由双方当事人按照契约自由的原则，根据双方的合意加以规定。国际贸易中的代理种类繁多，代理协议的形式和内容也各不相同。业务中常见的代理协议主要包括以下内容：

（1）代理的商品和区域。协议要明确规定代理商品的品名、规格以及代理权行使的地理范围，其规定方法与包销协议大体相同。

（2）代理人的权利与义务。这是代理协议的核心部分，一般应包括下述内容。

1）明确代理人的权利范围，是否有权代表委托人订立合同或从事其他事务，以及明确其所享有的专营权。

2）规定代理人在一定时期内应推销商品的最低销售额，并说明核定方法，以及完不成定额的处理办法。

3）代理人应在代理权行使的范围内，保护委托人的合法权益。代理人在协议有效期内无权代理与委托人商品相竞争的商品，也无权代表协议地区内的其他相竞争的公司。对于在代理区域内发生的侵犯委托人的知识产权等不法行为，代理人有义务通知委托人，以便采取必要措施。另外，代理人还负有保守商业秘密的责任。

4）代理人应承担市场调研和广告宣传的义务。在独家代理协议中，往往规定代理人应定期或不定期地向委托人汇报有关代理区域的市场情况，对代理的商品进行广告宣传，并确定广告的内容及其形式。

（3）委托人的权利与义务。委托人的权利主要体现在对客户的订单有权接受，也有权拒绝，对于拒绝订单的理由，可以不做解释，代理人也不能要求佣金。对于代理人在授权范围按委托人规定的条件与客户订立的合同，委托人应保证执行。但应注意，在国际贸易中不应轻易授予海外商人缔约权，这是因为不同国家的人在商业习惯和价值观念上存在差异，一般认为让外国的代理商代表本人签约是危险的。但有时为了扩大国外的生意，迅速抓住商机，也可授予外商缔约权。在这种情况下，为了降低风险，首先需要做好资信调查，另外，还可事先替代理商预备好委托缔约的买卖合同格式，设定代理缔结买卖合同金额的上限，了解代理商的日常经营活动等。

委托人有义务维护代理人的合法权益，保证按协议规定的条件向代理人支付佣金。在独家代理的情况下，委托人要尽力维护代理人的专营权。如果由于委托人的责任给代理人造成损失，委托人应予以补偿。

（4）佣金的支付。佣金是代理人为委托人提供服务所获得的报酬。代理协议要规定在什么情况下代理人可以获得佣金。在独家代理的协议中，常常规定如委托人直接与代理区域内的客户签订买卖合同，代理人仍可获取佣金。协议中还要规定佣金率、佣金的计算基础、佣金的支付时间和方法等内容。

（5）商标保护、广告宣传和市场报道。代理商同包销商一样，按协议规定，有义务对推销货物的商标予以保护，并进行广告宣传和市场销售情况的报道。但对上述所支付的费用，有的规定由委托人支付，有的规定由委托人与代理商共同分担。

除上述基本内容外，还可在协议中规定不可抗力条款、仲裁条款以及协议的期限和终止办法等条款。这些条款的规定办法与包销协议的做法大致相同。

16.2 寄售与展销

16.2.1 寄售

1. 寄售的含义

寄售（consignment）是一种委托代售的贸易方式，其一般做法是，寄售人（consignor）先将准备销售的货物运往国外寄售地，委托当地代销人（consignee）按照寄售协议规定的条件代为销售后，再由代销人向货主结算货款。世界上许多国家和地区在推销手工艺品、轻纺产品、土特产品、易腐商品以及小型机械设备等时都会采用这种交易方式。

2. 寄售的特点

1）寄售是一种先发运后销售的现货买卖方式，货物在销售前的所有权仍然属寄售人。寄售人同代销商签订寄售合同，出口商（寄售人）先将寄售商品运送给国外代销人，代销人出售商品后，扣除佣金及其他费用，将货款汇交寄售人。寄售是一种先出口后售货的贸易方式。

2）双方当事人只是委托关系。在寄售方式下，寄售人就是委托人、货主。代销人就是受托人、国外客户。双方是一种委托和受托的关系，而非买卖关系。在寄售商品售出之前，委托人始终拥有其所有权，要负担寄售期间的运费、保险费、仓储费、进口税等一切费用，并承担此间可能发生的风险和损失。代销人只是受托负责照管商品，而不承担任何风险和费用。

3. 寄售方式的优缺点

（1）寄售方式的优点。寄售方式对于寄售人、代销人和买方都有其明显的优点。

1）对寄售人来说，寄售有利于开拓市场和扩大销路。通过寄售可以与实际用户建立关系，扩大贸易渠道，便于了解和适应当地市场需要，不断改进品质和包装。另外，寄售人还可根据市场供求情况，掌握有利的推销时机。

2）代销人在寄售方式中不需垫付大量资金，也不承担商业风险，只需提供销售服务，就可获取佣金。因此，寄售方式有利于调动那些有推销力、经营作风好，但资金不足的客户的积极性。

3）寄售通常都是凭实物进行的现货买卖，买主可在交易现场按质论价，看货成交，付款后即可提货，大大节省了交易时间，减少了风险和费用，为买主提供了便利。

（2）寄售方式的缺点。采用寄售方式出口时，对于寄售人来讲存在的缺点主要有以下几点：

1）承担的贸易风险大。寄售人要承担货物售出前的一切风险，包括运输途中和到达目的地后的货物损失和灭失的风险、货物价格下跌和不能售出的风险，以及代销人资信不佳而导致的损失。

2）资金周转期长，收汇安全性不高。寄售方式下，货物售出前的一切费用开支均由寄售人负担，而货款要等货物售出后才能收回，不利于资金周转。此外，一旦代销人违反协议，也会给寄售人带来意想不到的损失。

4. 寄售协议

寄售协议规定了有关寄售的条件和具体做法，其主要内容如下：

（1）双方的基本关系。寄售人和代销人之间的关系是一种委托代理关系。货物在出售前所有权仍属寄售人。代销人应按协议规定，以代理人身份出售商品、收取货款、处理争议等，其中的风险和费用由寄售人承担。

（2）寄售商品的价格。寄售商品价格有三种规定方式：其一，规定最低售价；其二，由代销人按市场行情自行定价；其三，由代销人向寄售人报价，征得寄售人同意后确定价格，这种做法较为普遍适用。

（3）佣金条款。佣金条款中规定了佣金的比率，有时还可附加佣金比率增减额的计算方法。通常，佣金由代销人在货款中自行扣除。

（4）代销人的义务。代销人的义务包括保管货物，代办进口报关、存仓、保险等手续并及时向寄售人通报商情。代销人应按协议规定的方式和时间将货款交付寄售人。有的寄售协议中还规定代销人应向寄售人出示银行保函或备用信用证，保证承担寄售协议规定的义务。

（5）寄售人的义务。寄售人按协议规定的时间出运货物，并偿付代销人所垫付的代办费用。

16.2.2 展卖

1. 展卖的含义

展卖（fairs and sales）是利用展览会、博览会、展销会、交易会及其他会展形式，对商品实行展销结合、以展促销的一种贸易方式。

2. 展卖的形式

展卖形式灵活，可由货主自己举办，也可由货主委托他人举办。

（1）博览会。博览会是一种以国家组织形式在同一地点定期由有关国家或地区的厂商举行商品交易的贸易方式。参加者展出各种各样的产品和技术，以招揽国外客户签订贸易合同，扩大业务活动。国际博览会按内容可分为综合性博览会和专业性博览会。前者一般规模较大，展出的商品品种多样，可包括工农业各类产品，通常有许多国家参加；后者则对展品具有一定的专业要求，通常是某项或某类工业品参加展出。国际上著名的博览会，如莱比锡、布鲁塞尔、里昂、巴黎和蒙特利尔博览会，大多都是综合性博览会。对我国出口贸易影响较大的是中国进出口商品交易会，因一直在广州举办，所以又称为广交会。随着国际贸易关系和技术的日益发展，通过博览会进行展卖的方式在国际市场上的地位日益重要。它为买卖双方了解市场、建立商品和技术联系提供了有利条件，成为各国商人签订贸易合同的重要场所。

（2）展览会。展览会是指举办国通过选择适当的场所，将商品集中进行展卖的贸易方式。当代的国际展览会是不定期举行的，举办地点也不确定，可在国内，也可在国外，还可以流动的方式在各地进行轮流展出。它通常展示各国在产品、科技方面所取得的新成就。

（3）展销会。展销会是指出口商自己或者联合其他出口商共同在国内举办的展销活动。一般是农产品、食品、纺织品等中小型展览会，也有的展销会是大型企业集团展锥自身的核心产品。

16.3　招标、投标与拍卖

16.3.1　招标与投标

1. 招标与投标的含义

招标与投标是相互关联的两个概念，是一种贸易方式的两个方面。

招标（invitation to tender）是指招标人在规定的时间、地点以某种特定的方式发布招标公告，表明自己对特定的商品、工程或服务采购的规格、条件和要求，同时邀请相关的投标人参加投标并按照规定程序从中选择交易对象的一种市场交易行为。

投标（submission of tender）是指投标人按照招标人的邀请，根据招标人发布的招标公告所列明的具体条件和要求，在规定时间内向招标人提交自己报价的过程。它是对招标人的一种响应。

2. 招标与投标的一般程序

招标与投标的一般程序包括招标、投标、开标与评标、签约四个阶段。

（1）招标。在招标阶段，招标商首先要发出招标公告。根据招标进行的方法可分为公开招标和不公开招标两种。公开招标由招标人公开发布招标单，并由投标人参加监督开标；不公开招标又称邀请招标，是由招标人根据自己具体的业务关系和情报资料自行选定投标人，其他人无权参加投标。采用不公开招标时，一般要向选定的投标人颁发招标通知；采用公开招标时，则应在有权威的报纸或杂志上刊登招标广告，说明招标的项目及有关的各种交易条件，邀请各国卖主或承包商在规定期限和地点递价参加投标。然后，由招标人对前来要求投标的公司、企业的历史情况、财力状况、产品质量、经营作风及信誉等方面进行资格审查。

审查合格后，由招标人向取得投标资格者寄送标单，内容包括招标要求、合同条款及格式、技术要求以及投标日期、开标日期、寄送投标单的方法等。标单一般还要求投标人缴纳投标保证金或银行保函，保证一旦中标就签约，否则招标人可没收该保证金。如未中标，则此保证金或保函如数退还投标人。

（2）投标。投标人首先要取得招标文件，认真分析研究之后，编制投标书。投标书实质上是一项有效期至规定开标日期为止的发盘，内容必须十分明确，中标后与招标人签订合同所要包含的重要内容应全部列入。因此，投标人必须结合各种因素慎重考虑。

为防止投标人在投标后撤标或在中标后拒不签订合同。招标人通常都要求投标人在投标时提供一定比例或金额的投标保证金。招标人决定中标人之后，未中标的投标人已缴纳的保证金即予退还。现今国际招投标业务中一般都以银行保函或备用信用证代替保证金。

投标书应在投标截止日期之前送达招标人或其指定的收件人，逾期无效。投标书一般采用密封挂号邮寄，也可派专人送达。按照一般的惯例，投标人在投标截止日期之前，可以书面提出修改或撤回标书。撤回的标书在开标时不予宣读，所缴纳的投标保证金也不没收。

（3）开标与评标。在开标阶段，若采用公开招标，应由招标人和公证人在规定时间和地点当众拆开密封的投标单，宣布其内容，并比较、选择最有利的递价。凡参加投标的人均可派代表监督开标。不公开招标则由招标人在没有投标人参加的情况下自行选定中标人。开标后对较复杂的标项有时还要由招标人组织人员进行评标，选定中标人。另外，按国际惯例，招标人在开标后，若发现所有投标都不符合要求，可全都拒绝，宣布招标失败。

（4）签约。招标人选定中标人之后，要向其发出中标通知书，约定双方签约的时间和地点。中标人签约时要提交履约保证金，取代原投标保证金，用以担保中标人将遵照合同履行义务。

16.3.2 拍卖

1. 拍卖的含义

拍卖（auction）是指专营拍卖业务的拍卖行在规定的时间和地点，按照一定的章程和规则，将货物向买主公开展示后，由买主相互出价竞购，最后由拍卖人把现货卖给出价最高的买主的一种贸易方式。拍卖是国际贸易中较为古老的一种方式，是一种实物交易。

【课堂讨论 16-1】

哪些商品适用于拍卖交易？

2. 拍卖的出价方法

拍卖的出价方法主要有以下四种。

（1）增价拍卖。增价拍卖又称英式拍卖，是最常用的一种拍卖方式。拍卖时，由拍卖人（auctioneer）提出一批货物，宣布预定的最低价格，然后由竞买者（bidder）相继叫价，竞相加价,有时规定每次加价的金额幅度,直到拍卖人认为无人再出更高的价格时,则用击槌动作表示竞买结束,将这批商品卖给最后出价最高的人。如果竞买者的出价都低于拍卖人宣布的最低价格,或称价格极限,卖方有权撤回商品,拒绝出售。

（2）减价拍卖。减价拍卖又称荷兰式拍卖（dutch auction）,先由拍卖人喊出最高价格,然后逐渐减低叫价,直到有某一竞买者认为已经低到可以接受的价格,表示买进为止。这种方式成交迅速,经常用于拍卖鲜活商品。

以上两种出价方法都是在预定的时间和地点,按照先后批次,公开叫价,现场确定,当时成交。

（3）密封递价拍卖。密封递价拍卖（sealed bids, closed bids）又称招标式拍卖。采用这种方法时,先由拍卖人公布每批商品的具体情况和拍卖条件等,然后由各买方在规定时间内将自己的出价密封递交拍卖人,以供拍卖人进行审查比较,决定将该货物卖给哪一个竞买者。这种方法不是公开竞买,拍卖人有时要考虑除价格以外的其他因素。有些国家的政府或海关在处理库存或罚没物资时往往采用这种拍卖方式。

（4）网上拍卖。网上拍卖并不是一种全新的拍卖方式,而是以互联网作为媒介进行的拍卖活动。采用网上拍卖方式,竞买人不必亲临拍卖现场,只需用计算机操作,足不出户即可完成交易。网上拍卖首先要求竞买人按规定登记注册,并提供一定的保证金。具体操作形式包括前面所提到的增价拍卖、减价拍卖和密封递价拍卖等方式。采用增价拍卖时,通常会预先设定拍卖截止时间,到时出价最高的人就成为买受人。

3. 拍卖的一般程序

拍卖的一般程序分为三个阶段。

（1）拍卖准备。货主与拍卖行达成拍卖协议,规定货物品种和数量、交货方式与时间、限定价格以及佣金等事项。货主把货物运至拍卖地点,存放于拍卖人指定的仓库,由拍卖人进行分类、分级、分批编号,然后根据货物的种类、数量、产地、拍卖时间、地点和交易条件编印拍卖目录并公布。有意购买者可在正式拍卖前到指定存放拍卖商品的仓库查看货物,必要时可抽样验看,以了解商品品质。按照惯例,一经拍卖成交,卖主或拍卖行对售出商品都不负品质保证的责任,因此事先看货是拍卖的重要环节。

（2）正式拍卖。在规定的时间和地点,按拍卖目录规定的顺序逐批拍卖。以增价方式拍卖的,买方出价相当于要约,拍卖人落槌相当于承诺。在落槌之前,买方有权撤销出价,卖方也有权撤回拍卖商品。以减价方式拍卖的,拍卖人报价相当于要约,而买方一旦表示接受,即为承诺,交易成立,双方均受约束。

（3）付款与交货。拍卖成交后,买方签署成交确认书,并支付部分货款作为定金,待买方付清全部货款后,拍卖行开出提货单,买方凭单提货。拍卖行从货款中提取一定比例的佣金,作为提供拍卖服务的报酬,并扣除按合同应由货主承担的费用后,将货款交付货主。

4. 拍卖的注意事项

（1）公平交易问题。拍卖业务中的买卖双方须遵守公平竞争的原则,并遵照拍卖行的规章办事。拍卖业务中，有些货主为了卖高价，自己参与竞买或雇用其他人参与竞买，哄抬价格，误导不明真相的竞买人，这种行为被法律所不允许。另外，有时竞买人为了自己单方面的利益，私下串通，压低价格。这些做法与招标投标业务中的串通投标相类似，违反了公平交易的原则，属于操纵市场、限制竞争的行为。《中华人民共和国拍卖法》（以下简称《拍卖法》）第30条规定："委托人不得参与竞买，也不得委托他人代为竞买。"该法第37条又规定："竞买人之间、竞买人与拍卖人不得恶意串通，损害他人利益。"

（2）关于品质的责任问题。由于拍卖前允许买主查验货物，使买主对所要购买货物的实际品质心中有数，而后再按质论价，所以一般来说，拍卖后很少发生索赔现象。此外，许多拍卖条件中都规定："买方对货物过目或不过目，卖方对品质概不负责。"这一般是指货物的缺陷按通常的检查手段即可发现的，则由买主根据自己的业务水平和判断能力来决定出价标准。但对于有些货物存在的隐蔽缺陷，即凭借一般的查验手段不能发现的质量问题，还是允许买主提出索赔的。

《拍卖法》中规定："委托人应当向拍卖人说明拍卖标的的来源和瑕疵。""拍卖人应当向竞买人说明拍卖标的的瑕疵。""未说明拍卖标的瑕疵，给买受人造成损害的，买受人有权向拍卖人要求赔偿；属于委托人责任的，拍卖人有权向委托人追偿。"但同时该法又规定："拍卖人、委托人在拍卖前声明不能保证拍卖标的的真伪或者品质的，不承担瑕疵担保责任。"

（3）拍卖主持人的职责。拍卖主持人要有足够的业务知识，而且作为货主的受托人，有义务遵照他与货主之间达成的协议，谨慎行事。拍卖主持人有权按照自己的方式描述货物，以利于吸引买主，但他的描述应与所售的货物相符。根据英国标准拍卖条件的解释，拍卖主持人对货物的描述或声明只表示单方面的意见，买主仍须依靠自己的判断行事。《拍卖法》还规定："拍卖人接受委托后，未经委托人同意，不得委托其他拍卖人拍卖。""委托人、买受人要求对其身份保密的，拍卖人应当为其保密。""拍卖人及其工作人员不得以竞买人的身份参与自己组织的拍卖活动，并不得委托他人代为竞买。"

（4）解决争议的方式。在拍卖进行过程中，如果发生争议，如究竟谁是出价最高者，一般由拍卖主持人决定。但如果当事人一方不同意主持人意见，可到场外进行协商。协商不成，可将争议提交仲裁。仲裁裁决为最后裁决，双方必须遵守。

16.4 期货交易

16.4.1 期货交易的含义

期货交易（futures trading）是指在期货交易所内，按一定规章制度进行的期货合同的买卖。

现代期货交易是在期货交易所内进行的。目前期货交易所已经遍布世界各地，特别是在美国、英国、日本、中国香港、新加坡等地的期货交易所在国际期货市场上占有非常重要的地位。其中，交易量比较大的著名交易所有：英国的伦敦金属交易所（LME），日本的东京工业品交易所、东京谷物交易所，中国香港的期货交易所，以及新加坡的国际金融交易所等。

就商品期货交易而言，交易的品种基本上都是供求量较大、价格波动频繁的初级产品，如谷物、棉花、食糖、咖啡、可可、油料、活牲畜、木材、有色金属、原油，以及贵金属，如金、银等。

此外，随着金融创新不断发展，金融期货交易成为发展最快、交易最活跃和影响最大的期货交易。

16.4.2 期货交易的特点

（1）期货交易不规定双方提供或者接受实际货物。
（2）交易的结果不是转移实际货物，而是支付或者取得签订合同之日与履行合同之日的价格差额。
（3）期货合同是由交易所制定的标准合同，并且只能按照交易所规定的商品标准和种类进行交易。
（4）期货交易的交货期是按照交易所规定的交货期确定的，不同商品的交货期不同。
（5）期货合同都必须在每个交易所设立的清算所进行登记和结算。

16.4.3 期货市场的业务方式

1. 投机交易

投机交易就是买空卖空。买空又称多头，是指投机者估计价格要涨，买进期货；一旦期货涨价，再卖出期货，从中赚取差价。卖空又称空头，是指投机者估计价格要跌，卖出期货；一旦期货跌价，再买进期货，从中赚取差价。

2. 套期保值

套期保值又称对冲交易，其基本做法是在买进（或卖出）现货的同时，在期货市场卖出（或买进）相等数量的期货合同作为保值，也称为"海琴"。

套期保值在期货市场上有两种：买期保值和卖期保值。

买期保值是指经营者卖出一笔日后交货的实物，为了避免在以后交货时该项商品的价格上涨而遭受损失，则可在交易所内买进于同一时期交货的同样数量的期货合同。这样，将来货物价格上涨，他可以从期货交易的盈利中补偿实物交易的损失。

卖期保值是指经营者买进一批日后交货的实物，为了避免在以后交货时该项商品的价格下跌而遭受损失，则可在交易所内卖出同一时期交货的同样数量的期货合同。这样，将来货物价格下跌，他可以从期货合同交易所获得的盈利中进行补偿。

【课堂讨论 16-2】

套期保值与套利有什么区别?

16.5 对销贸易

16.5.1 对销贸易的含义

对销贸易(counter trade)在我国又译为反向贸易、互抵贸易或对等贸易等,也有人把它笼统地称为易货或大易货。它是指在互惠的前提下,由两个或两个以上的贸易方达成协议,规定一方的进口产品可以部分或者全部以相对的出口产品来支付。对销贸易是一种既买又卖、买卖互为条件的国际贸易方式,其主要目的是以进带出,开辟各自的出口市场,求得每宗交易的外汇收支平衡或基本平衡。对销贸易买卖的标的物不仅包括一般的有形商品,还包括劳务、专有技术和工业产权等无形商品。在我国,对销贸易一般被理解为易货、记账贸易、互购、产品回购、转手贸易等,属于货物买卖范畴,是以进出结合、出口抵补进口为特征的各种贸易方式的总称。

16.5.2 对销贸易的种类

对销贸易有多种形式,但归纳起来最基本的有三种:易货贸易、反购或互购、补偿贸易。

1. 易货贸易

易货贸易(barter trade)是一种古老的贸易方式。它有狭义的易货和广义的易货之分。

狭义的易货是纯粹的以货换货的方式,不用货币支付,其特征是交换商品的价值相等或相近,没有第三人参加,并且是一次性交易,履约期较短。这种传统的直接易货贸易,由于交换的货物必须是双方需要的,货值又要一致,因此具有很大的局限性,在实际交易中应用较少。

现代的易货贸易都采用比较灵活的方式,即所谓广义的易货。它主要有以下两种不同的做法。

(1)记账易货贸易。任何一方的进口或出口货物,双方都将货值记账,相互抵冲,不需使用现汇支付,一般规定在一定时期内平衡(如有逆差,再用现汇或商品支付)。在这种方式下,进口和出口可以同时进行,也可以有先有后。

(2)对开信用证方式。交易双方先签订易货合同,进口和出口同时成交,金额大致相等,双方都采用信用证方式付款,并在信用证中规定,一方开出的信用证要在收到对方开出的信用证时方能生效。也可以采用保留押金信用证,即第一张信用证先生效,但结汇后银行把款扣下,作为开回头证的押金。需要说明的是,这种做法仍是以货换货,而非现货交易。

2. 反购或互购

在这种方式下，先出口的一方在其售货合同中承诺，用所得的外汇（全部或部分）购买对方国家的产品。**互购**（counter purchase）贸易涉及两个既独立又相互联系的合同，每个合同都以货币支付，金额不要求等值。由于双方都承担了互相购买对方产品的义务，尽管采用货币支付，但在一定时期内还是相互交换货物。这种方式在一定限度上可以克服一方支付能力不足的问题。

3. 补偿贸易

补偿贸易（compensation trade）是指在信贷的基础上，一方从国外进口机器、设备、技术或服务时不用现汇支付，而约定在一定期限内待项目投产后，以该项目生产的产品或其他货物（劳务）或双方约定的其他办法分期偿还价款的贸易做法。

在我国当前开展的补偿贸易中，按照偿付的标的不同，大体上可分为三类。

（1）直接产品补偿。一方进口国外的设备和技术后，用这些设备和技术生产出的产品来分期偿还价款。设备技术的进口方一般愿意采用这种方式。

（2）间接产品补偿。设备进口方不是用上述直接产品，而是用其他产品偿付。这种做法有点类似反购，但它仍是在同一个补偿贸易合同中，而反购却是分别签订两个单独的合同。

（3）劳务补偿。这是将补偿贸易与来料加工相结合的做法，即由一方提供设备的同时提供原材料，委托对方加工装配，另一方用工缴费分期偿还价款。

16.5.3 对销贸易的特点

1. 优点

（1）可在不动用或少动用外汇的条件下进行进出口贸易。

（2）有助于发展中国家的工业制成品打开市场。

（3）从发达国家角度看，通过对销贸易，承诺一定的回购，提供信贷或投资，不仅可以增强其市场竞争能力，而且有助于推销一些用现汇难以销售的设备、技术，争取到一些廉价的原材料或零部件供应。

（4）产品回购或抵消贸易，除了具有一般对销贸易所具有的平衡国际收支的作用外，还具有融通资金和吸收外国资本流入的功能。

（5）商品定价具有灵活性和隐蔽性，促进产品出口。由于对销贸易采用的是进出口结合的做法，故核算其经济效益可从进出口两方面结合起来通盘考虑。例如，进口盈利，出口亏损，但只要前者大于后者，还是有利可图的。加之，对销贸易是由交易双方私下进行的，这就更增加了决定价格时的灵活性和隐蔽性，而不易被他人所察觉，从而起到补贴出口而不遭报复的作用。

2. 弊端

（1）对销贸易带有浓厚的双边性和封闭性，因此有时无助于国际贸易多边化。

（2）对销贸易是在互惠的原则下进行的，使得交易对象的选择和交易的达成及履约出现很大的困难。

（3）对销贸易方式下，决定交易的主要因素已不是商品的价格和质量，而是回购的承诺，价格往往与正常价格有很大偏离，市场机制的作用受到很大削弱。

16.6 加工贸易

16.6.1 加工贸易的含义

加工贸易是指一国通过各种不同的方式进口原料、材料或零件，利用本国的生产能力和技术加工成成品后再出口，从而获得以外汇体现的附加价值。

16.6.2 加工贸易的形式

加工贸易是以加工为特征的再出口业务，其形式多种多样，常见的加工贸易有以下几种：

1. 进料加工

进料加工又称以进养出，是指用外汇购入国外的原材料、辅料，利用本国的技术、设备和劳动力加工成成品后，销往国外市场的贸易方式。在这类业务中，经营的企业以买主的身份与国外签订购买原材料的合同，又以卖主的身份签订成品的出口合同。两个合同体现为两笔交易，它们都是以所有权转移为特征的货物买卖。进料加工贸易要注意所加工的成品在国际市场上要有销路，否则进口原料外汇很难平衡。从这一点看，进料加工要承担价格风险和成品的销售风险。

2. 对外加工装配

（1）来料加工。来料加工是指加工一方由国外另一方提供原料、辅料和包装材料，按照双方商定的质量、规格、款式加工为成品，交给对方，自己收取加工费。有的是全部由对方来料；有的是一部分由对方来料，一部分由加工方采用本国原料和辅料。

（2）装配业务。装配业务是指由一方提供装配所需设备、技术和有关元件、零件，由另一方装配为成品后交货的贸易方式。

（3）来图生产和来样加工。来图生产和来样加工简称来图来样加工，是指由国外厂商提供产品的全套图纸、样品及部分加工技术或零件、工具等，由加工方使用当地的原料、辅料进行加工制造产品的贸易方式。

对外加工装配业务包括两个贸易过程：一是进口原料；二是产品出口。但这两个过程是同一笔贸易的两个方面，而不是两笔交易。原材料的提供者和产品的接受者是同一家企业，交易双方不存在买卖关系，而是委托加工关系。加工一方赚取的是劳务费，因而这类贸易属于劳务贸易范畴。

16.6.3 加工装配业务的作用

加工装配业务无论是对于加工一方（即承接方）还是对于委托方来说都有积极的作用。

1. 对于承接方的作用

（1）可以发挥本国劳动力资源丰裕的优势，提供更多的就业机会。
（2）可以补充国内原料不足，充分发挥本国的生产潜力。
（3）可以通过引进国外的先进生产工艺，借鉴国外的先进管理经验，提高本国技术水平和产品质量，提高本国产品在国际市场上的适销能力和竞争能力。

2. 对于委托方的作用

（1）可以利用承接方的劳务，降低产品成本。
（2）可以促进委托方所在国的产业结构调整。这主要是指一些工业发达国家通过委托加工方式将一些劳动密集型产品的生产转移到发展中国家。

16.6.4 加工装配业务应注意的问题

（1）选择合适的加工装配项目，最好是对投资少、见效快、收益较大、在国际市场上销路稳定的商品进行加工装配，尽量避免接受可能对我国出口贸易造成冲击的业务。
（2）以经济效益为重，合理确定加工企业的工缴费，避免各加工企业自相竞争，任意降低收费标准。
（3）明确规定国外委托方要按时、按质、按量提供料件，加工的成品一定要保证全部返销国外，以防在执行过程中发生争议。
（4）对于国外委托方提供的商标，注意其合法性，尽量明确规定。一旦发生关于注册商标、专利等知识产权的纠纷，国外委托人应负全部责任。

16.7 电子商务

信息社会是通过网络及信息的作用，使每个行为主体不断地自我组织来实现整体优化的多样化社会。电子商务、信息产业以及高科技产业既不适合高度集中的大型垄断性企业，也不适合高度分散、对抗性竞争的众多小企业，而是更适合经营主体灵活、独立又协同合作的自组织化的生态系统。

16.7.1 电子商务概述

当代信息技术和通信技术的发展、网络技术的应用，特别是互联网（Internet）的出现，正引起传统国际贸易领域的一场伟大变革。一种全新的国际贸易方式——国际电子商务的出现，必将在很大限度上改变传统的贸易方式，成为未来国际贸易的主要模式。

电子商务是指买卖双方利用现代信息技术和通信技术，部分或全部地完成国际贸易的交易过程。它反映的是现代信息技术所带来的国际贸易过程的电子化，通过采用电子数据交换（EDI）、电子邮件（E-mail）、电子公告牌、电子转账、安全认证等多种技术方式来实现国际贸易过程的电子化。

与传统的国际贸易方式相比，国际电子商务通过电子商务在国际贸易中的应用，对企业外贸流程进行重组，有效地降低了企业的贸易成本，提高了交易效率和成交概率，从而提高了企业在国际市场上的竞争力。

16.7.2 电子商务的分类

电子商务可以按不同的方法进行分类。

1. 按交易主体的不同划分

（1）B2C。商业机构与消费者之间的电子商务（business to customer, B2C）指的是企业与消费者之间进行的电子商务活动。这类电子商务主要是企业借助国际互联网所开展的在线式销售活动。近年来，随着国际互联网络的发展，这类电子商务的发展异军突起。

商业机构对消费者的电子商务是近年来各类电子商务中发展较快的，其主要原因是国际互联网的发展为企业和消费者之间开辟了新的交易平台。随着全球上网人数的不断增多和网络为消费者带来的购物便利，网络使用者已经成为企业进行电子商务的主要对象。

从技术角度看，企业上网面对广大的消费者，并不要求双方使用统一标准的单据传输。在线式的零售和支付行为通常只涉及信用卡、电子货币或电子钱包，这些支付手段在技术上比较成熟。此外，国际互联网所提供的搜索、浏览功能和多媒体界面，使消费者更易查找适合自身需要的产品，并能对产品有更深入的了解。

因此，开展商业机构与消费者之间的电子商务障碍最少，应用潜力巨大。就目前的发展看，这类电子商务仍将持续发展，是推动其他类型电子商务活动的主要动力之一。

（2）B2B。商业机构与商业机构之间的电子商务（business to business, B2B）指的是企业与企业之间进行的电子商务活动，例如，工商企业利用计算机网络向它的供应商进行采购，或利用计算机网络进行付款等。这类电子商务是最早的电子商务应用，特别是企业通过私营或增值计算机网络（value-added network, VAN）采用 EDI 方式所进行的商务活动由来已久，为企业节省了大量的交易成本和管理成本。

作为支持商业机构与商业机构之间的电子商务的 EDI 技术，是指机构之间通过计算机网络所进行的统一结构和统一信息标准的数据交换。该技术支持计算机系统之间信息的直接交换，因此，可以最大限度地减少甚至消除人为因素的介入和信息重复录入工作。目前，EDI 主要在行业内部开展得较为成功。

（3）B2A。商业机构与行政机构之间的电子商务（business to administration, B2A）包括了企业与政府部门间的各项事务，如海关业务、电子征税、政府网上采购等。这是新近出现的电子商务模式，商业机构和政府机关能使用中央网站来交换数据并且与彼此做生意，这种模式的交易效率通常要比离线交易的效率更高。B2A 可以支持虚拟工作间，商家和代理可以通过共享一个公共的网站来协调已经签约工程的工作，协调在线会议，回顾计划并管理和发展。

（4）C2A。消费者与政府之间的电子商务（customer to administration, C2A）指的是政府对个人的电子商务活动。这类电子商务目前还没有真正形成，但是随着商业机构对消费者、商业机构对行政机构的电子商务的发展，政府将会对社会的个人实施更为全面的电子方式服务。政府各部门向社会纳税人提供的各种服务，如社会福利金的支付等，将来都会在网上进行。

2. 按使用网络的类型分类

（1）基于 EDI 的电子商务。它是一种使用专用网络或增值网络的电子商务活动。

（2）基于互联网的电子商务。随着互联网的迅猛发展，基于互联网的电子商务将大规模应用。

（3）基于企业内部网的电子商务。它是一种使用企业内部网进行各种业务通信和经营管理的电子商务活动。

3. 按电子商务内容分类

（1）有形产品的间接贸易。它是指通过电子方式，尤其是国际互联网等来处理有形商品的洽谈、订货、开发票、收款等与货物贸易相关的活动，而货物本身则需要配送，采用的是不完全国际电子商务方式。中国电子商务的应用模式见表 16-1。

表 16-1 中国电子商务的应用模式

商业模式	典型企业
综合类 B2B 模式	阿里巴巴、中国制造网、慧聪网
数码类 B2C 模式	京东、苏宁
鲜花礼品类 B2C 模式	中国鲜花礼品网、爱尚鲜花、ROSEONLY
服装类 B2C 模式	凡客诚品、梦芭莎、走秀网
钻石类 B2C 模式	钻石小鸟、戴维尼
箱包类 B2C 模式	包包网、麦包包
化妆品类 B2C 模式	小红书、聚美优品
食品类 B2C 模式	每日优鲜、顺丰优选

（2）无形产品的直接贸易。它是指通过电子方式，尤其是国际互联网等来进行买卖计算机软件、电影、音乐、信息服务等可以数字化的无形商品，可以利用网络直接把产品送到购买者手中，采用的是完全的国际电子商务方式。

16.7.3 跨国电子商务的发展趋势

1. 跨国电子商务拓展 B2C 空间

B2C 以及 C2C 的跨国电子商务多为私下进行，属于"灰色地带"。2010 年 6 月，淘宝和日本雅虎的合作打破了 B2C 跨国电子商务这一困局。日本消费者可以登录雅虎的"中国商城"购买淘宝店主的约 5 000 万件商品，而中国消费者则可以通过淘宝网的"淘日本"购买在日本雅虎商家提供的 1 000 万件商品。虽然目前跨国购物还是一个尝试，所带来的不便要大于成果，但是电子商务要想进入广义阶段，就必须使得 B2B、B2C、C2C 国内和跨国交易一样方便。

另外，跨国电子商务不仅方便了消费者，也给我国外贸企业出口增添了新的渠道。大量的外贸企业通过各种各样的网络平台将产品向国外输出，这种跨国电子商务模式对于传统外贸是一种颠覆性的创新模式，为国内外贸企业带来了机遇和商机。同时，跨国电子商务应用的扩大化，也有助于提升电子商务企业的业绩空间，成为一个业绩突破点。

随着淘宝开放平台的进一步发展，电子商务产业链将会出现更多的第三方服务商，而它们的发展是构建一个良性的商业生态环境的基础。更为重要的是，淘宝是否能通过输出标准、技术、服务等能力，与第三方服务商构建和谐的合作关系，这将影响电子商务产业链专业化分工的发展进程，也将是淘宝能否顺利过渡到大淘宝、全网意义上的淘宝的关键。

2. 无纸贸易将改造传统的国际贸易

（1）无纸贸易的含义。无纸贸易是一种代替传统以纸质为基础的，通过网络和电子文件涵盖所有或部分贸易流程的新型国际商品贸易。具体地说，它是指在贸易链上的各个参与方（供应商、采购商、海关、行政机构、银行、物流公司等）之间利用信息技术手段，实现参与方应用系统间标准化的业务数据传输和处理，以完成贸易活动的交易全过程。

无纸贸易属于电子商务的一部分。无纸贸易反映的是电子商务在国际贸易领域的具体应用，而且强调在进出口商成交后，为了完成履约程序，在进出口商之间，以及与国内外贸易服务机构、政府机构等进行的商业数据特别是商业单证的传输过程。

（2）无纸贸易服务环节。无纸贸易的服务环节见表 16-2。

表 16-2 无纸贸易的服务环节

贸易	结算与融资	关税	物流
证书	信用证	出口清关	提单
许可证	国际信用证	进口清关	运单
产地证明书	凭以议付/托收的装运单据	出口退关	港口进出报告
税务发票	国际结算	海关风险管理	货物跟踪
原材料购买确认书			
B2B 贸易			

（3）无纸贸易的运行模式。

1）**点对点模式**（point to point system）。点对点模式指的是贸易双方，或者进出口一方与相关的贸易服务方之间进行的一对一的电子数据交换。这种方式的电子数据交换只是在双方之间进行数据共享，通常没有经过第三方认证机构对数据传输进行认证。传递商业数据的双方最主要的目的是进行数据共享。点对点模式是最早的电子数据交换模式。它是在市场增值网络服务不发达的情况下所采用的传递电子商业数据的方式。此种模式,由于没有第三方的参与,一旦出现数据交换的纠纷,不太容易确定双方的责任归属。

2)外联网模式(extranet system)。外联网模式指的是企业基于其与外界各方当事人之间(包括贸易伙伴和贸易服务商等)的商业往来所实施的一对多的电子商业数据交换。在通常情况下,只有大的企业才有实力建立自己的外联网模式,以利于与有关的供应商、下游的经销商、物流服务商以及银行等进行数据交换。

如大企业供应链比较长,此种模式可使大企业取得整合资源的优势。此模式是以大企业和全球供应链为核心的无纸贸易运行模式。目前,许多发达国家的大跨国公司基本上都采取这种模式。

3)增值网络模式(value added network system)。增值网络模式是在社会网络增值服务体系比较健全的情况下,全社会的商业数字交换有效整合的结果。此种模式通常是在政府的推动下,建立一家或者若干家统一标准的增值网络服务机构。无论是大企业还是小企业,都可以利用增值网络服务机构进行有效的电子商业数据交换。这一运行模式强调的是无纸贸易的社会效益,特别是为中小企业参与国际贸易,进行电子数据交换提供了非常重要的手段。许多新兴的经济体,如新加坡、韩国、中国台湾和中国香港等,都是采取这种模式。

4)单一窗口模式(single window system)。单一窗口模式指的是企业在与不同的贸易伙伴和不同的贸易相关方进行数据交换时,不需要分别一对一进行数据交换,而是通过单一的数据交换渠道就可以一次性地完成所有数据传输的无纸贸易运行模式。该模式是将企业外联网模式的优势与增值网络模式的优势结合起来的效益最高的无纸贸易模式。单一窗口模式是跨国界无纸贸易流程整合的最终目标,也是目前APEC所提倡的无纸贸易发展目标。这个目标的实现,需要国内各相关部门和国家间的有效协调。

| 案例 16-1 |

韩国无纸贸易的发展

韩国处于无纸贸易的成熟阶段,其无纸贸易的历史发展进程有很多经验可供我国参考。韩国政府和有关贸易商、机构、产业界人士一直致力于寻找有效的手段来促进国际贸易效率的大幅提高。例如,很多的知识经济部门与韩国国际贸易协会合作,打造一些创新型的贸易自动化的流程,通过一种开放型的电子无纸贸易的平台来实现高效的国际贸易。

韩国的无纸贸易发展经历了贸易自动化、网络贸易和全球贸易三个阶段(见图16-1)。如今,韩国已处于无纸贸易的成熟阶段,电子贸易便利委员会开发出了实现无纸贸易非常重要的平台——单一窗口。各种各样的贸易流程通过一个窗口得到顺利贯彻和执行,贸易商、物流公司、银行、海关、报关机构等都能在其中获得较大的效益。

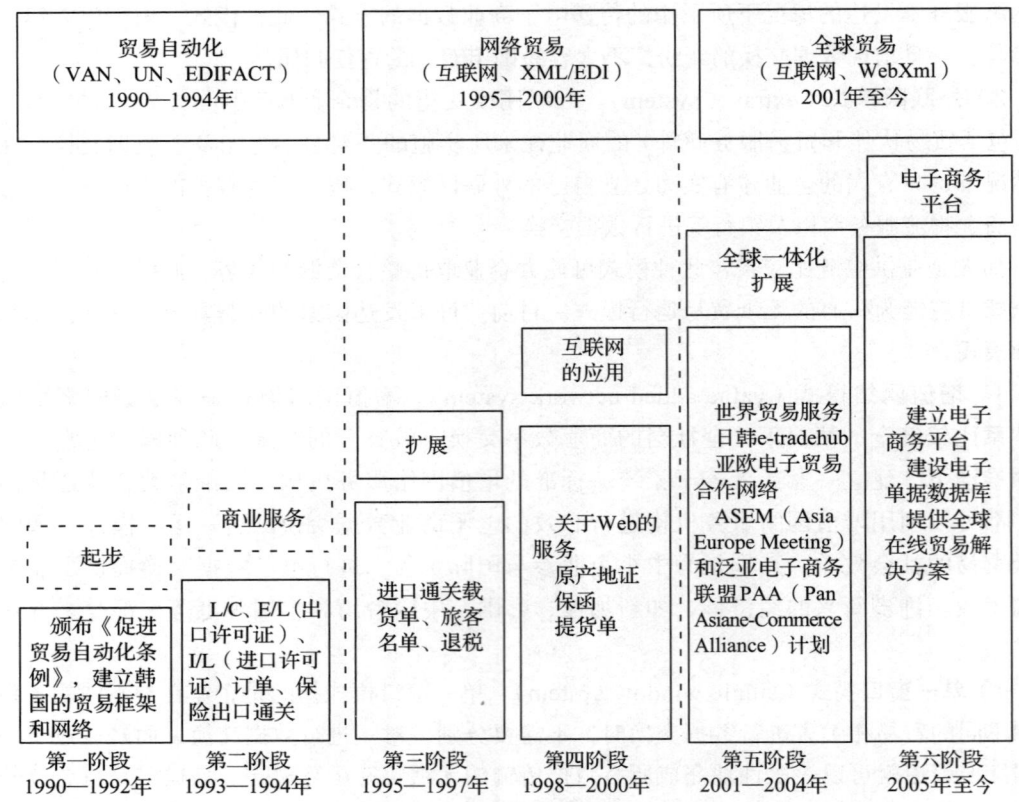

图 16-1 韩国无纸贸易的发展历史

（4）无纸贸易的实现模式。

1）企业自发驱动模式。美国和日本的一些发达国家采取的是企业驱动的模式。由于实力强大的企业能够从无纸贸易中得到较大的收益，它们会自发地促进和执行无纸贸易，并使其发挥作用，这种无纸贸易发展模式称为"企业自发驱动模式"。

2）政府引导模式。在新加坡、韩国、中国香港等国家和地区，政府的作用是非常重要的。在这些国家和地区，政府在推行无纸贸易的过程中发挥着至关重要的作用。一般情况下，政府会在这些电子商务、电子政务等领域做更多投资，这种无纸贸易发展模式称为"政府引导模式"。

3）政府支持模式。对于像澳大利亚、加拿大这样的国家采用的无纸贸易，我们称之为"政府支持模式"。在这些国家，政府不会直接对无纸贸易进行投资，但是一般情况下政府都会在法律法规和贸易方面给予大力的支持，尤其是对大型的企业，帮助它们来实现和执行无纸贸易。

16.7.4 电子商务在国际贸易中的作用

1. 寻找贸易伙伴

在传统的国际贸易方式下，买卖双方要寻找到合适的贸易伙伴往往要付出很大的代价。

而利用电子商务物色贸易伙伴，既可以节省大量的人力、物力，又不受时间、地点的限制。企业一方面可以通过建立自己的网站或借助相关电子商务平台向全球范围内的潜在客户提供产品和服务的供求信息；另一方面也可以上网搜索有关经贸信息，寻找到理想的贸易伙伴。

2. 进行交易洽商

在传统的国际贸易方式下，买卖双方一般共同选择某个确定的时间和地点，当面进行协商、谈判活动。这种口头洽商形式容易受时间和空间的限制，过程漫长又不经济，特别是因为受时差的影响，给双方的交往带来很大的不便。而利用国际电子商务的互联网，其便捷、低成本的通信功能和高效、强大的信息处理能力，能极大地促进买卖双方的交易磋商活动，同时交易双方还可借助电子邮件等方式适时地讨论、了解市场信息，洽商交易事务，如有进一步的需求，还可用网上和白板会议来交流实时的图形信息。因此，国际电子商务方式下的交易洽商可以跨越面对面的限制，是一种方便的异地交流方式。

3. 电子签约及网上支付

在传统的国际贸易方式下，交易的各个环节都需要人工的参与，交易效率相对较低，错误发生率高。而利用电子商务开展国际贸易，双方可采用标准化、电子化的格式合同，借助网站中的电子邮件实现瞬间的交互传递，及时完成交易合同的签订，同时可通过银行和信用卡公司的参与实现网上支付。国际贸易中的网上交付对于可以直接通过互联网传递交付的软件、影音、咨询服务等无形产品交易来说极为便利，不但可节省很多人员的开销，而且随着网络安全技术的不断发展，网上支付对国际贸易的作用将会更加突出。

4. 简化交易管理

在传统的国际贸易方式下，企业必须单独与相关单位打交道，要花费大量的人力、物力，也要占用大量的时间。而电子商务使国际贸易的交易管理无纸化、网络化，企业可直接通过互联网办理与银行、保险、税务、运输等各方有关的电子票据和电子单证，完成部分或全部的结算以及索赔等工作，从而大大节省交易过程的时间和费用。

16.7.5 中国的跨境电子商务

海关总署数据显示，2017 年以来中国跨境电商增长近 10 倍。2021 年中国跨境电商进出口规模约 19 237 亿元，同比增长 18.6%，占进出口总额的 4.9%。其中，出口约 13 918 亿元，增长 28.3%，进口约 5 319 亿元，下降 0.9%。跨境市场持续保持着增长趋势，已成为稳外贸的重要力量，成为外贸转型升级的新动能、创新发展的新渠道和"一带一路"建设的新桥梁。

2019 年和 2020 年国务院政府工作报告分别提出要改革完善跨境电商等新业态扶持政策、加快跨境电商等新业态发展。国家在 2018 年以来出台了一系列相关政策支持跨境电商发展，主要体现在以下几个方面：一是试点布局进一步扩大。2019 年底增设第四批 24 个跨境电商综试区；2020 年 4 月，国务院决定在全国已有 59 个跨境电商综试区的基础上再设 46 个综试区，跨境电商零售进口试点扩大至 86 个城市和海南全岛。二是发展跨境电商新模式。支持市场采购贸易和跨境电商融合发展，指导综试区帮助企业充分利用海外仓扩大出口，新增 17 个市场采购贸易方式试点，积极探索保税维修、离岸贸易等新业务。三是大力推进贸易便利化。

为推动跨境电商贸易的便利化，国家政策不断扩大跨境电商进口商品清单，对跨境电商综试区电商零售出口落实"无票免税"政策，推进出口企业所得税核定征收。2019 年 7 月 3 日，国务院常务会议，指出将再增加一批试点城市，要求落实对跨境电商零售出口的"无票免税"政策，出台更加便利企业的所得税核定征收办法。根据《关于跨境电子商务综合试验区零售出口货物税收政策的通知》（财税〔2018〕103 号），对综试区跨境电子商务出口企业出口未取得有效进货凭证的货物，同时符合一定条件的，试行增值税、消费税免税政策（即"无票免税"政策）。简单来说，"无票免税"政策就是从事跨境电子商务的出口企业在未取得增值税专用发票的情况下，只要同时满足公告规定的条件，即可享受税务上的免税政策。

随着跨境电子商务行业快速发展，资本争相涌入。2017 年至 2022 年第一季度中国跨境电子商务领域共发生 262 起投资事件，投资总金额 654.91 亿元。其中，2021 年投资总金额较 2020 提升 192%。近两年，服务商为最受资本青睐的细分方向。2021 年至 2022 年第一季度，中国跨境电子商务领域 92 起投资事件中有 62 起为服务商获投，占比高达 67.4%。

从跨境电子商务出口热门品类看，3C（计算机、通信和消费电子产品）、家居家具和服装鞋帽位列前三，分别有 28%、26% 和 22% 的卖家销售相应品类产品。此外，美妆个护、运动户外、小商品和工艺品、手工园艺等品类也是当前跨境电商热点。

同时，在国家政策、市场需求、技术发展、资本力量的影响下，中国跨境电商呈现出新的发展趋势：资本加持、需求增加，跨境电商支持服务商市场潜力巨大；跨境电商从"产品出海"跨入"品牌出海"时代；移动社交时代，跨境电商在流量变革下向精细化发展。

| 案例 16-2 |

B2B 模式下的典范——敦煌网

2004 年创立的敦煌网，是国内首个为中小企业提供 B2B 跨境交易的平台，它致力于帮助中小企业利用互联网开拓国际市场。作为一家专注于小额 B2B 跨境出口的电商平台，截至 2021 年，敦煌网累计有 230 万遍布全中国的供应商，年均在线产品数量超过 2 500 万，注册买家超过 3 640 万，覆盖全球 223 个国家和地区，在北美、拉美、欧洲等地设有全球业务办事机构。

与其他跨境电商平台相比，敦煌网的优势体现在技术、用户、品牌和硬件等方面。技术方面，经过近 20 年的技术沉淀，敦煌网建立了完整的数字贸易智能生态体系（DTIS），并会根据市场及内部环境的需求进行优化；用户方面，敦煌网积累了众多供应商和买家，用户遍布全球；品牌方面，全球100多条物流线路、10多个海外仓库、71个币种支付能力帮助敦煌网塑造了良好的品牌形象与品牌认知；硬件方面，敦煌网在平台运营管理中形成了一定的特色，如模块化鲜明与优良的互联网和电子商务基因，此外还有强大的海关清关能力及海外仓储和物流路线的建设。

敦煌网定位精准，以中小企业为主要交易对象，为客户提供一站式服务的B2B跨境出口电商。敦煌网利用网络，避开中间商提供买卖双方直接交易的平台，帮助国内的中小卖家和国外的中小买家创造更多的交易机会。从用户角度来说，B2B业务模式能减少交易成本。采购方通过平台可以获得企业需求，如果批量购入还能获得折扣，实现物流成本的降低，同时销售方也能减少库存成本，实现更好的资源规划。

与阿里巴巴、环球资源网等相比，敦煌网的买家多为中小型采购商，他们更倾向于以"少量多次"的方式采购成品，这是敦煌网形成独特盈利模式的基础。敦煌网交易的具体流程为：交易双方在敦煌网免费注册账号，根据平台提供的推广信息选择交易对象，然后通过平台进行交易，平台则按照品类和交易金额计算并向买家收取佣金。敦煌网将入驻成本降为零，盈利主要来自交易佣金，这不仅有效降低企业开展跨境电商的进入门槛，还能帮助卖方规避一定的交易风险。因此，许多初创企业及中小企业会更愿意选择敦煌网开展跨境电商。

敦煌网不仅通过电商平台向全球的中小微企业输出中国商品，还在进一步输出中国的供应链。敦煌网将充分释放过去积累的供应链整合能力，以及全链路、跨场景的海量数据，推动整个跨境电商业态融合及协同发展。同时通过打造全球贸易去中心化新生态，重塑行业生态格局，"让人人可参与全球贸易"，通过提供完整的全产业链赋能帮助中国制造对接全球采购。

◆ 本章小结

国际贸易方式是国际商品流通的做法或形式，除了常见的逐笔售定的单边进出口方式外，还有经销、代理、招投标、拍卖、寄售、对等贸易、加工贸易和期货交易等形式。

经销业务中的经销商和供货商是买卖关系。经销人以自己的名义买进供货商按协议供应的商品，自行销售，自负盈亏。经销有独家经销和一般经销两种方式。

代理业务中的代理人和委托人之间不是买卖关系，而是委托代理关系。代理人是中介人，代表委托人与第三人订立合同，由委托人直接负责由此产生的权利和义务。代理的种类很多，常见的是按委托人授权范围划分的，有总代理、一般代理和独家代理。

寄售是一种委托代售的贸易方式。寄售协议既非买卖合同关系，也非委托代理关系，而是委托与受托的关系。寄售方式对于寄售人、代销人和买方都有有利的方面，尤其是代销人不承担任何风险和费用，只收取佣金。

招标与投标不是两种贸易方式，而是一种贸易方式的两个方面。国际上采用的招标方式可分为国际竞争性招标、谈判招标和两段招标。招标与投标的一般程序包括招标、投标、开标与评标、签约等环节。

拍卖是一种具有悠久历史的贸易方式。它是由专营拍卖业务的拍卖行，按照一定的章程和规则组织进行的，是一种现货交易方式。拍卖的形式有增价拍卖、减价拍卖、密封递价拍卖和网上拍卖四种。

期货交易不进行实物交割，而是买卖期货合同。它有固定的市场和严格的程序与规则。从交易者买卖期货合同的目的看，期货交易可分为投机交易和套期保值两种。投机交易的做法是买空和卖空。套期保值中又包括买期保值和卖期保值两种。

加工贸易是一种简单的国际劳务合作方式，主要有进料加工和对外加工装配两种。进料加工是指从国外购进原料，在国内加工成品，再将成品销往国外的贸易方式。对外加工装配是来料加工和来件装配的统称，系由外商提供原材料等，利用我国设备和劳动力，我方收取工缴费的贸易方式。

国际电子商务是指买卖双方利用现代信息技术和通信技术，部分或全部地完成国际贸易的交易过程。无纸贸易将通过贸易便利化改造传统的国际贸易。

◆ 思考题

一、简答题

1. 什么是包销？它与一般经销方式有何区别？
2. 出口销售业务中独家代理与独家经销的主要区别是什么？
3. 简述寄售方式的特点。
4. 简述补偿贸易的性质与特点。
5. 简述拍卖的作价方式。
6. 简述跨境 B2C 贸易的发展状况。
7. 什么是无纸贸易？无纸贸易与传统贸易的区别是什么？

二、案例讨论题

1. 请登录阿里巴巴、环球资源、亚马逊、eBay 等网站，通过跨境 B2C 采购，体验并讨论：
   1）跨境 B2C 与国内 B2C 有什么不同？
   2）跨境 B2C 与传统国际贸易有什么不同？
   3）各个网站的商务模式与定位有什么差异？
2. 2022 年 4 月 3 日上午，临清山东新腾威进出口有限公司一批价值 8.69 万美元的货品顺利通关，装柜后从黄岛发往南非德班港，这是以市场采购贸易方式自营出口的首票试单货物，标志着以市场采购贸易方式出口的外贸新业态新模式在中国正式启用。

根据海关总署公告 2019 年第 221 号（关于修订市场采购贸易监管办法及其监管方式有关事宜的公告），市场采购贸易方式是指由符合条件的经营者在经国家商务主管等部门认定的市场集聚区内采购的、单票报关单商品货值 15 万（含 15 万）美元以下并在采购地办理出口商品通关手续的贸易方式。市场采购的海关监管代码是 "1039"，简称 "1039 市场采购贸易"。

它有以下特点：其一，实行免税政策，按照市场采购贸易方式出口的货物，将实行增值税免税政策，不需要增值税发票正规报关出口；其二，准入门槛低，由于不用深度参与实质性的外贸环节，一些不具备外贸能力的个体工商户也可以进行简单外贸；其三，实现通关便利化，允许组柜拼箱，实行简化的归类申报，对于超过10种商品的单只货柜，可以按照"章"来归类，报关单只需要列一票商品；其四，它突破了出口收汇限制，允许多主体收汇，市场商户、委托出口代理公司、采购商均可收汇，鼓励市场采购贸易采用人民币结算，规避汇率风险和节省汇兑成本。

根据商务部等七部委公布的全国第五批市场采购贸易方式试点清单，海关总署决定扩大17个市场开展第五批市场采购贸易试点。此次扩容后，全国市场采购贸易方式试点总数将达到31个。

结合材料，谈谈国家为何大力发展"1039市场采购贸易"？

参考文献

[1] 尹翔硕. 国际贸易：理论与政策 [M]. 北京：机械工业出版社，2018.
[2] 余庆瑜. 国际贸易实务：原理与案例 [M]. 3版. 北京：中国人民大学出版社，2021.
[3] 李斯特. 政治经济学的国民体系 [M]. 邱伟立，译. 北京：华夏出版社，2013.
[4] 赫尔普曼，克鲁格曼. 市场结构和对外贸易：报酬递增、不完全竞争和国际经济 [M]. 尹翔硕，尹翔康，译. 上海：上海人民出版社，2014.
[5] 俄林. 区际贸易与国际贸易 [M]. 逯宇铎，等译. 北京：华夏出版社，2017.
[6] 斯密. 亚当·斯密全集：第3卷 国民财富的性质和原因的研究 下卷 [M]. 郭大力，王亚南，译. 北京：商务印书馆，2014.
[7] 佟家栋，周申. 国际贸易学：理论与政策 [M]. 3版. 北京：高等教育出版社，2014.
[8] 海闻，林德特，王新奎. 国际贸易 [M]. 上海：上海人民出版社，2012.
[9] 李斯特. 政治经济学的国民体系 [M]. 邱伟立，译. 北京：华夏出版社，2013.
[10] 谢琳. 中国反倾销申诉法律实务 [M]. 北京：法律出版社，2015.
[11] 何艳华. 区域贸易协定中的反倾销制度研究 [M]. 北京：北京大学出版社，2018.
[12] 薛荣久. 世界贸易组织（WTO）概论：修订版 [M]. 2版. 北京：清华大学出版社，2019.
[13] 黎孝先，王健. 国际贸易实务 [M]. 7版. 北京：对外经济贸易大学出版社，2020.
[14] 吴百福，徐小薇，聂清. 进出口贸易实务教程 [M]. 8版. 上海：格致出版社，2020.
[15] 冷柏军. 国际贸易实务 [M]. 4版. 北京：高等教育出版社，2019.
[16] 姚新超. 国际贸易运输与保险 [M]. 5版. 北京：对外经济贸易大学出版社，2020.
[17] 张敏，张鹏飞. 彻底搞懂提单：实务操作与理论发展 [M]. 2版. 北京：中国海关出版社，2016.
[18] 杨良宜，杨大明. 提单与其他付运单证 [M]. 大连：大连海事大学出版社，2016.
[19] 施米托夫，默里，霍洛韦，等. 施米托夫论出口贸易：国际贸易法律与实务 11版 [M]. 冷柏军，译. 北京：中国人民大学出版社，2014.
[20] 傅龙海. 信用证与UCP600 [M]. 2版. 北京：对外经济贸易大学出版社，2014.
[21] 何源. 跟单信用证一本通 [M]. 2版. 北京：中国海关出版社，2018.
[22] 赖忠孝，刘先雨. 国际贸易单证 [M]. 北京：清华大学出版社，2015.
[23] 中国出口信用保险公司理赔追偿部. 国际贸易与出口信用保险案例集：第二辑 [M]. 北京：对外经济贸易大学出版社，2012.
[24] 李二敏. 进出口贸易综合实训教程 [M]. 2版. 北京：对外经济贸易大学出版社，2015.
[25] 杨新房，陈琦. 国际贸易实务：原理、范例与案例 [M]. 北京：清华大学出版社，2013.
[26] 徐进亮，何鑫，陈兵，等. 银行保函与备用信用证及案例分析 [M]. 北京：对外经济贸易大学出版社，2014.
[27] 陈岩. 海关理论与实务 [M]. 北京：清华大学出版社，2010.
[28] 陈岩. 国际贸易实务与结算实训教程 [M]. 北京：高等教育出版社，2015.

[29] 陈岩. 国际贸易单证教程 [M]. 3 版. 北京：高等教育出版社，2020.
[30] 陈岩. 最新国际贸易术语适用与案例解析 [M]. 北京：法律出版社，2012.
[31] 陈岩. 彻底搞懂贸易术语 [M]. 北京：中国海关出版社，2010.
[32] 陈岩. 国际贸易实务 [M]. 北京：中国人民大学出版社，2012.
[33] 陈岩，刘玲. 国际结算 [M]. 北京：人民邮电出版社，2016.
[34] 布兰奇，陈岩. 出口实务与管理 [M]. 5 版. 北京：高等教育出版社，2014.
[35] 陈岩，于承志. 国际货运与保险实训 [M]. 北京：对外经济贸易大学出版社，2013.
[36] 李维宇，胡青华，王蔚. 电子商务概论 [M]. 2 版. 北京：清华大学出版社，2019.
[37] 常广庶. 跨境电子商务理论与实务 [M]. 2 版. 北京：机械工业出版社，2021.
[38] 张锦源. 国际贸易实务详论 [M]. 19 版. 台北：三民书局，2015.
[39] 蔡缘，翁正忞，刘淑琴. 国际贸易实务 [M]. 32 版. 台北：华泰文化事业股份有限公司，2018.
[40] 高露华，张爱华，柳鹏飞. 国际贸易单证实务 [M]. 北京：清华大学出版社，2016.
[41] 曾鸣. UCP600 实务问答 [M]. 北京：中国金融出版社，2010.
[42] 考利尔，卡茨. DOCDEX 裁决汇编：2009—2012 年　国际商会专家关于跟单信用证、托收及见索即付保函的裁决 [M]. 国际商会中国国家委员会，译. 北京：对外经济贸易大学出版社，2017.
[43] 张玉卿. 国际统一私法协会国际商事合同通则：2010 [M]. 北京：中国商务出版社，2012.
[44] 陈岩，李飞. 跨境电子商务 [M]. 北京：清华大学出版社，2019.
[45] 吴国新，李元旭，何一红. 国际贸易单证实务 [M]. 5 版. 北京：清华大学出版社，2021.
[46] 王永红. 报关报检实务 [M]. 3 版. 北京：对外经济贸易大学出版社，2022.

教学支持说明

尊敬的老师：

您好！感谢您选用机械工业出版社的教材！为了更好地服务教学，我们为采用本书作为教材的老师提供教学辅助资源（关检合一与单一窗口国际贸易虚拟仿真实训平台）试用。

关检合一与单一窗口国际贸易虚拟仿真实训平台是为完全模拟国际贸易实务与国际结算工作而构建的标准化与智能识别相结合的教学软件，是集综合性、体验性、决策性和学术性于一体的国际贸易全过程综合实训系统。

您可以通过访问 http://mibchina.cn 了解详细信息。

扫描下方二维码可观看实训系统操作示例以及学生实训汇报展示视频。

实训系统操作示例

学生实训汇报展示